DICTIONNAIRE

DES TERMES

DE MARINE

Paris. — Soc. d'imp. Paul DUPONT, 41, rue J.-J.-Rousseau.

DICTIONNAIRE

DES TERMES

DE MARINE

MARINE A VOILES ET A VAPEUR

Par A. POUSSART

Ancien officier de marine.

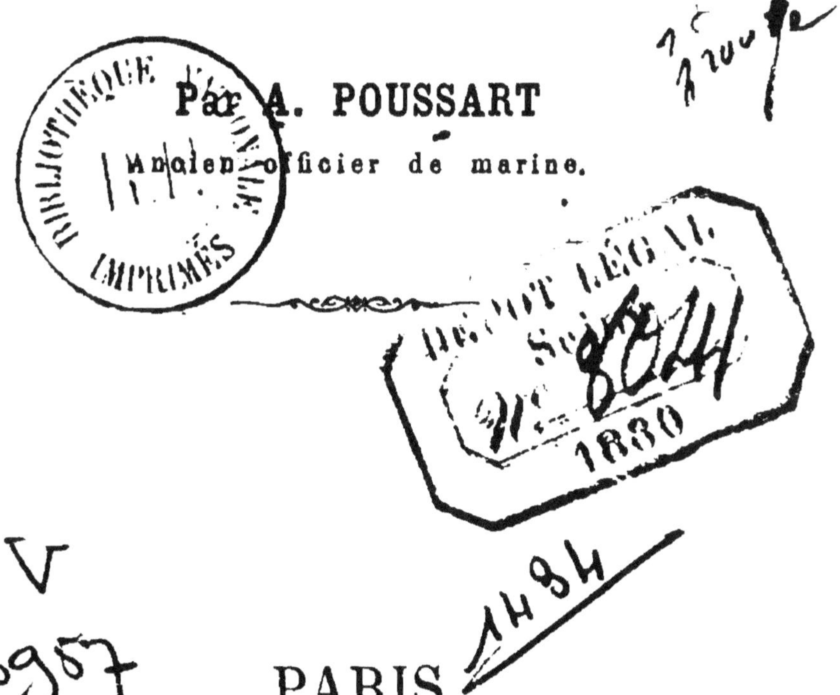

PARIS

GARNIER FRÈRES LIBRAIRES-ÉDITEURS

6, RUE DES SAINTS-PÈRES, 6

AVERTISSEMENT

Chaque art a une technologie spéciale d'autant plus compliquée, qu'il est plus ancien et qu'il a pris plus de développement ; pour l'art maritime, cette technologie est si complète, qu'elle est à proprement parler une véritable langue qu'il est indispensable de comprendre, lorsqu'on veut s'occuper des choses de la mer.

Faire connaître cette langue, tel est le but de ce dictionnaire.

Pour y parvenir, je ne me suis pas contenté de donner le sens de chaque mot, j'y ai toujours joint une phrase, une locution particulière propre à éclaircir les explications.

Ce dictionnaire s'adresse surtout aux marins de profession, qui y trouveront pour chaque mot le sens et l'orthographe adoptés par les bons auteurs maritimes et le terme anglais correspondant.

J'espère aussi qu'il sera utile aux personnes étrangères à la marine qui, soit dans les ports, soit à bord des bâtiments, désirent connaître les objets qui les environnent, et comprendre ce qui se dit et se fait autour d'elles.

Ce petit volume sera un excellent compagnon de voyage, où elles trouveront tous les renseignements désirables sous la forme la plus simple possible.

DICTIONNAIRE

DES

TERMES DE MARINE

A

Abaca (*Abaca*). s. m. Espèce de bananier des îles Philippines dont les premières enveloppes servent à confectionner un cordage d'assez bonne qualité, flottant sur l'eau comme le Kaire et le Bastin. Employé comme câble, il fatigue peu l'avant des navires et n'a pas besoin d'être goudronné.

Abandon. s. m. (*Forsaking, Leaving*). Action d'abandonner un navire que l'équipage est forcé d'évacuer lorsqu'il est dans une position désespérée ou lorsqu'il y a lieu d'en faire la cession aux assureurs par suite d'avaries.

Abandonner v. a. (*To forsake — To quit*). — Abandonner un navire. — A la suite d'accidents de mer on abandonne un navire et même la cargaison aux assureurs, qui doivent payer les valeurs stipulées par le contrat.

— On abandonne un navire, lorsqu'il est en danger de destruction, pour cause d'avaries, de voies d'eau, ou d'échouage. L'opération s'exécute par tous les moyens de transbordement dont on dispose : embarcations, va-et-vient, mâts, vergues, radeaux et tout autre corps flottant. On embarque d'a-

bord les enfants, les vieillards, les femmes, puis les passagers, l'équipage ; le commandant doit quitter son bâtiment le dernier et lorsque tout espoir de le conserver est perdu.

— Abandonner un canot, une ancre, un homme à la mer ; c'est renoncer, par force majeure, à chercher à les conserver, les retrouver ou les sauver.

A bas le monde (*Men-down*), Commandement pour faire descendre les hommes qui sont dans la mâture ou sur les bastingages.

Abattage. s. m. (*Heeling*). L'abattage en carène d'un navire s'exécute lorsque, ayant des réparations à faire dans les fonds d'un bâtiment, on ne peut pas le faire entrer dans un bassin. Cette opération consiste à incliner le bâtiment sur un bord, de manière à mettre l'autre côté de la carène à découvert.

Le bord sur lequel on incline le bâtiment est dit bord de dessous le vent, et l'autre, bord du vent. Eventer la quille est l'action de la faire sortir horizontalement de l'eau.

Lorsqu'on doit abattre un navire en carène, on l'allège le plus possible et on saisit tous les objets qui peuvent se déranger; on calfate avec soin le pont supérieur, la muraille et le plat-bord sous le vent, on condamne et calfate tous les panneaux, à l'exception du grand panneau, dans lequel on établira des plates-formes inclinées pour y placer les pompes destinées à extraire l'eau que fera le navire pendant l'opération. Les mâts de hune sont dépassés et leur gréement envoyé en bas. Les mâts sont décoincés et appuyés au vent par des caliornes.

Des aiguilles ou pièces de bois destinées à soutenir les bas-mâts dans l'effort qu'ils auront à supporter pendant l'opération, sont placées, par couple, à chaque mât, sous le vent; leur tête, taillée en sifflet, est fixée contre la tête du mât par des roustures, leur pied repose sur le pont des gaillards, dans une semelle ou sole.

Tout étant ainsi préparé, on amarre solidement sous le vent des pontons convenablement lestés et pourvus de cabestans. De fortes caliornes sont frappées à la tête des mâts et leurs garants s'enroulent autour des cabestans; en virant partout à la fois, le navire s'incline peu à peu et on l'amène ainsi à la position voulue. Les réparations faites, on redresse le bâtiment au moyen de caliornes agissant en sens contraire de celles employées pour l'abattage.

Abattée, s. f. (*Casting. Falling off.*) Mouvement d'un navire sans vitesse, qui tourne autour de son axe vertical. Au moment de l'appareillage, si l'on établit un foc, cette voile, insuffisante pour donner de la vitesse au bâtiment, suffit, si le vent vient de bâbord, pour faire tourner l'avant vers tribord, c'est-à-dire faire une abattée vers tribord. Un navire en panne, à la cape, fait aussi des abattées.

Abattre, v. a. (*To cast*). Effectuer une abattée. — Abattre du mauvais bord ; tourner du côté que l'on voulait éviter par l'effet de la lame ou des courants.

— Le vent s'abat. Calmir.

— *To heave down*. Abattre en carène. Faire l'abattage.

Aber, s. m. (*Creek*). Crique ou anse servant de relâche aux pêcheurs et petits caboteurs bretons.

A bord. (*Aboard*). Ordre à une embarcation de se rendre à bord du bâtiment d'où part ce commandement.

Abord (en) adv. (*Aside*). Mettre un objet en abord, c'est le placer le plus près possible de la face intérieure de la muraille d'un bâtiment.

Abordable, adj. (*Clear*). D'un accès facile ; côte abordable, navire abordable.

Abordage, s. f. (*Boarding*).

— Manœuvre de guerre par laquelle un navire vient s'accrocher à un navire ennemi au moyen de grappins, ou en engageant ses vergues dans son gréement. L'équipage de l'assaillant, armé de sabres, de haches, de pistolets, s'élance sur le pont du navire ennemi, et essaye de l'enlever en combattant corps à corps ; ce genre d'attaque, qui convient très bien au caractère français, devient presque impossible avec l'artillerie actuelle. L'un des navires et probablement tous deux couleraient criblés de coups avant d'être arrivés à distance d'abordage.

— Manœuvre de guerre par laquelle un navire animé d'une grande vitesse se dirige sur un autre de façon à le détruire par le choc; après avoir enfoncé son avant armé d'une partie saillante ou éperon dans le flanc du navire ennemi, l'assaillant fait machine en arrière, se dégage et laisse une vaste ouverture béante; la mer s'y précipite, et le navire abordé ne tarde pas à couler bas.

— (*Collision*). Choc involontaire de deux navires qui se heurten faute de précautions et de surveillance. Afin de prévenir les abordages toutes les nations maritimes ont adopté les règles suivantes :

Navires à voiles. — Deux navires qui ont du largue et courant l'un sur l'autre, doivent passer à babord l'un de l'autre. Un navire vent de travers se dérange pour celui qui est au plus près. — Si deux navires font route au plus près avec des amures différentes, celui qui a les amures à babord laisse arriver ou vire vent devant.

La nuit, tout navire en marche doit avoir un feu vert à tribord et un feu rouge à babord.

Navires à vapeur. — Un vapeur se dérange toujours pour un navire à voiles. Si deux navires courent l'un sur l'autre, tous deux viennent sur tribord. — De nuit, les vapeurs portent un feu vert à tribord, un feu rouge à babord et un feu blanc en tête du mât de misaine.

Tout remorqueur porte, outre les feux de côté, deux feux blancs en tête de mât.

En temps de brume, les navires à voiles signalent leur présence par le cornet à bouquin, la cloche ; les vapeurs par le sifflet, la trompe de Daboll, et la sirène à vapeur. C'est dans la Manche et la mer du Nord que les abordages sont les plus fréquents en raison du nombre considérable de navires qui sillonnent ces parages. Ces accidents deviennent du reste de plus en plus terribles avec les navires à marche rapide et construits en fer ; le choc est plus fort et les déchirements produits plus étendus dans le fer que dans le bois.

— *Accoasting.* — Manière dont un patron gouverne son embarcation pour accoster à un quai sans choc ni secousse. Avoir un bon abordage.

Abordé, s. m. (*Boardedship*). L'abordé est le bâtiment joint par celui qui veut le combattre à l'abordage.

Aborder. v. a. (*To board*). Voy. abordage.

Lorsqu'il s'agit d'un fait de guerre ou d'un choc inopiné, on dit aborder un bâtiment ; lorsqu'il s'agit d'accoster on dit aborder à un bâtiment, à un quai.

Abordeur, s. m. (*Boarder*). Le navire qui commence l'abordage.

About, s. m. (*End.-part*). Syn. de Bout.

A bout de bord. (*Without putting about*). Lorsqu'on est au plus près et qu'on se dirige sur un objet, on dit qu'on l'atteindra à bout de bord, si on y parvient sans virer de bord.

— On est à bout de bord lorsqu'on a devant soi un obstacle, une côte qui vous oblige à virer de bord.

Aboutissements, s. m. (*Endings of the water lignes*). Des lignes d'eau. Points où viennent se terminer les lignes de flottaison d'un navire suivant son chargement.

Abreuver. v. a. (*To drench*). Abreuver un canot, un bâtiment, c'est le remplir d'eau avant de le lancer pour s'assurer que les joints ne perdent pas. La perfection des constructions navales rend maintenant cette opération inutile.

Abri, m. (*Shelter, creek*). Terre, roche, navire, voile qui, en interceptant le vent, ne le laisse parvenir que très affaibli au côté opposé.

— Petite crique ou baie offrant un refuge momentané.

Abriter, v. a. (*To shelter*). Abriter un bâtiment, le faire entrer dans un port, une rade, pour le soustraire à la force du vent ou de la mer.

— Intercepter le vent relativement à un bâtiment sous voiles. Un rocher, une côte abritent un bâtiment. Lorsqu'un navire marche vent arrière, les voiles de l'arrière abritent celles de l'avant.

Accalmie. s. f. (*Calm. sea*). Diminution passagère dans la force du vent ou l'agitation de la mer,

— Nage à l'accalmie. — Vire à l'accalmie. — Encouragement donné à des canotiers ou à des hommes virant au cabestan, pour qu'ils agissent avec plus de force, afin de produire un plus grand effet pendant l'accalmie signalée.

Accastillage. s. m. (*Top sides*). Construction des châteaux de proue et de poupe qu'on voyait sur les anciens navires.

— L'ensemble des lignes qui limitent l'œuvre morte d'un bâtiment, c'est-à-dire la partie émergée de la coque et qui divisent ses côtes en deux zones auxquelles s'ajoutent des travaux légers de menuiserie et de sculpture. Si ces lignes se profilent avec élégance on dit que le navire a un bel accastillage.

Accastiller, v. a. (*To build the upper works*). Faire l'accastillage d'un bâtiment.

Accon, s. m. (*Flat*). Chaland non ponté ayant la forme d'une caisse rectangulaire de 8 à 10 mètres de longueur et de 3 à 4 m. de largeur. Il sert à transporter à bord des bâtiments en rade des marchandises ou de l'eau ; l'accon est ordinairement remorqué ; aux Antilles certains accons portent un mât et une voile carrée.

Accorage, s. f. (*Propping*). Action de placer des accores ou cales pour maintenir un objet dans la position qu'on lui a donnée.

Accore. s. f. (*Prope*). Pièce de bois droite servant à maintenir un objet dans la position qu'on lui a donnée. On donne à cette pièce une certaine inclinaison, c'est-à-dire du pied, et on achève de la placer en enfonçant sous son pied, à coups de masse, des coins ou cales. Le balancement des couples d'un bâtiment se fait au moyen d'accores agissant tribord et babord.

— Le bord d'un banc, d'un récif. Être à l'accore d'un banc. (*To hug the land*) en être très près.

Accore. ad. (*Binff.*) Escarpé. Une côte, un rocher, un banc sont accores lorsqu'ils sont à pic et qu'un navire peut s'en approcher à les toucher.

Accorer, v. a. (*To prop*). Maintenir au moyen d'accores et en général tenir, fixer un objet quelconque pour s'opposer à son déplacement.

Accostable, ad. (*Clear*). Un point est accostable lorsqu'une embarcation, un navire peuvent s'en approcher sans danger.

Accoste, (*Come alongside*). Ordre à une embarcation de se rendre à bord du bâtiment d'où lui vient l'ordre, ou de se rendre au lieu de débarquement le plus voisin si l'ordre vient de terre.

Accoster, v. a. (*To accoast*). S'approcher aussi près que possible. Accoster un navire, un quai.

Accoter, v, a. Syn. d'accorer.

Accrocher. v. a. (*To grapple*). Aborder un navire en jetant à son bord des grappins d'abordage.

— S'accrocher. Se saisir avec des grappins.

Accul. s. m. (*Small creek.*) Baie très petite pouvant servir de refuge à de petits bâtiments ; c'est un terme particulier aux îles françaises de l'Amérique.

Acculé, part. (*Rising*). Des varangues sont plus ou moins acculées suivant que leur courbure est plus ou moins prononcée. On dit varangue plate, acculée, demi acculée ; très acculée ; les varangues du maître-couple sont moins acculées que celles de l'avant et de l'arrière ; les plus acculées celles des extrémités sont dites *fourcats* ou fourches.

Acculée. Acculement s. (*Pooping*) Action d'un navire frappant la mer avec son arrière ; il en résulte, à la cape ou dans les virements de bord vent devant, des secousses violentes qui fatiguent le navire.

— (*Rising of the floors*) Flèche de la courbure d'une varangue.

Acculer, v. a. (*To be proped*). Avoir des mouvements d'acculée.

Achée. s. f. (*Bait*). Appât de vers, larves, insectes pour amorcer l'hameçon des lignes de pêche.

Acier, s. m. (*Steel*). Fer uni à une petite quantité de carbone et d'azote. L'acier est employé maintenant sur une large échelle dans la construction des navires et la fabrication des canons.

Acotar, s. m. (*Filling piece*). Espèce de coin que l'on chasse entre les varangues afin de mieux lier les fonds d'un bâtiment.

Adent, s. m. (*Coak*). Les adents sont des espèces d'entailles pratiquées dans deux pièces de charpente et servant à les assembler. On distingue les adents a *croc* et à *contre* dans les pièces faisant fonction de tirants ; les *adents carrés* qui joignent les pièces des bas mâts d'assemblage, les adents à *crémaillère*, à *queue d'hironde*.

— (*Cleat*) sorte d'arrêt ou ressaut. Les adents d'envergure sont des arrêts pratiqués au bout des vergues et servant à fixer les têtières et les empointures des ris.

Adonner, v. n. (*To draw aft*). Le vent adonne lorsqu'il devient plus favorable qu'il n'était et se rapproche de l'arrière.

— (*To lengthen*) S'allonger. Les voiles, les cordages, sous l'influence des efforts qu'ils supportent, de la chaleur succédant à la pluie, adonnent ; aussi, après quelques jours de mer, est-on obligé de raidir à nouveau une grande partie des manœuvres dormantes.

Adouber, v. a. (*To fit*). Mettre en état, réparer un navire, une voile. Syn. de radouber.

Aérer, v. a. (*To air*). Renouveler l'air. L'aération de l'intérieur d'un bâtiment est une question de la plus haute importance, car c'est d'elle que dépend, en grande partie, la santé des équipages et la conservation d'un bâtiment. On aère les parties basses au moyen de manches à vent ; ce sont des tuyaux en tôle ou en toile, traversant les ponts dans des trous ou ventouses et se terminant extérieurement par des espèces de pavillons qu'on tourne du côté du vent.

Affaler, v. a. (*To overhaul*). Affaler un cordage, c'est en faciliter, à la main, le passage dans une poulie lorsqu'on veut aider à un effort auquel ce cordage s'oppose.

— *To lower*. Descendre. Amener. On affale un calfat dans une chaise, le long du bord, pour qu'il puisse réparer la coque.

— Pousser un bâtiment vers la côte ou un danger. Le vent, la mer affalent un bâtiment.

— S'affaler. Un bâtiment s'affale lorsqu'il tombe de plus en plus sous le vent d'un point vers lequel il se dirigeait.

— Se laisser glisser le long d'un cordage pour descendre plus vite. Un matelot s'affale le long d'un galhauban.

Affiner, v. a. (*To clean*). Affiner, épurer le chanvre ; c'est le nettoyer, le rendre plus fin, plus uni ; en ayant soin de conserver aux brins le plus de longueur possible.

Affiner S', v. n. (*To clear up*). Se dit du temps lorsqu'il s'embellit.

Affinoir, s. m. Espèce de peigne employé pour affiner le chanvre.

Afflouage, s. m. (*Bringing afloat*). Opération qui consiste a remettre à flot un navire échoué.

Afflouer, v. a. (*To bring afloat*). Remettre à flot un navire échoué. On commence par alléger le navire en le déchargeant en partie ou complètement ; puis on vire au cabestan des câbles dont les ancres sont mouillées au large ; si on a des bateaux à vapeur à sa disposition, on se fait haler par eux. Dans les endroits où la marée se fait sentir, le moment le plus favorable est celui de la pleine mer.

Affolé, ad. (*Spined*). Un compas est affolé lorsque l'aiguille aimantée vient d'éprouver des déviations soudaines et irrégulières, sous l'influence d'un orage, de tremblements de terre, d'éruptions volcaniques ou d'aurores boréales. Ces déviations peuvent être telles que les pôles se renversent ; la cause passée, les oscillations diminuent d'amplitude et de rapidité ; l'aiguille reprend ensuite sa position normale ; parfois, elle perd complètement sa propriété magnétique et doit être remplacée.

Affolement, s. m. (*Pertubation*). Etat d'une aiguille aimantée affolée.

Affourchage, s. m. (*Mooring across*). Action d'affourcher.

Affourche, (ancre d') (*Mooring anchor*). La première ancre mouillée sert à arrêter le bâtiment ; la seconde destinée à amarrer le bâtiment à poste est dite ancre d'affourche. Voir Affourcher.

Affourcher, v. a. (*To moor across.*) Mouiller un navire sur deux ancres de façon à ce qu'elles soient toutes deux sur une ligne perpendiculaire à la direction du vent le plus à craindre ou du courant ; on doit veiller à ce que les câbles soient bien égaux pour que les deux ancres travaillent également ; ce résultat est très difficile à obtenir : aussi, au point de vue de la tenue, un bâtiment affourché n'est pas plus en sûreté que mouillé sur une seule ancre avec une longueur suffisante de câble ; du reste, une ancre empennelée est préférable. On affourche généralement dans les endroits resserrés pour diminuer l'espace nécessaire aux évitages du navire aux changements de vent et de marée.

Affraîchie, s. f. (*Freshening wind*). Augmentation dans l'intensité du vent.

Affranchir, v. a. (*To free*). Epuiser, vider. Affranchir une pompe, c'est pomper l'eau de la cale de façon à ne pouvoir plus en retirer.

— Affranchir une voie d'eau, c'est extraire du bâtiment, au moyen de pompes, plus d'eau qu'il n'en pénètre par l'ouverture de la voie d'eau.

Affrètement, s. m. (*Chartering of a vessel*). Louage d'un navire, pour un voyage ou un temps déterminé, à des conditions établies avec le propriétaire.

Affréter, v. a. (*To charter*). Prendre un navire à louage.

Affréteur, s. m. (*Charterer*). Celui qui prend un navire à louage.

Agan, s. m. (*Wrecks*). Débris abandonnés par la mer au haut du rivage lors des plus grandes marées.

Agglomérés. Charbon menu mêlé a une certaine proportion de substance collante, ordinairement du brai sec, et moulé sous forme de parallélipipèdes ou de cylindres. Les agglomérés sont d'un bon usage pour les chaudières des machines à vapeur.

Agnan, s. m. (*Irong-ring*). Petite plaque de fer ou de cuivre, percée d'un trou et servant à supporter le rivet des clous employés à relier les bordages à clin.

Agréage, s. m. Synonyme de Courtage.

Agréer, v. a. Gréer un bâtiment. Voy. Gréer.

Agréner, (*To free*). Vider l'eau entrée accidentellement dans une embarcation.

Agrès, s. m. pl. (*Rigging*). Tout ce qu'il faut pour équiper un navire et surtout ce qui a rapport à la mâture, aux voiles, aux cordages.

Agui, s. m. nœud d'agui (*Standing bowline*). Boucle formée par un nœud de chaise. Ce nœud sert à faire ajut de deux faux bras ou à fixer une chaise de calfat à un cordage quelconque.

Aguiée, s. f. (*Cringle*). Sangle servant de chaise et fixée à un cordage par un nœud d'agui.

Aide-médecin, (*Assistants surgeons*). Les aides-médecins sont les officiers de grade inférieur dans le service de santé et de pharmacie.

Aiguade, s. f. (*Watering place*). Lieu où se trouve l'eau que les embarcations vont chercher pour l'approvisionnement d'un bâtiment.

Aiguille, s. f. (*Shuttle*). Aiguille propre à faire des filets de pêche.

— (*Needle*). Aiguilles de différentes

formes dont se servent les voiliers peur coudre les voiles.

— Aiguille aimantée. Lame d'acier mince, pointue aux deux bouts, tournant librement sur une tige fixée au milieu de la boîte du compas. Aimantée, cette aiguille dirige constamment une de ses extrémités vers le pôle magnétique. Dans les compas, cette aiguille est ordinairement fixée à la rose des vents suivant la ligne N. S. et l'entraîne avec elle.

— Synonyme de Bigue.

— (*Sheer*). Aiguille de carène servant à arc-bouter les bas-mâts dans l'abattage en carène.

— Pièces de remplissage d'une faible épaisseur comprises entre l'étrave, la courbe de capucine, le taillemer et la branche de gorgère.

— Petit bateau de rivière pointu des deux bouts.

Aiguilletage, s. m. (*Lashing*). Amarrage destiné à réunir deux cordages ayant un œil, ou à fixer sur un espars un filin muni d'un œil.

L'aiguilletage simple ou tours et autres, consiste à faire passer un bout de filin alternativement dans les deux œils que l'on veut réunir ; on termine par un nœud plat.

L'aiguilletage en portugaise employé pour les estropes de sous-barbes, de haubans est un amarrage en portugaise peu serré que l'on termine en passant deux fois le bout de l'aiguillette entre les tours au point de croisure.

Aiguilleter, v. a. (*To lash*). Faire un aiguilletage.

Aiguillette, s. f. (*Lanyard*). Filin destiné à faire un aiguilletage.

— Aiguillette de serre. Cordage employé lorsqu'on amarre un canon à la serre pour entourer la brague, les palans de côté, les rapprocher et augmenter leur tension.

— Aiguillette d'or. Marque distinctive des officiers d'état-major et des aspirants de première classe. Les aspirants de deuxième classe ont l'aiguillette moitié or et moitié soie bleue.

— Aiguillette de porque. L'allonge la plus haute d'une porque.

Aiguillot, s. m. (*Pintle*). Sorte de gond en cuivre fixé à la partie avant du gouvernail par deux branches qui l'embrassent et y sont clouées ; le nombre d'aiguillots varie avec la grandeur du bâtiment, un vaisseau en a 7 ou 8. Chaque aiguillot entre dans le femelot correspondant fixé à la partie arrière de l'étambot. L'ensemble des aiguillots et femélots est désigné sous le nom de ferrures de gouvernail.

Aile, s. f. (*Wing*). Côté. Les ailes d'une armée navale sont les escadres ou divisions placées sur les côtés de cette armée.

— De dérive (*Lee board*). Plateforme solide en bois ayant la forme d'une semelle de soulier ; on en place deux par le travers et en dehors du navire. Chacune y est maintenue à l'aide d'un bouton autour duquel elle peut tourner par sa partie supérieure qui est la moins large. Au plus près, on laisse tomber la partie inférieure de celle sous le vent ; par la résistance latérale qu'elle oppose au fluide, elle diminue la dérive. Quand le vent est favorable, les ailes sont relevées. Ces ailes se trouvent sur les navires à fond plat du Nord, tels que les galiottes.

Aile d'hélice. (*Blade of a screw*). L'analogie de l'hélice avec un moulin à vent a fait donner à ses branches le nom d'ailes ; chaque aile est une portion de surface hélicoïdale ; leur nombre varie de 2 à 6 et n'a, du reste, pas grande influence sur la marche du navire ; des bâtiments ont perdu une branche d'hélice à 6 ailes sans qu'aucun ralentissement dans la marche ait pu indiquer le moment de l'avarie. En général, la rupture d'une aile est une réparation impossible avec les moyens du bord.

Aile de pigeon, (*Sky, Scraper*). Voiles qui s'installent au-dessus des cacatois. On les nomme aussi contre-cacatois, cacatois volants, royaux, papillons ; mais il faut entendre de préférence par papillons et ailes de pigeons des voiles triangulaires se terminant en pointe à la pomme du mât et par cacatois volants et royaux des voiles carrées enverguées soit à poste fixe, soit provisoirement.

Ailerons, s. f. (*Rudder-boards*). Planches clouées provisoirement sur les faces latérales d'un gouvernail de façon à en augmenter la surface et par suite l'action. On installe des ailerons lorsqu'on navigue dans des rivières à courant vif, dans des passes étroites et tortueuses exigeant que le navire obéisse promptement à sa barre. — Terme de voilier. Réunion des pointes de côté d'une voile carrée.

Ailettes. s. f. (*Decking*). Prolongement des bordages de l'arrière qui forment le cul de poule des chebecs, felouques et autres navires levantins.

Aim. s. m. Crochet en fer terminé par une pointe qu'accompagnent des dents renversées ; il sert pour la pêche en guise d'hameçon.

Air. s. m. (*Headway*). Vitesse d'un bâtiment. Voy. *Erre*.

Aire de vent. s. f. (*Point*). Toute direction partant d'un point vers l'horizon se nomme aire de vent ; trente-deux de ces directions ont reçu des noms particuliers de la façon suivante. On divise la circonférence en 4 parties égales par les lignes N-S., E-O., puis chaque quadrant en 8 arcs égaux correspondant à un angle de 11° 55 et qu'on nomme quart. Les aires de vent comprises dans le quadrant du N.-E. seront N. N. 1|4 N.-E. N-E., N-E 1|4 N. N.-E. N-E 1|4 E. N.-E. E.-1|4 N.-E., E : les directions moyennes entre deux aires de vent s'indiquent au moyen du 1|2 quart (*half*) correspondant 5. 37. 30, ainsi on dit N-E 1|2 N. Lorsqu'on veut désigner la direction d'un objet, on dit qu'il est à telle aire de vent, par exemple

E. N.-E. 1|2 Nord. Très souvent, au lieu de ces aires de vent on remplace par des degrés et on dit l'Ouest 15° N. Cette désignation plus simple se substitue généralement à l'emploi des aires de vent.

L'aire de vent de la route d'un navire est l'aire de vent coïncidant avec la quille du bâtiment. On désigne également la direction du vent en indiquant l'aire du vent à laquelle elle correspond. Le vent est N. c'est-à-dire que le vent souffle du Nord vers le Sud. N-E. du N.-E. vers le S.-O. On nomme aire de vent du compas la direction non corrigée de la déclinaison magnétique. Après la correction on dit aire de vent vraie.

Ajoupa. s. m. (*Shelter*). Abri provisoire fait par des marins à terre, avec des pieux, planches, branches, écorces.

Ajust s. m. (*Fast*). Nœud servant à réunir momentanément deux bouts de cordage. (Voir *nœud de vache*.

Ajustage, s. m. (*Adjusting*). Travail de précision consistant à adapter entre elles les différentes pièces fixes ou mobiles d'une machine. Ce travail, pour les machines neuves, se fait à terre, et en disposant, par conséquent, de tous les moyens possibles ; à bord, si, à la suite d'une réparation, on n'a pas eu le temps d'obtenir un ajustage parfait, on entoure la jonction des pièces de terre glaise et on coule entre elles de l'étain ou du métal antifriction ; si une vis est trop usée et joue dans son écrou ; on a recours au même moyen.

Ajuster-Ajuter. v. a. (*To fast*). Réunir des cordages par un nœud d'ajust.

A la fois. adv. (*Together*). Tous les navires virent à la fois, c'est-à-dire au même moment. Dégréer les perroquets partout à la fois.

Alarguer. v. n. (*To fall off*). Porter plus largue.

Alopaces. s. f. (*Fish*). Jumelles

fortifiant les vergues nommées Antennes.

Alester, v. a. (*To lighten*). Alléger, dégager. Alester un gréement, le rendre plus clair, plus net à l'œil.

Aliguole, s. f.(*Net*).Filet en forme de nappe étendu près de la surface de l'eau; des flottes et des plombs l'obligent à rester dans cette position, on s'en sert dans la Méditerranée pour prendre de gros poissons.

Alimentation des chaudières. L'alimentation est le renouvellement continuel de l'eau passée à l'état de vapeur, de celle écoulée par les fuites de la chaudière et de celle extraite volontairement pour empêcher la salure du liquide de dépasser certaines limites.

Ce renouvellement se fait au moyen de deux pompes dites alimentaires qui fonctionnent pendant tout le temps que la machine est en mouvement; ces pompes aspirantes, foulantes et à piston plongeur, prennent l'eau dans la bâche et la refoulent dans des tuyaux qui communiquent avec les différentes chaudières. Quand la machine ne marche pas, ou en cas d'avarie des pompes alimentaires, on alimente avec des pompes auxiliaires, telles que la pompe à quatre fins, mise en mouvement à bras d'hommes, ou le petit cheval, mu par la vapeur. L'eau de la bâche provient de la condensation de la vapeur dans le condenseur; cette eau étant déjà un peu chaude, son emploi donne lieu à une économie de combustible. L'injecteur Giffard est aussi employé comme appareil d'alimentation.

Alisés. (Vents). (*Trade winds*). Vents réguliers qui règnent d'un bout de l'année à l'autre dans l'Océan Atlantique. Dans l'hémisphère nord, entre le tropique et l'équateur, ces vents soufflent du N-E. au S-O.; dans l'hémisphère sud, dans la zone correspondante, ils soufflent du S-E. au N-O. Ces

vents sont causés par l'échauffement continu de l'air dans la zone intertropicale et par la rotation de la terre.

Allége. s. f. (*Lighter*). Bateau de rade ou de port servant à décharger en partie un bâtiment, à porter à bord les objets dont il a besoin pour prendre la mer. Les allèges sont ordinairment remorquées par des bateaux à vapeur.

Alléger. v. a. (*To lighten*). Alléger un navire, c'est le rendre plus léger, en enlevant une partie de son chargement; on diminue ainsi son tirant d'eau de façon à lui permettre de remonter un fleuve ou d'entrer dans un port.

Allonge, s. f. (*Futtock*). Pièce de bois destinée à en allonger une autre. On trouve à bord les allonges de couple, de porque, d'estain, de gorgère, de courbe, de capucine.

Certaines allonges ne se surajoutent à aucune autre pièce, les allonges d'écubier de poupe.

Allonger la nage. (*To sweep away*). Donner des coups d'avirons moins raprochés mais donner plus d'étendue à chaque mouvement.

Allume. (*Cheer on*) Mot employé pour exciter les matelots pendant une manœuvre.

Allumelles, s. f. (*Blades*). Plaques de fer garnissant l'intérieur des mortaises des gouvernails, cabestans, guindeaux, pour empêcher le bois d'être détérioré par l'action des barres ou leviers qu'on y introduit.

Allumer. v. a.(*To fetch*). Allumer une pompe c'est la mettre en train. A cet effet on verse dans le corps de pompe une certaine quantité d'eau, puis on pompe jusqu'a ce que les tuyaux d'aspiration soient pleins et que la pompe ait amené de l'eau. L'appareil est alors prêt à fonctionner.

Allumer les feux. Mettre le feu au charbon préparé sur les grilles des chaudières.

On doit allumer les feux avant l'heure fixée pour le départ, car il faut un certain temps avant qu'on ait amené la masse considérable d'eau des chaudières à la température voulue pour fournir de la vapeur ; du reste, à moins de circonstances exceptionnelles obligeant à avoir de la vapeur le plus vite possible, on ne doit pousser le feu que graduellement pour éviter les différences de dilatation qui fatiguent les coutures et les tirants des chaudières.

Allumettes. Artifice employé dans les brûlots. Ce sont de véritables allumettes soufrées de 0ᵐ,50 de longueur que l'on mêle à des paquets de sarments pour les enflammer.

Allure. s. f. (*Way*) L'allure d'un bâtiment est la direction de la route qu'il suit par rapport à celle du vent ; c'est aussi la disposition de la voilure appropriée à la route que l'on fait. Les allures principales sont : Le vent-arrière, le grand-largue, le largue, le plus près.

—Vent arrière : Sous cette allure, le vent souffle de l'arrière à l'avant, les voiles sont brassées carré, celles de l'arrière portent plein, mais elles abritent celles de l'avant ; le roulis est très prononcé.

—Grand-largue : La direction de la route fait un angle de 135° avec celle du vent, les voiles un peu plus ouvertes que sous l'allure précédente s'abritent moins ; le navire mieux appuyé roule moins.

— Largue : La direction du vent est perpendiculaire à la direction de la quille ; toutes les voiles portent complètement, le navire est bien appuyé. Cette allure est généralement la plus rapide, c'est elle qui donne les plus faibles mouvements de roulis et de tangage.

—Plus près : Les vergues font un angle de trois quarts avec la quille et de trois quarts également avec la direction du vent ;

la route est donc à six quarts de la direction de ce dernier. Les voiles sont amarrées, bordées plat, boulinées ; la marche peut être assez rapide sous cette allure s'il y a peu de mer, mais on dérive beaucoup, et aussitôt qu'elle s'élève un peu, le tangage s'accentue et fatigue le navire dans ses liaisons, sa mâture et son gréement.

Amaigrir, v. a.(*To make thinner*). Diminuer l'épaisseur d'une pièce de bois sur toute sa longueur ou seulement en un endroit.

Aman, s. m. (*Haliard*). Nom des itagues des drisses des antennes sur les bâtiments latins.

Amarinage, s. f. (*Manning*). Action d'amariner.

Amariner, v. a.(*To man*). Amariner un bâtiment c'est en prendre possession après l'avoir forcé à amener son pavillon, soit à la suite d'un combat, soit par la menace. On l'arme aussitôt avec des hommes et des officiers du bord, et suivant les circonstances on l'emploie à coopérer à la mission dont on est chargé ou on le renvoie dans un port ami. L'équipage prisonnier est transbordé sur un autre bâtiment et autant que possible on ne conserve que les personnes qui peuvent donner des renseignements sur les ressources du bord, comme les agents aux vivres, le comptable. Si la prise est de peu de valeur ou incapable de tenir la mer par suite des avaries, on la coule ou on la brûle.

Amariner un équipage c'est le conduire au large pour le guérir du mal de mer et l'habituer au régime du bord et aux manœuvres.

Amarque, s. f. (*Leading mark*). Tout objet flottant, bouée, tonne, coffre, placé à l'accore d'un banc et retenu par une ancre et une chaîne.

Amarrage, s. f. (*Seizing*). Réunion étroite de cordages ou autres objets au moyen d'un petit cordage, ligne d'amarrage, merlin, lusin ou autre petit filin. On

distingue plusieurs sortes d'a-
marrages :

— Amarrage à plat, en étrive, en
fouet, en portugaise. Voir ces
mots.

— (*Mooring*). L'amarrage d'un navire est l'opération par laquelle
on le retient à un endroit par
des câbles, chaînes ou grelins
fixés à des ancres en rade, ou
aux quais dans les ports.

— L'amarrage d'une bouche à feu
est le moyen par lequel on la
saisit à sa place. La solidité des
amarrages varie avec le poids
des pièces et l'état de la mer. On
distingue les amarrages à garants simples, doubles, à la serre,
en vache ou le long du bord.

Amarre, s. f. (*Mooring*). Toute
chaîne ou tout cordage servant à
maintenir un navire à poste en
rade ou dans un port. Par mauvais temps on double les amarres.

— (*Fast*). Tout cordage servant à
touer ou haler un bâtiment, à le
faire changer de place ou éviter.

— (*Rope*). Bout de corde qu'on jette
d'un bâtiment à un canot pour
le faire accoster, ou à un homme qui tombe à la mer.

Amarrer, v. a. Amarrer un bâtiment. (*To moor*). Le fixer au
moyen d'amarres, câbles, chaînes ou grelins.

— Amarrer une pièce. (*To seize*).
La fixer au moyen d'amarres.
Amarrer à quatre amarres.

— Amarrer une manœuvre (*To
make fast. To belay*). Lorsqu'on a
agi sur une manœuvre pour
hisser une vergue, border une
voile, et que cette manœuvre est
tendue, on la bosse (Voy. ce mot)
puis on la fixe en lui faisant
faire plusieurs tours autour d'un
taquet, d'un cabillot ou d'une
bitte, la bosse est alors enlevée.
Les manœuvres ne sont donc jamais fixées par des nœuds mais
par des tours en nombre suffisant pour que le frottement soit
supérieur à l'effort du cordage ;
le cordage amarré peut ainsi être
largué rapidement.

— Amarrez-Amarre. (*Belay. Make
fast*). Commandement pour
amarrer une manœuvre.

Amatelotage, s. f. Action d'a-
mateloter.

Amateloter, v. a. Autrefois les
hommes n'avaient qu'un hamac
pour deux et se couchaient alternativement ; amateloter deux
hommes était les désigner pour
avoir le même hamac. Aujour-
d'hui, chaque homme a son
hamac, et amateloter s'emploie
pour désigner deux hommes qui
doivent accrocher alternativement leurs hamacs à la même
place.

A mâts et à cordes, (*Under bare
poles. Before the wind*). Naviguer à mâts et à cordes c'est fuir
vent arrière toutes voiles serrées,
sous la seule impulsion du vent
sur la mâture et le gréement.
Les lames prenant le bâtiment
par l'arrière, il faut, pour éviter
leur choc, avoir autant de vitesse
qu'elles ; on y arrive en ajoutant
au besoin la misaine ou le petit
hunier au bas ris.

Sur les petits bâtiments, la
hauteur des vagues empêche ces
voiles de recevoir le vent d'une
façon continue, leur vitesse est
alors insuffisante et il est préférable de tenir la cape, l'action
des lames sur l'avant étant moins
dangereuse que sur l'arrière.

Ame s. f. (*Heart*). La mèche d'un
cordage. Voir mèche.

Aménagement, s. m. (*Accom-
modations*). Distribution de l'espace compris à l'intérieur d'un
navire en cale, ponts, salons,
carrés, cabines, infirmerie, cambuse, soutes.

Amener, v. a. (*To lower*). Abaisser, faire descendre. On amène
une vergue et sa voile en lar-
guant et filant les drisses. Amener les perroquets. Amener une
embarcation suspendue à ses
arcs-boutants, c'est la descendre
de façon à la mettre à flot.

— En rade : Amener les couleurs.
Chaque jour, au coucher du soleil, on descend le pavillon ar-
boré le matin à la corne d'artimon. Au commandement : Ame-

nez, les clairons sonnent, chacun se découvre en faisant face à l'arrière, et les hommes de garde aux coupés font une décharge de mousqueterie.

— Amener son pavillon. Signaler après un combat qu'on se rend en faisant descendre le pavillon national. On dit aussi absolument amener. Un vaisseau dégréé, démâté fut obligé d'amener.

— Amener deux points l'un par l'autre c'est se déplacer jusqu'à ce que l'on aperçoive ces deux points dans la même direction.

Amer, s. m. (*Sea-mark*). Tout objet remarquable et fixe situé sur une côte ou en mer et qui sert de point de repère pour déterminer la route à suivre près de la terre ou dans une passe. Les amers sont marqués sur les cartes, et pour chaque point, des instructions indiquent l'usage qu'on doit en faire.

Amiral, s m. (*Admiral*) Le grade le plus élevé de la marine française et assimilé à celui de maréchal. Ce titre ne peut être conféré qu'à un vice-amiral ayant commandé en chef une armée navale, en temps de guerre, ou qui, n'ayant commandé qu'une force navale moins importante, se sera signalé par un éminent service de guerre. Les marques distinctives sont celles des maréchaux.

Amiral, s. m. (*Flag-ship*). Bâtiment à un seul mat, portant le pavillon de commandement du préfet maritime dans les grands ports ; un corps de garde y est installé pour la police de l'arsenal.

Amirauté, s. f. (*Admiralty*). Conseil siégeant au ministère de la marine, à Paris, et délibérant sur les questions d'ordre supérieur soumises par le ministre, la législation maritime et coloniale, l'organisation des armées navales, les constructions et travaux maritimes, l'emploi des forces navales.

Amolettes, s. f. (*Mortises*). Mor-taises pratiquées dans la tête d'un cabestan, d'un gouvernail, d'un guindeau, et destinées a recevoir les barres de manœuvre de ces appareils.

Amont, s. m. L'amont d'une rivière est la partie la plus rapprochée de la source.

— Vents d'amont. (*Easterly winds*). Dans l'Océan, on désigne ainsi les vents soufflant des points de l'horizon compris entre l'est et le nord-est.

Amorce, s. m. Synonyme de Bouette.

Amorcer. Une ligne, la bouetter.

— Une pompe, l'allumer. Voir ces mots.

Amortir, v. a. (*To deaden the way*). — Amortir l'air d'un bâtiment, d'une embarcation, c'est manœuvrer de façon à diminuer sa vitesse.

— Un navire est amorti lorsque, étant échoué, les mortes eaux arrivent, et l'obligent d'attendre les fortes marées pour se remettre à flot.

Amortissement, s. m. (*Deadening of the tides*). Etat des marais pendant les mortes eaux.

Amovible, adj. Hélice amovible. (*Lifting screw*). Lorsqu'un navire obtient avec ses voiles une vitesse suffisante, et que l'hélice ne tourne pas, elle exerce une résistance considérable au mouvement de progression du bâtiment ; pour obvier à cet inconvénient, on soulève l'hélice et on la remonte dans une ouverture nommée puits et pratiquée sous le couronnement. Une hélice qu'on peut ainsi remonter est dite amovible.

Ampoulette, s. f. (*Glass*). Sablier destiné à marquer le temps pendant lequel on doit filer le loch ; l'ampoulette détermine un intervalle de 30 secondes.

Amure, s. f. (*Tack*). Cordage servant a fixer le point inférieur, qui se trouve au vent, d'une basse voile soit carrée, soit à bourcet, et le point inférieur de l'avant d'une voile aurique ou latine. Dans le premier cas, l'amure est une manœuvre courante ; dans le second, elle est à poste fixe.

Les amures des voiles carrées et à bourcet sont raidies du côté du vent ; avoir les amures à babord exprime donc que l'on navigue en recevant le vent sur babord.

Amurer, v. a. (*To haul a tack*). Amurer une voile, c'est raidir son amure. Lorsqu'une voile est larguée et qu'on veut l'établir pour l'allure du plus près, on commence toujours par l'amurer pour bien raidir la ralingue de chute du vent.

— A amurer les basses voiles (*Fore and main tacks*). Commandement pour raidir les amures des basses voiles.

Ancrage, s. m. (*Anchoring place*). Lieu où l'on peut jeter l'ancre. Un bon ancrage est abrité du large et présente une bonne tenue.

— Droit d'ancrage. Péage qu'on exige d'un bâtiment qui mouille sur une rade étrangère.

Ancre, s. f. (*Anchor*) Pièce en fer forgé, présentant à une de ses extremités deux forts crochets et, à l'autre, un anneau relié au bâtiment par un câble ; l'ancre, en se fixant au fond de la mer, maintient le navire en place contre l'action des vents et des courants.

L'ancre est composée d'une *verge* ou tige cylindro-conique à la partie supérieure à laquelle est percé un œil traversé par un anneau ou *organeau* auquel on amarre le câble ; à l'autre extrémité, se trouvent les bras terminés par des pelles rondes et pointues nommées *pattes ;* la pointe est le *bec ;* les bras se raccordent à la verge par des courbes nommées *aisselles ;* presque au bout de la verge, un peu au-dessous de l'organeau, est fixée une pièce de bois ou de fer nommée *jas ;* cette pièce est placée perpendiculairement au plan des bras de la verge et des pattes ; grâce à cette disposition,

lorsque l'ancre tombe au fond de la mer, elle se couche toujours de façon à ce que l'un des becs morde le fond.

Les ancres se composaient autrefois de pièces de bois très dur et fortement assemblées ; les pattes étaient lestées par des pierres.

— Essai des ancres. Le point faible d'une ancre est le diamant, c'est-à-dire le point où la verge se soude aux bras. Autrefois, on élevait l'ancre à une grande hauteur et on la laissait retomber sur de vieux canons ; maintenant, on préfère faire mordre les bras de l'ancre contre un obstacle invincible : on tire dessus avec un cabestan ou, mieux encore, à l'aide d'une presse hydraulique, jusqu'à ce qu'on soit arrivé à une pression déterminée. Préférable à la première méthode, cette dernière est cependant fort défectueuse, car, dans l'essai, le fer peut se délier sans que l'ancre se casse.

Les dimensions des ancres varient avec celles des bâtiments et leur poids peut aller de 200 à 5000 kilogrammes.

Un bâtiment porte ordinairement cinq ancres principales et des ancres à jet ; 1· deux ancres de poste ou de bossoirs, qui sont toujours fixées aux bossoirs ; 2· deux ancres de veille destinées à les remplacer au besoin et placées dans les portes-haubans de misaine ; ces quatre ancres sont à peu près de même force ; 3· l'ancre de réserve ou maîtresse ancre fixée le long de l'épontille arrière du grand panneau ; 4· les ancres à jet de moindres dimensions, mais pouvant peser jusqu'à 1200 kilogrammes, servent à prendre des points fixes lorsqu'on veut se hâler pour changer de mouillage ou éviter. Ces ancres sont dites à jet parce qu'on les mouille ordinairement à l'aide d'une chaloupe qui les porte au point indiqué.

Ancre maîtresse,	*Sheet anchor.*
Ancre de veille,	*Waist anchor.*
Ancre de bossoir,	*Bower anchor.*
Ancre à jet,	*Kedje.*

— Ancre à pattes mobiles. Les pattes, au lieu d'être soudées à la verge, y sont reliées par un bouton autour duquel elles peuvent tourner ; on évite ainsi les vices de soudure ; cette ancre, plus facile à loger. prend mieux sur le fond et est d'un prix de revient moindre.

— Ancre de cape. Croix de fer sur laquelle on tend un carré de forte toile ; cet appareil est maintenu verticalement dans l'eau et à la profondeur voulue au moyen d'une bouée ; elle est fixée au bord par un grelin qui se termine par quatre cordages frappés en patte d'oie sur les bras de la croix. Elle peut être d'un grand secours pour maintenir un bâtiment debout à la lame par gros temps.

Ancrer, v. a. (*to anchor*). Jeter l'ancre. Voyez Mouiller.

Angarie, s. f. (*Delay by constraint*). Mise en réquisition d'un navire pour l'obliger à charger pour le gouvernement.

Angirolle, s. f. (*Tackle*). Palan frappé sur une pantoire capelée à un mât de tréou pour en porter la vergue (Médit.).

Angon, s. m. (*Bearded stick*). Fer dentelé qui sert aux pêcheurs à tirer les coquillages et les crustacés d'entre les rochers.

Anguille. (Nœud d') (*Slip knot*). Nœud coulant qui sert à saisir pour le débarquement des futailles de peu de poids.

— Anguilles, pièces de bois servant à faire glisser un navire lors du lancement. Voy. Coitte.

— Anguilles de coursier. Coulisses en bois servant aux canons des vaisseaux du Levant.

Anguillers, s. m. (*Limber-holes*) Petits conduits pratiqués tribord et babord de la carlingue sur la face extérieure des varangues ; ils servent à conduire les eaux de la cale au pied des pompes.

Anneau, s. m. Cercle en fer (*Iron cringle*). ou en bois (*Hank*) ou en corde (*Grummet*), employé à bord à toutes sortes d'usages. Voir boucles, bagues, organeaux, cosse, margouillets, œil.

— Anneau astronomique. Cercle en cuivre divisé, muni d'un curseur percé d'un trou. Ce cercle était suspendu dans le plan horaire du soleil, puis le curseur placé de façon à ce que l'axe du trou fût dirigé vers le soleil. En lisant sur le cercle au point où s'arrêtait le curseur, on avait la hauteur du soleil au-dessus de l'horizon.

— Anneau de brague. — Espèce d'anneau formé par le métal de certaines pièces de canon au bouton de culasse et donnant passage à la brague.

Annulement, s. f. Signal qui annule le signal précédent. Ce signal est un pavillon tout rouge.

Anordie, s. f. (*Gale from the north*). Vent de nord bon frais d'une certaine durée.

Anordir, v. n. (*To draw towards the north*). Se dit du vent lorsque, soufflant de l'est ou de l'ouest, il se rapproche du nord.

Anse, s. f. (*Small bay*). Baie de petites dimensions.

— *Claw*. Petit bout de filin épissé sur les ralingues de chûte d'une voile pour y fixer les branches de boulines et les palanquins.

Anspect, s. m. (*Hanspike*). Levier en chêne servant à manœuvrer les pièces de canon ; on distingue le gros bout à section carrée, terminé en biseau, et le corps légèrement conique.

Employé pour remuer des objets de grand poids on le nomme barre d'anspect.

Antenne, s. f. (*Lateen yard*) Vergue des voiles latines. Très longue, mince des deux bouts. L'antenne est formée de plusieurs pièces d'assemblages, la drisse est fixée aux 2|5 de la longueur, à partir du bout avant qui s'apique tout bas.

— Rang transversal de gueuses, de barriques arrimées dans la cale d'un navire.

Antenolle, s. f. (*Small lateen yard*). Petite antenne destinée à porter une voile latine par mauvais temps.

Aperçu, s. m. (*Answering*). Pavillon que l'on hisse pour montrer que l'on a compris un signal ; c'est un trapèze bleu marqué de cinq points jaunes.

Apigé, adj. (*Almost laden*). Navire non complétement chargé, mais suffisamment lesté pour pouvoir naviguer. Médit.

Apiquage, s. m. (*Pointing*). Action d'apiquer une corne, une vergue. — L'angle que fait avec l'horizon une corne ou une vergue apiquée.

Apiquer, v. a. (*To point*). Incliner dans la direction de haut en bas. Apiquer une corne, une vergue. (*To cock bill a yard*). On apique une vergue en pesant une balancine et mollissant l'autre ; cette manœuvre se fait lorsqu'on passe près d'autres navires dans des passages étroits et qu'on craint d'accrocher leur gréement. En signe de deuil les vergues sont appiquées à contre-bord l'une de l'autre. elles sont alors dites en pantenne.

— S'apiquer. Descendre en parlant d'un homme.

— Un câble apique lorsqu'il vient presque verticalement à l'écubier.

Apiater, v. a. Faire le rôle des plats, c'est-à-dire désigner les hommes qui doivent manger ensemble.

Apôtres, s. m. (*Knight heads*). Nom de deux allonges chevillées de chaque côté de l'étrave et la dépassant d'une longueur égale au diamètre du beaupré qui passe entre deux. Les apôtres sont dits aussi allonges d'écubier.

Apparaux, s. m. (*Purchases*). Mot collectif désignant tous les objets nécessaires à manœuvrer les vergues, les voiles, les ancres, cabestans, gouvernail, etc.

Appareil, s. m, (*Fourfold purchase*). Combinaison ou disposition de moyens mécaniques à l'effet d'exécuter certaines opérations telles que l'abattage en carène, le calage et guindage des mâts de hune, le matage des bas mâts avec les bigues, etc.

— Poulie d'appareil, grosse poulie employée dans les opérations exigeant des efforts considérables.

Appareillage, s.m. (*Setting sail*). Manœuvre qui a pour but de quitter un quai ou un mouillage et de mettre à la voile.

Appareiller, v. n. et a. (*To set sail*). Faire l'appareillage.

— Appareiller une voile (*To draw a sail*). Disposer une voile et l'orienter de façon à ce qu'elle reçoive le vent.

Appel, s. m. (*Groving*). Direction d'un cordage. Un navire mouillé vient à l'appel de son câble lorsqu'il évite de façon à ce que sa quille et le câble soient dans la même direction.

Une poulie est à l'appel d'une autre quand le cordage qui va de la première à la seconde suit la direction qui convient le mieux à l'effet voulu.

— Appel au quart. (*All hands to muster*). Ordre aux hommes de quart de se rassembler pour s'assurer qu'ils sont tous sur le pont et répondent à leur numéro.

Appeler, v. n. (*To grow*). Agir dans une certaine direction. Un cordage appelle : droit, lorsqu'il agit directement sur le point où la force est appliquée ; en étrive, lorsqu'il y a un changement de direction opéré par une poulie ou tout autre moyen.

Appontement, s. m. (*Wooden pier*). Pont mobile construit en madriers et en planches et permettant de passer d'un quai sur un bâtiment amarré auprès.

— Plate-forme fixe supportée par des pilotis et le long de laquelle un navire vient s'amarrer pour le chargement ou le déchargement.

Apprenti marin, s. m. (*Landsman*). Classe de marins prenant rang entre les matelots et les mousses ; elle se compose des hommes n'ayant jamais navigué provenant du recrutement ou d'engagement volontaire. Au bout d'un an ces apprentis marins sont nommés matelots de 3° classe.

Apprêtée, s.f. Poudre disposée à l'avance dans les gargousses des divers calibres, prêtes ainsi pour le combat ; autrefois l'apprêtée ne comprenait que 25 gargousses par bouche à feu. Pendant le combat des hommes étaient spécialement chargés d'en préparer de nouvelles. Depuis longtemps les gargousses sont embarquées toutes prêtes.

Approcher, (*To scant*). Se dit du vent lorsqu'il devient moins favorable.

Appuyer. Haler, raidir un cordage pour soutenir ou fixer l'objet auquel il aboutit. Au plus près on appuie les bras du vent pour fixer les vergues et résister à l'effort du vent dont l'action sur la voile est plus forte au vent que sous le vent.

Un bâtiment est appuyé lorsque incliné sous l'effort d'un vent de travers, il n'éprouve pas de mouvements de roulis ; vent arrière au contraire, le navire n'est pas appuyé et roule très fort.

— *To enforce a signal.* Appuyer un signal c'est l'accompagner d'un coup de canon pour attirer l'attention.

Araignée, s. f. (*Crowfoot*). Patte d'oie à un grand nombre de branches de menu filin qu'on installait devant les hunes pour empêcher les huniers de venir frotter ou battre contre elle.

— Araignée de hamac. Réseau de petites lignes placé à chaque extrémité du hamac et destiné à en ouvrir les bouts et les accrocher.

Arbalétrière, s. f. Endroit d'une galère tribord et babord où les soldats se tenaient pour combattre.

Arbalète, s. f. (*Jacob-staff*). Ancien instrument servant à déterminer la hauteur d'un astre à la mer.

Arborer, v. a. (*To hoist*). Arborer un pavillon c'est le hisser, le déployer et le faire flotter au bout d'un mât ou d'une vergue.

Arbre, s. m. (*Shaft*). Nom des mâts portant des antennes. Arbre de mestré, grand mât. (Médit.).

Arbre, s. m. (*Shaft*). L'arbre, dans une machine à vapeur marine, est la pièce qui transmet le mouvement du piston au propulseur : il sert aussi à conjuguer les machines, c'est-à-dire à rendre le mouvement de l'une solidaire de celui de l'autre.

L'arbre est un cylindre plein de fer forgé formé de plusieurs parties, supportées par des paliers qui portent des coussinets ; des collets réservés sur l'arbre, et comprenant les coussinets, maintiennent l'arbre contre les mouvements du navire. Le bout de l'arbre qui reçoit l'action directe des pistons est l'arbre moteur : celui qui porte le propulseur est l'arbre extérieur.

Dans les navires à roues, l'arbre est horizontal, perpendiculaire au plan longitudinal du bâtiment et porte une roue à chaque extrémité.

Dans les navires à hélice, l'arbre est horizontal et placé dans le plan longitudinal; il porte à son extrémité arrière l'hélice.

Arc, s. m. (*Cambering*). Courbure d'une pièce de construction ou d'un navire provenant d'une déformation.

L'arc des mâts, des vergues provient d'efforts prolongés ou d'une tension mal calculée des divers cordages qui agissent sur eux.

— Lorsque, au bout d'un certain temps de service, l'arrière et l'avant d'un navire sont plus bas que le milieu, on dit que le navire à de l'arc; cette déformation générale correspond à une déformation de même sens de la quille. Voici la principale raison de cette déformation; tout corps plongé dans un liquide éprouve de bas en haut une poussée égale au poids du liquide qu'il déplace. Le déplacement de la partie centrale-étant beaucoup plus considérable que celui des extrémités, la poussée y est beaucoup plus forte; la partie médiane de la quille tend donc a se soulever de plus en plus et les extrémités à s'abaisser. A la mer, l'arrière ou l'avant émergent souvent, et n'étant plus soutenus par l'eau, s'abaissent encore davantage.

On a essayé de remédier à l'arc en donnant à la quille une courbure en sens contraire. L'arc n'est pas alors aussi apparent, mais il n'en existe pas moins et surtout la déformation correspondante.

Arcasse, s. f. (*Stern frame*). L'arcasse est l'assemblage de charpente formant la partie arrière d'un bâtiment; elle se compose de l'étambot et de diverses barres assemblées sur lui transversalement à la direction de la quille. La plus élevée de ces barres est la barre d'arcasse,

(*transom*), viennent ensuite la barre d'hourdi, la barre du pont, les barres d'écusson et enfin le fourcat d'ouverture; ces barres s'appuyent par le milieu sur l'étambot et par leurs extrémités sur l'estain.

Arcaux, s. m. p. Craie rouge délayée avec l'eau et dans laquelle les charpentiers trempent une ficelle qui, tendue sur deux points d'une pièce de bois, puis soulevée dans le milieu et brusquement lâchée, trace sur cette pièce une ligne rouge.

Arc-Boutant, (*Boom*). Pièce de bois courte servant tantôt à donner plus de stabilité à un objet, tantôt plus d'écartement à un cordage, tantôt plus de force à une pièce de construction.

L'arc-boutant de hune écarte les galhaubans des mâts supérieurs des bords de la hune et, en leur donnant plus de pied, consolide les mâts.

L'arc-boutant de beaupré placé au-dessous du beaupré et perpendiculairement à sa direction, reçoit à sa partie inférieure des cordages nommés martingales, il sert ainsi à leur donner de l'écartement et mieux tenir le bout dehors de foc.

Les arcs-boutants de coites sont des pièces de bois qui s'appliquent entre les coites et les semelles du ber d'un bâtiment pour en consolider l'ensemble.

Arceaux, s. m. Pièces de sapin qui formaient le berceau de poupe d'une galerie.

Arche, s. f. (*Pump box*). Caisse servant à garantir l'ouverture d'une pompe.

Archigrelin. Cordage formé de plusieurs grelins commis ensemble.

Archipompe, s. f. (*Pump well*). Cage rectangulaire en planches montant jusqu'au faux pont: elle entoure les pompes d'un bâtiment pour les préserver des chocs et laisse libre un espace suffisant pour les réparations.

Architecture navale, s. f. (*Naval architecture*). L'art de tracer

2

le plan des navires et de toutes leurs parties, de les assembler et de mettre à flot un bâtiment prêt à prendre la mer. L'architecture navale s'adresse à tout les sciences et l'on trouve dans un navire l'application de toutes les connaissances humaines. La France n'a certainement pas toujours eu les flottes les plus nombreuses, mais on peut dire que ses ingénieurs ont toujours produit des bâtiments servant de types aux marines étrangères, et qu'elle a précédé celles-ci dans la voie du progrès.

Les navires en bois construits par le baron Sané, nos batteries cuirassées devant Kinburn, le vaisseau *la Bretagne*, *le Napoléon*, nos grands croiseurs, sont certainement des titres de gloire pour le génie maritime et pour la France.

Ardent, adj. (*Griping*). Un bâtiment est ardent lorsqu'il tend de lui-même à venir se mettre debout au vent Un bâtiment un peu ardent tient mieux le plus près, c'est donc une qualité, mais lorsque cette tendance s'exagère on doit la balancer par l'effet du gouvernail qui diminue en outre la vitesse, c'est alors un défaut.

Ardoise (en). Les mantelets de sabord sont en ardoise lorsqu'ils ne sont relevés qu'à moitié pour empêcher l'entrée du vent ou de la pluie dans les batteries.

Armateur. s. m. (*Owner*). Particulier qui arme à ses frais un bâtiment pour la course, le commerce ou la pêche. L'armement pour la course ne peut avoir lieu qu'avec l'autorisation du gouvernement.

Armé, adj. (*Fitted out*). Un navire armé est un navire prêt à prendre la mer.

Armée navale, s. f. (*Fleet*). Il y a trente ans, une armée navale se composait de trois escadres commandées par un amiral commandant en chef, un vice-amiral, un contre-amiral. Elle devait comprendre au moins 18 vaisseaux de ligne, et l'escadre légère ou de réserve, comprenant 6 frégates ou corvettes de bonne marche et enfin plusieurs bâtiments légers destinés à éclairer la marche, à porter les ordres ou dépêches. Cette dénomination d'armée navale n'a du reste rien d'absolu et s'applique à une force suffisante ; aujourd'hui, avec le petit nombre de bâtiments cuirassés qu'on peut mettre en ligne, elle n'a plus sa raison d'être.

Arméger, v. n. (*To moor*). Amarrer un bâtiment à l'ancre. Médit.

Armement, s. m. (*Fitting out*). L'armement d'un bâtiment consiste à le munir de tout ce qui est nécessaire a la navigation à laquelle il est destiné.

L'armement désigne aussi la totalité des objets dont il est muni.

— Port d'armement. Le port où on a armé un navire.

— Feuilles d'armement. Listes remises aux maîtres chargés de tous les objets embarqués a bord et dont ils sont responsables.

— Barriques d'armement. Barriques avec lesquelles on va chercher l'eau à terre.

— Armement d'une embarcation (*Boats'geer*). Tout ce qui est nécessaire à la manœuvre et à la défense de l'embarcation.

Armement, s. m. (*Naval force*).

— Réunion de bâtiments de guerre destinés à une entreprise déterminée.

— Armements. Faire des armements, c'est armer des navires, les mettre en état de prendre la mer, sans qu'ils soient tous destinés à la même entreprise.

Armement (Commission d'). s. f. Réunion d'officiers du bâtiment armé et d'officiers du port d'armement destinée à vérifier si le navire a reçu tous les objets portés réglementairement sur les feuilles d'armement.

Armer, v. a. (*To fit*). Armer un bâtiment, en faire l'armement ; l'armement varie suivant la destination.

— —Armer en paix, en guerre, en transport. Armer un navire particulier en course, en corsaire.

— — Armer une embarcation (*To man a boat*). Embarquer les hommes et les objets nécessaires à sa mission.

—Armer un câble (*To linkworm a cable*). Le garnir en certains endroits pour le garantir des frottements.

Armure, s. f. (*Fish*). Pièce de bois assemblée au moyen d'adents avec un bau pour le renforcer et lui donner du bouge.

Aronde (Queue d'). s. f. (*Swallow tail*). Sorte d'assemblage servant à relier deux pièces de bois. L'une est terminée en forme de queue d'hirondelle, l'autre présente une mortaise dans laquelle s'emboîte exactement la première. Les baux sont reliés à la bauquière par des assemblages a queue d'aronde.

Arondelle. Grosse ligne de pêche garnie d'avançons et d'hains.

Arpent, s. m. Scie à lame longue et large en usage dans les chantiers.

Arquer (S'), v. n. (*To become cambered*). Prendre de l'arc.

Arqué, adj. (*Bow bent*). Navire arqué, navire ayant pris de l'arc.

Arraisonner, v. a. (*To hail*). Arraisonner un bâtiment, c'est le faire raisonner.

Arrière, s. m. (*Stern*). La partie du bâtiment comprise entre son centre de gravité et le gouvernail ; pour les constructeurs, c'est toute la partie du bâtiment à l'arrière du maître bau. Le grand mât et le mât d'artimon sont sur l'arrière ; l'effet de leurs voiles orientées obliquement est donc, outre le mouvement de progression, de faire loffer, c'est-à-dire de faire tourner l'arrière de façon que la quille se rapproche de la direction du vent par l'avant. Lors donc que l'effet des voiles de l'arrière n'est pas balancé par celui des voiles de l'avant, le navire est ardent. En terme de construction, l'arrière est l'ensemble des pièces de bois et bordages qui forment la partie postérieure du bâtiment. La partie de l'arrière, plongée dans l'eau, doit être fine, de façon à laisser arriver l'eau librement sur le gouvernail ; la partie supérieure est tantôt carrée, tantôt ronde. Autrefois, l'arrière était toujours carré, élevé au-dessus de l'eau dans des proportions considérables et chargé de sculptures et de dorures. Tout en conservant sa forme carrée, l'arrière s'est abaissé peu à peu de façon à être au niveau du plat bord ; mais on a substitué sur les bateaux à vapeur en fer, les navires de guerre et les cuirassés aux arrières carrés les arrières ronds, plus faciles à construire, moins vulnérables et plus susceptibles de recevoir une cuirasse.

— Vent arrière. (*To be before the wind*). C'est naviguer le vent soufflant dans la direction de la quille de l'arrière à l'avant.

— Recevoir la mer de l'arrière (*Sea astern*).

—Un bâtiment est sur l'arrière lorsque cette partie, trop chargée, s'enfonce plus que l'avant.

—Matelot de l'arrière. En tactique, le vaisseau qui suit celui dont on parle.

— Arrière-garde. (*Rear division*) Nom de l'escadre qui, en ligne de bataille, se trouve en arrière des deux autres.

— Arrière-port. (*Inner harbour*). Partie la plus reculée d'un port.

Arrimage, s. m. (*Stowage*). Arrangement dans la cale d'un navire de tous les objets qui composent son armement. Employer le mieux possible la place, placer les objets de façon à ce qu'ils ne soient pas gâtés et qu'on puisse les trouver facilement ; disposer les poids de façon à assurer la stabilité du bâtiment et rendre ses mouvements à la mer aussi doux que possible ; tels sont les points principaux qu'on ne doit jamais perdre de vue pendant l'arrimage.

L'arrimage a une influence considérable sur les qualités nautiques d'un bâtiment ; trop chargé sur l'arrière, il est ardent, sur l'avant, au contraire, il est mou ; si les poids sont groupés autour du point central, les mouvements de tangage et de roulis sont vifs et durs ; placés vers les extrémités, les mouvements sont longs et étendus ; les mêmes effets se produisent si les poids sont trop bas ou trop haut.

On ne peut donner des règles fixes pour l'arrimage, qui varie avec la construction et la nature de chaque bâtiment.

Arrimer, v. a. (*To Slow*). Faire l'arrimage.

D'une façon générale, arrimer signifie arranger, placer.

Arrimeur, s. m. (*Storedore*). Homme chargé spécialement de faire ou diriger l'arrimage ; cette fonction n'existe plus à bord des bâtiments de guerre, où l'arrimage est fait par le commandant en second. Dans certains ports, pour les navires de commerce, des maîtres arrimeurs jurés arriment les marchandises et en évaluent l'encombrement en tonneaux pour fixer la valeur du fret.

Arrivée, s. f. (*Lee lurch*). Mouvement d'un navire autour de son axe vertical en vertu duquel l'angle de la quille avec la direction du vent devient de plus en plus grand ; si ce mouvement est suffisamment prolongé, il arrivera un moment où le navire se trouvera vent arrière.

— Point d'arrivée. (*Place bound to*). Point où doit se trouver le navire d'après le calcul fait chaque jour à midi.

Arriver, v. a. (*To bear up*). Un navire arrive lorsqu'il fait un mouvement d'arrivée.

Pour faire arriver un navire : 1° on augmente la voilure de l'avant et on la présente plus directement à l'action du vent ; 2° on brasse au besoin en ralingue derrière pour détruire

l'effet de rotation dû aux voiles de l'arrière ; 3° on met la barre au vent.

Dans certaines circonstances, lorsque le navire est engagé par exemple, ces moyens ne suffisent pas ; on fait passer tout l'équipage sur l'arrière, on coupe le mât d'artimon et même, au besoin, le grand mât.

— Arriver de deux quarts, c'est ouvrir l'angle de la quille et du vent de deux quarts. — Arriver vent arrière, c'est tourner jusqu'à ce qu'on soit vent arrière.

— Arriver sur un bâtiment, sur la terre, c'est arriver de manière à s'approcher du bâtiment, de la terre.

Commandements :

Arrive un peu.	*Ease the ship.*
Arrivez.	*Bear up.*
Arrivez en grand.	*Bear round.*
N'arrivez pas.	*Dont fall off.*
N'arrivez plus.	*Veer not more!*

Arrondir, v. a. (*To sail round*). Contourner. Un navire arrondit une île, un cap, un récif, de façon à les reconnaître ; mais il ne doit pas s'en approcher trop de peur des courants, du calme et des sautes de vent.

Arrondissement maritime. Le littoral maritime de la France, dont le développement est de 2693 kilomètres, est divisé en 5 arrondissements, ayant pour chefs-lieux les ports de guerre de Cherbourg, Brest, Lorient, Rochefort, Toulon ; chaque arrondissement est sous l'autorité d'un préfet maritime.

Chaque arrondissement est divisé en sous-arrondissements comprenant chacun plusieurs quartiers.

Arsenal, s. m. (*Dock-yard*). Etablissement militaire maritime où se trouvent réunis tous les moyens de construction, d'armement, d'équipement, de réparation des navires. Cet établissement, situé sur les rives d'un port, se confond avec celui-ci. La France possède de grands arsenaux dans chacune des préfectures maritimes, Cherbourg, Brest, Lorient, Rochefort, Toulon.

Artimon, s. m. (*Mizen*). Voile aurique enverguée sur la corne, fixée au mât d'artimon, le long de sa ralingue de l'avant, par des cercles en bois, et bordée au couronnement. On borde l'artimon pour loffer ; on le cargue, au contraire, dans les mouvements d'arrivée.

— Artimon de cape (*Try sail*). Petit artimon en toile très forte qu'on envergue par mauvais temps.

Artimon (Mât d') (*Lower mizen mast*). Le bas-mât vertical le plus sur l'arrière, dans un trois-mât, et le plus petit ; toutes les voiles, vergues et cordages, appartenant à ce mât, en prennent le nom : haubans d'artimon, hune d'artimon.

Ce mât a ordinairement son pied dans l'entrepont ; il est du reste peu propre à résister aux efforts du vent arrière, n'ayant pas d'étais pour l'appuyer dans cette direction. Aussi, lorsque la brise fraîchit un peu, on cargue le phare d'artimon.

Le mât d'artimon est surmonté par le mât de perroquet de fougue, le mât de perruche, le mât de cacatois de perruche ; ces mâts supportent la vergue carrée ou vergue sèche, ainsi nommée parce qu'aucune voile n'est enverguée sur elle, la vergue de perroquet de fougue, la vergue de perruche et la perruche, la vergue du cacatois de perruche et le cacatois de perruche. Un trois-mâts portant un mât d'artimon ainsi gréé, est dit trois-mâts carré. Si, au contraire, l'artimon ne porte que des barres au lieu de hunes, ce trois-mâts est dit trois-mâts barque. Dans ce cas, le mât d'artimon n'est composé que d'un bas-mât et de la flèche portant la brigantine et la flèche-en-cul.

Artifices, s. m. Compositions pyrotechniques destinées à brûler, plus ou moins rapidement, suivant l'usage auquel on les destine. On emploie dans la marine quatre espèces d'artifices :

1· Les artifices pour la communication du feu : étoupilles et mèche à canon.

2· Les artifices incendiaires : roche à feu et chemise à feu.

3. Les artifices pour signaux : étoile, fusée, feu Coston.

4· Les artifices éclairants : la fusée de sauvetage, charge au phosphure de calcium, de la bouée de sauvetage, Silas. Voir ces différents mots.

Aspirant, s. m. (*Midshipman*). Le grade le plus bas dans la hiérarchie des officiers. Il y a deux classes d'aspirants. Les élèves de l'école navale sortent avec le titre d'aspirants de seconde classe, et, au bout d'un an, passent aspirant de première classe. Les élèves sortant de l'école polytechnique sont nommés aspirants de première classe et passent deux ans dans ce grade.

La marque distinctive de l'aspirant de première classe est un galon et des aiguillettes d'or ; pour la seconde classe, le galon et les aiguillettes doivent être mi-partie or, mi-partie soie bleue.

Assécher, v. n. (*To dry*). Un port, un rocher, un banc assèchent lorsque, à la marée basse, ils sont complètement découverts.

— v. a. Assécher un bassin ; le vider au moyen de pompes.

Assemblage, s. m. (*Scarf*). Réunion de plusieurs pièces de bois destinées à former une pièce de construction, de mâture.

La quille, les bas-mâts, les couples, et en général toutes les pièces dont les dimensions excèdent celles des bois ordinaires, sont d'assemblage.

Les pièces d'assemblage sont toujours d'échantillon plus fort que si elles étaient d'un seul morceau.

— La façon dont sont réunies les différentes pièces : assemblage par entailles, à tenons et mortaises, à queue d'aronde.

Assembler, v. a. (*To scarf*). Réunir plusieurs pièces de bois par un assemblage.

Assembler deux toiles à voiles (*To join*). Les unir par une seule rangée de points.

Assourdir, v. a. (*To muffle the oars*).— Des avirons. C'est les garnir, à hauteur du plat-bord de cuir ou de linge, de façon à ce qu'on ne les entende pas lorsqu'on les met en mouvement.

Assudestie, s. f. (*South east winds*). Vent du Sud-Est bien établi et de quelque durée.

Assurance, s. f. (*Insurance*). Contrat par lequel une compagnie s'engage, moyennant une somme fixée, de se charger de toutes les avaries, dommages ou pertes que le bâtiment ou les marchandises pourront éprouver à la mer.

La somme à payer à la compagnie d'assurance varie avec la nature du voyage, celle du chargement.

Le Loyd est un registre sur lequel sont classés les différents navires, d'après leur solidité et la confiance qu'inspirent leurs qualités nautiques ; ce classement sert à fixer le tarif applicable.

Assuré, adj. (*Insured*). S'applique à un navire dont la coque ou les marchandises font l'objet d'un contrat d'assurance.

Assurer, v. a. (*To insure*). La compagnie d'assurance assure le navire, sa cargaison, c'est-à-dire en garantit la valeur au propriétaire, en cas de perte.

—Faire assurer un navire. Garantir sa valeur par un contrat d'assurance.

— Assurer son pavillon (*To confirm*). Tirer un coup de canon en arborant son pavillon et par là affirmer sur l'honneur que c'est le pavillon national.

Aste, s. m. (*Handle*). Manche, Hampe (Médit.).

Astrolabe, s. m. (*Cross stuff*). Instrument nautique destiné à la mesure de la hauteur des astres.

Attaquer, v. a. (*To attack*). Attaquer la terre, une passe, c'est se diriger dessus le plus directement possible.

Attention ! (*Mind*). Avertissement donné aux hommes pour exécuter un commandement.

— Pavillon d'attention. Signal hissé pour montrer qu'on a vu et compris un signal précédent.

Atterrage, Atterrissage, s. m. (*Land fall*). Action de s'approcher de la terre, de la reconnaître et diriger sa route vers l'endroit où l'on doit aller. Lorsque, d'après la position calculée du bâtiment, le commandant se croit près de terre, il fait mettre en vigie, dans la mâture, un homme qui doit signaler la terre en criant : terre devant ou terre babord ou tribord. On continue alors à faire route ; peu à peu la terre se dessine, et on peut, d'après son profil et les dessins donnés sur les cartes, reconnaître sa position ; les ordres sont alors donnés en conséquence. Lorsqu'on s'approche davantage, on s'aide de la sonde ; la profondeur de l'eau, la nature du fond sont autant de moyens d'assurer sa route.

Enfin, lorsqu'on est parvenu à assez petite distance pour apercevoir des amers ou des constructions pouvant en tenir lieu, on s'avance en prenant des relèvements.

Atterrir, v. n. (*To land fall*). Manœuvrer pour l'atterrage.

Atterrissement, s. m. Les atterrissements de la mer, d'un cours d'eau sont les apports successifs de sables, galets, vase que les courants accumulent en certains endroits.

Attraction locale. Déviation que peut causer aux aiguilles les canons, la cuirasse et en général tous les objets en fer placés à bord. On corrige cette déviation au moyen de la compensation.

Attraper, v. a. (*To seize*). Saisir, recevoir, atteindre. Attraper une amarre qu'on vous lance.

Attraper un point en deux bords.

— Attrappe à prendre un ris. — Attrappe à courir. Locutions équivalentes à : Prenez un ris ; Courez.

Attrapes, s. f. (*Relieving ropes*). Cordages destinés à saisir et fixer momentanément un objet que les mouvements du navire pourraient entraîner.

Dans l'abattage en carène, on place des attrapes destinées à empêcher le navire de se coucher trop brusquement lorsqu'il est fin.

Aube, s. f. (*Paddle*). Bordages fixés sur la circonférence des roues des bâtiments a vapeur et destinés à agir sur l'eau pour les faire avancer.

Auffe, s. f. Genêt qu'on trouve en Espagne et qui sert à fabriquer les cordages, désignés sous le nom de bastin et de sparterie.

Auge, s. f. (*Porringer*). Caisse qui sert dans les corderies à contenir le goudron chaud, et dans lequel on passe rapidement les fils de caret qu'on veut goudronner.

— Caisse servant autrefois à faire l'apprêtée dans la grande soute à poudre des vaisseaux.

Augmenter, v. a. de toiles. (*To make more sail*). Exposer plus de voiles à l'action du vent.

Aumônier, s. m. (*Chaplain*). Ecclésiastique chargé du service religieux des chapelles, des hôpitaux de la marine, des bagnes et de certains bâtiments de guerre. A bord, l'aumônier fait partie de l'état-major et prend place à la table du commandant.

Auray, s. m. (*Mooring*). Amarrage d'un navire, dans certaines rivières, au moyen de cordages tenus par des pieux ou des blocs de pierre.

Aurique, adj. (*Lug sail*). Voile aurique. Voile quadrangulaire mais non carrée, s'enverguant sur une corne ou un étai. Les voiles d'étai augmentent peu la vitesse et beaucoup la dérive. Les voiles à corne telles que la

brigantine, l'artimon, sont de puissants auxiliaires pour les mouvements de rotation du navire, le balancement de la voilure et l'augmentation de sa vitesse.

Aussière, s. f. (*Hawser*). Voyez Haussière.

Austro, s. m. (*Southerly*). Synonyme de sud dans la Méditerranée. Vent d'austro ou du sud.

Autel. Petit mur, ordinairement en briques réfractaires ou en tôle, placé au bout de la grille d'un foyer ; il a pour but :

1° Maintenir le charbon et l'empêcher de tomber dans le cendrier commun ;

2° De redresser la flamme pour l'obliger à lécher le ciel et rentrer dans les courants de flammes ;

3° De mettre les tôles du fond de la chaudière à l'abri de l'action directe de la flamme.

Auvent, s. m. (*Weather board*). Planche que l'on place à la partie inférieure des sabords pour empêcher la pluie de couler dans la batterie.

Auxiliaire, ad. (*Auxiliary*). Nom des capitaines du commerce employés temporairement comme officiers sur les navires de l'Etat. En cas de guerre, les capitaines au long cours prennent le rang d'enseigne auxiliaire et peuvent au bout de deux ans de service être nommés enseignes de vaisseau.

Aval, s. m. L'aval d'une rivière, d'une vallée est la partie basse de cette rivière, de cette vallée.

— Vents d'aval. (*Westerly winds*). Les marins de l'Océan désignent par vents d'aval les vents soufflant de la partie du S. O.

Avaler. Voyez boire en parlant de la toile.

— Le vent avale lorsqu'il se rapproche de la direction des vents de S. O.

— (Loc. fam) Avaler sa gaffe, mourir.

Avances, s. f. (*Advance money*). Sommes payées aux officiers et marins prêts à prendre la mer, en à-compte sur leur solde et leur traitement de table.

Avançons, s. m. Petites lignes garnies d'hameçons qu'on adapte à une ligne de pêche pour augmenter le nombre des hameçons qu'elle peut porter ; souvent ces avançons sont écartés de la ligne principale par une petite tige en bois de 25 à 30 centimètres.

Avano, s. m. Filet en forme de poche fixé sur un cercle ; il sert à prendre la sardine, la crevette, etc.

Avant, s. m. (*Fore*). La partie d'un navire située entre le centre de gravité et l'étrave. Pour les constructeurs, c'est toute la partie du bâtiment à l'avant du maître bau ; le mât de beaupré et de misaine sont sur l'avant, l'effet de leurs voiles orientées obliquement est donc, outre le mouvement de progression, de faire tourner l'avant de façon que la quille se rapproche de la direction du vent par l'arrière ; c'est à dire de faire arriver. Si cet effet des voiles de l'avant n'est pas balancé par celui des voiles de l'arrière, le bâtiment tend toujours à arriver, on dit qu'il est mou.

En terme de construction, l'avant est l'ensemble des pièces de construction et bordages qui forment la partie antérieure du bâtiment.

La partie de l'avant plongée doit être fine, de façon à couper facilement le liquide et diminuer la résistance.

La partie émergée doit au contraire être assez large pour, dans les mouvements de tangage, empêcher l'avant de s'enfoncer dans le fluide, ce qui diminue le sillage dans des proportions considérables ; sur les bateaux à grande vitesse construits en fer et droits, l'avant est fin du haut en bas : mais pour l'empêcher de plonger, dans les grands mouvements de tangage il est très élevé et le bateau est sur cul.

L'avant du bâtiment portait autrefois une figure allégorique ou un buste de grand homme, cet ornement est maintenant supprimé sur tous les navires de guerre et presque tous les paquebots.

— Un bâtiment est sur l'avant lorsqu'il est très chargé de cette partie.

— (*Tact. nav.*). Le matelot de l'avant ; le navire qui précède celui dont on parle.

Avant-cale, s. f. (*Lanch*). Partie basse d'une cale de construction prolongée dans la mer jusqu'au point où le vaisseau, au moment de son lancement, trouvera assez d'eau pour flotter.

Avant-garde, s. f. (*Van guard*). Nom de l'escadre qui en ligne de bataille se trouve en avant des deux autres et forme la tête de ligne.

Avant-port, s. m. (*Outer harbour*). Partie avancée d'un port qui reçoit les bâtiments qui ne veulent qu'un abri, où se tiennent prêts à appareiller.

Avant partout ! (*Pull away*). Ordre aux canotiers de faire tous force sur leurs avirons.

Avant tribord ou **babord.** (*Pull starboard, larboard*).

Avantage du vent, s. m. (*Weather gage*). Avoir l'avantage du vent, c'est être plus avancé vers l'origine du vent qu'un autre bâtiment, de sorte qu'on peut le joindre en laissant arriver.

Dans un combat, les positions au vent et sous le vent présentent chacune des avantages ; mais au point de vue de l'attaque, la première est préférable. Cette question a du reste perdu la plus grande partie de son importance avec l'emploi des bâtiments à vapeur.

Avarie, s. f. (*Average*). Dommage éprouvé par un bâtiment dans une quelconque de ses parties.

— Dans le commerce on entend en outre par avaries toutes les dépenses faites pendant la durée du voyage, le salaire du capitaine et de l'équipage, leur nourriture, les frais de pilotage, etc.

Avarié, participe (*damaged*). S'applique à un bâtiment, à une quelconque de ses parties, aux marchandises et même aux hommes.

Aventure. Prêt à la grosse. (*Boll omry*). Prêt d'argent sur un navire ou sa cargaison. Si le bâtiment revient, le prêt est remboursé avec un très fort intérêt : s'il périt, tout est au contraire perdu.

Aventurier, s. m. (*Free boter*). Bâtiment armé en guerre et en marchandises et qui, confiant dans sa marche, s'aventure à partir sans escorte en temps de guerre.

L'aventurier ne se sert de ses armes que pour se défendre, son but est de porter des marchandises et non de faire des prises.

Aveugler, v. a. (*To fother*). Aveugler une voie d'eau, un trou de boulet, c'est le boucher provisoirement de façon à ce qu'il ne rentre plus que fort peu d'eau.

Aviron, s. m. (*Oar*). Mot employé pour désigner une rame. L'aviron est en hêtre, frêne ou sapin ; on y distingue la poignée (*Handle*) qu'on saisit avec les mains, le manche (*loom*) de forme cylindrique, la pelle ou plat de l'aviron (*blade*).

L'aviron est un véritable levier ayant son point d'appui sur le bord de l'embarcation, la résistance est celle de l'eau sur la pelle, la puissance est l'action de l'homme sur la poignée, on l'évalue à 40 kilogrammes.

Etre à l'aviron (*To be rowing*). Lorsque chaque banc d'une embarcation porte deux rameurs, on dit qu'ils nagent à couple, l'aviron est dit aviron à couple (*double scull*) ; s'il ne porte qu'un seul rameur, son aviron est dit aviron en pointe (*single scull*).

— Aviron de galère (*sweep*). Aviron de grande dimension dont on se sert à bord des petits bâtiments pour prendre un peu de vitesse en temps de calme ou évoluer.

Les galères anciennes portaient un grand nombre d'avirons ; leurs poignées, trop fortes pour être saisies à la main, présentaient des taquets ou manilles sur lesquels agissaient les rameurs ; il y avait un, deux ou trois étages de rameurs.

— Aviron de queue. Aviron placé à l'arrière d'une embarcation et dont on se sert pour gouverner.

Avironnerie, s. f. Atelier où l'on fabrique des avirons.

Avironnier, s. m. (*Oar maker*). Ouvrier qui façonne des avirons.

Axe, s. m. (*Axis*). Axe de symétrie. Toute ligne par rapport à laquelle tous les points d'un corps sont symétriques ; l'axe d'un couple.

Axe de rotation. Toute ligne autour de laquelle un corps tourne. On distingue trois axes principaux de rotation dans un navire.

L'axe vertical, passant par le centre de gravité et autour duquel le navire loffe, arrive ; l'axe longitudinal ou horizontal, passant par le centre de gravité et autour duquel il roule ou s'incline sur le côté ; l'axe transversal, également horizontal, et passant aussi par ce point, et autour duquel il tangue.

Axiomètre, s. m. Instrument indicateur placé en avant de la roue du gouvernail et indiquant la position de la barre.

Azimuth, s. m. (*Azimuth*). L'azimuth d'un astre, d'un objet est l'angle du plan vertical de l'astre ou de l'objet avec le méridien du lieu de l'observation.

B

Babord, s. m. (*Larboard*). La partie du navire située à la gauche d'un observateur, placé à l'arrière et regardant vers l'avant. Pour les préséances, babord passe après le côté droit ou tribord ; les officiers montent à bord d'un bâtiment par tribord, les matelots par babord.
— La gauche d'un marin, le côté gauche d'un objet dont il parle.
— (*Larboard Watch*). Nom d'une des moitiés de l'équipage faisant alternativement le quart avec l'autre moitié, tribord.

Babordais, s. m. (*Larboard watchman*). Homme de l'équipage faisant partie du quart de babord. Dans les manœuvres générales, les branle-bas de combat, les babordais ont leurs postes à babord.

Bac, s. m. (*Wherry*). Bateau plat sans gouvernail, servant à traverser un bras étroit de mer ou de fleuve. Le bac se manœuvre à l'aide d'avirons et plus souvent au moyen d'une chaîne fixée sur les deux rives et sur laquelle on se hale.

Baculas, s. m. Nom de certaines courbes des galères.

Bâche, s. m. Filet en forme de manche servant à prendre du frai.

Bâche, s. f. Flaque d'eau, plus ou moins grande, laissée par la mer en se retirant à chaque marée.

Bachot, s. m. (*Small flat*). Petit bac. — Terme de mépris en parlant d'un navire. C'est un vieux bachot.

Baclage, s. m. (*Stoccado*). Fermeture supplémentaire d'un port au moyen de chaînes, câbles, drômes ou bateaux, pour en interdire l'entrée aux embarcations, brûlots ou bâtiments de l'ennemi.

— Groupement par catégories des embarcations en réserve ou désarmées dans un port.

Bacler, v. a. (*To set a stoccado*). Fermer l'entrée d'un port au moyen d'un baclage.

Bade, s. f. Ouverture de compas mesurant l'intervalle existant entre deux pièces de construction qui devraient se toucher.

Baderne, s. f. (*Mat*). Tissus en grosse tresse fabriqués à bord avec de vieux fils de caret, et employés pour garantir d'un frottement réitéré ou de chocs. On garnit de badernes les haubans aux endroits où viennent toucher les vergues à l'allure du plus près ; les pattes des ancres saisies pour la mer aux points où elles touchent la muraille du bâtiment.
Fig. Un homme usé, sans énergie, dont on ne peut plus rien tirer. — Tout objet hors d'état de servir.

Badillons, s. m. Petites brochettes clouées de distance en distance sur les gabaris pour indiquer les largeurs à donner à une pièce de construction droite ou courbe.

Badrouille, s. f. (*Swab*). Pelote de vieux cordages goudronnés fixée au bout d'un bâton. On y met le feu et on s'en sert pour fondre et nettoyer les vieux enduits d'une carène.

Baggala, s. m. Navire arabe de 300 à 400 tonneaux : son avant est bas et élancé ; son arrière, au contraire, très élevé, est chargé de sculptures ; facile à gouverner, bon marcheur, le baggala convient parfaitement au métier de pirate ; on le rencontre dans les mers des Indes.

Bagnolet, s. m. (*Turpauling*). Prélart destiné à recouvrir les câbles auprès des bittes à bord des navires non pontés (Médit.).

Bague, s. f. Anneau en fer (*Iron-cringle*); en bois (*hank*) ou en cordage (*Grummet*).

Les voiles à drailles sont enverguées au moyen de bagues en fer ou en bois fixées sur la ralingue de la voile et traversées par la draille.

Les œils de pie des bandes de ris et des rabans d'envergure sont garnis de bagues en cordage.

— Bagues d'amarrage. Gros anneaux en fer scellés à des quais ou fixés à des bouées, et destinés à l'amarrage des bâtiments.

— Bagues à dégréer. (*Travellers*). Anneaux de fer fixés aux extrémités des vergues de perroquet, pour les amener au besoin sur le pont en les faisant glisser, au moyen de ces bagues, le long d'un galhauban.

Baguer, v. a. (*To set hank, grummet*). Fixer, placer des bagues.

Baguette de senau, s. f. (*Try mast*). Petit mât fixé verticalement derrière les bas-mâts des navires appelés senaux; descendant de la hune jusque près du pont, ce mâtereau reçoit la mâchoire des cornes et décharge ainsi les bas-mâts.

Baie, s. f. (*Bay*). Enfoncement de la mer dans une côte. Plus grande que l'anse, plus petite que le golfe, la baie n'est généralement pas abritée suffisamment du côté du large. Ce mot n'a pas du reste de signification bien précise et s'applique à des rades, des golfes et même de petites mers.

Baille, s. f. (*Bucket*). Espèce de baquet.

— Baille de combat (*Fire bucket*). Baquet plus large du bas que du haut, contenant de l'eau et un faubert; placé près des bouches à feu pendant le combat, il sert à rafraîchir leur âme; dans les porte-haubans à obvier au cas d'incendie.

— Baille à drisse (*Haliard bucket*). Espèce de cage en bois circulaire, dans laquelle on love des drisses ou des manœuvres.

— (*Slug*). Mauvais navire ne marchant pas.

Baisse, s. f. (*Ebb tide*). Quantité dont a baissé la mer depuis la pleine mer jusqu'au moment dont il s'agit.

Baisser, v. n. et a. — La mer baisse pendant le jusant (*To flow down*).

— Le vent baisse, la mer baisse lorsqu'il calmit (*To becalm*).

— Le vent baisse ou descend lorsqu'il passe de l'amont à l'aval.

Balai du ciel, s. m. Vent qui chasse les nuages et maintient le ciel serein; ainsi le vent de N.-O., en France, balaie les nuages amenés par le vent de S.-O.

Balancelle, s. f. Embarcation de la Méditerranée pointue des deux bouts; elle grée une voile à antenne et arme une vingtaine d'avirons.

Balancement, s. m. (*Trimming*). Action de balancer. Voir ce mot.

Balancer, v. a. — Balancer un couple (*To trim*). S'assurer que ses deux branches sont placées symétriquement par rapport au plan vertical passant par l'axe de la quille.

— Balancer un chargement. Disposer les poids qui le composent symétriquement par rapport au plan vertical passant par l'axe de la quille.

— Balancer la voilure. Disposer les voiles de l'avant et de l'arrière de façon à ce que l'action du vent sur elles ne tende pas à faire tourner le navire d'un côté plutôt que de l'autre; le navire suit alors la direction voulue sans avoir recours au gouvernail. Si, au contraire, la voilure est mal balancée, on est obligé d'employer constamment celui-ci pour se maintenir en route, et cela aux dépens de la vitesse.

Si l'action sur les voiles de l'arrière est trop forte, l'avant du bâtiment tend toujours à se rapprocher de la direction du vent, on dit que le navire est ardent ; si c'est au contraire l'action des voiles de l'avant qui est prépondérante, celui-ci tend à s'éloigner constamment de la direction du vent, le navire est mou.

Balancier, s. m. Pièce de bois

Balancelle.

tenue au large d'une pirogue par des leviers horizontaux pour l'empêcher de chavirer.

Le balancier peut être placé sous le vent et flotter sur l'eau, il agit alors par sa résistance à l'enfoncement ; placé au vent, il porte des hommes ou de grosses pierres qui, par leur poids, font équilibre à l'action du vent sur les voiles.

Balanciers, s. m. (*Guimbals*). Cercles en cuivre concentriques pouvant tourner chacun autour d'axes rectangulaires entre eux. Grâce à ces deux rotations, quelles que soient les positions du bâtiment, le cercle intérieur reste horizontal. Les compas, les baromètres, les lampes sont fixés à bord à l'anneau intérieur de ce système dit suspension à la Cardan.

— Pontons mouillés sur certains bancs de la mer du Nord pour en indiquer l'approche. Ils doivent leur nom à de grands bras placés en croix ou en haut de leurs mâts et aux extrémités desquelles on suspend des ballons de signaux.

Balancine, s. f. (*Lift*). Cordage qui, fixé à l'extrémité de chaque vergue, monte passer dans une poulie au haut du mât portant cette vergue et descend ensuite sur le pont. Les balancines servent à soutenir l'extrémité des vergues, les maintenir horizontales, les apiquer et en général les manœuvrer dans le sens de la hauteur. La balancine prend le nom de la vergue ou de la pièce qu'elle supporte :

Balancine de grande vergue (*Main yard lift*).

Balancine de gui (*Spanker boom lift*).

Balant, s. m. (*Slack*). Un cordage a du balant lorsqu'il pend faute d'être raidi. On doit en général embraquer le balant des cordages, c'est-à-dire les tendre, car c'est souvent une cause d'accidents.

Balaou, s. m. (*Schooner*). Goëlette à mâture élevée ne portant que des voiles auriques et qu'on rencontre dans les parages des Antilles.

Baleine, s. f. (*Whale*). Lame qui passe par-dessus le bord et mouille le pont.

Baleinier. s. m. (*Whale-ship*). Navire armé pour la pêche de la baleine. — Marin employé à cette pêche.

— (*Whale man*). Matelot faisant partie de l'équipage d'un canot de ce nom sur un navire de guerre.

Baleinière, s. f. (*Whale boat*). Embarcation légère, pointue des deux bouts, employée à la pêche de la baleine ; elle borde quatre avirons à couple et se gouverne au moyen d'un aviron de queue.

— Canot de même forme destiné au service des officiers dans la marine de guerre. La baleinière du commandant.

Baleston, s. f. (*Sprit*). Nom de la livarde dans la Méditerranée. Voyez *Livarde*.

Balisage, s. f. (*Beaconage*). Reconnaissance et détermination des points où on doit placer des balises. — La mise en place des balises.

Balise, s. f. (*Beacon*). Toute marque indiquant la présence d'un banc, d'un rocher, d'un obstacle quelconque. La balise peut être fixée sur le rocher et se composer d'une tige de fer surmontée d'une tête ou d'un baril ; elle peut être une bouée flottante et porter un feu, un cornet, des miroirs.

— Etoupe laissée par les calfats en dehors d'une couture pour reconnaître le point où ils ont cessé de travailler.

Baliser, v. a. (*To put beacons*). Placer des balises.

Balle de coton. Nuages blancs et légers qui suivent le cours des vents réguliers des mers tropicales.

Ballon de signaux. Voyez *Bombe*.

Balse, s. f. (*Raft*). Radeau de la côte ouest de l'Amérique du Sud, formé de deux longues outres pleines d'air fixées à des bâtons reliés par un treillage ; on le manœuvre au moyen d'une pagaye à deux pelles.

— Radeau du Pérou, formé de madriers légers et portant une cabane à l'arrière. Ce radeau, de 20 à 25 mètres de longueur, porte une grande voile et gouverne au moyen de planches enfoncées verticalement entre les madriers.

Banc, s. m. (*Bank*). Elévation au-dessus du fond de la mer. Banc de rochers, de sable, de vase, de galets ; à l'embouchure des fleuves, à l'époque des grandes marées, partout enfin où règnent de forts courants, les bancs changent de hauteur et de place ; sur les bancs à fleur d'eau, la mer brise ; sur ceux peu enfoncés au dessous de la surface de la mer, la lame est courte.

— Le banc. Le banc de Terre-Neuve, où se fait la pêche de la morue.

— Banc de quart. Banc ou coffre sur lequel montait l'officier de quart pendant le combat pour voir plus loin. — Mourir à son banc de quart signifie mourir à son poste.

Le banc de quart est remplacé aujourd'hui par deux petites plateformes en caillebotis faisant saillie de chaque côté du gaillard d'arrière.

— Banc de nage (*Thwarts*). Bancs pour les rameurs dans un canot.

— Bancs d'une embarcation. (*Stern seats*). Bancs à l'arrière d'un canot pour les officiers et les passagers.

Bancasse, s. f. Terme générique désignant les caissons d'une galère.

Bande, s. f. (*Heeling*). Inclinaison que prend un bâtiment sur un bord, soit sous l'influence d'un vent de côte, lorsqu'il est à la voile, soit sous l'action d'appareils dans l'abattage en carène. La bande, lorsqu'elle est trop prononcée, diminue la vitesse du navire en changeant ses lignes d'eau.

— Largue en bande (*Let go amain*). Amène en bande. Commandement pour larguer une manœuvre, amener une vergue le plus promptement possible.

— Bande de ris (*Reef band*). Renfort de toile cousu sur une voile et dans lequel sont les œils de pie pour le passage des garcettes.

Bander, v. a. (*To taughten*). Bander une voile, c'est la consolider par des bandes de toile diagonales ou en doublant les ralingues.

Banderolle, s. f. (*Pendant*). Sorte de guidon, étendard que portaient les galères.

Bandoulière, s. f. Synonyme de cravate quand il s'agit de porter une ancre dans une embarcation. Voyez *Cravate*.

Banne, s. f. Voyez *Taud*.

Bannière, s. f. (*Ship's ensign*). Nom donné autrefois au pavillon de poupe d'un navire.

— Voiles en bannière. Voiles déployées sans avoir leurs points ou coins inférieurs tenus par les écoutes ; en rade, on largue les voiles en bannière pour les faire sécher ; à la mer, les perroquets ou les cacatois en bannière peuvent servir de signal.

Banquer, s. m. (*To set the benches*). Remettre en place les bancs d'une embarcation.

— Arriver sur le banc de Terre-Neuve pour la pêche.

Banquier, s. m. (*Banker*). Navire qui pêche la morue sur le banc de Terre-Neuve et la sale aussitôt ; on le distingue ainsi de ceux qui restent à la côte et font sécher leur pêche à terre.

Banquise, s. f. (*Fast sea*). Amas de glaces flottantes laissant entre eux des intervalles nommés clairières.

Baptême, s. m. Cérémonie burlesque qui se fait au moment où un navire coupe les tropiques ou l'équateur ; elle consiste surtout à inonder d'eau de mer les néophytes qui passent ces lignes pour la première fois.

Baptiser, v. a. — Faire la cérémonie du baptême de la ligne.

— Baptiser un bâtiment (*To name a ship*). Sa bénédiction, par un prêtre, peu de jours avant son lancement.

— Baptiser des pièces de bois. Leur donner, dans un chantier de construction, le nom de la pièce à laquelle on les destine.

Barachois, s. m. (*Shelter*), Port, rade abrités par des bancs presque à fleur d'eau laissant entre eux plusieurs passes. On y est bien abrité contre la mer et le vent du large, mais il est souvent difficile d'en sortir en louvoyant.

Baraquette, s. f. (*Sister block*). La poulie baraquette ou poulie vierge est de forme à peu près cylindrique ; elle porte deux réas, habituellement en bronze, placés l'un au-dessus de l'autre. Deux engoujures longitudinales lui permettent de s'appliquer sur deux haubans ou galhaubans. Elle sert pour le passage des balancines et palanquins.

Baraterie, s. f. (*Barratry*). Abus de confiance, malversation d'un capitaine du commerce.

Barbarasse, s. f. (*Nipper*). Forte bosse entourant de plusieurs spires un câble ou un grelin tendus ; grâce au frottement considérable qu'elle produit, elle permet de ne lâcher le câble qu'avec modération.

Barbe, s. f. — Barbe d'une planche ; la section transversale qui la termine.

— Dans le Levant, bosse. Voir ce mot.

— L'avant d'un navire. Avoir plusieurs ancres en barbe.

Sainte-Barbe. Retranchement formé autrefois à l'arrière d'un vaisseau, au-dessus de la soute arrière et au-dessous de la chambre du commandant. C'était là que logeait le maître canonnier et qu'il plaçait les objets confiés à sa garde ; on lui avait donné pour cette raison le nom de la patronne des artilleurs. Plus tard, cet emplacement fut occupé par les chambres du chirurgien, de l'aumônier, des élèves, puis la Sainte-Barbe a été supprimée.

Barbette (*Gunwal*). Batterie à barbette ; l'ensemble des canons placés sur le pont supérieur et destinés à tirer par-dessus le plat-bord.

— Petite bosse dans le Levant.

Barbeyer, v. n. Voyez *Faseyer*.

Barbillon, s. m. Languette pointue d'un hameçon, empêchant le poisson pris de se décrocher.

Barbotin, s. m. (*Barbotins-sprocket*). Couronne en fonte encastrée autour de la partie inférieure d'un cabestan ; elle porte en creux l'ensemble de plusieurs maillons tels qu'ils se présentent sur un câble-chaîne, c'est-à-dire les uns à plat, les autres de can ; on engrène plusieurs de ces maillons dans les empreintes et on vire au cabestan ; les maillons engrenés tournent avec lui, et de nouveaux maillons viennent engrener ; les premiers sont dégagés de la couronne et la chaîne monte à bord sans secousse et sans présenter les dangers des anciennes tourne-vires. Voyez *Cabestan*.

Barcarolle, s. f. Canot de plaisance des bords de l'Adriatique.

Barcasse, s. f. Mauvaise barque.

Bardis, s. m. (*Water boards*). Plancher calfaté par lequel on augmentait la largeur des passavants dans l'abattage en carène ; il avait pour but d'empêcher l'eau de pénétrer à l'intérieur du bâtiment lorsque celui-ci est couché sur le flanc.

— Cloison provisoire divisant la cale d'un bâtiment en plusieurs compartiments.

Barge, s. f. (*Barge*). Barque de rivière qu'on trouve sur le cours inférieur de la Loire.

Baril, s. m. (*Barrel*). Petite barrique contenant de la poudre, des légumes, du biscuit, etc.

— Baril de galère (*Breaker*). Baril long et étroit d'environ 20 à 25 litres de capacité ; il sert à rapporter de la cale la ration journalière d'eau. Chaque embarcation d'un navire de guerre comprend dans son armement un ou plusieurs barils de galère.

— Baril à mèche. Espèce de baril en métal recevant la mèche enflammée à laquelle les hommes de l'équipage peuvent allumer leur tabac.

— Baril ardent. Baril contenant un mélange de brai, de salpêtre et de poussier, employé sur les brûlots.

— Baril foudroyant. Baril ardent contenant des grenades.

Barillage, s. m. L'ensemble des barils contenus à bord d'un bâtiment. L'embarquement et l'arrimage du barillage est une opération longue.

Barque, s. f. (*Bark-boat*). Bâtiment de faible capacité. — Appliqué à un navire, c'est un terme de mépris. Quelle barque

— Mât de barque (*Mizen mast*). Mât d'artimon sans hune établi sur un bâtiment trop grand pour être gréé en brick et trop petit pour être gréé en trois-mâts carré. Un navire ainsi gréé s'appelle trois-mâts barque ou trois-mâts pieu. Généralement, le mât de barque ne porte pas de voile carrée, mais une brigantine et une flèche-en-cul.

Barre, s. f (*Bar*). Amas de sable formant un banc en travers de l'entrée d'un port, d'une rivière. Généralement, la barre présente des intervalles permettant le passage des navires (Barre de Bayonne) ; d'autres fois elle est continue et on ne peut la traverser que sur des embarcations plates et légères (Barre du Sénégal). Le passage d'une barre est toujours une opération délicate ; la mer y est houleuse ou déferle avec force.

— Barre de gouvernail (*Helm*). Levier en bois ou en fer fixé dans la tête du gouvernail et servant à le faire tourner.

Lorsque la barre se manœuvre directement à la main, elle est dite barre franche. La barre peut se manœuvrer aussi en agissant sur les garants de deux palans fixés, l'un à tribord, l'autre à bâbord ; sur les grands bâtiments, les garants de ces palans sont des chaînes en fer qui s'enroulent sur un axe horizontal qu'on peut faire tourner au moyen d'une roue à manettes.

— Homme de barre (*Helms man*). Matelot chargé de gouverner.

Babord la barre,	*Port the helm.*
Tribord toute,	*Hard a starboard.*
Barre au vent,	*Up with the helm.*
Barre dessous,	*Dow helm.*

Commandements indiquant qu'on doit mettre la barre à bâbord, le plus possible à tribord, du côté du vent, du côté opposé.

— Barres de cabestan, de guindeau (*Bars*). Longs leviers en bois servant à faire fonctionner ces appareils.

— Barres de hune (*Cross trees*). Forts châssis en bois ou en fer installés sur les noix de ces mâts pour recevoir les hunes, porter les mâts supérieurs et donner de l'épatement aux haubans.

— Les barres de perroquet (*Top-crosstrees*), de cacatois (*Royal crosstress*).

— Les barres des mâts-goëlette, plus simples, sont destinés au même usage, mais ne portent pas de hune.

— Nom de différentes pièces de la membrure d'un navire. Barre d'arcasse, d'hourdi. Voir ces mots.

— Barre de justice. Barre de fer fixée au pont par de forts crampons et traversant les manilles qu'on met aux pieds des hommes punis de la peine des fers.

Barres sèches. Navires en fer.

Barrots de fortes dimensions installés d'un bord à l'autre dans les bâtiments de transport dont la cale a un creux considérable. Ces barres ne portent point de pont ; aussi, travaillant isolément, elles fatiguent beaucoup, et mieux vaudrait, au point de vue de la solidité, installer un pont complet.

Barrée (vergue), s. f. (*Cross jack yard*). Vergue inférieure du mât d'artimon. On l'appelle aussi vergue sèche.

Barrer, v. a. Faire agir le gouvernail plus qu'il ne faut pour produire un effet voulu. La rotation du bâtiment étant trop prononcée, on est obligé de la réduire en faisant agir le gouvernail en sens contraire. Cette façon vicieuse de gouverner diminue beaucoup la vitesse du bâtiment.

— Barrer une yole, une embarcation, la gouverner.

Barreur, s. m. Celui qui manœuvre le gouvernail d'une embarcation.

Barrique, s. f. (*Cask*). Futailles contenant 250 litres ou 500 litres et destinées à recevoir la provision d'eau ; elles sont remplacées aujourd'hui par les caisses à eau.

Barrot, s. m. (*Beam*). Petits baux supportant l'entrepont, les gaillards, la dunette.

— Petits baux placés entre les baux des ponts supérieurs.

Barroter, v. a. Remplir la cale d'un bâtiment jusqu'aux barrots qui soutiennent le pont immédiatement supérieur qui la recouvre.

Barrotins, s. m. (*Ledges*). Petits baux placés entre les baux sous les ponts supérieurs.

Bas, adj. — La batterie basse, celle qui est au-dessous de toutes les autres.

— Mer basse. Lorsque le jusant tire à sa fin (*Low shore*).

— Côtes basses. Côtes ayant peu de relief.

— Bas mâts (*Lower masts*). Les mâts qui reposent directement sur la quille des bâtiments ; ce sont : le mât de beaupré, le mât de misaine, le grand mât, le mât d'artimon.

— Basses vergues (*Lower yards*). La vergue de misaine, la grand'-vergue, la vergue barrée.

— Basses voiles (*Courses*). La grand'voile, la misaine.

Bas, adv. (*Down*). — Haler bas une voile aurique ou latine, la faire descendre de façon à pouvoir la serrer.

— En bas le monde (*All hands down*). Commandement pour faire descendre les matelots de la mâture sur le pont, ou du pont dans l'intérieur du bâtiment.

— Bas le feu. Commandement pour cesser le feu de l'artillerie.

— Bas les feux. Ordre d'éteindre les feux des chaudières sur un navire à vapeur.

Bas-fond, s. m. (*Shallow water*). Elévation du sol au-dessus du fond de la mer ; mais au-dessus de laquelle il y a toujours assez d'eau pour le passage de tout bâtiment.

Basse, s. f. (*Ridge*). Banc de roches ou de corail s'approchant très près de la surface de la mer, mais ne découvrant jamais.

Bassin, s. m. (*Tide dock*). Partie retirée d'une rade ou d'un port où les bâtiments sont à l'abri du vent et de la grosse mer.

— Bassin à flot (*Floating dock*). Dans les ports de la Manche, où la mer se retire, les navires restent à sec à mer basse ; cet échouement, même sur un fond mou, est toujours nuisible à la solidité d'un bâtiment, surtout lorsqu'il est chargé. Pour l'éviter, on construit un bassin à flot. C'est une vaste enceinte en maçonnerie dans laquelle pénètrent les eaux de la mer par un canal assez large pour donner passage aux bâtiments. Des portes permettent d'ouvrir ou fermer ce canal : à la pleine mer, les portes sont ouvertes, les navires entrent et sortent librement ; dès que le jusant se fait sentir, les portes sont fermées,

et le niveau de l'eau reste à peu près constant à l'intérieur du bassin pendant la durée du flux et du reflux.

On nomme aussi bassin à flot une vaste enceinte formée par des digues qui s'avancent dans la mer au-delà du point où descend la mer dans les plus fortes marées ; les navires peuvent alors, à toute heure, rentrer dans ces bassins, débarquer leurs passagers et leurs marchandises.

— Bassin de chasse. Vaste bassin situé à l'extrémité d'un port ou à l'extrémité d'un chenal et fermé par des écluses. A mer basse, on ouvre les vannes, puis les portes ; l'eau s'échappe avec violence et se précipite vers la mer balayant les sables, les galets ou la vase qui tendent à obstruer l'entrée du port ou de la passe.

— Bassin de radoub et de construction (*Careening basin*). Enceinte en maçonnerie pouvant contenir un navire ou deux à la suite l'un de l'autre ; un canal la fait communiquer avec la mer.

Dès qu'un navire y a pénétré, on ferme les portes et on épuise l'eau au moyen de fortes machines hydrauliques ; dans les ports de marée, on la fait écouler par des vannes au moment de la basse mer. Le navire ainsi à sec repose sur une série de poutres transversales formant grille, et est maintenu tribord et bâbord par des aiguilles qui l'empêchent de se coucher. On peut alors faire à la coque toutes les réparations nécessaires. Les bassins de construction coûtent de 2 à 3 millions ; aussi a-t-on cherché à les remplacer par des appareils moins coûteux qu'on nomme formes flottantes. Voyez *Forme*.

Bastaque, s. m. (*Swifter*). Hauban à itague employé sur les chaloupes et les bateaux de faible tonnage ; les bastaques servent de hauban et à embarquer des objets ou hisser une embarcation sur le pont.

Bastin, s, m. (*Floating rope*). Cordage du Levant fabriqué avec les fibres de l'auffe. Ce cordage, très léger, flotte ; aussi, employé comme câble, il fatigue peu l'avant des navires ; peu sujet à se pourrir, il n'a pas besoin d'être goudronné.

Bastingage, s. m. (*Netting*). Muraille en bois régnant autour du pont supérieur d'un bâtiment couronnée par une sorte d'encaissement destiné à recevoir, pendant le jour, les hamacs de l'équipage ; une toile peinte en noir les recouvre et les protège de la pluie et de l'humidité.

Bat, s. m. (*Fulling*). Morceau de bois triangulaire cloué sous les dauphins pour fermer l'ouverture qui règne entre eux et le plat-bord et empêcher la mer d'y pénétrer.

Bataille, s. f. (*Battle*). Lutte entre deux armées navales.

— Ligne de bataille. Ligne de file dans laquelle les vaisseaux sont tous dans les eaux les uns des autres, gouvernant au plus près et aux mêmes amures.

— En bataille. Mettre la vergue de misaine en bataille, c'est l'apiquer sur l'avant du mât de misaine, de façon à ce qu'elle soit dans le plan longitudinal du bâtiment et saisie contre le mât au tiers de sa longueur ; on s'en sert pour mâter ou démâter le beaupré.

Bâtard, s. m. (*Parrel rope*). Cordage traversant les bigots et les pommes d'un collier de racage.

Bâtard, adj. a diverses significations.

— Semblables.

— Deux canaux bâtards ou semblables.

— Moyen. Un hunier bâtard, c'est-à-dire moyen entre le grand et le petit hunier.

— Marées bâtardes. Voyez *Mortes-eaux*.

Batarde, s. f. Nom des pièces de canons montées tribord et babord du coursier d'une galère.

Batardeau, s. m. (*Dam*). Digue formée par une double enceinte de pieux et de planches et rendue étanche par un remplissage en terre. On peut extraire l'eau de la partie entourée par la digue et y exécuter des travaux tels que pile de pont, réparation de mur, portes de bassin.

— Batardeau flottant. Caisse en bois s'appliquant exactement contre la carène d'un navire jusqu'à un ou deux mètres de la flottaison. Cette caisse n'est fermée ni à sa partie supérieure, ni du côté fixé contre le navire ; des hommes peuvent donc, après que l'eau en a été extraite, s'y livrer à un travail de visite ou de réparation de la coque.

Batayoles, s. f. (*Iron horses*). Montants en bois ou en fer supportant des lisses ou des bouts de filin de façon à former garde-corps.

Bateau, s. m. (*Boat, vessel, schip*). Nom générique de toutes les constructions flottantes de petites dimensions employées sur les côtes, dans les ports, les rades, les fleuves. Ce mot s'applique, dans le langage familier, à un grand bâtiment et même à un vaisseau de guerre. On divise les bateaux en bateaux à voiles, à vapeur, à rames, suivant le moyen de progression employé. Les espèces de bateaux à voiles varient à l'infini suivant le nombre des mâts et la nature de la voilure ; une classification est à peu près impossible. Pour les bateaux à vapeur, voir *Bateaux à vapeur* ; pour ceux à rames, voir *Embarcation*.

Le mot bateau est très souvent accompagné d'un autre mot indiquant sa destination.

— à vapeur, s. m. (*Steam ships*). Les premiers bateaux furent construits par l'Américain Fulton, qui, ne pouvant faire adopter son invention en France, retourna en Amérique, où il installa un service de bateaux à vapeur de New-York a Albany.

Tout bâtiment à vapeur comprend quatre parties :

1º Les chaudières destinées à produire la vapeur ;

2º Le cylindre dans lequel agit la vapeur ;

3º Les appareils de transformation et de transmission du mouvement ;

4º Le propulseur qui, par son action sur l'eau, donne au bâtiment son mouvement de progression. Voir ces différents mots.

Le principal avantage des bâtiments à vapeur est d'avoir une grande vitesse ; on a donc cherché à augmenter chez eux cette qualité en diminuant le plus possible la force qu'ils doivent employer pour vaincre la résistance de l'eau ; aussi leur a-t-on fait des avants aussi fins que possible et on a augmenté considérablement leur longueur par rapport à la largeur du maître bau. Voir *Machines, Paquebots, Vapeur.*

— Bateau à eau, citerne.

— Bateau à pompe, bateau muni d'une pompe et destiné à porter secours à un bâtiment incendié.

— Bateau de sauvetage. Voir *Sauvetage.*

— Bateau dragueur. Voir *Marie-Salope.*

— Bateau de servitude. Voir *Servitude.*

Bâton, s. m. — Bâton de foc, bâton de clin-foc. Synonymes de bout dehors, de foc et de clin-foc.

— Bâton de commandement. Petit mât placé à l'avant des embarcations pour porter la marque distinctive des officiers généraux.

— Bâton de pavillon. Petit mât placé à l'arrière des embarcations pour porter le pavillon national ou à l'avant la flamme des navires de guerre.

— Bâton ou mât d'hiver. Mât de perroquet court n'ayant pas de ton et ne pouvant porter de mât de cacatois. On l'installe dans les mers dures ou l'hiver.

— Bâton de pompe. La tige qui va du piston à la heuse.

— Bâton de Jacob (*Jacob staff*). Voir *Arbalète.*

Batonnée, s. f. Quantité d'eau donnée par une pompe à chaque coup de piston.

Battant, s. m. (*Length*). Longueur d'un pavillon, d'un guidon à partir de l'envergure.

Battant, adj. Un navire est battant lorsque sa batterie a une belle hauteur au-dessus de l'eau.

Battements, s. m. — Battements d'une voile (*The shiverings of a sail*). Les secousses d'une voile brassée en ralingue ou qui est mal établie.

— Battements d'un projectile. Dans les pièces à âme lisse, le diamètre de la pièce étant plus grand que celui du projectile, celui-ci, avant de sortir de la pièce, en bat plusieurs fois les parois ; ces chocs se nomment battements ; le dernier donnant au projectile, à sa sortie, une direction qui peut être très différente de celle de l'axe de la pièce, le tir est fort incertain ; dans les pièces rayées, il ne se produit pas de battements.

Batterie, s. f. (*Battery*). Double rangée de bouches à feu installée tribord et bâbord sur les ponts des bâtiments de guerre. Les vaisseaux à trois ponts portaient, outre la batterie du pont supérieur, trois autres batteries superposées dans l'ordre suivant : la batterie basse au-dessus de l'entrepont ou première batterie ; la deuxième batterie ; la troisième batterie ou batterie haute et la batterie des gaillards. Les frégates avaient une batterie basse et la batterie des gaillards ; les corvettes une batterie des gaillards seulement. Aujourd'hui, les navires cuirassés n'ont qu'une batterie.

— (*Deck*). On nomme aussi batteries les ponts qui portent les pièces ; c'est dans les batteries que les hommes accrochent leurs hamacs pour la nuit.

— Batterie de côte. Ouvrage de

fortification de plus ou moins d'importance armé de pièces d'artillerie et destiné à protéger une côte ou défendre l'entrée d'une passe.

— Batterie flottante (*Floating battery*). Bâtiment cuirassé pesant, tirant peu d'eau et portant une puissante artillerie. Les batteries flottantes ne sont pas construites pour la navigation en pleine mer et leur but est d'augmenter l'action des batteries de côte ou de les suppléer.

Les premières batteries cuirassées ont été construites par la France pendant la guerre de Crimée et employées avec succès contre le fort de Kinburn dont elles éteignirent le feu.

Batteries, s. f. (*Roll*). Roulements variés par lesquels un tambour fait connaître les divers ordres ou heures de service.

Battre. — Une voile bat lorsqu'elle est brassée en ralingue ou mal établie.

— Les voiles battent les mâts par l'effet du tangage.

— Battre la mer, la parcourir dans tous les sens

— Le vent et la lame battent la côte lorsqu'ils poussent à la côte.

— Battre le pavillon français, arborer ce pavillon.

— Battre les coutures du pont, enfoncer de l'étoupe à coups de maillets dans les joints des bordages.

Bau, s. m. (*Beam*). Les baux sont les poutres transversales qui portent les bordages des ponts, relient les murailles du bâtiment et en maintiennent l'écartement.

Les baux ont du bouge, c'est-à-dire qu'ils sont cintrés en leur milieu ; on modère ainsi le recul des pièces, on facilite leur retour au sabord et l'écoulement des eaux.

Les baux des grands bâtiments sont formés de deux pièces et consolidés par l'armure ; leurs extrémités s'assemblent à queue d'aronde avec les bauquières.

— Le maître bau, situé un peu en avant du milieu du bâtiment, est le plus long. Sa longueur sert souvent d'unité pour exprimer diverses parties du navire ou du gréement.

— Le bau de coltis est celui le plus voisin du mât de beaupré Voir *Couple*.

— Baux en fer. Les baux sont formés de tôles et de cornières combinées de manière à leur assurer une résistance proportionnée aux efforts qu'ils ont à supporter. On emploie pour les ponts des petits bâtiments, les dunettes, les teugues, de simples cornières ; pour des bâtiments plus importants, une tôle armée de deux cornières le long de l'arête supérieure, et souvent aussi de deux autres le long de l'arête inférieure, et enfin parfois des espèces de tubes creux en tôle lorsqu'ils ont à porter des poids considérables ; on emploie aussi dans certains cas des fers à T.

Les baux se rattachent à la muraille du bâtiment en s'appliquant sur la face plane de ses couples auxquels ils correspondent ; ordinairement, les baux sont répartis de deux en deux couples avec lesquels ils sont liés soit par une équerre en tôle rivée à la fois sur le côté du bau et sur le côté de la cornière du couple, ou mieux par un élargissement pratiqué sur le bout du bau lui-même et qui remplit exactement le même objet que l'équerre. Les baux sont en outre réunis par une virure de tôle placée à plat par-dessus et jouant le même rôle que la virure de gouttière; aussi la nomme-t-on tôle gouttière.

Bauquière, s. f. (*Shelf piece*). Ceinture intérieure formée de fortes pièces de bois, qui règne à la hauteur de chaque pont d'un navire. La bauquière est clouée sur les couples et s'assemble à queue d'aronde par sa face supérieure avec les baux qu'elle supporte. Formée de pièces placées bout à bout, la bauquière est consolidée par une seconde ceinture inférieure, nommée serre-bauquière, et appliquée à écarts croisés contre la première.

Baydar, s. m. Barque faite de peaux de veau marin maintenues par une carcasse en bois ; on la rencontre en Sibérie et sur la côte N.-O. d'Amérique.

Bayonnette, s. f. (*Boom*). Nom donné parfois à un mât de bôme ou au bout-dehors de clin-foc.

Beau-frais (*Fresh breeze*). Synonyme de vent frais ou bon frais.

Beaupré, s. m. (*Bow-sprit*). Le bas-mât d'un bâtiment qui saille à l'avant sous un angle qui peut être de 25° sur un grand navire. Maintenu par son pied à l'un des ponts inférieurs au moyen de bittes, il porte ensuite sur la tête de l'étrave, et sort du bâtiment en passant entre les apôtres ; un peu plus haut, de fortes liures le rattachent à la guibre. La tenue du mât de beaupré est de la plus grande importance, car c'est sur lui que viennent agir les étais des autres mâts ; pour résister à leur action, qui tend sans cesse à relever son extrémité supérieure, on le maintient au moyen des liures et des sous-barbes ; de même grosseur que le mât de misaine, sa longueur, à partir de l'étrave, est égale à celle du maître bau.

On nomme aussi beaupré l'ensemble formé par ce mât et les bouts-dehors de foc et de clin-foc qui le prolongent.

Bec, s. m. Extrémité en forme de pointe.

— Bec d'une ancre (*Pea*). La pointe de chacune des pattes.

Bécasse, s. f. Barque espagnole à avant très élancé ; elle porte un mât et une voile carrée et peut border seize avirons.

Bélandre, s. f. (*Billander*). Bâtiment du Nord à fond plat ; ayant des ailes de dérive et gréé comme un sloop ou un heu.

Bénédiction, s. f. (*Consécration*). La bénédiction est donnée par un prêtre à un bâtiment avant son lancement.

Benjamine, s. f. (*Mizen stay sail*). Voile installée sur la corne pour remplacer le foc d'artimon.

Béquilles, s. f. (*Spar*). Pièces de bois qu'on place tribord et bâbord d'un bâtiment pour le maintenir droit sur sa quille lorsqu'il doit échouer ou qu'il est dans un bassin de radoub.

Béquiller, v. a. (*To prop*). Empêcher un navire échoué de se coucher en le maintenant avec des béquilles.

Ber, s. m. (*Cruddle*). Assemblage de fortes pièces de bois fondrier sur lequel repose un navire avant le lancement. Le ber glisse d'abord avec le navire, puis coule au fond, lorsque celui-ci a assez d'eau pour flotter.

Berceau, s. m. (*Cruddle*). Assemblage de charpente ayant la configuration extérieure d'un vaisseau et qui sert à le soutenir et le diriger pendant le lancement.

Berche, s. f. Petite bouche à feu en fonte verte employée autrefois à bord des navires.

Béret, s. m. Toque en laine ronde et plate, tantôt rouge, tantôt bleue.

Berges, s. f. (*Rocks*). Rochers situés près d'une côte, s'élevant peu au-dessus de l'eau et très rapprochés les uns des autres.

— Les bords d'une rivière, d'un canal.

Bermudien, s. m. Sloop des îles Bermudes, d'une marche excellente et très hardiment voilé. On dit : Fin et malin comme un bermudien.

Bernacle, s. f. (*Barnacle*). Coquillage univalve qui s'attache à la carène des navires qui ne sont pas doublés en cuivre.

Berne Pavillon en (*A flag with waft*). Pavillon hissé de façon à ce que le bout de sa queue soit seul déferlé.

— Mettre le pavillon national en berne, est un signe de détresse, de deuil, une demande de secours.

— Avoir son pavillon en berne (*To have one'scolour set*).

Berthelot, s. m. (*Bow-sprit*). Flèche en bois établie sur l'avant des tartanes et des pinques pour y placer des focs.

Besquine, s. f. Bateau de pêche à arrière rond allant à la voile et à l'aviron ; il porte trois mâts et un beaupré (Médit.).

Bête, s. f. Bateau plat à un mât portant des voiles latines et employé pour le transport des animaux.

Bette, s. f. Voir *Marie-Salope*.

Biade, s. m. Bateau de passage d'excellente marche employé à Constantinople.

Bidon, s. m. (*Cann*). Petit baril en forme de cône tronqué et contenant la ration de vin d'un plat de matelots.

Bigois, s. m. (*Boom*). Bout-dehors servant à orienter une polacre vent arrière.

Bigorne, s. f. (*Chissel*). Ciseau en fer dont les calfats se servent pour briser, dans les joints de deux bordages, les clous qui les traversent.

Bigorneau, s. m. Coquillage univalve nommé aussi vigneau, hibou.

— Un soldat d'infanterie ou d'artillerie de marine.

Bigots, s. m. (*Parrel-ribs*). Morceaux de bois plats, en forme de B, placés verticalement dans le racage d'un hunier et alternant avec les pommes. Ils sont percés pour le passage du bâtard d'autant de trous qu'il y a de rangs de pommes ; un trou plus petit sert à fixer le bâtard sur les bigots.

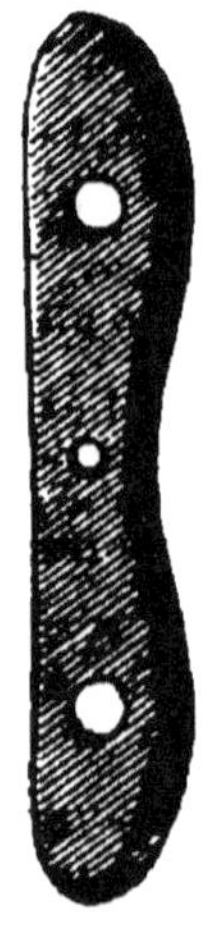

Bigot.

Bigottes, s. f. (*Acorns*). Pommes de racage plus grandes que les autres et entrant au nombre de deux dans le racage de l'arbre de mestre (Médit.).

Bigourettes, s. f. (*Acorns*). Pommes formant le racage du trinquet et moins grosses que les bigottes.

Bigue, s. f. (*Sheer*). Mât maintenu presque vertical et portant à son extrémité supérieure des cordages et des appareils destinés à lever des poids.

— On nomme aussi bigue deux mâts placés et garnis comme le précédent et dont les têtes sont réunies par une portugaise. L'appareil ainsi formé peut servir à soulever les poids les plus considérables.

Billard, s. m. (*Billiard*). Barre de fer cylindrique de 3 à 4 mètres de longueur et terminée par un talon plus épais ; on s'en sert pour conduire à poste les cercles des pompes et des vergues d'assemblage.

Billarder, v. a. (*To billiard*). Frapper avec un billard sur ce que l'on veut enfoncer, chasser.

Billon, s. m. (*Small mast*). Pièce de bois de sapin, qui a jusqu'à 17 mètres de longueur, et a été équarrie ou arrondie par un travail de charpentier.

Billot, s. m. (*Bolster*). Coin employé dans le ber pour le lancement d'un vaisseau.

— Pièce de bois courte ou clef que l'on chasse dans les mailles des varangues et des couples voisins pour les empêcher de se rapprocher.

— Le massif sur lequel repose le mât du pied d'artimon.

Biquette, s. f. (*Shewer*). Petit morceau de bois de 0 m. 15 à 0 m. 20 servant aux voiliers à prendre des mesures.

Birème, s. f. Galère à deux rangs de rames.

Biscayenne, s. f. Embarcation pointue des deux bouts et portant deux mâts.

Biscotin, s. m. (*Sea-bread*). Sorte de biscuit de mer en forme de galette ronde.

Biscuit, s. m. (*Bisket*). Galette ronde ou carrée du poids de 125 grammes, faite avec du froment de première qualité et remplaçant le pain à bord des navires. Le biscuit doit sa dureté au temps prolongé pendant lequel on le laisse au four. Le biscuit disparaît de plus en plus de la nourriture des matelots et ne se donne plus que le matin avec le café et l'eau-de-vie ; tous les navires de guerre et la plupart des navires marchands d'une certaine importance ont des fours pour cuire le pain:

Bise, s. f. (*North wind*). Vent du Nord sec et froid.

Bisquine, s. f. Nom qu'on donne dans la Manche à des chasse-marées dont la grand'voile s'amure au pied du mât.

Bitord, s. m. (*Spunyard*). Petit cordage composé de deux ou trois fils de caret commis ensemble. Fabriqué avec du chanvre de qualité inférieure, tantôt blanc, tantôt goudronné, le bitord se met sous forme de manoques de 50 à 60 brasses ; on l'emploie à faire des garnitures, des badernes, des paillets, etc.

Bitte et Bosse (*Bitt and stop*). Commandement pour faire prendre à un câble un tour de bitte et le fixer ensuite avec des bosses.

Bitter, v. a. (*To bit*). Enrouler une portion d'un câble autour d'une bitte de façon à résister par le frottement à l'effort d'une ancre mouillée.

Bittes, s. f. (*Bitts*). Assemblage de charpente formé de deux montants verticaux, nommés spécialement bittes, et d'une traverse horizontale ou traversin.

Les bittes sont de l'équarrissage de la quille ; destinées à résister à l'action des câbles d'un navire mouillé, elles doivent avoir une grande solidité.

Le traversin croise les bittes à angle droit et les dépasse de chaque côté ; la partie des bittes qui est au-dessus du traversin se nomme tête de bittes et c'est autour d'elle qu'on enroule les câbles ; dans chaque tête est percé un trou destiné à recevoir une tige de fer, nommée

paille de bitte, que l'on met en place après avoir pris le tour de bitte ; on empêche ainsi le câble de se décapeler de lui-même.

— Bittes, petites bittes. Voyez *Bitons*.

— Bittes de beaupré. Assemblage de charpente tout à fait semblable au précédent et destiné à maintenir le pied du beaupré.

Bittons, s. m. (*Kevels*). Bittes de petites dimensions établies sur le pont et servant à amarrer les manœuvres.

Bitture, s. f. (*Range of a cable*). Portion déterminée d'un câble qu'on doit laisser filer à la demande de l'ancre au moment du mouillage. La bitture est élongée sur le pont et le tour de bitte est pris de façon à ce que le navire soit arrêté lorsque la bitture est filée.

— Prendre une bitture. Elonger la bitture sur le pont et prendre le tour de bitte.

— Argot maritime. Dose abondante de liqueur spiritueuse.

Blanc, adj. (*Untarred*). Cordage blanc, cordage non goudronné. Le cordage blanc de l'Etat a toujours un fil goudronné, et le cordage goudronné un fil blanc. Ce fil se nomme marque. Le cordage blanc est plus souple et plus fort, mais il supporte moins bien l'humidité que celui goudronné.

Blason, s. m. Petite lame de bois de chêne qu'on passe dans une rablure pour s'assurer que sa profondeur est partout la même.

Bleu, adj. Qualification donnée, avant la Révolution de 1789, aux officiers du commerce appelés temporairement au service de l'Etat.

Blin, s. m. (*Rammer*). Pièce de bois courte dont on se sert, en guise de bélier, pour ébranler un bâtiment au moment de son lancement, pour serrer les pièces des mâts ou vergues d'assemblages.

— (*Iron*). Anneaux en fer placés sur les vergues principales et dans lesquels glissent les bouts-dehors de bonnettes.

Blindage, s. m. (*Iron sheeting*). — Opération qui consiste à blinder un navire.

— L'ensemble des plaques de fer servant à blinder un bâtiment.

— Plaque de blindage (*Iron plate*). Voir *Cuirasse, Cuirassé.*

Blinder, v. a. (*To cover with iron*). Blinder un bâtiment, c'est pour ainsi dire le plastronner de corps pouvant amortir le choc des boulets ennemis. Autrefois, on blindait les bâtiments et les gaillards à l'aide de vieux cordages et seulement lorsqu'ils étaient exposés au feu d'un fort ou d'une batterie ; aujourd'hui, le blindage fait partie de leur construction et se fait au moyen de plaques de fer pouvant avoir jusqu'à 0 m. 60 d'épaisseur.

— Navire blindé (*Iron-clad ship*).

Bliner, v. n. (*To ram*). Agir avec un blin.

Bloc, s. m. Massif ou crapaud sur lequel repose un obusier.

— A bloc (*Close to*). A joindre. Hisser un hunier à bloc, c'est le hisser de façon que les poulies de dessus vergue viennent toucher celles du capelage.

— En bloc (*Too close*). Croisé. Un hunier est hissé en bloc quand les poulies de dessus vergue et celles du capelage se croisent.

Blockhaus, s. m. (*Block-house*). — Petit fort provisoire en bois barricadé.

— Mât planté en terre et portant une espèce de hune garnie de canons, pierriers et fusils. On monte à cette hune par une échelle qu'on retire à volonté.

— Tourelle cuirassée placée sur le pont d'un navire cuirassé.

Blocus, s. m. (*Blockade*). Interdiction prononcée par une nation belligérante, d'entrer dans les ports d'une nation ennemie et d'en sortir, ou même de communiquer avec les côtes de cette nation. Le blocus est *réel* si des forces navales suffisantes veillent à son exécution ; il est *fictif* s'il consiste en déclarations écrites plutôt qu'en forces navales capables de le faire observer ; dans ce cas, il ne peut être obligatoire pour les neutres.

Bloquer, v. a. (*To blockade*). Maintenir le blocus.

Boire, v. n. Terme de voilier : Lorsqu'on a à coudre ensemble deux laizes de toile d'inégales longueurs, on les fait boire, lorsqu'en cousant, on tient la plus longue un peu lâche, de façon à faire disparaître cette différence de longueur.

Faire boire une ralingue, c'est mettre entre ses torons la toile nécessaire à l'allongement que prendra la ralingue

Bois, s. m. (*Wood*). Bois de construction (*Building timbers*). Les arbres et les bois que leurs qualités et leurs dimensions rendent propres à la construction des navires, des mâts et des vergues. On distingue : 1° les bois droits (*Straight timbers*) servant à faire la quille, les baux, les bordages ; 2° les bois tors (*Arched timbers*) employés pour varangues, genoux, allonges, porques ; 3° les courbes (*Compass timbers*), pièces à deux branches servant à lier les baux avec les couples, etc.

On emploie le chêne pour la membrure et les bordages ; le sapin pour les bordages supérieurs et le pont ; le hêtre, le frêne et le sapin pour les avirons ; l'orme pour les pompes, caisses de poulies, moques, affûts, anspects ; le gayac pour les réas et les rouleaux ; le peuplier pour les sculptures ; le pin et le sapin pour les mâts et les vergues.

Les bois plus lourds que l'eau sont dits bois fondriers : le chêne, le gayac ; les bois plus légers sont dits bois flottants : le hêtre, le frêne, l'orme, le saule, le sapin, le peuplier.

Un vaisseau de premier rang exigeait plus de 6,000 mètres cubes de bois.

— Bois d'arrimage (*Stowage*). Billets.

Rondins droits sans écorce servant à accorer les pièces à eau dans la cale.

— Bois (*Ship*). La coque d'un navire. On dit d'un bâtiment dont les formes plaisent à l'œil qu'il a un joli bois.

— Pointer en plein bois. Viser, avec un canon, de façon à atteindre un bâtiment dans le milieu de la partie émergée de sa coque.

— Nœud de bois (*Timber hitch*). Nœud coulant qui se maintient par le frottement du bout tourné en spirale sur lui-même. Il s'emploie pour faire le dormant des écoutes des huniers, pour saisir et traîner une pièce de bois.

Nœud de bois.

Boisage, s. m. (*Wainscot*). Action de boiser un bâtiment.

Boiser, v. a. Mettre en place la quille et toute la membrure d'un bâtiment.

Boisson, s. f. L'excès de longueur d'une laize sur une autre et qu'on fait disparaître en les cousant.

Boîtes pour rosettes. Dés en fonte fixés dans l'ouverture des rosettes de l'étambot pour adoucir le frottement lorsque les rosettes sont en fer.

Bombarde, s. f. (*Bomb vessel*). Construction flottante destinée à porter un ou plusieurs mortiers.

Bombe de signaux, s. f. (*Signal ball*). Grosse boule formée par une carcasse de cercles en bois recouverte de toile noire. Hissées à des mâts, des vergues, les bombes servent à faire des signaux.

Bôme, s. f. (*Boom*). Longue vergue à l'extrémité de laquelle se borde la brigantine ; l'un de ses bouts, en forme de mâchoire, s'appuie sur la partie inférieure du mât d'artimon : l'autre dépasse le couronnement et reçoit dans un clan à réa l'écoute de brigantine ; il est soutenu par des balancines lorsque celle-ci est bordée, et par un support en fer dans le cas contraire.

— Mâts de bôme, mâts plus hauts et plus fins que les mâts de cacatois et qu'on installe en rade comme ornement.

Bonace, s. f. Temps mou et calme ; temps d'arrêt dans un mauvais temps.

Bonnet de travail. Bonnet en laine de couleur bleu foncé et porté par les matelots de la marine de l'État en petite tenue ; dans les pays chauds, le bonnet est recouvert d'une coiffe en étoffe blanche.

Pour aller à terre, le bonnet est entouré d'un ruban portant, en lettres d'or, le nom du navire auquel appartient l'homme.

Bonnette, s. f. (*Studding sail*). Voile ordinairement carrée qui s'installe en dehors et à côté des voiles principales, pour augmenter la surface de voilure. D'une installation embarrassante et peu solide, on ne peut porter ces voiles qu'avec du largue et par un temps bien établi. Les bonnettes de hune portent à leur partie supérieure une vergue sur laquelle est frappée une drisse passant dans une poulie fixée à l'extrémité de la vergue de hune ; amurées à l'extrémité d'un bout-dehors poussé dans le prolongement de la vergue inférieure, elles se bordent au moyen d'une écoute venant directement sur le pont ; les bonnettes de perroquet sont installées de la même façon.

Booauga, s. m. Navire malais, long, effilé, portant de chaque côté des galeries en gradins pouvant recevoir 150 à 160 rameurs ; ces navires, très étroits et très chargés dans le haut, portent un balancier double, sur lequel s'installent encore 30 à 40 hommes armés de pagaies. Ils peuvent prendre une vitesse considérable et sont employés à la piraterie.

Bord, s. m. Le bâtiment (*Ship*). Aller à bord. — Les habitudes du bord. — Les hommes du bord. — L'heure du bord.

— Bordée. Courir un bord. — Naviguer au plus près pendant un certain temps sans virer de bord.

— Courir bord sur bord (*To beat to wind ward*). Virer souvent de bord pour ne pas s'écarter d'un point.

— Naviguer à contre-bord (*To cross ship*). Se dit de deux navires qui font route avec des amures différentes.

— Côté du navire.

— Le bord du vent. Le côté du vent.

— Bord à bord. Position de deux navires placés côte à côte.

— Tirer des deux bords. Faire feu des pièces situées de chaque côté du bâtiment.

— Bâtiment de haut bord (*Ship of the line*). Celui qui a plus d'une batterie couverte.

— Bâtiment de bas bord. Bâtiment sans batterie couverte ou n'en ayant qu'une.

Figure. Courir un bon bord, un mauvais bord. Etre dans une belle position, stable ; être malade, dans une mauvaise situation.

Bordage, s. f. (*Board*). Planche épaisse qui recouvre la membrure, les baux, les barrots, en les croisant et les fortifiant.

Les bordages extérieurs de la carène sont les bordages de carène (*plank*) ; les bordages intérieurs, le vaigrage (*ceiling*) ou les vaigres ; ceux qui sont appliqués sur le pont se nomment bordages de pont. Les premiers sont en chêne, les seconds en sapin. Une planche ne porte le nom de bordage que si elle a au moins 0 m. 027 d'épaisseur pour le chêne et 0 m. 054 pour le sapin

— Le bordage, la réunion des bordages d'un bâtiment.

Bordaille, s. f. (*Plank*). Planche brute susceptible d'être transformée en bordage.

Bordailler, v. n. Louvoyer à petits bords en gagnant peu au vent.

Bordant d'une voile, s. m. Largeur d'une voile prise d'une écoute à l'autre ou de l'amure à l'écoute.

Bordé, s. m. (*Outside planking*). L'ensemble des bordages d'un bâtiment ou une partie de ces bordages. Le bordé de carène.

— Bordé de diminution (*Decreasing boards*). Bordages contigus à la préceinte et dont le can, qui la touche, a 6 ou 7 millimètres de plus que le can opposé.

— Bordé en fer. Dans les navires construits en fer, les plaques de tôle qui constituent le bordé, au lieu d'être juxtaposées et réunies par la membrure seulement, sont reliées directement les unes aux autres, le long de leurs arêtes longitudinales ou transversales, par de nombreux rivés. Le bordé constitue à lui seul un ensemble rigide, et, en le faisant suffisamment épais, on pourrait supprimer les couples ; on ne va pas jusque la, mais on diminue beaucoup leur force et on allége ainsi le poids des coques en fer, qui sont plus légères que celles en bois.

Dans le bordé à franc bord, les tôles d'une même virure viennent buter l'une contre l'autre et sont réunies par des pièces de recouvrement rivées sur chacune d'elles à l'aide d'une ou deux rangées de rivets.

Les virures consécutives sont réunies de la même façon, les couvre-joints sont intérieurs et la surface externe de la coque est parfaitement lisse.

Dans le bordé à clin, chaque virure recouvre la suivante de la quantité nécessaire pour opérer le rivetage. Ce système exigeant moins de rivets que le précédent, est moins coûteux, mais il présente moins de solidité au point de vue des flexions longitudinales.

Dans le bordé à doubles clins, les virures de deux en deux sont immédiatement appliquées sur les couples, et les virures intermédiaires sont à recouvrement sur la virure supérieure et la virure inférieure ; malgré les précautions d'ajustage, il faut toujours ouater les joints des virures de façon à les rendre étanches.

Bordée, s. f. (*Board*). Longueur de chemin parcourue par un navire au plus près sans virer de bord.

— (*Watch*). Partie de l'équipage dont tous les hommes font le quart ensemble. L'équipage peut être partagé en trois bordées ou en deux, qui sont les bordées de tribord et de babord, l'équipage est dit alors courir la grande bordée.

— (*Broadside*). Décharge simultanée de tous les canons placés d'un même bord.

Bordenaux, s. m. Bâtons plombés maintenant une seine tendue pendant qu'on la hale hors de l'eau.

Border, v. a. Border une voile (*To tally aft the sheets*). Achever d'établir une voile larguée et hissée, en halant sur ses écoutes pour raidir sa ralingue inférieure.

— Border plat. Raidir cette ralingue le plus possible lorsqu'on est à l'allure du plus près.

— Border une côte. Longer cette côte.

— Border un navire (*To plank*). Fixer les différents bordages d'un navire sur la membrure. Un navire est bordé à joints carrés (*Carvel-built*) lorsque les bordages se touchent par leurs faces d'épaisseur. Il est bordé à clin (*Clinker built*) lorsque chaque bordage supérieur chevauche sur l'inférieur ; ce mode de bordage ne s'emploie que pour les embarcations et les petits bâtiments.

— Border des avirons. (*To ship the oars*). Les placer sur les bords d'une embarcation de façon à n'avoir plus qu'à les mettre en mouvement pour faire avancer l'embarcation. On dit qu'un canot borde dix avirons lorsque dix hommes rament à la fois.

Au figuré. Un homme mal bordé est un homme de mauvaise humeur.

Bordier, adj. (*Lad sided ship*). Un bâtiment bordier est un bâtiment qui navigue moins bien avec les amures d'un bord que de l'autre. Ce défaut peut tenir à un vice de construction ou de chargement.

Bordigue, s. f. (*Crawl*). Parc fait dans l'eau avec des perches, des cannes, des roseaux, pour y retenir du poisson vivant.

— Pêcherie établie dans les canaux qui vont des étangs à la mer pour prendre le poisson qui y retourne (Médit.).

Bordure, s. f. (*Fool*). La bordure d'une voile en est le côté inférieur ; la ralingue qui y est fixée se nomme ralingue ou bordure de fond.

La bordure d'une voile est en général égale à la longueur de la vergue qui la porte : pour la misaine, la bordure est moindre que la têtière.

Borgne, adj. Ancre borgne, ancre n'ayant qu'une patte et qu'on mouille dans les petits fonds, sur le passage des navires qui pourraient s'accrocher à la patte supérieure d'une ancre ordinaire. Souvent la patte est remplacée par un anneau sur lequel on frappe l'orin.

Bosse, s. f. (*Stopper*). Bout de cordage fixé par une de ses extrémités et qui, s'enroulant autour d'un cordage sur lequel s'exerce un effort plus ou moins considérable, le maintient immobile par le frottement.

— Bosses de pont. Bosses attachées à des boucles en différents points du pont.

— Bosse à fouet. Bosse terminée par une tresse plate nommée fouet et qui s'enroule plus facilement autour du cordage à maintenir.

— Bosse debout (*Anchor stopper*). La bosse debout sert à maintenir une ancre suspendue au bossoir par son organeau ; elle traverse l'extrémité du bossoir et y est maintenue par un cul-de-porc double.

— Bosses cassantes. Bosses faibles que l'on fixe de distance en distance sur un câble au moment du mouillage par un temps forcé ; leur rupture successive amortit la secousse du navire sur son câble au moment où il fait tête.

— Bosse d'embarcation. (*Painter*). Cordage fixé à l'avant d'un canot et qui sert à l'attacher à un quai, à l'arrière ou sur les côtés d'un bâtiment.

— Nœud de bosse (*Stopper lashing*). Nœud à l'aide duquel l'on amarre ordinairement une bosse d'embarcation.

Bosseman, s. m. (*Chief boatswain*). Le maître de manœuvre ou d'équipage. Voir *Manœuvre*.

Bosser, v. a. (*To clap*). Fixer avec des bosses. Lorsqu'on a exercé un effort sur une manœuvre et que celle-ci est suffisamment tendue, il faut l'amarrer sans la lâcher ; à cet effet, on la fixe avec une bosse en avant des mains des hommes qui font effort. La manœuvre n'exerce plus alors d'action en arrière de la bosse et on peut l'amarrer ou la tourner facilement ; la bosse est ensuite larguée.

Bossoir, s. m. Pièce de bois à section rectangulaire saillant en dehors d'un bâtiment et présentant à son extrémité extérieure trois clans garnis de réas et un peu en arrière un trou pour le passage d'une bosse.

— Bossoirs de capon (*Cat heads*). Bossoirs placés à l'avant, de chaque côté de l'étrave d'un bâtiment, et qui servent à suspendre les ancres et à les écarter du bord lorsqu'on les mouille, les caponne ou les traverse.

— Bossoirs de traversière (*Fish head*). Bossoirs plus courts, plus bas que les précédents et placés de chaque côté en arrière de ceux-ci. Ils servent pour traverser les ancres.

— Bossoirs d'embarcation (*Davits*). Bossoirs destinés à suspendre en dehors de la muraille d'un navire les embarcations légères ; beaucoup plus longs que les premiers, ils sont maintenus par des balancines et des haubans. A l'extrémité de chacun d'eux est un palan dont le garant passe successivement dans leurs clans et dans ceux d'une poulie à croc, puis revient sur le pont. Lorsqu'on veut hisser une embarcation à flot, on l'amène sous les bossoirs ; un palan est croché à une boucle fixée à l'avant du canot, l'autre à la boucle de l'arrière et on hisse. On procède ensuite à un solide amarrage pour la mer.

Les bossoirs d'embarcation sont maintenant le plus souvent en fer rond et portent à leurs extrémités des poulies également en fer.

— Bossoir de porte-manteau. Bossoirs placés à l'arrière du couronnement d'un navire et portant ordinairement le canot du commandant, qui se nomme alors porte-manteau.

— Par le bossoir (*On the bow*). Voir un objet par le bossoir, c'est dire qu'on le voit dans une direction faisant un angle de 45° avec celle de la quille, soit à tribord, soit à babord.

— Bossoirs (*argot*). Les seins d'une femme.

Bot, s. m. (*Boat*). Petites embarcations allant à la voile ou à l'aviron.

— Petit caboteur de la Hollande gréé ordinairement en sloop.

Botte, s. f. (*Lead canal*). Tuyau de plomb des lieux d'aisance.

En botte. Des futailles, des embarcations en botte, sont des futailles, des embarcations démontées dont les pièces sont réunies en fagots.

Botte forte, s. f. (*Gasket*). Nom du cordage destiné autrefois à infliger des punitions corporelles.

Boucaniers, s. m. (*Free booters*). Aventuriers français fixés à Saint-Domingue vers la fin du seizième siècle ; ils se livraient à la chasse des bœufs sauvages et à la piraterie. Marins d'une hardiesse extraordinaire.

Boucaut, s. m. (*Dry cask*). Futaille grossièrement faite destinée à contenir des marchandises sèches, telles que sucre, riz, tabac.

— Boucaut (*Mouth*). Embouchure d'une rivière. L'embouchure de l'Adour se nomme le Boucaut.

Bouche, s. f. (*Mouth*). Entrée d'un golfe d'un détroit. Les bouches de Bonifacio.

—(*Muzzle*). L'entrée de l'âme d'une pièce d'artillerie.

— Bouche à feu (*A piece of ordnance*) Toute arme à feu susceptible d'être montée sur un affût.

Boucher, v. a. Le chef de pièce doit boucher, avec le pouce gauche, la lumière d'une bouche à feu après l'avoir dégorgée et jusqu'à ce que la pièce soit chargée, pour éviter la rentrée de l'air et étouffer le feu qui peut être resté au fond de l'âme. Faute de bien boucher la lumière, la gargousse peut s'enflammer pendant le refoulement ; le refouloir est alors lancé comme un projectile et les chargeurs exposés à avoir les bras cassés.

Bouchot, s. m. (*Crawl*). Grand parc ouvert du côté de la terre ; les poissons qui y ont pénétré ne peuvent plus en sortir lors-que la mer descend et on les prend à marée basse.

Boucle, s. f. (*Ring Hank*). Anneau en fer fixé sur le pont ou en différents points du bâtiment et destiné à recevoir des poulies à croc ou des cordages. Des boucles beaucoup plus fortes ou organeaux, scellées sur les quais ou fixées à des coffres, servent à l'amarrage et au touage des navires.

Boudin, s. m. Bourrelet en bois qui fait le tour d'un vaisseau à la hauteur des porte-haubans.

— Boudin de doublage. Bourrelet en bois appliqué sur le bord supérieur du doublage en cuivre d'un navire, pour le maintenir en place.

— Bourrelet plein de sable qu'on fixait autrefois autour des tables pour maintenir la vaisselle au roulis.

Bouée, s. f. (*Buoy*). Corps flottant en liège, en bois ou en tôle, relié par un cordage ou une chaîne à un objet fixé au fond de la mer.

—Bouée d'ancre. Lorsqu'on mouille une ancre, on frappe ordinairement sur sa croisée un cordage nommé orin, auquel est fixée une bouée.

La bouée indique alors la place où est cette ancre et permet de la retirer dans le cas où on aurait été obligé de filer la chaîne par le bout.

On fixe, dans le même but, une bouée au ber d'un bâtiment qu'on va lancer, à une caisse contenant des objets précieux, et qu'on transporte dans une embarcation.

— Bouées servant à indiquer la direction d'une passe, des bancs ou des rochers. Ces bouées, de grandes dimensions, sont alors de fortes tonnes en tôle ou en bois, fixées par des chaînes à de grosses pierres ou à des ancres borgnes.

Ces bouées sont ordinairement peintes de différentes couleurs et des instructions particulières à chaque localité déterminent comment un navire doit gouverner à l'approche de telle ou telle bouée ; elles sont aussi parfois surmontées de cloches, que le mouvement de la mer fait sonner, de cornets à bouquin, qui résonnent sous l'action du vent, ou de miroirs qui permettent de les apercevoir de plus loin.

En France, les bouées que le navigateur doit laisser à tribord, en venant du large, sont peintes en rouge avec ou sans ceinture blanche ; celles qui doivent être laissées à babord sont peintes en noir ; celles qu'on peut laisser indifféremment sur un bord ou sur l'autre sont peintes en bandes alternativement rouges et noires.

Les bouées blanches sont des bouées d'appareillage. Si, au lieu d'être peintes, les bouées sont numérotées, on doit en entrant laisser à tribord les numéros pairs et à babord les numéros impairs.

— Bouée de sauvetage (*Safety buoy*). Corps flottant qu'on laisse tomber du bord au moment de la chute d'un homme à la mer. C'est ordinairement un large plateau en liège garni de bouts de cordages à nœuds, pour qu'on puisse s'y accrocher facilement. Il est surmonté en son centre d'un tube en cuivre contenant un pavillon ou une fusée.

Deux bouées, l'une à pavillon pour le jour, l'autre à fusée pour la nuit, sont suspendues à l'arrière du bâtiment. Aux cris : Un homme à la mer ! l'homme de faction coupe le cordage qui les retient, et, en tombant, le pavillon se déploye ou la fusée s'enflamme et brûle pendant plusieurs minutes.

— Bouée de sonde (*Sounding buoy*). Lorsqu'un navire va de l'avant et sonde, la ligne de sonde n'est pas verticale, mais inclinée, et la profondeur trouvée toujours trop forte. On obvie à cet inconvénient au moyen de la bouée de sonde, qu'on laisse tomber en même temps que le plomb ; celle-ci reste fixe et laisse filer le plomb jusqu'au fond ; si on hale ensuite du bord sur la ligne, la bouée se fixe sur elle sous l'action de ressorts à boudin, et le point où elle s'arrête donne la profondeur exacte.

— Au figuré. Marcher comme une bouée, avoir une marche très inférieure.

— Etre à l'abri de sa bouée, recevoir la lame et le vent du large sans aucun abri.

— Nœud de bouée. Nœud de bois. Nœud qui sert à fixer un orin sur une bouée.

Bouette, Boitte, s. f. (*Bait*). Tout objet servant d'appat et qu'on accroche à l'hain d'une ligne de pêche. Tantôt c'est un petit poisson, tantôt un morceau de poisson ou de peau brillante coupé en langue de chat, et parfois un morceau d'étoffe rouge.

Bouetter, v. a. (*To bait*). Mettre de la bouette aux hains d'une ligne de pêche.

Bouffée, s. m. (*Puff of wind*). Augmentation subite, passagère et de peu de force dans l'intensité du vent.

Bouge, s. m. Convexité de certaines pièces de construction, telles que les baux, barrots, barrotins, barres d'arcasse, etc.

— Le ventre d'une futaille.

Bougon, adj. Harengs bougons, qui ont perdu la tête ou la queue.

Bougue, s. f. Basse. Nom donné, en Normandie, aux sables mouvants situés sur le bord de la mer.

Bouille, s. f. Longue perche dont les pêcheurs se servent pour troubler l'eau et faire rentrer les poissons dans leurs filets.

Bouillon, s. m. Banc, grande réunion de poissons.

Le hareng passe par bouillons.

Boujaron, s. m. Vase en fer blanc, contenant 6 centilitres, et qui sert à mesurer à la cambuse la ration d'eau-de-vie ou de tafia.

Boulet, s. m. (*Bullet*). Projectile en fonte de forme sphérique et de diamètre un peu plus petit que celui de l'âme de la pièce ; cette différence, qu'on nomme le vent du projectile, est la cause des battements.

Les boulets ronds ont disparu aujourd'hui du service des pièces de la marine et sont remplacés par des projectiles ogivaux ou cylindriques. Voir *Projectiles*.

On distinguait le boulet plein et le boulet creux.

Le boulet plein se désignait par son poids, qui était, suivant les calibres, 36, 30, 24, 18 et 12 livres correspondant à des diamètres pour l'âme de 169, 160, 147, 134, 117 millimètres.

Le boulet creux rempli de poudre, s'enflammant au moyen d'une fusée ou d'un système à percussion, était lancé par les canons obusiers ; ses différents diamètres étaient de 270, 250, 220, 160, 120 millimètres.

On employait en outre certains projectiles spéciaux : le boulet asphyxiant, le boulet incendiaire, le boulet enchaîné (*Chain shot*), formé de deux moitiés de boulet réunies par une chaîne de fer et destiné à détruire le gréement et la mâture ; le boulet ramé (*Bar shot*), identique au précédent, mais où la chaîne a été remplacée par une tige de fer. Ces projectiles sont supprimés depuis près de 50 ans.

Boullèche, s. f. Grande seine employées dans la Méditerranée.

Boulimie, s. f. (*Boulimy*). Sorte de maladie donnant naissance à un appétit extraordinaire.

Bouline, s. f. (*Bowline*). Manœuvre frappée sur les ralingues de chute ou de côté d'une voile carrée. Lorsqu'on est au plus près, on hale la bouline du vent de façon à bien raidir et ouvrir la voile.

La bouline agit sur la ralingue par l'intermédiaire de cordages plus petits disposés en patte d'oie.

Chaque bouline reçoit le nom de la voile et du bord auquel elle appartient.

— La bouline tribord du petit perroquet (*Fore top gallant starboard bowline*). —

— Bouline du vent (*Weather bowline*).

— Bouline sous le vent ou de revers (*Lee bowline*).

— Boulines devant (*Bowlines forward*), celles des voiles du mât de misaine.

— Boulines derrière (*Bowlines after*). Celles des voiles du grand-mât et de l'artimon.

Nœud de bouline simple.

— Bouline ha ha. Cri proféré autrefois par les matelots en halant les boulines.

— Peine de la bouline. Courir la bouline (*To run gauntlet*). Le condamné courait entre une haie de trente matelots ou plus, qui, armés de garcettes, le frappaient au passage. On ne pouvait condamner à plus de trois passages ou courses ; cette peine a disparu avec toutes les peines corporelles.

— Nœud de bouline (*Out side*

clinch). Nœud coulant arrêté au moyen d'un petit amarrage sur le bout; il se défait facilement en coupant cet amarrage. On l'emploie pour étalinguer un câble, couler un maillon.

Bouliner, v. n. Haler les boulines.

Boulinette, s. f. (*Fore top sail bowline*). La bouline du petit hunier. Choquez la boulinette (*Check the foretop bowline*). Commandement pour mollir un peu la bouline du petit hunier.

Boulinier, adj. (*Plyer*). Un navire est bon ou mauvais boulinier suivant qu'il marche bien ou mal à l'allure du plus près.

Bouque, s. f. (*Mouth*). L'embouchure d'un fleuve, d'une passe.

Bouquet, s. m. Nom donné à la réunion des poulies d'amure, d'écoute et de cargue-points. Le bouquet est fixé aux angles inférieurs des basses voiles des bâtiments à traits carrés.

Bourbouilles, s. f. Eruption cutanée, qui se manifeste dans les pays chauds par de nombreux petits boutons rouges occasionnant de vives démangeaisons.

Bourcet, s. m. (*Sail of a lugger*). Voile quadrangulaire des lougres, des chasse-marées, dont la drisse est frappée au tiers de la vergue vers l'avant. Le point d'amure est toujours à la ralingue de chute de l'avant, plus courte que celle de l'arrière; la vergue est toujours apiquée vers l'avant, et on peut avec une courte mâture établir une voile d'une surface considérable.

— On distingue souvent par ce mot la misaine, en Normandie et dans la Méditerranée.

Bourde, s. f. (*Spar*). Pièce de bois faisant accidentellement l'office de béquille.

Bourdons, s. m. Bâtons plombés destinés à maintenir les seines tendues pendant qu'on les hale hors de l'eau.

Bourèche, s. f. (*Acorn*). Pomme ou bourrelet fixé sur un cordage pour empêcher les autres cordages de glisser sur le premier

sous l'action des efforts qu'ils supportent.

Bourgeois, s. m. (*Owner*). Le propriétaire d'un navire qui le fait naviguer pour son compte.

Bourguignons, s. m. Nom donné par les Terre-Neuviers aux glaçons isolés.

Bouri, s. m. Bateau de charge du Bengale.

Bourlinguer, v. n. (*To work hard*). Fatiguer, par suite du mauvais temps, de manœuvres longues et pénibles; se dit des navires et des hommes.

Bourrasque, s. f. (*Storm*). Tourbillon de vent impétueux et de peu de durée.

Bourrelet, s. m. (*Fender*). Garniture formée de tresses et cordages entrelacés, qu'on place en différents points du gréement pour les garantir des frottements ou des chocs accidentels.

— Boudin en bois bordant sur les ponts les étambrais des mâts et sur lequel on cloue les brais.

— Demi-bourrelet cloué sur le mât d'artimon et supportant la mâchoire du gui.

— Bourrelet d'une bouche à feu (*Swell*). Partie arrondie régnant autour de la bouche d'un canon et comprise entre la ceinture de la couronne et son collet.

Bousquer, v. a. Bousquer un matelot, le rudoyer.

Bout. Avant. Extrémité. Morceau.

— Avant. Un bâtiment a le bout à la lame, au vent, à la côte, lorsque son avant est dirigé vers un de ces objets.

— Extrémité. Le bout d'un cordage. — Filer une chaîne par le bout (*To slip the chain*). La laisser échapper par l'écubier.

— A bout perdu (*Short drove*). Une cheville à bout perdu est une cheville qui ne traverse pas toute l'épaisseur d'un bordage.

— Les bouts de vergue sont les extrémités des vergues qui se trouvent en dehors des taquets et sur lesquelles ne s'étend pas la têtière de la voile enverguée.

— Morceau. Un bout de cordage, de mât, de bordage.

Bout d'allonge, s. m. (*Upper futtock*). Pièce de construction doublant dans sa partie supérieure l'allonge de revers.

Bout-dehors (*Boom*). Vergue ou mât qu'on pousse en dehors d'un bâtiment et qui sert à établir une voile.

— Bout-dehors de bonnettes. Petites vergues destinées à établir les bonnettes. Placées dans des cercles de fer ou blins sur l'avant des vergues, on les fait glisser le long de celles-ci de façon à les prolonger ; une poulie, placée à leur bout extérieur, reçoit l'écoute de la bonnette supérieure.

Les bouts-dehors servent donc à border les bonnettes, mais non à les porter, les drisses de bonnettes passant dans des clans à l'extrémité des vergues principales.

Les bouts-dehors sont maintenus par des balancines et des bras.

On installe des bouts-dehors à la vergue de misaine, à la grand'vergue, aux vergues du petit et du grand hunier, du petit et du grand perroquet.

— Bout-dehors de beaupré (*Bow sprit boom*). Mât placé dans le prolongement du beaupré et servant à l'installation du grand foc et du faux foc.

— Bout-dehors de clin-foc (*Flying jib boom*). Mât établi dans le prolongement du bout-dehors de grand foc et servant à établir le clin-foc.

Boute, s. f. Pièce à eau.

Boute-à-port. Nom donné autrefois à l'officier de port désignant à chaque navire, à son arrivée, la place qu'il devait prendre.

Boute-feu, s. m. (*Lint stock*). Bâton portant une mèche allumée et dont on se servait autrefois pour enflammer la charge des pièces d'artillerie.

Bouteilles, (*Quarter galleries*). Espèces de tourelles installées tribord et babord de l'arrière d'un navire et servant ordinai-

rement de lieu d'aisance à l'état-major.

Ce mot désigne en général des cabinets du même genre.

Boute-lof, s. m. (*Tack boom*). Bout-dehors établi à l'avant tribord et babord pour remplacer le pistolet d'amure.

Bouton, s. m. Espèce de nœud semblable au cul-de-porc (*Wale knot*).

— Bouton de culasse (*Pomillion*). Partie saillante et sphérique placée à l'arrière des anciennes bouches à feu se chargeant par la bouche. Il servait à saisir les pièces pour les débarquer et les embarquer ; on le remplace maintenant dans ces manœuvres par une pièce de bois qu'on engage dans la culasse.

Boyer, s. m. Bâtiment du Nord différant peu du sloop.

Bragozo, s. m. Bateau de pêche non ponté de l'Adriatique.

Brague, s. f. (*Breeching tackle*). Fort cordage de premier brin servant à relier à la muraille d'un bâtiment la partie arrière d'une bouche à feu ; elle sert à limiter le recul de la pièce et a l'amarrer. Chacune de ses extrémités porte une cosse traversée par le boulon d'une manille fixée à droite et à gauche de la pièce à la muraille ; la brague passe tantôt dans des trous pratiqués dans les flasques de l'affût, tantôt dans un anneau faisant partie du bouton de culasse et nommé anneau de brague.

— Brague. Fort cordage embrassant l'étrave d'un navire et sur lequel on agit au moyen d'appareils au moment du lancement.

— Bragues de gouvernail. Forts cordages fixés à l'étambot et au gouvernail et qui le retiennent sans l'empêcher de tourner.

Braguet, s. m. (*Breeching*). Cordage de la force de la guinderesse d'un mât et destiné à maintenir celui-ci, si, pendant le guindage ou le calage, la guinderesse venait à casser. Le braguet fait dormant au milieu d'un élongis, passe dans une engoujure pratiquée au-dessous de la caisse du mât, passe dans une poulie aiguilletée sur l'autre élongis, puis il descend sur le pont où il est tenu raide.

Brai, s. m. (*Pitch*). Suc résineux qu'on tire du pin et du sapin, après l'extraction du goudron ; recuit avec de l'eau, le brai donne au refroidissement une masse sèche, transparente et roussâtre qu'on nomme brai sec ; on l'emploie à recouvrir l'étoupe des endroits calfatés et les préserver de l'humidité.

Le brai sec fondu avec du goudron, du suif, donne le brai gras qui, liquide, sert à enduire le haut des bâtiments.

Braie, s. f. (*Leather*). Morceau de toile goudronnée qu'on place en différents endroits pour empêcher l'arrivée de l'eau ; aux étambrais des mâts et des pompes, à la jaumière du gouvernail.

Braille, s. f. Pelle dont on se sert sur les ports pour remuer les harengs à mesure qu'on les sale.

Branches, s. f. (*Cringles*). Ce mot s'applique à divers cordages qui, après avoir agi sur différents points d'un même objet, se réunissent en un seul cordage.

Branle, s. m. (*Hammock*). Nom donné autrefois au hamac.

Branle-bas, s. m. On distingue les branle-bas du matin et du soir et le branle-bas général ou de combat.

— Branle-bas du matin. Au commandement de branle-bas (*Up all hammocks*), on décroche les hamacs, on les porte au bastingage, on ouvre les sabords, puis on se met au lavage des ponts.

— Branle-bas du soir. Au commandement de branle-bas (*Down the hammocks*), les hamacs sont retirés des bastingages et accrochés, toutes les dispositions pour la nuit prises, et la bordée non de quart va se coucher.

— Branle-bas de combat. L'ensemble des préparatifs du combat.

L'ordre de branle-bas est donné par la générale.

Au figuré : bruit, tapage, désordre.

Bras, s. m (*Brace*). Cordage fixé à l'extrémité de chaque vergue et servant à lui donner un mouvement circulaire horizontal. Le bras est simple ou double, suivant les vergues et la force du bâtiment. Les bras de devant (*Fore ward brace*) sont ceux des vergues du mât de misaine, les bras de derrière (*Astern brace*) les bras des vergues du grand mât et de l'artimon.

Bras (faux-). Cordage dont on se sert pour un usage ou un effort de peu de durée.

Brasiller (*To sparkle*). La mer brasille lorsqu'elle forme de petites lames qui scintillent sous l'action des rayons obliques du soleil ou de la lune.

Brassage, s. m. Le brassage d'une vergue est l'endroit où cette vergue, brassée au plus près, vient toucher les étais, les haubans, les galhaubans. On empêche l'usure de ces cordages en les garantissant du frottement au moyen de paillets, bourrelets, garnitures, etc.

Brasse, s. f. (*Fathom*). Mesure de longueur valant 5 pieds (1 m. 62), dont on se sert encore souvent pour mesurer la longueur des cordages. Sur les anciennes cartes marines, les profondeurs sont exprimées en brasses.

Brasser, v. a. (*To brace*). Agir sur une vergue, au moyen des bras, pour la faire tourner horizontalement et l'orienter de façon que les voiles qu'elle porte reçoivent le vent de la façon la plus favorable pour l'allure sous laquelle on navigue.

— Brasser tribord (*To brace to starboard*). Agir sur les bras de tribord.

— Brasser derrière (*To set in the after braces*). Agir sur les bras de derrière.

— Brasser devant (*To set in the fore braces*) Agir sur les bras de devant.

— **Brasser carré** (*To square the yards*). Placer les vergues perpendiculairement au plan longitudinal passant par l'axe de la quille.

— **Brasser au plus près** (*To haul in close*).

— **Brasser en ralingue** (*To shiver a sail*).

— **Brasser à culer** (*To lay flat aback*). Brasser de façon à ce que les voiles soient ou orientées au plus près ou en ralingue, ou reçoivent le vent par l'avant, de façon à faire culer le bâtiment.

Brasses, s. f. Parages où la mer a peu de profondeur et où on se dirige à l'aide de la sonde. Les brasses du Bengale.

Brasseyage (*Bracing*). Action de brasser une vergue.

— Le brasseyage d'une vergue est l'angle que celle-ci fait avec la partie de la quille dirigée vers l'avant. Au plus près, cet angle mesure de 30 à 35 degrés.

Brassiage, s. m. (*Depth*). Détermination, mesure du nombre de brasses d'eau existant sur un fond.

Brayer, v. a. (*To pitch*). Enduire de brai. On braie les coutures du pont avec des cuillers à brai ; les joints, la carène avec des guipons.

Brecin, s. m. (*Tackle hook*). Cordage portant à un bout un croc et servant à hisser de la cale de petits objets ; il est garni à l'autre bout de nœuds pour l'empêcher de glisser dans les mains.

Bredindin, s. m. (*Spanish burton*). Palan à croc aiguilleté sur les étais des bas mâts au-dessus des écoutilles ; il sert à descendre dans la cale des objets de poids médiocre.

Breton (en) (*Abeam*). Un objet est placé en breton lorsque sa longueur est dans le sens des baux.

Brick, s. m. (*Brig*). Navire à deux mâts (mât de misaine et grand mât) portant hunes et gréant des voiles carrées (misaine grand'voile, huniers, perroquets, cacatois, bonnettes) ; le grand mât porte en outre une brigantine.

Les bricks de guerre étaient divisés en 5 classes, mettant en batterie de 10 à 20 bouches à feu et comptant de 75 à 115 hommes d'équipage. On ne construit plus aujourd'hui de bricks de guerre.

Le gréement du brick est très bon et est adopté par un grand nombre de navires de commerce.

Brick-goëlette, s. m. (*Hermaphrodite brig*). Navire à deux mâts : le mât de misaine est gréé en brick, le grand mât en goëlette. Ce navire serre bien le vent et sa voilure est plus maniable que celle du brick et exige moins de monde.

Brickaillon, s. m. Mauvais brick.

Bride, s. f. (*Iron stir rup*). Etrier de forte dimension reliant la quille à l'étambot.

Brider, v. a. et n. (*To frap*). Etrangler, rapprocher plusieurs cordages tendus parallèlement par plusieurs tours d'un autre cordage qui les serre en leur milieu ; on augmente ainsi leur tension. On bride les hures de beaupré, les estropes de poulie, les veltures, les aiguillettes d'amarrage des bouches à feu.

— **Brider une ancre** (*To stow an anchor*). Garnir ses pattes de planches pour qu'elle ait plus de tenue dans un fond de vase molle.

Bridole, s. f. (*Wring stave*). Appareil servant à plier les bordages de façon à les appliquer sur la membrure.

Bridure, s. f. (*Cross sturns*). Amarrage servant à brider.

Brieux, s. m. Droit exigé des caboteurs, sur les côtes de Bretagne, lorsque les capitaines recevaient leur congé ou brevet.

Brigadier, s. m. (*Foreman*). Premier matelot d'une embarcation qui, placé à l'avant, reçoit les bosses ou les amarres, défie les abordages ou aide à accoster avec sa gaffe.

Brigantin, s. m, (*Brigantine*). Espèce de brick n'ayant pas de

Brick.

grand'voile et ne gréant que des perroquets volants.

Brigantine, s. f. (*Spanker. Driver*). Grande voile aurique enverguée sous la corne et fixée le long du mât d'artimon dans les trois-mâts ou du grand mât dans les bricks ; on la borde à l'extrémité du gui.

La brigantine donne de la vitesse, mais elle agit surtout, comme voile de manœuvre, pour faire venir le navire au vent ou balancer les voiles de l'avant.

Brin, s. m. Mot servant à désigner la qualité du chanvre d'un cordage. Du chanvre de premier, de deuxième, de troisième brin. Le premier est à filaments longs et purs, le dernier ne peut être employé que pour faire de l'étoupe.

Bringuebale, s. f. (*Brake*). Levier servant à mouvoir la tige et le piston de certaines pompes

Brion, s. m. (*Fore foot*). Forte pièce de bois de même échantillon que la quille et raccordant la quille à l'étambot, qu'elle lie solidement.

Bris, s. m. (*Wrecks*). Les parties d'un navire qui viennent à la côte après un naufrage.

— Synonyme de naufrage, jurisprudence maritime.

Brisant, s. m. (*Breakers*). Rocher, écueil à fleur d'eau contre lequel la mer se brise en formant des vagues écumeuses.

— Brisants. Vagues animées de mouvements vifs et irréguliers. Les brisants se forment sur les rochers, les bancs peu profonds, dans un ras de marée.

Brise, s. f. (*Breeze*). Synonyme de vent.

— Brise de terre (*Land breeze*). — Brise de mer (*Sea breeze*). Brise soufflant alternativement le matin et le soir dans la zône torride ou l'été sur nos côtes.

— Jolie brise (*Fair wind*). Vent modéré.

— Bonne brise (*High wind*). Vent un peu plus fort

— Brise carabinée (*Heavy gale*). Vent assez violent, mais rond et uniforme.

Brisé, adj. (*Breaked*). Mantelet-brisé. Mantelet de sabord formé de deux parties tournant chacune autour de charnières horizontales.

Brise-glaces, s. m. Sorte de défenses en fer ou en bois que l'on installe à l'avant des navires pour fendre et écarter les glaces.

Brise-lames (*Break water*). Digue élevée au-dessus des eaux pour empêcher les lames de pénétrer avec violence dans un port ou une rade.

Briser, v. n. (*To break*). La mer brise lorsqu'elle écume sous l'action du vent ou lorsqu'elle rencontre des obstacles.

Broches, s. f. (*Spindles*). Baguettes représentant les divers diamètres des mâts d'assemblage.

— Broches en fer numérotées avec lesquelles on pique la ration de viande d'un plat de matelots.

Brouillasse, s. f. Brume peu épaisse.

Brouillasser, v. n. (*To be misty*). Il brouillasse lorsque la brume est peu épaisse et non continuelle.

Bruine, s. f. (*Blight*). Pluie fine semblable à la brume.

Bruiner, v. n. (*To blight*). Il bruine lorsqu'il tombe une pluie très fine.

Brûlot, s. m. (*Fire ship*). Navire rempli de matières inflammables et explosibles et destiné à incendier des bâtiments ennemis.

Des embarcations remorquent le brûlot et l'abandonnent après l'avoir lancé dans la direction des navires ennemis ; il tombe sur eux, s'y accroche par des grappins fixés à l'extrémité de ses vergues et leur communique bientôt le feu qui le dévore lui-même.

Employés autrefois avec succès contre des navires mouillés, les brûlots ont cessé de figurer dans les guerres maritimes.

Brumaille, s. f. (*Haze*). Petite brume.

Brume, s. f. (*Fog*). Brouillard. Dans les parages fréquentés, la navigation, en temps de brume, exige beaucoup de précautions pour éviter les abordages. Voir ce mot. Le voisinage de la terre est également dangereux dans ces circonstances ; aussi, à l'entrée des ports ou en certains points où les atterrissages sont nombreux, on tire le canon de temps en temps ou on fait entendre la sirène ou la trompe, qui sont de puissants appareils mis en jeu par la vapeur ou par l'air.

Brumer, v. n. (*To be misty*). Il brume lorsque le temps est chargé de brouillard.

Brut, adj. (*Rough*). Bois brut. Bois de construction et de mâture dépouillé de son écorce, mais qui n'a pas encore été façonné.

Bûcher, v. a. Bûcher une pièce de bois, c'est la tailler grossièrement à coups de hache pour qu'elle s'approche de la forme voulue.

Bugalet, s. m. Petit bâtiment servant dans les ports au transport des munitions, des marchandises et provisions de toutes sortes.

Burin, s. m. (*Setting fid*). Gros épissoir droit, en bois, qui sert, lorsqu'il est pointu, à ouvrir et élargir les bagues et les estropes.

S'il est cylindrique, on l'emploie pour former l'arrêt de deux cordages dont l'œillet de l'un passe dans l'œillet de l'autre.

— (*Chipping chisel*). Outil en acier trempé, tranchant, sans manche, et qui sert à couper le cuivre, le fer, la fonte.

Buriner. Elargir une estrope avec un burin.

— Couper un métal avec un burin.

But-en-blanc, s. m. (*Point blank*) Distance de la bouche d'une arme à feu quelconque au point où la trajectoire du projectile rencontre pour la seconde fois la ligne de mire naturelle formée par les crans de mire.

Buyse, s. f. (*Busche*). Navire de pêche hollandais, à avant très renflé, portant trois mâts très courts à bascule et qui gréent trois voiles carrées ; on l'emploie surtout à la pêche du hareng.

C

Cabaner, v. a. et n. (*To turn up*). Renverser sens dessus dessous. Cabaner une embarcation.

Une ancre cabane lorsque, après avoir mordu le fond, la patte sort du sol et le jas se place verticalement. Synonyme de chavirer.

Cabestan, s. m. (*Capstan*). Treuil vertical placé sur l'un des ponts d'un bâtiment et qui se manœuvre au moyen de fortes

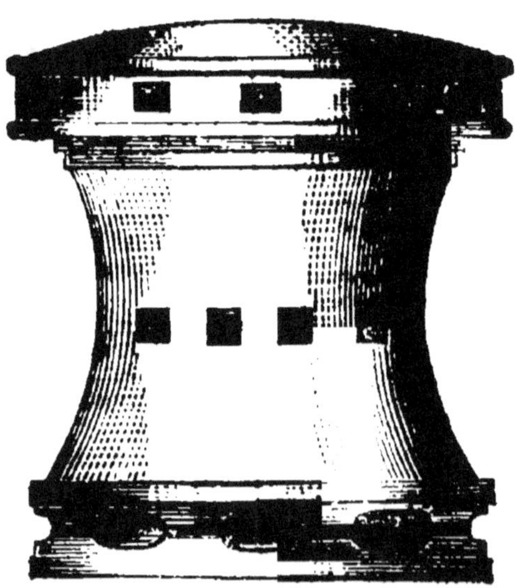

Cabestan.

barres horizontales engagées dans des trous pratiqués à la partie supérieure.

Le cabestan s'emploie pour toutes les manœuvres exigeant de grands efforts et en particulier pour déraper l'ancre.

L'axe du cabestan ou mèche

(*spindle*) est en fer et repose, par sa partie inférieure, dans une crapaudine ajustée dans une carlingue fortement reliée au corps du bâtiment.

La mèche en fer est recouverte d'une enveloppe ou mèche en bois renforcée par des taquets ; cet ensemble se nomme la cloche. L'axe est ensuite surmonté du chapeau (*Drum head*), disque en bois assemblé avec lui à tenon et solidement chevillé ; c'est dans le chapeau que sont percées les ouvertures destinées à recevoir les barres.

Dans les navires à batteries, la mèche traverse deux ponts et sur chacun est installé un cabestan : on peut ainsi faire agir à la fois un nombre d'hommes double. Le cordage sur lequel on veut agir est enroulé plusieurs fois sur la cloche, et en agissant sur les barres on l'oblige à s'enrouler de nouveau.

Pour les gros câbles, leur raideur empêchant de les enrouler, on agit sur eux au moyen d'un câble de moyenne grosseur, nommé tournevire, et que l'on garnit au cabestan.

Pour les chaînes, on s'est d'abord servi de tournevire, puis on a rendu la manœuvre moins dangereuse par l'emploi de la couronne Barbotin. Voir ce mot.

Pour permettre aux hommes qui virent au cabestan de se reposer, les cabestans sont munis de linguets tombant dans une couronne creuse ou saucier présentant des arêtes saillantes qui n'opposent aucun obstacle lorsqu'on tourne dans une direction, mais qui, dans la direction contraire, arc-boutent les linguets et rendent tout mouvement impossible.

En Angleterre, où les chaînes ne sont pas faites avec la régularité nécessaire, la couronne barbotin est remplacée par une sorte de poulie à gorge très creuse présentant de distance en distance des cannelures saillantes ;

les maillons des chaînes se trouvent coincés dans cette gorge ; mais cette manœuvre ne présente pas toute la sécurité voulue.

Pour les bâtiments de fort tonnage du commerce et dont l'équipage est insuffisant pour le service de deux cabestans, on emploie des cabestans à une seule cloche munie d'engrenages propres à multiplier les efforts des hommes.

Cabesterre. s. m. (*Wind ward coast*). Nom qu'on donne aux petites Antilles à la partie de ces îles située du côté d'où souffle le vent régnant, c'est-à-dire vers l'Est.

Cabillot. s. m. Cheville, taquet, en fer ou en bois, qui traverse les râteliers et où l'on tourne et amarre les manœuvres courantes.

— (*Toggle*). Cheville garnie d'une estrope en son milieu et qu'on place en différents points du gréement, par exemple aux points d'écoute de perroquet, aux ralingues des pavillons ; on les introduit dans des œillets en corde qui se trouvent à l'extrémité de leurs écoutes ou drisses.

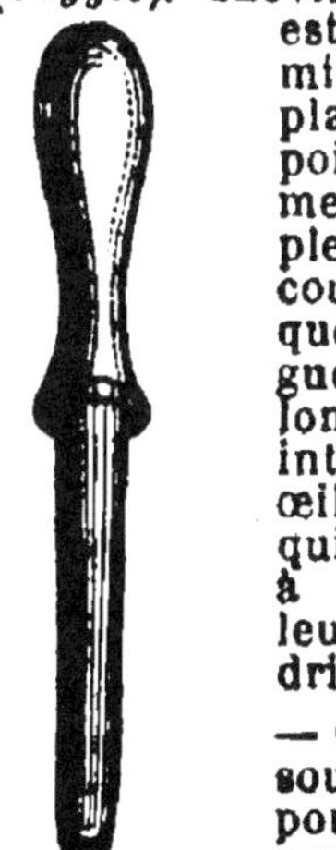

Cabillot.

— Goupille placée sous les hunes pour les assujettir aux barres qui les supportent.

Cabine. s. f. (*Cabin*). Petite chambre à bord d'un bâtiment ; on y installe une couchette, des étagères et des armoires. Les officiers, les maîtres ont chacun leur cabine. Dans la partie inférieure du bâtiment, les cabines sont éclairées par des hublots qui plongent souvent dans l'eau, dans la partie supérieure, les cabines ont un sabord.

Câble, s. m. (*Cable*). Fort cordage composé de trois aussières commises au tiers et qui sert à tenir un bâtiment amarré soit à l'ancre soit dans un port.

La longueur d'un câble est de 120 brasses (200 mètres environ).

Un câble en service tient d'un bout à l'organeau de l'ancre par un nœud appelé étalingure ; l'autre bout rentre à bord par l'écubier et est fixé aux bittes.

Les câbles ne sont employés maintenant pour les ancres qu'à bord des bâtiments de très faible tonnage ou pour mouiller des ancres de jet.

— Câble de remorque ou simplement remorque (*Tow*), le câble qui réunit le bâtiment remorqué au remorqueur.

— Câble d'ajut (*Spliced cable*). Câble épissé bout à bout avec un autre.

— Un câble est sur le bout quand il est presque tout entier filé dehors.

Au figuré. Filer son câble par le bout. Partir d'une façon précipitée. — Avoir un tour dans ses câbles, avoir des embarras de santé ou d'affaires.

Câble-chaîne, s. m. (*Chain*). Chaînes en fer remplaçant les câbles en chanvre pour le service des ancres : ils sont plus lourds et plus chers, mais tiennent moins de place, se manœuvrent plus facilement et donnent une tenue plus sûre.

Une chaîne se compose d'anneaux nommés maillons (*Link*) de forme elliptique et consolidés en leur milieu par des entretoises ou étais (*stay pin of the link*); deux anneaux consécutifs se tiennent à angle droit. De 30 en 30 mètres sont intercalées des manilles ou maillons qui, s'ouvrant et se fermant au besoin, permettent d'allonger la chaîne ou d'en abandonner une partie avec une ancre sans filer la chaîne tout entière par le bout.

L'étalingure d'un câble-chaîne sur l'ancre se fait au moyen d'une forte manille traversée par un bouton retenu d'un bout par sa tête et de l'autre par une goupille conique en acier étamé, maintenue en place par un petit bouchon de plomb mâté dans une ouverture tronconique pratiquée à la partie supérieure de l'ouverture qu'elle traverse.

Une chaîne appelle droit de tribord, de l'arrière, suivant qu'elle a une de ces directions.

— Tour de chaîne (*Foul chain*). On dit qu'il y a un tour de chaîne lorsque les chaînes de deux ancres mouillées se croisent ou sont tortillées ensemble par l'effet de l'évitage du bâtiment.

— Défaire les tours de chaîne (*To clear chain*). On défait les tours de chaîne en faisant éviter le bâtiment en sens contraire ou, ce qui est beaucoup plus simple, en séparant un maillon et défaisant le tour près des écubiers.

Les dimensions de toutes les parties de la chaîne sont déterminées en fonction du calibre du fer employé, et, dans la construction, toutes ces proportions sont observées avec la plus grande rigueur. Les chaînes, avant d'être mises en service, sont essayées à la presse hydraulique.

Force comparative des câbles en fer et en chanvre : une chaîne faite avec un fer de 50 mm. 40 de diamètre et un câble de 186 mm. de diamètre peuvent résister à un effort de 81252 tonnes.

— Filer de la chaîne (*To ease off the chain*). Laisser sortir une certaine longueur de chaîne hors de l'écubier à la demande de l'ancre.

— Filer la chaîne par le bout (*To slip the chain*). Filer toute la chaîne par l'écubier et la laisser tomber à la mer.

Câblot (*Cablet*). Petit câble d'environ 100 mètres de longueur et servant à mouiller les embarcations au moyen d'un grappin ou d'une petite ancre.

Câblure, s. f. Grosse pierre percée servant d'ancre aux pécheurs et sur laquelle ils étalinguent leur câble ou amarrent la partie inférieure de leurs filets.

Cabotage, s. m. (*Coasting trade*). Navigation qui doit se faire de cap en cap et en perdant la terre de vue le moins possible, pour le transport des marchandises d'un port à un autre du même pays.

— Petit cabotage. Navigation marchande d'un port à l'autre de l'Océan, de la Manche ou de la Méditerranée.

— Grand cabotage. Navigation marchande d'un port quelconque de l'une de ces mers à un autre port situé sur une autre mer, de la Manche à l'Océan, de l'Océan à la Méditerranée. Pour les navires français, le grand cabotage s'étend à toute la Méditerranée, la Baltique, l'Islande et même Terre-Neuve.

— Maître au petit ou au grand cabotage (*Master*). Celui qui, après examen, est reconnu capable de commander un navire pour le petit ou le grand cabotage.

Caboter, v. n. (*To sail along the coast*). Faire le cabotage.

Caboteur, s. m. (*Coasting vessel*). Bâtiment employé au cabotage.

— (*Coasting sailor*). Matelot naviguant au cabotage.

Cabrion, s. m. (*Whelp*). Pièce de bois de peu d'équarissage et de peu de longueur servant dans les chantiers à contrebuter ou retenir d'autres pièces.

— (*Steaps*). Courte pièce de bois qu'on cloue sous les roues des canons à la serre par mauvais temps.

Cacatois, s. m. (*Royal sail*). Petite voile carrée placée au haut des mâts au-dessus des perroquets ; c'est une voile très légère qu'on établit par beau temps et qu'il faut manœuvrer avec vigilance. Un cacatois est gréé lorsqu'il est installé à poste fixe ; il est volant lorsqu'on l'installe au moment de l'établir.

La voilure d'un trois-mâts carré comporte le petit cacatois (*Fore royal sail*) au mât de misaine, le grand cacatois (*Main royal sail*) au grand mât, le cacatois de perruche (*Mizen royal sail*) au mât d'artimon ; à chacune de ces voiles correspond un mât, une vergue, deux écoutes, deux cargues-points, deux boulines, deux balancines, une drisse, deux bras du même nom.

Cache-adent, s. m. (*Scarf*). Petite entaille au talon d'une varangue, entrant dans l'adent de la contre-quille et le cachant complètement.

Cacher, v. a. (*To becalm*). Un navire, une côte cachent le vent lorsqu'ils l'empêchent d'arriver jusqu'à un autre bâtiment.

Cadène, s. f. Synonyme de chaîne de hauban.

Cadre, s. m. (*Cott*). Espèce de hamac qui sert de lit aux maîtres qui n'ont pas de couchettes et aux officiers pendant les mauvais temps, les mouvements de roulis et de tangage s'y faisant à peine sentir. Il se compose d'une espèce de boîte en toile de 2 mètres de longueur sur 0 m. 55 de largeur, montée sur un chassis en bois. Les petits côtés sont surmontés d'araignées réunies à un raban qui sert à suspendre le cadre aux baux.

— (*Bedding*). On nomme aussi cadres les lits des infirmeries à bord ; ce sont ordinairement des lits en fer.

Cadre, s. m. (*Frame*). Ouverture rectangulaire pratiquée à la partie arrière d'un bâtiment et dans laquelle tourne l'hélice.

Cages à poules, s. f. (*Hen-loop*). Grandes cages solidement construites et destinées aux volailles embarquées vivantes. On les installe généralement entre le grand mât et le mât de misaine, contre la chaloupe, ou enfin partout où leur présence gêne le moins.

Cagnard, s. m. (*Weather cloth*).

Forte toile peinte qu'on installe par mauvais temps, en forme de tente, pour servir d'abri aux hommes de quart.

Cague, s. f. (*Cag*). Navire hollandais à fond plat employé au cabotage et à la pêche ; il porte sur l'avant un mât gréant une voile à livarde et une trinquette.

Caïque, s. f. Petit navire du Levant.

— Canot marchant à l'aviron, à Constantinople et· dans l'Archipel

Caillebotte, s. f. (*Furring*). Morceau de bois que l'on cloue sur un nœud, un défaut ou un vide d'une pièce de la membrure.

Caillebotis, s. m. (*Gratings*). Treillis en bois formé de petites lattes à section rectangulaire et qui sert à recouvrir les écoutilles et les ouvertures des ponts par lesquelles on veut faire pénétrer l'air et la lumière.

Caisse, s. f. Caisses à obus, à étoupilles, d'armes.

— Caisses à eau (*Tanks*). Grandes caisses en tôle, vernies à l'intérieur et peintes extérieurement, destinées à recevoir la provision d'eau d'un bâtiment. Leur capacité est de 1000 à 4000 litres ; leur forme est variable avec la place qu'elles doivent occuper dans la cale. D'un arrimage facile, ces caisses ne donnent pas mauvais goût à l'eau comme les anciennes futailles ; mais il s'y produit toujours un dépôt abondant d'oxyde de fer qui rougit l'eau et en rend une assez forte proportion impropre à tout usage.

— Caisse d'un mât (*Heel*). La partie quadrangulaire qui forme le pied des mâts de hune, de perroquet et de cacatois. La caisse est traversée par une clef en fer qui s'appuie sur les barres du mât inférieur ; elle présente en outre deux mortaises à rouet pour le passage de la guinderesse et par dessous une engoujure pour le braguet.

— Caisse de poulie (*Shell*). Bloc de bois aplati et de forme ovale dans l'épaisseur duquel est pratiqué un vide destiné à recevoir le réa ; la caisse sert d'appui à l'essieu.

— Caisses d'amarrage. Grandes caisses flottantes mouillées en certains points d'un port ou d'une rade, et portant des organeaux sur lesquels les navires peuvent fixer des câbles d'amarrage ou de touage.

— Caisse des gens de mer, des invalides, des prises. Voyez ces mots.

Caisson, s. m. (*Chest*). Sorte de banquette en forme de caisse construite dans les façons d'un navire, ou d'une embarcation, et servant à enfermer des provisions ou de menus objets.

Calage, s. m. (*Striking down*). Action de caler.

Calaison, s. f. (*Ship's gage*). Synonyme de tirant d'eau.

— Immersion. Différence entre le tirant d'eau actuel d'un navire et celui qui existait précédemment.

Calamite, s. f. Ancien nom de la boussole dans la Méditerranée ; elle se composait d'une aiguille aimantée fixée à un morceau de liège flottant sur un vase plein d'eau.

Calcet, s. m. Bloc de bois, de forme quadrangulaire, formant le ton des mâts qui portent une antenne. Le calcet est percé de plusieurs mortaises recevant des rouets.

Cale, s. f. (*Hold*). Partie intérieure d'un navire comprise entre le pont le plus bas, la carlingue et les fonds.

— (*Building slip*). Cale de construction. Emplacement sur lequel on construit un bâtiment. Une cale doit présenter un terrain solide et avoir une pente suffisante pour faciliter le lancement ; certaines cales, surmontées d'une toiture, sont dites cales couvertes.

— (*Warf*). Embarcadère. Talus, rampe en maçonnerie ou en bois descendant vers la mer et

servant à l'accostage des embarcations.

Calebasse, s. f. Artifice employé
sur les brûlots. Voyez *Pelote*.

Caler, v. a. (*To house a mast*).Caler
un mât de hune, de perroquet
ou de cacatois, c'est l'abaisser.
On opère de la façon suivante:
Un cordage appelé guinderesse
fait dormant sur l'avant du
chouquet du mât inférieur, descend dans le clan supérieur de
la caisse du mât, remonte dans
une poulie crochée au chouquet,
redescend dans le clan inférieur
de la caisse, puis remonte dans
une poulie fixée au chouquet et
redescend enfin sur le pont se
garnir au cabestan ; le braguet
est mis en place (voir ce mot) ;
on vire un peu pour soulever le
mât et dégager la clef; puis on
amène en douceur en mollissant le braguet à la demande.

— (*To draw*). S'immerger. Un bâtiment cale beaucoup lorsqu'il
s'enfonce beaucoup dans l'eau.
Il cale tant de pieds, lorsqu'il
immerge de ce nombre de pieds.

Calfat, s. m. (*Calker*). Ouvrier
chargé du calfatage, de l'entretien des pompes, de boucher les
trous de boulet, d'aveugler les
voies d'eau, de visiter et réparer
le doublage, de peindre, d'enduire et nettoyer la carène.

Les calfats forment un corps
de métier ayant des seconds-
maîtres, quartiers-maîtres et matelots.

Calfatage, s. f. (*Calking*). Action
de calfater.

Calfater, v. a. (*To calk*). Remplir
les joints des bordages d'un navire avec de l'étoupe, pour empêcher complètement le passage
de l'eau.

Ces joints sont suffisamment
ouverts et on y chasse des cordons d'étoupe à l'aide d'un ciseau de calfat et d'un maillet ;
on enfonçait ainsi jusqu'à vingt
cordons entre les bordages d'un
vaisseau ; les joints du pont sont
moins ouverts ; l'étoupe est
ensuite recouverte de brai. Sur

les navires en fer, on ne calfate
plus les joints, on les mate.

Calie, s. m. Pirogue de guerre de
Tonga-Tabou, de 15 à 27 mètres
de longueur, et composée de
deux pirogues réunies par une
large plateforme.

Calier, s. m. (*Holder*). Homme
employé spécialement aux travaux de la cale.

Caliorne, s. f. (*Threefold purchase*). Les plus forts palans
d'un arsenal ou d'un navire. Les
poulies des caliornes sont à trois
rouets.

Calle, s. f. Peine afflictive qu'on
ne pouvait infliger qu'en vertu
d'un jugement. Le condamné
était amarré à un cordage passant dans une poulie frappée au
bout de la grand'vergue ; on le
hissait jusqu'à hauteur de cette
vergue, puis on le laissait tomber à la mer en lâchant subitement le cordage ; on ne pouvait recommencer plus de trois
fois.

— Calle sèche. Le condamné est
hissé comme précédemment,mais
on l'arrête avant qu'il ne touche l'eau ; il en résulte une violente secousse qui peut être fort
dangereuse.

— Grande calle. On laisse tomber
le condamné à la mer, d'un bord ;
au moyen d'un autre cordage, on
le fait passer sous la quille du
bâtiment et on le retire de l'autre bord.

— Plaisanterie qui consiste à faire
tomber un homme couché en
coupant les rabans de son
hamac.

Calme, s. m. (*Calm*). Etat de l'air
en repos.

— Calme plat (*Flat calm. Dead
calm*). Etat de l'air en repos parfait. Après un mauvais temps
qui laisse la mer agitée, le calme
est très fatigant ; le navire n'est
point appuyé et éprouve des oscillations très fortes ; les mâts
fouettent, les voiles sont ballo-
tées dans tous les sens et frappent vivement le gréement et la
mâture ; aussi les cargue-t-on le

plus souvent pour les empêcher de se détériorer.

— Regions des calmes (*Calm bells*). Dans nos régions, les calmes sont passagers et de peu de durée ; mais sous l'équateur ils sont presque continuels.

Les alizés des deux hémisphères convergent vers cette région, mais leur direction devenant alors verticale, leur résultante horizontale tend à devenir nulle et il en résulte les calmes équatoriaux (*dol drums*), troublés toutefois par des orages presque quotidiens.

Dans l'Atlantique, la région des calmes équatoriaux s'étend entre l'équateur et le 10ᵉ degré de latitude nord. Dans le Pacifique, elle s'écarte peu de l'équateur. Vers les tropiques, les contre-alizés s'abaissent vers la terre et leur inclinaison, dans le sens de la verticale, produit un effet analogue à celui de la nappe ascendante à l'équateur ; on y trouve donc une bande de calmes, mais moins caractérisée que la première.

Calminer, v. n. (*To be becalmed*). Etre pris de calme.

Calmir. v. n. (*To becalm*). Le vent, la mer calmit lorsque l'un diminue d'intensité et l'autre d'agitation.

Cambuse, s. f. (*Cabboose*). Magasin placé sous la surveillance du commis aux vivres et où l'on fait la distribution des rations.

Cambusier, s. m. (*Steward's man*). Homme chargé de la distribution des rations, sous les ordres du commis aux vivres.

Can, s. m. Face la plus étroite d'une pièce de bois dans le sens de sa longueur.

Une pièce est placée de can lorsqu'elle repose sur cette face.

Canal, s. m. (*Channel*). Détroit, bras de mer, passe.

Canal d'une poulie, l'intervalle entre la cannelure du réa et la caisse de la poulie.

— Cannelure pratiquée sur toute la longueur du can extérieur du gouvernail.

Canard, adj. (*Ducking*). Un navire est canard lorsqu'il plonge facilement et outre mesure de l'avant et se relève avec peine. L'eau embarque alors par le gaillard d'avant et le bâtiment fatigue beacoup. Ce vice est dù à ce que le chargement est trop sur l'avant ou à ce que les joues du navire ne sont pas assez renflées.

Canarder, v. n. (*To duck*). Un navire canarde lorsqu'il s'enfonce facilement de l'avant et se relève avec peine.

Cancrelas, s. m. (*Cockerage*). Ravet ailé de couleur brune qui s'introduit à bord dans les pays chauds ; il pullule avec rapidité ; son odeur est nauséabonde, ses œufs qu'il dépose sur les objets en cuir et en laine, font l'effet d'une mangure ; il est à peu près impossible de s'en débarrasser.

Candelette, s. f. (*For tackle*). Palan un peu moins fort qu'une caliorne et dont les poulies n'ont que deux rouets.

Canevas, s. m. (*Thick cloth*). Grosse toile à voiles de Hollande.

Canne, s. f. Verge de fer servant à mettre les chopines dans les pompes et à les en retirer.

Canot, s. m. (*Boat*). Petite construction flottante destinée à servir de moyen de communication entre la terre et un bâtiment, entre des bâtiments, ou entre différents points d'une rade ou d'un port. Non pontés, légers, fins, solides pourtant, les canots sont installés pour aller à la voile et à l'aviron.

Chaque bâtiment porte des canots de différentes dimensions et en plus ou moins grand nombre, suivant la force de son équipage.

Le canot du commandant (*Barge*), affecté spécialement à son service ; le canot-major (*Gunroom boat*), destiné aux officiers ; le canot de la provision (*Bum boat*), ou poste aux choux, qui, en rade, va chaque matin à terre chercher les provisions du jour.

Outre ces canots, s'en trouvent d'autres plus ou moins grands employés aux transports de toutes sortes et qu'on désigne par les numéros 1, 2, 3, etc.

En rade, les canots mis à l'eau sont amarrés tribord et babord à des tangons saillants par le travers du mât de misaine. A la mer, les canots sont placés sur le pont, entre le mât de misaine et le grand mât, ou suspendus à des arcs-boutants installés tribord et babord en dehors du bâtiment.

Canotier, s. m. (*Rower*). Matelot désigné pour faire partie de l'équipage d'un canot en qualité de rameur. Les canotiers sont en outre chargés du nettoyage et de l'entretien des canots qu'ils arment. On dit canotier major, canotier du commandant.

Cap, s. m. (*Head*). L'avant.

— Avoir le cap au nord. Avoir l'avant dirigé vers le nord.

— Où est le cap? (*How is the head*). Vers quel aire de vent est dirigé l'avant du navire.

— Virer cap pour cap. Tourner sur soi-même jusqu'à ce que l'avant soit dans une direction diamétralement opposée.

Caparasse, s. f. (*Short cloak*). Petit manteau court en toile à voile peinte, pour garantir le dos des canotiers lorsqu'ils vont à l'aviron, que la mer est forte et rejaillit à bord.

Cap de mouton, s. m. (*Dead-eye*). Forte lentille en bois percée de trois trous. Deux caps de mouton et un cordage, nommé ride, passé en forme de garant, constituent un espèce de palan qu'on emploie pour raidir ou rider les haubans.

Les caps de mouton présentent sur leur circonférence une engoujure ; le cap de mouton inférieur y reçoit une estrope en fer fixée à la chaîne du porte-hauban ou une estrope à croc crochée à un piton ; le cap de mouton supérieur reçoit les haubans.

Cape, s. f. Mettre en cape. Mettre un navire en mesure de supporter un mauvais temps en perdant le moins de route possible et en recevant le choc des lames de la façon la moins désavantageuse. Lorsque le vent est très fort et debout, il est impossible de gagner dans le vent en louvoyant ; le plus qu'on puisse demander, c'est de perdre le moins de route possible ; pour y arriver on se maintient debout au vent en serrant toutes les voiles sauf l'artimon de cape et en mettant la barre dessous ; ou en conservant le hunier au bas ris, ou la grand'voile, ou enfin, si le vent est trop fort, en serrant toutes les voiles et en mettant seulement la barre dessous. Le navire présente alors l'avant à la lame, et c'est ainsi que les coups de mer sont le moins dangereux ; mais on dérive beaucoup.

Si l'on fait assez de sillage pour gouverner, la cape est dite courante.

Si toutes les voiles sont serrées, on dit que l'on est à la cape sèche.

On nomme voiles de cape les voiles qui ne sont destinées à servir que lorsqu'on est à la cape : l'artimon de cape (*Try sail*), la pouillouse (*Main top stay sail*), le foc d'artimon (*Mizen stay sail*).

Capelage, s. m. (*Top rigging*). Ensemble des boucles des cordages qui entourent à demeure la tête d'un mât ou d'une vergue.

Le capelage d'un mât est l'ensemble des boucles des haubans ou des galhaubans.

Le capelage d'une vergue est l'ensemble des boucles des balancines, des marche-pieds, des bras ou des estropes des poulies de bout de vergue.

— La partie du mât portant le capelage s'appelle aussi capelage ; il en est de même de la boucle des cordages qui forment le capelage.

—L'action de capeler.

Capeler, v. a. et n. (*To fix*). Boucler un cordage et embrasser avec cette boucle le tour d'un mât ou le bout d'une vergue.

— Capeler un mât, c'est entourer sa tête par les boucles de tous les cordages qui doivent y rester à poste fixe.

— Capeler une hune, des chouquets, des barres, les faire passer par-dessus les mâts et engager la tête de ces derniers dans leur ouverture.

— Capeler un manteau, un vêtement, les mettre.

Capeyer, v. n. (*To ly to*). Etre à la cape.

Capion, s. m. Les capions d'un navire sont ses extrémités ; la distance du capion d'étrave au capion d'étambot est la longueur du navire d'une extrémité à l'autre (Médit.).

Capitaine, s. m. (*Captain*). Grade de la marine militaire. On distingue le capitaine de vaisseau, assimilé à un colonel, et le capitaine de frégate, assimilé à un lieutenant-colonel ; autrefois, existait aussi le capitaine de corvette, assimilé à un chef de bataillon.

— On emploie encore le titre de capitaine pour capitaine de pavillon, officier supérieur chargé du commandement spécial d'un bâtiment monté par un officier-amiral.

— Capitaine de compagnie. Officier chargé d'une compagnie.

— Capitaine de port. Fonctionnaire chargé de l'ordre, du l'amarrage, de la sûreté des navires dans les ports de commerce et de la police maritime.

— Capitaine au long cours. Capitaine ayant obtenu le brevet de capitaine au long cours et commandant un bâtiment de commerce.

— Capitaine d'armes. Adjudant sous-officier chargé particulièrement de la police du bord et du soin des armes portatives.

Le capitaine d'armes a le rang de premier maître. Sur les petits navires, le second maître qui remplit les fonctions de capitaine d'armes en porte le nom.

En général, à bord, lorsqu'un matelot parle à un lieutenant de vaisseau ou à un enseigne ne commandant pas le bâtiment, il lui dit : Capitaine.

Capitan-pacha, s. m. Nom du grand amiral en Turquie ; on l'appelle aussi pacha de la mer.

Capitane, s. f. La galère principale d'un Etat ou d'une puissance maritime secondaire.

Capitenesse, s. f. (*The commander's galley*). Galère que commandait le chef d'une division de galères.

Caplan, s. m. (*Poor*). Poisson commun dans la Méditerranée, de chair douce, tendre et de bon goût. On le nomme officier en Bretagne.

—Nom qu'on donne à divers poissons semblables à ce dernier et qu'on emploie comme appât à la pêche de la morue sur le banc de Terre-Neuve.

Caplanier, s. m. (*Cod fisher*). Patron de l'embarcation chargée de pêcher les caplans.

Capon, s. m. (*Cat*). Fort palan dont le garant passe dans les réas du bossoir de capon et dans ceux d'une grosse poulie à croc.

Ce palan se croche sur l'organeau d'une ancre qu'on vient de déraper et sert à la hisser jusqu'au bossoir.

Caponner, v. a. (*To cat*). Caponner une ancre ; élever avec le capon son organeau jusqu'à hauteur du bossoir, y passer la bosse debout, l'amarrer et décrocher le capon.

Capot, s. m. (*Hood*). Couverture en toile peinte destinée à garantir de la pluie l'ouverture d'un escalier, des pompes, des roues de gouvernail, etc. Sur les petits navires, les capots d'escalier ou de chambre sont souvent en bois.

—Faire capot (*To overset*). Chavirer, en parlant d'une embarcation non pontée.

.— Grande redingote d'étoffe recouverte de toile et garnie d'un capuchon qu'on donne aux factionnaires par mauvais temps.

Capoter, v. n. (*To overset*). Faire capot, chavirer.

Capre, s. m. Marin engagé pour naviguer à la course, sans solde, et seulement avec part dans les prises présumées.

— Bâtiment corsaire.

Capturer, v. a. (*To capture*). S'emparer, en temps de guerre, d'un bâtiment ennemi.

Capucine, s. f. (*Standard knee*). Courbe en bois très fermée, qui sert à relier la flèche de la guibre à l'étrave. Voir *Guibre*.

— Courbe en fer ou en bois qu'on ajoute intérieurement à un bâtiment fatigué, pour relier les murailles avec les ponts.

Caque, s. f. (*Cag*). Baril contenant environ mille harengs salés.

Caquer, v. a. Préparer des harengs pour les mettre en baril ; leur couper le dessous de la tête et leur arracher les entrailles ou breuilles.

Carabiné, adj. (*Heavy*). Brise carabinée, brise ronde et uniforme de la force du vent grand frais.

Caramousal, s. m. Bâtiment de commerce turc, à arrière très élevé et portant deux mâts.

Carangue, s. f. (*Creek*). Abri pour les caboteurs.

Caranguer, v. n. Par mauvais temps et vent debout, louvoyer pendant plusieurs jours, sous petite voilure, sans gagner ni quitter le même point.

Caraque. Navire portugais étroit par le haut, élevé sur l'eau, du port de 2000 tonneaux, qui faisait les voyages des Indes orientales et du Brésil.

Caravelle, s. f. Navire du moyen âge à formes arrondies.

Caravane, s. f. (*Coasting trade*). Le cabotage sur les côtes du Levant.

— Croisière des chevaliers de Malte contre les Turcs.

— Réunion de plusieurs navires du Levant qui naviguaient de compagnie pour se garantir de l'attaque des corsaires barbaresques.

Caravelle, s. f. Nom des grands navires en Turquie.

— Petit bâtiment portugais à voiles latines et naviguant bien.

Les bâtiments de Christophe-Colomb étaient des caravelles.

Carbet, s. m. (*Shelter*). Abri couvert dans une anse pour recevoir des embarcations.

— Nom d'un village chez les Caraïbes.

Carcasse, s. f. (*Carcase*). Squelette d'un bâtiment monté seulement en bois tors.

— Vieux bâtiment qu'on démolit.

— Restes d'un bâtiment naufragé rapportés par la mer.

Cardan (suspension à la). Mode de suspension rendant presque insensibles les mouvements de roulis et de tangage ; il est employé pour les boussoles, les baromètres, etc. ; il a été inventé par Cardan. Voir *Balanciers*.

Carénage, s. m. (*Careening place*). Lieu d'un port ou d'une rade où l'on carène les navires.

—(*Repairing*). Opération de caréner un navire.

—Aux Antilles, cul-de-sac au fond d'une rade où se retirent les navires pendant l'hivernage.

Carène, s. f. (*Bottom*). Partie de la surface d'un navire qui est submergée lorsqu'il est chargé ; on la nomme aussi œuvres vives.

—Réparation de la partie du bâtiment portant ce nom. Si, pour cette opération, on vire le bâtiment en quille, la carène est complète ; si on ne l'abat qu'à moitié, c'est une demi-carène. Abattre en carène, en demi-carène.

Caréner, v. a. (*To repair*). Caréner un navire, c'est réparer la partie qui doit être immergée lorsqu'il est en charge. On nettoie le doublage en cuivre ou on enlève les vieux enduits en les chauffant, on remplace les mauvais bordages, on calfate; puis on couroye ou on double. Cette opération se fait dans un bassin, sur un gril ou à flot, après avoir abattu en carène.

Caret, s. m. (*Reel*). Touret ou dévidoir sur lequel on roule les premiers fils fabriqués avec le chanvre.

— Fil de caret (*Rope yarn*). Fil fait avec du chanvre dont les brins sont réunis par la torsion. La réunion d'un plus ou moins grand nombre de fils de carets forme un toron, la réunion de plusieurs torons un cordage.

Le fil de caret de premier brin a 0,007 m. de circonférence; celui de second brin, 0,009 à 0,012 m.; il peut porter 40 kilog. sans se rompre. Le fil de caret peut être blanc ou goudronné.

On fabrique, avec les vieux cordages, du fil de caret employé pour faire des garcettes et des garnitures de toutes sortes.

Cargaison, s. f. (*Cargo*). La réunion des divers objets ou marchandises embarquées sur un navire de commerce.

Cargue, s. f. (*Brail*). Cordage servant à retrousser sur elle-même une voile que l'on veut soustraire à l'action du vent ou serrer.

Les voiles carrées se retroussent sur leurs vergues; les voiles auriques et latines, à quelques points de leurs mâts, de leurs drailles et même de leurs vergues, si ce sont des antennes ou des vergues au tiers.

La misaine, la grand'voile, le grand et le petit hunier ont six cargues.

Deux cargues-points (*Clue garnet*) pour les basses voiles; (*Clue line*) pour les huniers, fixées aux points d'écoute et d'amure. Deux cargues-fond (*Bunt line*) fixées chacune au tiers de chaque côté de la ralingue du fond.

Parfois les grand'voiles ont quatre cargues-fond qu'on nomme cargues-fond d'en dedans et cargues-fond d'en dehors.

Deux cargues-boulines (*Leech line*) fixées chacune au milieu des deux pattes de bouline. Ces différentes cargues montent passer dans des poulies frappées sur la vergue supérieure et descendent sur le pont.

Les perroquets n'ont que deux cargues-points et un cargue-fond à patte d'oie.

Les cacatois n'ont que des cargues-points.

Dans les parages difficiles, on installe des fausses cargues (*Spiling lines*) qui, fixées à la vergue sur l'avant, passent sous la ralingue de fond et remontent ensuite à la vergue en passant derrière la voile; elles font l'office d'étrangloires.

Les voiles auriques ont des cargues doubles, c'est-à-dire placées deux par deux de chaque côté de la voile; ce sont toujours les cargues sous le vent qu'il faut haler. Les voiles à draille n'ont qu'une cargue ou deux; les focs n'en ont pas en général; ils ont cependant parfois deux cargues-points; les brigantines, les artimons, qu'on doit serrer vivement, ont un grand nombre de cargues.

— Une voile est sur ses cargues lorsqu'elle est déferlée et que ses cargues la tiennent retroussée; elle est prête à être établie ou serrée.

— Cargue-à-vue (*Stab line*). Petit cordage qui relève la ralingue de fond d'une basse voile pour permettre à l'officier de quart ou au timonier de voir vers l'avant.

Carguer, v. a. (*To brail up*). Agir sur les cargues d'une voile pour la retrousser et la soustraire ainsi à l'action du vent.

Par petite brise, on largue les écoutes, amures, boulines et on cargue partout à volonté, bien que plus rapidement sous le vent. Par brise modérée, on ne file les écoutes, les amures et les boulines qu'à la demande des cargues, pour empêcher les voiles de battre, et en carguant plus vite sous le vent.

Si la brise est trop forte, on opère de même, mais avec plus de soin encore.

Un hunier se cargue au vent d'abord.

Carguette, s. f. Manœuvre servant à redresser une antenne et à la changer de côté dans les virements de bord.

Caria, s. m. Insecte destructeur du bois.

Carie, s. f. (*Dryroot*). Pourriture sèche qui attaque les bois œuvrés. Elle résulte d'une véritable fermentation dans laquelle la sève et le ligneux du bois sont transformés en produits gazeux, tels que l'acide carbonique et les hydrogènes carbonés ; la cellulose, au contraire, résiste ; la pièce conserve donc sa forme, mais n'est plus qu'une masse pulvérulente sans résistance. La pourriture sèche est toujours accompagnée du développement d'une espèce de champignon (*boletas lacrymans*) ; elle se produit principalement au moment de l'évaporation de la sève, ou plutôt lorsque ce liquide éminemment fermentescible est maintenu dans le bois et ne peut s'évaporer.

La pourriture se produit encore lorsque du bois desséché se trouve ensuite exposé à une atmosphère humide, chaude et stagnante.

On évite la pourriture sèche en débarrassant complètement les bois de leur sève et en les conservant dans des lieux secs et aérés ; en leur laissant leur sève, mais en les mettant à l'abri du contact de l'air, soit sous l'eau, sous le sable ou la vase humide. Voyez *Conservation des bois.*

Carlingue, s. f. (*Keelson*). Longue pièce de bois qui règne à l'intérieur de la cale le long de la quille ; elle repose sur les billots des couples de levée et est chevillée sur chacun d'eux par des chevilles en cuivre rouge qui traversent complètement la quille et sont rivées sur virole sur sa face inférieure.

Les prolongements de la carlingue ajustés sur les billots des couples de l'avant et de l'arrière, dont l'encolure se relève beaucoup, prennent le nom de marsouin avant et marsouin arrière.

— Les carlingues des navires en fer assujettissent les couples et consolident les fonds du bâtiment comme celles des navires en bois.

Pour de petits navires à membrures simples, la carlingue est une cornière ordinaire rivée sur de petits bouts de cornières renversées placées sur les couples ; pour de plus grands navires, c'est une tôle simple comprise entre deux cornières de pied ou encore une tôle verticale armée de 4 cornières. Enfin, pour des constructions de dimensions considérables, on emploie une poutre creuse à section rectangulaire (*box keelson*) formée de trois tôles réunies deux à deux par des cornières intérieures et fixées aux cornières des varangues par deux cornières placées aux bords inférieurs.

Outre cette carlingue, on consolide les fonds du bâtiment par des carlingues semblables, mais de moindres dimensions et qu'on nomme carlingues latérales : leur nombre varie avec la force du bâtiment ; sur un grand navire à carlingue creuse, on pose deux carlingues de chaque côté, une au milieu de la varangue, l'autre à l'extrémité par exemple.

— Carlingues intercostales. Carlingues composées de bouts de tôle interposés entre les tôles-varangues et disposés par files longitudinales parallèles au plan diamétral.

— Carlingues des machines. Fortes carlingues ayant les compositions indiquées plus haut, dirigées dans le sens de la longueur et destinées à porter les chaudières et les machines.

Carnal, s. m. Partie inférieure d'une antenne.

— Empointure inférieure d'une voile à antenne.

Caronade, s. f. (*Caronade*). Pièce de canon courte et légère montée sur affût à brague fixe. Le recul est ainsi rendu impossible : la manœuvre est donc plus rapide et exige moins de monde et de place ; en revanche, les ruptures de bragues sont fréquentes. La caronade lançait les mêmes projectiles que les canons, mais avec une charge de poudre plus faible ; aussi obtenait-on moins de portée et de précision dans le tir.

Les caronades sont complètement abandonnées aujourd'hui.

Carré, s. m. (*Square rigged*). Bâtiment à mâts verticaux portant des voiles carrées.

— (*Messroom*). Chambre à l'arrière d'un navire et servant de salle à manger et de lieu de réunion aux officiers du bord.

— (*Hatch*). Espèce de traîneau employé dans les corderies pour le commettage ; il comprend un bâti en bois portant une manivelle sur laquelle s'enroulent les torons à commettre ; son pied est fortement chargé pour résister à la traction de ces derniers.

— Carré naval. Carré avec les perpendiculaires au milieu des côtes et les diagonales qu'on traçait autrefois sur le gaillard d'arrière et qui servait à prendre des relèvements.

— Carré d'une ancre. L'extrémité carrée de la verge qui doit recevoir le jas.

— Le carré d'une voile carrée est la partie centrale de figure carrée qui renferme la totalité des tailles ; à droite et à gauche sont deux parties triangulaires nommées pointes.

Carré, adj. (*Square sail*). Les voiles carrées sont celles qui sont enverguées sur des vergues placées en croix sur les mâts ; leur forme n'est pas un carré, mais plutôt un trapèze dont les bases sont la ralingue de têtière et la ralingue de fond ; cette dernière est ordinairement la plus longue, sauf pour la misaine.

— Adv. pour carrément.

— Brasser carré (*To square the yards*). Placer les vergues perpendiculairement au plan vertical passant par l'axe de la quille ou parallèlement aux baux.

Carreau. Sorte de préceinte appelée aussi lisse de rabattue qui règne à la hauteur du pont de la dunette.

— Le bordage le plus élevé d'une embarcation et qui est en forme comme le plat-bord.

Carrelet, s. m. (*Netting*). Filet carré maintenu aux quatre coins par des demi-cerceaux se coupant à angle droit en leur milieu et portés par une perche qui sert à retirer le filet de l'eau ou à l'y plonger.

— (*Needle*). Aiguille à voile à arêtes triangulaires.

— Les arêtes de cette aiguille.

Carrosse, s. m. (*Canopy*). Logement en bois construit sur le pont, à l'arrière d'un bâtiment qui n'a pas de dunette. Voir *Rouf*, qui est plus usité aujourd'hui.

Cartahu, s. m. (*Whip*). Cordage volant sans désignation fixe et qu'on emploie momentanément, tantôt à un usage, tantôt à l'autre.

Cartes marines. Cartes géographiques dans lesquelles les méridiens, les parallèles et les arcs de loxodromie sont représentés par des lignes droites.

Les continents sont ainsi complètement déformés ; mais, grâce à cette disposition, on résout graphiquement avec facilité les différents problèmes des routes.

Construction de la carte. Supposons une carte embrassant 15° de longitude ; on prend sur une horizontale 15 longueurs égales et par les points de division on mène des perpendiculaires qui représentent les méridiens.

Les parallèles seront repré-

sentées par des droites perpendiculaires aux méridiens et à des
distances déterminées par la
table des latitudes croissantes.
Voyez *Loxodromie.*

Les côtés horizontaux et verticaux de la carte portent une division correspondant aux longitudes et latitudes ainsi déterminées.

Grâce à ces échelles et au
principe de la conservation des
angles, on peut :

1º Déterminer facilement un
point dont on connaît la longitude, la latitude et inversement ;

2º Tracer les routes.

Cartel, s. m. (*Cartel ship*). Bâtiment parlementaire ou chargé
du transport de prisonniers
échangés ou de toute autre mission pacifique convenue entre
puissances belligérantes.

Carvelle, s. f. Clou à tête carrée
employé pour le bordage des
ponts ; on distingue la demi-
carvelle, la carvelle, la double
carvelle, dont les longueurs sont
de 6, 9 et 12 centimètres.

Casernet, s. m. (*Sea journal*).
Registre d'une forme déterminée
par les règlements et sur lequel
chaque officier indique, à la fin
de son quart, tous les renseignements concernant la navigation
ou les événements survenus
pendant son service.

On y trouve d'heure en heure
la direction du vent, sa force, la
nature du temps, la route, la
vitesse, la dérive, la hauteur
du baromètre et du thermomètre ; puis la voilure, les manœuvres, les voiles ou les terres si-
gnalées, les avaries dans le
gréement ; dans certains parages,
on indique en outre la température de l'eau, son degré de
salure.

Le commandant consigne sur
le casernet ses ordres pour la
nuit ; outre le casernet, signé
par l'officier de quart, le timonier en tient un autre identique.
Voyez *Journal de bord.*

— Tout cahier employé à prendre

note de travaux, de distribution
de vivres, de vêtements, etc.

Casier, s. m. (*Netting*). Filet cylindrique maintenu ouvert par
des cercles en fer et ayant environ 2 mètres de longueur ; un
passage est établi à chaque
extrémité ; mais le poisson entré
ne peut plus sortir.

— Compartiments installés dans
l'entrepont pour recevoir les
sacs de l'équipage.

Casque, s. m. Pièce de bois
qu'on place parfois sur les jottereaux pour donner plus d'appui
aux élongis.

Cassé, adj. (*Cambered*). Un bâtiment cassé est un bâtiment dont
l'avant et l'arrière ont beaucoup
baissé ; il se produit alors, outre
l'arc, dans la ligne des préceintes, des affaissements partiels
dont l'alignement n'affecte aucune direction régulière.

Casser, v. pr. (*To weaken*). Casser l'air d'un bâtiment. Diminuer la vitesse d'un bâtiment
ou d'une embarcation. On y parvient en brassant les voiles en
ralingue, en masquant ou en
sciant au moyen d'avirons.

Casser (se), v. a. (*To become
cambered*), se dit d'un bâtiment
qui se déforme. Voyez *Cassé.*

Casse-tête, s. m. (*Save-tate*).
Grand filet de forte ligne goudronnée qu'on tendait à deux
mètres au-dessus du pont des
gaillards pendant le combat ; il
garantissait les hommes de la
chute des cordages, des poulies
et de toute autre partie du
gréement.

Castor et Pollux. Voyez *Feu-
Saint-Elme.*

Catalan, s. m. Bateau de pêche
espagnol, très fin, portant bien
la toile et naviguant bien.

Catimaron, s. m. (*Catamaron*).
Radeau de la côte de Coromandel, servant à passer les barres
et pêcher au large ; il va à la
pagaye et à la voile.

— Catimarons incendiaires. Radeaux couverts de matières incendiaires et d'artifices qui furent envoyés par les Anglais

contre la flotille réunie par Napoléon Ier, à Boulogne : ils ne causèrent aucun dommage.

Caveau, s. m. (*Store-room*). Soute supplémentaire donnée au commandant lorsqu'il n'a pas assez de place pour loger ses provisions.

Cayamboue, s. m. Nom donné par dérision à un petit navire de peu de valeur.

Caye, s. f. (*Rey*). Bancs à sommet plat, assez étendu et peu éloigné de la surface de la mer, formés de sables mous, de vase, de coraux ; ils portent parfois des arbustes dont le pied est noyé. Ce terme est employé aux Indes occidentales.

Cayenne, s. f. (*Tender*). Vieux vaisseau servant de caserne flottante.

— (*Cuddy*). Cuisine provisoire bâtie sur un quai pour le service des équipages des navires en armement ou en désarmement, l'usage du feu à bord étant interdit dans les arsenaux.

Ceintrage, s. m. (*Frapping*). Opération qui consiste à ceintrer un navire.

— L'ensemble des cordages qui ceintrent un navire.

Ceintre, s. m. (*Swifter*). Ceinture dont on entoure une embarcation à la flottaison ou dans les hauts lorsqu'elle doit porter de forts chargements, afin de la consolider.

Ceintrer, v. a. (*To frap*). Entourer un navire de forts grelins qui passent sous la quille ; chaque tour est raidi au cabestan et amarré sur un des ponts. Cette opération a pour but de s'opposer à la déliaison des bordages d'un navire qui baillent et donnent naissance à des voies d'eau.

— (*To bend*). Donner à des lisses ou des préceintes la courbure qu'elles doivent avoir.

Ceinture, s. f. (*Swifter*). Cordage garni de pommes qu'on met autour des hauts d'une embarcation pour la garantir des chocs.

— Renfort en bordage adopté autour d'un vieux navire pour en fortifier les préceintes.

— Planches clouées au-dessus de la carène et débordant en forme de toit pour empêcher les flammes de gagner les hauts d'un bâtiment dont on chauffe les fonds.

— Filin garni de bouts pendants et de pommes qu'on plaçait autour d'un bâtiment à la flottaison pour le salut des hommes qui tombaient à la mer.

— Ceintures dans les navires en fer. Ceintures longitudinales en fer, consolidant les intervalles compris entre les dernières carlingues latérales et les banquières du pont le plus bas ; ces ceintures sont surtout nécessaires par le travers de la chambre des machines et des chaudières des bâtiments à vapeur ; elles se composent de deux cornières adossées, ou d'une tôle simple ou à boudin comprise entre deux cornières adossées.

Ceinturelle, s. f. (*Cat harping*). Espèce de trelingage des mâts à antennes, formé par la bridure des haubans au-dessous du calcet.

Censal, s. m. Courtier (Médit.).

Censerie, s f. Courtage (Médit.).

Centre, s. m. (*Center. Centre of gravity*). Centre de gravité d'un bâtiment. Le point d'application de la résultante des actions de la pesanteur sur toutes les parties du bâtiment et les objets qui y sont compris.

— Centre de carène (*Center of buoyancy*). Le centre de gravité du volume d'eau déplacé par la carène. C'est le point d'application de la poussée verticale exercée de bas en haut par l'eau.

— Centre de voilure, ou point vélique (*Center of effort of the sails*). Le point d'application de la résultante de l'action du vent sur les voiles, supposées déployées sur leurs mâts et placées dans le plan longitudinal du bâtiment.

Cep, s. m. Jas d'une ancre dans le Levant.

Cercle, s. m. Entourage en métal, en bois ou en cordage (*Iron-works*).

— Les mâts et les vergues d'assemblage, le cabestan, les pompes, l'épontille de gouvernail, les jas d'ancre, etc., sont garnis de bandes de fer rondes ou carrées qui servent à les maintenir assemblées ou à les fortifier.

— Cercles de bout-dehors ou bline (*Boom irons*). Ils se composent de deux cercles dont l'un entoure la vergue ; l'autre, traversé par le bout-dehors de bonnette, le supporte et permet de le pousser ou de le rentrer.

— Cercle d'amure. Voyez *Rocambeau*.

— Cercle de hune (*Top hoop*). Garniture en bois ou en fer entourant le bord d'une hune et supportant les lattes du plancher.

— Cercle d'étambrai. Bourrelet en bois entourant l'étambrai d'un mât.

— Cercle à réflexion, s. m. (*Circle of reflection*). Instrument astronomique et à réflexion servant à mesurer des distances angulaires quelconques, comme la hauteur d'un astre au-dessus de l'horizon, l'angle de deux astres ou de deux points.

Il se compose d'un limbe divisé en 360 degrés.

— Cercles polaires. Petits cercles de la sphère terrestre parallèles à l'équateur et situés à 23° 28′ des pôles. Ils servent de limite aux points qui sont alternativement privés du soleil et qui en jouissent pendant des jours entiers : c'est aux cercles polaires que commencent les zones glaciales, qui s'étendent jusqu'aux pôles.

Cervelle, s. f. Longue cheville en fer qui se place verticalement dans la tête d'un gouvernail et qui sert à fixer la barre.

Chaîne, s. f. (*Chain*). Fer travaillé sous forme de lattes, barres, chaînons servant à consolider certaines parties d'un navire, à donner des points fixes d'appui ou de résistance, ou à remplacer des cordages.

— Chaîne de hauban ou de galhauban (*Shroud-plate or. Blackstay-plate*). Chaîne formée d'anneaux fortement allongés et boulonnée par sa partie inférieure à la muraille d'un bâtiment, arc-boutée par les porte-haubans, qui la tiennent écartée ; elle va se fixer autour des caps de mouton.

— Chaînes de vergues (*Slings*). Fortes chaînes capelées à la tête des bas mâts, et qui, descendant en avant des maîtresses barres de hune, s'assemblent au moyen de manilles sur de forts cercles à pitons fixés vers le milieu des basses vergues.

— Chaînes de gouvernail. Fixées de chaque côté du safran d'un gouvernail, elles se terminent par des cordages nommés sauvegardes, dont le bout vient à bord ; elles permettent de sauver et d'amener à bord un gouvernail démonté.

— Chaîne de mouillage. Bout de chaîne placé à l'étalingure d'un câble de chanvre lorsqu'on mouille sur des fonds de roche pouvant user et couper ce câble.

— La chaîne, corde métallique, faisant communiquer un paratonnerre avec la mer.

L'emploi des chaînes à bord a augmenté dans des proportions considérables, et elles remplacent les cordages dans un grand nombre de cas ; les guinderesses, les bragues, les drisses de mâts de hune, etc., sont souvent formées par des chaînes.

— Chaîne d'un port (*Boom*). Chaîne ou radeau muni de chaînes servant à fermer l'entrée d'un port pendant la nuit.

— Chaînes pour ancres. Voyez *Câbles-chaînes*.

Chaînon, s. m. Anneau d'un câble-chaîne. Voyez *Maillon*.

Chaise, s. f. (*Marine-chair*). Tresses, sangles, cordages disposés pour recevoir un homme assis. Au moyen d'une chaise, d'un cartahu et de retenues, on affale ou on hisse un gabier, un voilier, un calfat à l'endroit où il doit travailler.

— Nœud de chaise. Ce nœud sert à former une boucle qui ne peut se resserrer et dans laquelle s'asseoit un homme que l'on veut

Nœud de chaise.

hisser ou affaler dans la mâture, ou le long du bord si l'homme doit travailler longtemps. Si on fait la boucle double avec un nœud de chaise au-dessus, l'un des plis sert de chaise, l'autre soutient les reins.

Chalan, s. m. (*Lighter*). Forte allège à fond plat, à côtés droits et à avant saillant. On la toue, on la remorque, ou on la conduit à la voile et à l'aviron.

Chalandeau, s. m. (*Ferry man*). Marin de rivière ou qui conduit des chalans.

— Terme de mépris. Mauvais matelot.

Chalou, s. m. Longue-vue (Médit.).

Chaloupe, s. f. (*Launch*). La plus grande embarcation d'un bâtiment, destinée aux travaux de force : porter une ancre de jet pour la mouiller, lever une ancre, transporter les munitions pesantes, etc. La chaloupe marche à l'aviron et à la voile ; à la mer, elle est placée sur le pont, entre le grand mât et le mât de misaine. Dans les ports, on trouve de fortes chaloupes, plus lourdes, n'allant qu'à l'aviron, et destinées aux travaux qui exigent de grands efforts.

Chaloupier, s. m. (*Launch's rower*). Matelot faisant partie de l'équipage d'une chaloupe et chargé de sa manœuvre à la voile et à l'aviron ; de sa propreté et de tout ce qui la concerne.

Chalut, s. m. (*Dragging net*). Filet ayant la forme d'un grand sac allant en se rétrécissant, et qu'on traîne au fond de la mer. Le bord supérieur de l'ouverture de ce sac est fixé le long d'une longue vergue maintenue écartée du fond par deux espèces de patins élevés en fer ; le bord inférieur est garni d'une chaîne qui porte sur le fond. La vergue est fixée au bateau par un cordage frappé en patte d'oie à ses deux extrémités. Le chalut est employé par tous les bateaux de la Manche pour la pêche du poisson plat.

Chaluter. Traîner un chalut au fond de l'eau pour pêcher.

Le bateau qui chalute est à la voile, à l'allure du plus près ; il doit avoir une suffisante vitesse pour que le poisson entré dans le chalut ne puisse en sortir.

Chamberder, v. a. (*To break away*). Argot. Renverser, abattre, briser.

Chambrage, s. m. (*Partners*). Assemblage de pièces de charpente, flasques et montants formant l'emplanture du mât de beaupré.

Chambre, s. f. (*Stern sheet*). Partie arrière d'une embarcation, entourée de bancs pour les passagers.

—(*Innerbore*). Chambre d'une bouche à feu. Partie postérieure de
l'âme d'une bouche à feu, destinée à recevoir la gargousse;
son diamètre est plus petit que
celui du reste de la pièce. La
caronade, l'espingole, l'obusier
ont une chambre.

— Chambres (*Cracks*). Cavités formées pendant la fonte dans une
pièce dont le coulage est défectueux.

— Chambre de chauffe (*Boiler
compartment*). Compartiment
d'un bâtiment à vapeur où sont
placés les fourneaux des chaudières.

— Chambre des machines (*Engine
room*). Compartiment d'un bâtiment à vapeur où est installée la
machine.

Chambrière, s. f. Raban de ferlage très long, qui sert à serrer
contre les mâts les voiles à corne
ou auriques.

— L'estrope, qui reçoit le bout inférieur d'une livarde.

— Barres de fer coudées en équerre
à chaque extrémité et pointues;
elles servent à fixer un mât pendant qu'on le travaille.

Chameau, s. m. (*Camel*). Double
ponton qu'on place de chaque
côté d'un bâtiment pour le soulever et lui faire franchir un
haut-fond. Les deux pontons,
pleins d'eau, sont réunis par un
gros câble fortement raidi et
passant sous la quille du bâtiment; on pompe l'eau, les pontons se relèvent peu à peu et
soulèvent le bâtiment.

Champ de lumière. Excavation
oblongue entourant la lumière
d'une bouche à feu. On y plaçait
autrefois de la poudre qui, allumée au moyen du boute-feu,
enflammait celle contenue dans
la lumière.

Chancelier, s. m. Officier civil
chargé de seconder le consul
dans les ports étrangers: il fait
l'office de greffier, de notaire, et
est chargé de la garde des ar-
chives et des documents.

Chandelier, s. m. (*Crotche*). Tige
montant, support en fer ou en

bois portant des lisses, des filières, des tire-veilles, des fanaux, etc.

Chandelle, s. f. (*Prop*). Pièce de
bois d'un mètre de longueur environ, et servant à accorer une
construction; on place des chan-
delles sous les écarts de la
quille d'un navire pour la supporter entre les tins.

— Chandelle du chouquet. Petite
épontille que l'on place au-dessous de lui lorsqu'il fléchit.

Changer, v. a.
— Changer les voiles (*To shift over
the sheets*). Les faire tourner autour de leurs mâts ou de leurs
drailles, de façon à ce qu'elles reçoivent le vent du bord opposé
où elles le recevaient auparavant.

— Change derrière (*Haul well taut,
main sail haul*). Commandement,
dans un virement de bord vent
devant, pour brasser les vergues
de l'arrière de façon à ce que,
quand le bâtiment aura terminé
sa rotation, les voiles reçoivent
le vent pour l'allure du plus
près.

— Change devant (*Fore tack, head
bowlines, of all haul*). Même manœuvre pour les voiles de l'a-
vant; elle se fait quand l'évolution est assez complète et que le
cap du navire a dépassé le lit du
vent de quatre quarts.

— Change partout (*Let go fore and
aft and haul*). Exécution simultanée des deux manœuvres pré-
cédentes sur un navire ayant un
nombreux équipage.

— Changer les écoutes. Faire passer l'écoute d'une voile aurique
de tribord à bâbord ou inversement, lorsqu'on change la voile.

— Changer le quart. Remplacer les
hommes de quart par ceux qui
leur succèdent.

Chantier, s. m. (*Ship-yard*). Lieu
où l'on construit un bâtiment.

— Les tins sur lesquels repose la
quille d'un bâtiment en construction ou en radoub.

— Supports en bois échancrés, suivant la forme de la partie inférieure d'un couple, et destinés à

recevoir une embarcation hissée sur le pont.

Chanvre, s. m. (*Hemp*). Plante textile annuelle, dans laquelle les fleurs mâles et femelles se trouvent sur des tiges séparées. Les tiges femelles sont souvent plus fortes et plus élevées que les tiges mâles; mais elles fournissent une matière textile plus grossière et moins estimée.

Avant d'être mis sous forme de cordages, le chanvre est transformé en étoupe par les opérations suivantes :

1° Le rouissage qui détache des filaments l'enveloppe extérieure ;

2° Le broyage qui brise le brin pour en séparer les fibres ;

3° Le peignage;

4° Le cardage.

Le chanvre est alors à l'état d'étoupe et c'est sous cette forme qu'il arrive à la corderie.

Chape, s. f. Petit cone creux en métal, placé au milieu d'une aiguille aimantée; il contient une pierre dure qui reçoit le pivot sur lequel doit tourner l'aiguille et la rose.

— La monture d'une poulie.

— Chape de trame; traverse qui traverse les montants d'une trame dans une corderie et porte les palonnes.

— Barrots de l'avant et de l'arrière des bateaux carrés sur lesquels on cloue les extrémités des bordages supérieurs de côté.

— Fort réa, en bronze, porté par une armature en fer. L'armature se termine par un croc pour les poulies de guinderesse.

Chapeau, s. m. Assemblage de fortes pièces de toiles bordées de sangle, pour serrer contre une vergue les fonds de la voile qu'elle porte.

— Couvercle placé au-dessus de la cloche du bord.

Chapelet, s m. Suite de barriques vides réunies par des amarres et qui peuvent être employées à supporter ou soulever un bâtiment comme le chameau. Voyez ce mot.

Chapelle, s. f. (*Chaplain's chest*). Coffre renfermant les objets destinés à la célébration de la messe à bord.

Chapelle (faire) (*Tobroach to*). Un bâtiment fait chapelle lorsque les voiles précédemment pleines deviennent masquées sans qu'on le veuille. On fait chapelle soit par la faute de l'homme de barre, soit par un changement de vent, soit par une mauvaise disposition de la voilure ou un vice de construction.

Charbonnier, s, m. (*Collier*). Bâtiment faisant spécialement le transport du charbon de terre.

Charbonnière, s. f. La pouillouse ou la grande voile d'étai, qui peuvent être noircies par la fumée des cuisines.

Charge, s. f. (*Burthen*). Totalité des poids et objets que porte un navire.

— Ligne de charge (*Load waterline*). Ligne de flottaison d'un navire portant la charge indiquée par son devis.

— Etre en charge (*To be loaded*). Un navire est en charge lorsqu'il reçoit les divers objets qu'il doit porter.

— Bâtiment de charge (*Ship of burden*). Bâtiment destiné à porter des charges considérables.

— Sabord de charge. Ouverture pratiquée près de la flottaison à l'avant et à l'arrière d'un bâtiment, pour permettre l'embarquement des longues pièces de bois ou de mâture.

— Charge d'une bouche à feu, la gargousse, le projectile, le valet qui y sont introduits.

— La quantité de poudre contenue dans une gargousse.

Chargé, adj. Maître chargé. Maître responsable des objets de sa profession ou de son service portés sur les feuilles d'armement. Les maîtres chargés sont le maître d'équipage, le maître canonnier, le maître timonnier, le capitaine d'armes, le maître charpentier, calfat, voilier, le commis aux vivres et le magasinier.

Chargement, s. m. (*Loading*). Opération de charger un bâtiment.

— L'ensemble des objets qui composent une cargaison.

Charger, v. actif. (*To load*). Charger un bâtiment, embarquer et arrimer les objets qui composent sa cargaison.

— Les cargaisons de sel, grains, charbons, briques, s'entassent dans la cale comme dans un grenier; le navire est alors chargé en grenier (*laden in bulk*); mais il faut pour les grains, le sel, veiller à ce qu'ils ne puissent s'échapper et engorger les pompes.

— Un bâtiment est chargé en cueillette lorsque divers particuliers y déposent différentes marchandises en payant, chacun pour leur compte, le fret par tonneau de chargement.

— Un navire est chargé à fret (*laden in freight*) lorsque plusieurs personnes le louent à son propriétaire et y déposent une cargaison.

— Un grain charge un bâtiment lorsque, sous l'effort du vent qui l'accompagne, le navire prend une très forte bande.

— Un mât, une vergue, une voile sont trop chargés, lorsqu'ils supportent un effort trop considérable de la part du vent.

Chargeur, s. m. (*Charger*). Les deux premiers servants de droite et de gauche d'une bouche à feu, placés autrefois près de la bouche et maintenant près de la culasse, avec les pièces se chargeant par la culasse.

— (*Shipper*). Personne qui, pour son compte ou celui de ses commettants, fournit à un navire les objets de sa cargaison.

Charier, v. a. (*To crowd sails*). Un navire charie de la toile lorsqu'il porte autant de voiles que possible par une forte brise ou un temps forcé.

Charivari, s. m. Mot proféré par les matelots avec accompagnement de quelque plaisanterie grossière et souvent même injurieuse, pour s'animer quand on virait au cabestan.

Charnier, s. m. (*Scutled-cask*). Barrique en forme de cône tronqué, et placée sur le pont pour recevoir l'eau destinée à désaltérer l'équipage.

Charot, s. m. Fort canot qui, chaque jour, fait plusieurs tournées à bord des bateaux pêchant sur le banc de Terre-Neuve, et rapporte à l'échafaud les morues qu'ils ont prises.

Charpentage.

— (*Carpentry*). Art du charpentier.

— (*Carpenter's work*). L'ouvrage des charpentiers. Le charpentage d'un navire est parfait.

Charpentier, s. m. (*Carpenter*). Ouvrier employé dans les chantiers pour la construction des navires.

— (*Shipwright*). Matelot charpentier chargé des réparations du bâtiment, des mâts, des vergues, du gouvernail, etc., et de tous les objets en bois en général.

Les charpentiers forment un corps à part ayant des quartiers-maîtres, des seconds-maîtres, premiers-maîtres. A bord, le maître charpentier en chef est un maître chargé.

Charte-partie, s. f. (*Charter-party*). Acte de chargement, d'affrètement ou de louage d'un bâtiment; il contient le port du navire, le nom du capitaine et de l'affréteur, le lieu de la destination, le prix du fret et les autres conditions.

Chasse, s. f. (*Chase*). Manœuvre de guerre qui consiste à employer tous les moyens dont on dispose pour atteindre le plus tôt possible un bâtiment ennemi et le combattre.

— Donner la chasse à un bâtiment (*To give the chase*). Le poursuivre.

— Recevoir la chasse (*To be chased*). Etre poursuivi par un bâtiment.

— Prendre chasse (*To fly from*). Battre en retraite ou manœuvrer pour éviter le chasseur.

— Sabords de chasse Les deux sabords les plus près de l'avant et où l'on place des pièces lorsqu'on donne la chasse à un bâtiment.

— Pointer une bouche à feu en chasse (*To point before the beam*). C'est la pointer de façon à tirer le plus possible vers l'avant.

— Ris de chasse. Le premier ris d'un hunier.

— L'espace qu'a devant lui un bâtiment au mouillage et qu'il pourrait parcourir, si ses ancres venaient à chasser, sans rencontrer d'obstacles, navires, roches, bancs ou côtes.

— Ordre de chasse. Formation que prend une escadre pour en chasser une autre. Les vaisseaux sont rangés par moitié sur les deux lignes de relèvement du plus près : c'est-à-dire que ces lignes forment un angle de 12 quarts dont le sommet est occupé par l'amiral qui se trouve ainsi le plus près de l'ennemi. Voyez *Ordres*.

Chassé, s. m. adj. (*Chased*). Le bâtiment qui est poursuivi par un autre.

Chasse-marée, s. m. (*Lugger*). Bâtiment portant deux mâts inclinés sur l'arrière et un mât de tapecu ; sa voilure se compose d'un foc, et de trois voiles à bourcet et d'une flèche surmontant la voile du mât du milieu.

Les voiles se serrent en amenant les vergues sur le pont et les ris se prennent par en bas ; d'une manœuvre facile et sûre, les chasse-marée ont un inconvénient, c'est qu'à chaque virement de bord, il faut amener les vergues, défrapper les drisses, changer les voiles de bord, refrapper les drisses et hisser.

Les embarcations des navires de l'État sont gréées en chasse-marée ; ce gréement est très commun dans la Manche, sur les côtes de Bretagne et s'applique aux caboteurs, aux bâteaux de pêche.

Chasse-partie, s. f. Convention entre pirates pour le partage de leurs prises.

Chasser, v. a. (*To chase*). Pour-suivre un bâtiment, lui donner la chasse.

— Un navire chasse sur ses ancres (*To be driven*), lorsque, étant mouillé, il entraîne ses ancres par l'effet du vent, de la mer ou des courants.

— Une ancre chasse (*An anchor drags*), lorsque, sous l'effort du bâtiment, elle se déplace.

— Les nuages chassent du nord, lorsqu'ils sont poussés par un vent du nord.

— Chasser un clou, une cheville ; les enfoncer à coups de masse ou de marteau.

Chasseur, s. m. (*Chasingship*). Le chasseur est le bâtiment qui en poursuit un autre.

Châssis, s. m. (*Carriage*). Partie de l'affût d'une caronade sur laquelle se place une pièce de même forme nommée semelle et qui porte la bouche à feu.

Chat, s. m. Bâtiment de commerce du Nord peu employé aujourd'hui. Arrondi à ses deux extrémités, à fond plat, il porte des mâts à pible avec des voiles carrées s'amenant sur le pont.

— Trou du chat (*Lubber'shole*). Ouverture dans le plancher de la hune par laquelle on passe des haubans sur celle-ci sans se servir des gambes de revers.

Chatte, s. f. (*Grappling*). Grappin sans oreilles. On s'en sert pour draguer des câbles, grelins, ou des corps de peu de poids tombés à la mer.

— Chasse-marée à fond plat employé à la pêche ; le gouvernail peut se monter indifféremment à l'avant ou à l'arrière, de façon à ce que l'on puisse louvoyer sans virer de bord.

Chaudron, s. m. Calotte en plomb percée de petits trous et clouée sous le pied des pompes pour empêcher les ordures de la cale d'y arriver.

Chauffage, s. m. (*Breaming*). Opération de chauffer un navire. Voyez *Chauffer*.

— Les matières employées à chauffer un navire.

— Le combustible embarqué à bord.

Chauffer, v. a. (*To bream*).

— Chauffer un navire. Allumer sous sa carène un feu à grande flamme et promener partout, au bout d'un bâton, un corps enflammé de façon à tuer les vers et faire fondre le brai. Le bordage est ainsi mis complètement à nu et on peut le visiter.

— Chauffer des soutes, la cale d'un navire. En chasser l'humidité au moyen de braises introduites avec toutes les précautions voulues pour éviter l'incendie.

— Chauffer un bordage. Le présenter à un feu clair et vif pour lui faire prendre ensuite plus facilement la forme courbe que l'on désire.

Chaumard, s. m. Bloc de bois, garni de réas en fonte, faisant partie de la muraille du bâtiment ou d'un fort montant vertical, encastré dans le pont. Les chaumards servent de poulie de retour pour un grand nombre de manœuvres.

Chausse, s. f. Tuyau de plomb dont on garnit les lieux d'aisance.

Chauve-souris, s. f. Ferrure la plus élevée du gouvernail : elle comprend deux longues branches s'étendant sur l'étambrai et le bordé voisin.

Chavirer, v. a. (*To overset*). Une construction flottante chavire lorsque, pour une cause quelconque, elle tourne sens dessus dessous, de façon à ce que sa quille soit en l'air ou qu'elle soit couchée sur le côté.

— Chavirer une glène de filin, des cordages. Les retourner sens dessus dessous.

Chebec, s. m. (*Xébec*). Petit bâtiment très fin, allant à la voile et à l'aviron. (Médit.) A l'avant est un éperon fort élancé, à l'arrière une galerie très saillante. La mâture est tantôt à pible avec des voiles carrées, tantôt à antennes avec des voiles latines.

Chef, s. m.

— de file (*Leading ship*). En tac-tique navale, le vaisseau placé à la tête d'une ligne ou d'une colonne; c'est un poste de confiance et d'honneur.

Le chef de file d'un vaisseau est celui qui le précède.

— de gamelle (*Caterer of a mess*). Personne désignée aux voix ou au sort pour recevoir le traitement et administrer la dépense de table d'un groupe de personnes mangeant ensemble.

— de hune (*Captain of a top*). Quartier-maître chargé de la police de la hune et d'en diriger les travaux.

— de pièce, s. m. (*Captain of a gun*). Quartier-maître chargé de diriger la manœuvre d'une pièce et de la pointer.

— de timonerie. Maître chargé du service du gouvernail, des boussoles, horloges, sondes, fanaux, loch, etc.

— de quart, s. m. (*Officer of the watch*). Officier chargé de commander le bâtiment pendant son quart.

Chelingue, s. f. Bateau de la côte Coromandel, de dix à douze mètres de long sur trois mètres de large, formé d'une caisse pointue à ses deux extrémités; on l'emploie pour le passage des barres.

Chemin, s. m. (*Shipsrate*). L'espace parcouru par un bâtiment en un temps donné.

Faire du chemin au sud (*Southing*); au large (*In the high sea*).

Cheminée à télescope, s. f. (*Telescope funnel*). Cheminée de bateau à vapeur formée de plusieurs tubes cylindriques pouvant rentrer les uns dans les autres, comme les bouts d'une lunette. Lorsqu'on est à la voile, sans vapeur, on facilite ainsi l'installation des voiles basses.

Chemise, s. f. (*Sail-cloth*). Partie d'une voile qui lui sert d'enveloppe lorsqu'elle est serrée en chemise; la toile est alors rassemblée en colonne le long du mât.

— Chemise de chargement; les voiles, tentes, nattes dont on

tapisse l'intérieur d'une cale, lorsqu'on y a chargé en grenier des grains, du sel, etc., pour les empêcher de se répandre dans les pompes.

Chemise souffrée. Toile imprégnée d'huile et de matières inflammables que l'on fixe sur les flancs d'un bâtiment ennemi et que l'on enflamme.

— Argot maritime. Compter ses chemises. Vomir par l'effet du mal de mer.

Chenal, s. m. (*Channel*). Espèce de canal où pénètre la mer et dont la profondeur est suffisante pour donner passage à des bâtiments.

— Passage ouvert entre des rochers, des îles, des bancs et présentant partout de l'eau en quantité suffisante pour les navires. La direction d'un chenal est souvent sinueuse et on l'indique au moyen de balises ou de signaux.

Chenaler, v. n. Naviguer dans un chenal. La navigation dans un chenal se fait ordinairement avec un pilote de la localité; si on n'en a pas, on se sert des balises, des relèvements, des points de la côte; enfin dans les parages où ces moyens manquent, on se fait précéder par une embarcation qui s'avance en sondant.

Chenet, s. m. (*Bending bars*). Machine en fer de la forme d'un chenet qui sert, faute d'étuve, à plier des bordages chauffés et humectés.

Cheniqueur, s. m. Argot maritime. Homme qui s'adonne aux liqueurs fortes.

Chevalet, s. m. (*Trussel*). Tréteau employé dans les corderies.

— Système de pièces en bois sur lequel repose le pied du mât de beaupré à bord de quelques bâtiments.

Cheveux, s. m. Lever une ancre par les cheveux; la lever au moyen de son orin.

Chevillage, s. m. (*Bolting*). Action de cheviller un navire.

— L'ensemble des chevilles employées.

Cheville, s. f. (*Bolt*). Tige en métal ou en bois servant à relier les différentes pièces de construction d'un navire ou à fixer des cordages, manœuvres ou poulies.

Les chevilles en bois sont appelées gournables. Voyez ce mot.

Les chevilles en métal sont en cuivre ou en fer et généralement en fer galvanisé qui s'oxyde beaucoup moins. Ces chevilles s'enfoncent de dehors en dedans de façon à ce que leurs têtes ne fassent pas saillie à l'extérieur; à l'intérieur, elles sont retenues par une rivure, par des écrous, des goupilles ou des viroles; une cheville est à bout perdu (*Short drove bolt*) lorsque la pointe se perd dans l'épaisseur du bois.

On distingue : les chevilles cylindriques (*Bolts*); les chevilles quadrangulaires (*Square Bolts*); les chevilles cylindriques ayant partout le même diamètre ou goujon (*Common bolts*); les chevilles à tête carrée (*Square headed bolts*); les chevilles à barbe (*Ragbolts*) ayant le petit bout garni de dents renversées; les chevilles à goupille (*Fore lock bolts*) dont la pointe est percée d'un trou destiné à recevoir une goupille; les chevilles à virole (*Clinch bolts*).

— Cheville d'amarre; cheville servant à amarrer la drisse de la vergue de trinquet (Médit.).

— Cheville ouvrière. Tige en fer à tête fraisée, encastrée dans la plaque supérieure de l'affût d'une caronade; elle traverse la plaque inférieure et un piton fixé à la muraille du bâtiment. Elle sert de pivot au châssis pour le pointage latéral et maintient l'affût contre le bord.

Cheviller, v. a. (*To bolt*). Réunir les diverses pièces d'un bâtiment au moyen de chevilles qu'on enfonce à coups de masse dans des trous percés préalablement.

Chevilleur, s. m. Ouvrier qui confectionne les gournables et chevilles en bois de toutes sortes ; elles se font aujourd'hui à la mécanique.

Chèvre, s. f. (*Crab*). Machine mobile employée à soulever de lourds fardeaux ; elle se compose de trois montants en bois formant trépieds ; à leur sommet est un fort palan à croc dont le garant s'enroule sur un treuil.

Chevron, s. m. (*Scantling*). Pièce de bois de sapin ne dépassant pas 17 centimètres d'équarissage.

— Chevrons de retraite. Morceaux de bois dont on se sert pour maintenir en place les affûts par mauvais temps.

— Marque distinctive consistant en un galon double d'or ou de laine rouge que portent transversalement sur le bras les officiers mariniers et les marins qui ont droit à la haute paie d'ancienneté.

Chicabaud, s. m. (*Boom*). Pièce de bois mobile servant de boutelof à bord des lougres pour amurer la misaine.

Chicaner, v. a. (*To hug*). Chicaner le vent ; gouverner en serrant le vent le plus possible, de manière à profiter de toutes les risées favorables. On s'expose ainsi à mettre souvent les voiles en ralingue et on fait peu de chemin ; aussi le mot s'emploie-t-il plus souvent pour recommander de ne pas gouverner de cette façon.

Ne chicanez pas le vent (*Don't hug the wind so close, so near*).

Chien, s. m. (*Woodengrappling*). Grappin en bois lesté d'une pierre et dont quelques bateaux pêcheurs se servent en guise d'ancre.

— Argot maritime : *Le chien du bord*. Le commandant en second que ses fonctions retiennent toujours à bord.

Chique, s. f. (*Chew*). Tabac préparé pour être mâché.

— Argot maritime : *Avaler sa chique*. Mourir.

— Insecte des pays tropicaux qui s'insinue sous la peau des orteils et du talon, et cause une vive douleur.

Chiquer (*To chew*). Mâcher du tabac.

— Argot maritime : Manger de bon appétit. *Chiquer les vivres*.

Chiqueur, s. m (*Chewer*). Homme qui mâche du tabac.

Argot maritime : Marin sans façons, rond dans ses manières et son langage.

Chiroute, s. f. (*Segar*). Nom indien adopté par les matelots pour désigner un cigare.

Choc, s. m. (*Check*). Second tour que fait un câble sur le montant d'une bitte après avoir passé autour du traversin.

— Détente, coup que l'on donne à un cordage tendu en mollissant à retour le bout libre ou le courant pour filer ce cordage ou diminuer sa tension.

Chopine, s. f. (*Lower pump-box*). Boîte cylindrique en bois ou en métal placée dans le corps d'une pompe au-dessous de la heuse : percée de trous à sa partie inférieure et munie à sa partie supérieure d'un fort clapet en cuivre, elle sert alternativement à établir et fermer la communication du réservoir de liquide avec la pompe.

Choquer, v. a. (*To surge*). Filer ou lâcher un peu d'un cordage soumis à une grande tension, cette expression est sans doute empruntée au choc que ressent le cordage quand on le lâche. *Choquez la boulinette*.

Chouque, Chouquet (*Cap*). Bloc de bois rectangulaire en chêne ou en orme de peu d'épaisseur et qui sert à réunir deux mâts comme un bas mât et un mât de hune ; il est percé de deux ouvertures, l'une, rectangulaire, se place sur le tenon du mât inférieur, l'autre, circulaire, donne passage au mât supérieur. Le chouque est consolidé par un cercle en fer qui entoure sa branche et de fortes chevilles dont la tête, en forme de piton, sert à accrocher les poulies de guinderesse.

Chronomètre, s. m. (*Chronometer*). Montre d'une grande régularité de marche et destinée à conserver l'heure en mer ou dans les voyages terrestres. Cette conservation est de la plus haute importance, car la différence entre l'heure du chronomètre et l'heure du lieu déterminée par les observations donne la longitude de ce lieu.

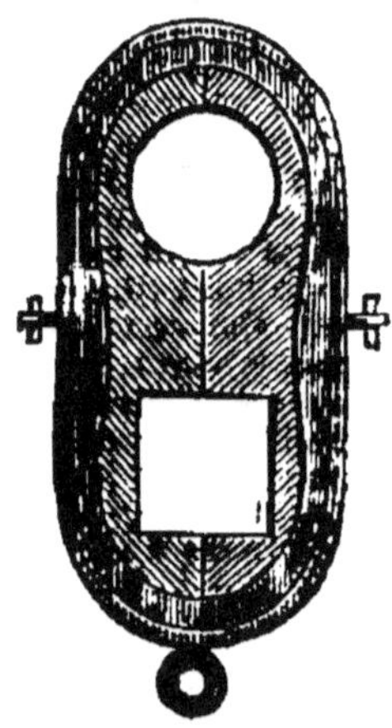

Chouque.

L'état absolu d'un chronomètre à un moment donné est l'avance ou le retard de l'heure du chronomètre sur l'heure simultanée du méridien choisi comme point de départ.

Si le chronomètre marchait exactement comme le temps qui sert à le régler, l'état absolu resterait invariable, mais, malgré le degré de précision de ces instruments, on n'a pu obtenir cette concordance parfaite, et l'état absolu se modifie sans cesse d'une façon plus ou moins rapide.

On nomme marche diurne le changement de l'état absolu du chronomètre en vingt-quatre heures, c'est-à-dire la quantité dont il a avancé ou retardé.

Cette marche est déterminée à terre avant l'embarquement du chronomètre, puis on la détermine à bord aussitôt qu'on le

peut ; elle change ordinairement sous l'influence des nouvelles conditions d'installation, de suspension, mais au bout de sept à huit jours, elle redevient la même.

Chute, s. f. Longueur d'une voile (*Drop*).

Pour une voile carrée, on distingue : la chute au mât ou la distance de la ralingue de têtière à la ralingue de fond ; la chute au point ou la longueur de la ralingue de côté.

Pour une voile aurique ou latine, la chute est la distance de l'angle le plus élevé au point d'écoute de cette voile ; la chute au mât est la distance de l'autre point supérieur au point d'amure.

— La chute d'une bonnette est la longueur de la ralingue de côté.

— La chute d'une pièce de construction est la hauteur d'une de ses faces verticales.

— Angle de chute d'un projectile ; l'angle sous lequel il rencontre le sol ou la mer.

Ciel, s. m. (*Weather*). Ce mot est souvent synonyme de temps. Ciel orageux, couvert, brumeux.

Ciergé, ad. (*Upright*). Un mât est ciergé lorsqu'au lieu d'être incliné sur l'arrière, il est tenu verticalement.

Cigale, s. f. (*Shackle*). Anneau, organeau d'une ancre ou d'un grappin d'embarcation sur lequel se fixe la chaîne ou le câble.

Cinglage, s. m. (*Sailing*). Route d'un navire sur un aire de vent. Chemin fait sur cet aire de vent.

Cingler, v. n. (*To sail*). Un vaisseau cingle dès qu'il est en mouvement. On cingle au nord, au sud, lorsqu'on marche dans une de ces directions.

Cintré, part. (*Arched*). Se dit d'une pièce courbée, arquée exprès ou sous l'influence d'une déformation.

Circum-navigation, s. f. (*Circum-navigation*). Voyage de circum-navigation ; voyage, campagne par mer qui a pour but d'accomplir le tour du monde.

Ciseau, s. m. (*Chisel*). Ciseaux

de calfat. Ciseaux employés par les calfats pour ouvrir les coutures et y introduire de l'étoupe. On distingue : le tranchant, ou ciseau ordinaire employé pour ouvrir les coutures ; le double ciseau ou calvet, terminé par une arête épaisse dans laquelle est pratiquée une rainure ; il sert à enfoncer l'étoupe sans la couper ; le ciseau tors, qui sert dans les coutures non en ligne droite ; le ciseau à écarts, long tranchant, taillé en biseau. servant à introduire l'étoupe dans les écarts des bordages ; le ciseau à clous, très étroit, sert à entourer d'étoupe les têtes des clous et des chevilles.

— Les voiles auriques, latines, à livarde ou à bourcet sont établies en ciseau lorsque, à l'allure du vent arrière, l'une est bordée d'un bord et l'autre de l'autre bord ; les points d'écoute se poussent au large avec des espars, gaffes, avirons. Les voiles ainsi établies ne s'abritent pas ; mais il faut gouverner avec beaucoup d'attention, car à la moindre embardée, on expose les voiles à être coiffées.

Dans la Méditerranée, les voiles en ciseau sont dites en oreilles de lièvre.

Citerne, s. f. (*Tank vessel*). Petit navire qui sert dans les rades et les ports à porter aux bâtiments leur provision d'eau douce. On se sert souvent de la chaloupe en guise de citerne, on la remplit d'eau à l'aiguade ; on l'amène le long du bord et on la vide au moyen de pompes.

Civadière, s. f. (*Sprit-sail*). Voile carrée qui s'établissait sous le mât de beaupré et était enverguée sur la vergue de civadière. La vergue de civadière ne sert plus qu'à donner de l'épatement aux haubans des bouts-dehors de beaupré.

Civière, s. f. (*Sling*). Elingue servant à changer les canons d'affût.

— Elingue servant de suspente à

la vergue de civadière et autrefois à la vergue barrée.

Claire-voie, s. f. (*Sky light*). Panneau placé sur une écoutille du pont supérieur. Il se compose de deux panneaux vitrés formant toit pour l'écoulement des eaux ; des grillages en fer ou en cuivre les préservent des chocs. Ces panneaux peuvent se relever pour donner passage à l'air.

Clan, s. m. (*Sheave-hole*). Ouverture rectangulaire pratiquée dans une vergue ou un espars quelconque pour y loger un réa de poulie.

Clapoter, s. m. (*To chopp*). La mer clapote lorsqu'elle forme une multitude de petites vagues courtes, courant dans tous les sens et se choquant en produisant un bruit particulier.

Clapoteux, adj. (*Chopping*). Se dit de la mer qui clapote.

Clapotis, s. m. (*Rip*). Etat de la mer qui clapote.

— Le bruit de la mer lorsqu'elle clapote.

Le clapotis se produit sur des bancs élevés, dans les ras de marée, dans des courants qui s'entrechoquent ou sont frappés par un vent de direction contraire.

Clarière, s. f. (*Clear passage*). Passage plus ou moins large entre des glaces flottantes.

Classe, s. f. Le recrutement des matelots et officiers mariniers, se fait par quatre voies différentes : 1° L'inscription maritime ; 2° les engagements volontaires et les réengagements ; 3° la loi du recrutement commune aux armées de terre et de mer ; 4° les mousses et les écoles de mousses. Les marins provenant du recrutement commencent leur service à vingt ans et le finissent à vingt-cinq ; celui qui commence à servir en 1879 finira en 1884 ; l'année d'entrée au service détermine la désignation de la classe à laquelle on appartient. Un homme entré au service en 1879 est de la classe 1879.

Classes.—Les marins des classes sont ceux qui proviennent de l'inscription maritime.

Classé, adj. Un marin classé ou inscrit, est un matelot provenant de l'inscription maritime.

Classer, v. a. (*To register*). Inscrire un marin sur les registres du quartier auquel il appartient.

Clavé, part. Se dit sur le banc de Terre-Neuve d'un navire serré entre deux bancs de glace.

Clef, s. f. (*Chock*). Espèce de coin chassé de force entre les varangues pour les maintenir en place, lorsque le navire n'est pas construit à mailles pleines; on distingue les clefs d'empâture qui sont les plus basses et les clefs de varangues. Ces clefs, nommées acotars portent sur leurs faces latérales, une cannelure verticale qui conduit à la cale l'eau d'infiltration.

— Clef de bassin, arc-boutant latéral qui maintient un bâtiment droit dans un bassin.

— Clef de fosse aux mâts. Pièce de bois placée transversalement sur les mâts d'une fosse aux mâts pour les tenir submergés.

— Clef de mât. Boulon carré en fer qui traverse la caisse d'un mât, repose par ses deux extrémités sur les élongis du mât inférieur et maintient ainsi en place le mât supérieur.

Clin, s. m. (*Clincher work*). Des bordages sont disposés à clin, quand chacun d'eux recouvre le bord du bordage inférieur; les bordages sont alors réunis par des clous à rivet ou plutôt à écrou. Moins solide que le bordage à joints carrés, le bordage à clin s'emploie pour de petits bâtiments, les baleinières, les roufs, les carrosses.

Clincar, s. m. Navire à fond plat employé au cabotage dans la Baltique.

Clin-foc, s. m. (*Flying jib*). Foc très léger qui s'amure à l'extrémité du bout-dehors de clin-foc et se hisse le long d'une draille partant de ce point et se capelant au capelage du mât de petit perroquet.

Cloche, s. f.

— Cloche du bord (*Bell*). Cloche placée sur le gaillard d'avant et servant à indiquer les heures des repas, le lever, le coucher, les mouvements généraux; sur les navires de guerre, on se sert du clairon, du tambour, du sifflet. Il y a une autre petite cloche fixée à l'arrière du grand mât et sur laquelle on frappe les heures.

— Cloche du port. Cloche annonçant le commencement et la fin du travail dans les arsenaux.

— Cloche d'un cabestan. Le corps même du cabestan sur lequel s'enroulent les cordages et les chaînes.

— La partie supérieure évasée d'une manche à vent, d'une manche à eau ou à vin.

— Cloche de plongeur, s. f. (*Diving-bell*). Vaste caisse en fonte parfaitement étanche et pouvant contenir un ou deux hommes. La cloche descendue au fond de la mer communique avec la surface par un long tuyau de cuir adapté à une pompe foulante qui comprime l'air à une très forte pression dans l'intérieur de la caisse. Lorsque cette pression est suffisante pour faire équilibre à la pression de l'eau, on ouvre la paroi inférieure; le sol même du fond est alors à découvert et les hommes peuvent travailler. Des ouvertures latérales garnies de lentilles éclairent l'intérieur de la cloche. Voyez *Nautilus*.

Cobe, s. f. (*Cringle*). Patte de bouline (Médit.).

Coche, s. f. Entaille faite par les charpentiers mâteurs sur leurs broches, pour marquer les diverses longueurs qui représentent les diamètres différents que doit avoir en ses points principaux un mât qu'ils travaillent.

— En-coche (*Close*). Une vergue est en-coche lorsqu'elle est assez hissée pour que les poulies d'itague du mât et de la vergue se touchent et même se croisent; le racage de la vergue porte alors dans l'empreinte de la coche qu'il trace à la tête du mât par son frottement permanent au même point.

Cochoir, s. m. (*Laying top*). Cône tronqué en bois plein, d'environ cinquante centimètres de longueur et de grosseur variable. Il porte sur son contour trois ou quatre cannelures longitudinales destinées à recevoir les torons d'un cordage à commettre: avec le cochoir, on rend à volonté le tortillement des torons plus ou moins serrés.

Coffre, s. m.

— Coffre d'amarrage (*Mooring buoy*). Voyez *Caisse*.

— Coffre d'armes, de chirurgie, etc.; caisses renfermant tous ces objets.

— Coffre-malle.

— Un navire a du coffre, lorsque la muraille des gaillards est élevée et bien fermée.

Coiffe, s. f. (*Cap*). Toile goudronnée qu'on place sur différents objets pour les garantir de la pluie. On met des coiffes sur les capelages, les hunes, les bouts de haubans, les volées des bouches à feu, les têtes d'écouvillon.

— Filet évasé à grandes mailles et emmanché.

Coiffer, v. n. (*To catch*). Un navire coiffe lorsque le vent vient à frapper les voiles carrées sur leur partie antérieure; elles s'appliquent alors contre le mât et tendent à faire culer le bâtiment.

Coignet, s. m. (*Wedge*). Petit coin, tel que l'épite qu'on enfonce dans la tête d'une gournable pour l'empêcher de bouger lorsqu'elle est en place.

Coin, s. m.

— Coins de mât (*Wedge*). Coins que l'on chasse entre les mâts et leurs étambrais; leurs deux faces sont arrondies, l'une est concave, l'autre convexe.

— Coins de rousture. Coins que l'on chasse entre les roustures qui fixent les aiguilles aux mâts dans l'abattage en carène; elles en augmentent la tension.

— Coins de gouvernail. Coins que l'on place entre la mèche et la jaumière d'un gouvernail pour fixer celui-ci lorsqu'on change la barre ou lorsqu'on est au mouillage.

— Coins de mire (*Quoin*). Coins que l'on place sous la culasse d'un canon pour l'élever ou l'abaisser suivant que le point à viser est plus ou moins rapproché.

— Coins d'arrêt (*Wedge*). Coins servant à caler les roues de devant d'un affût lorsque le coup est parti et la pièce ramenée en batterie.

Coinçage, s. m. (*Wedging*). Opération de placer des coins, surtout ceux de mâts.

Coincer, v. a. (*To wedge up*). Coincer un mât; placer des coins dans son étambrai, on ne doit les mettre qu'après le ridage du gréement; ils ne servent pas à incliner plus ou moins le mât sur l'arrière, mais seulement à empêcher le mât de porter contre son étambrai.

Coîttes, s. f. (*Ways*). Pièces de bois faisant partie du ber d'un navire qu'on veut lancer; elles sont placées parallèlement à la quille.

Collet, s. m. Partie d'un objet servant de jonction, de renfort ou d'arrêt à d'autres parties de cet objet.

— Collet d'un couple (*Throat of a knee*). Le point renforcé où les deux branches de ce couple se réunissent.

— Collet d'une ancre (*Crown of an anchor*). L'endroit où se joignent les deux bras.

— Collet d'un aviron. La partie arrondie entre le manche et la pelle.

— Collet d'un étai (*Eye of a stay*). L'œillet ou boucle par lequel l'étai se capèle à un mât.

— Collet d'un mât. Arrêt formé en amorce sous la partie supérieure pour supporter les barres de ce mât.

— Collet du boulon de culasse. Moulure raccordant celui-ci au cul de lampe.

Collier, s. m. Objet en filin, en

métal ou en bois qui en entoure un autre.

— Collier d'étai (*Collar of a stay*). Espèce d'élingue en filin fourré qui embrasse le pied d'un mât et sur lequel est estropé la moque qui sert au ridage de cet étai.

— Collier de mât. Cercle en fer collé sur l'arrière d'un banc d'embarcation et qui retient le mât contre ce banc; l'une des moitiés est à charnière et peut s'ouvrir ou se fermer.

— Collier de baleston à bourrelet entourant un mât à livarde et qui sert d'appui à celle-ci.

Colonne, s. f. (*Column*). Ligne formée par plusieurs vaisseaux d'une armée navale. Si on se forme en plusieurs colonnes, elles doivent être parallèles.

Coltis, s. m. (*Beak head frame*). Le couple de coltis d'un navire est celui qui est situé sur l'avant; le vide entre le couple de coltis et l'étrave est rempli par les allonges d'écubier et les apôtres.

Combat naval, s. m. (*Sea fight*). Lutte sur mer entre des navires ennemis et de moins d'importance qu'une bataille navale.

Commandant, s. m. (*Captain*). Titre de tout officier commandant un ou plusieurs bâtiments de l'Etat, quel que soit d'ailleurs son grade.

Commande, s. f. (*Rumbowline*). Garcette, d'environ 1m,50 de longueur, faite de deux ou trois morceaux de fil de caret, tortillés à la main et servant à des amarrages peu soignés.

Commandement, s. m. (*Command*). Bâtiment commandé. Obtenir un commandement, c'est-à-dire un navire à commander.

— Manière de commander. Avoir un bon commandement, clair, précis.

Comme ca (*Steady*). Commandement fait à un homme de barre pour qu'il gouverne de façon à garder le mieux possible le cap que l'on tient en ce moment.

Commettage, s. f. (*Laying*). Action de commettre.

— La façon dont un cordage a été commis.

Le commettage est bon, lâche, serré, uni, régulier.

Commetteur, s. m. (*Layer*). Ouvrier chargé du commettage.

Commettre, v. a. (*To bay*). Réunir par la torsion les torons qui doivent composer un cordage.

La torsion, en brisant plus ou moins les fibres du chanvre, altère sa résistance, et la force d'un cordage commis est évaluée à un sixième de celle des différents éléments pris séparément; mais cette forme est plus commode à manier et protège contre les dégradations partielles et l'humidité.

Les cordages sont, en général, commis au tiers; c'est-à-dire que par la torsion les torons perdent un tiers de leur longueur; d'autres le sont entre le tiers et le quart; les ralingues le sont au quart.

— Commettre en aussière ou en toron. Réunir des fils simples.

— Commettre en grelin. Réunir des torons ordinairement au nombre de trois. Le cordage ainsi obtenu est dit deux fois commis.

— Cordage commis en deux, trois ou quatre. Cordage composé de deux, trois ou quatre torons; dans ce dernier cas, on place une mèche au milieu.

Commis, s. m. Commis aux vivres. Fonctionnaire chargé à bord du service des vivres, de leur distribution.

Commissaire. Fonctionnaire faisant partie du commissariat.

Commissariat, s. m. Le corps administratif de la marine; il est chargé : à terre, sous les ordres des préfets maritimes, d'assurer le service maritime en ce qui concerne la levée des classes, la solde, les pensions de retraite, les naufrages, la recette des objets achetés par l'Etat, etc.; à bord, de diriger la comptabilité du bâtiment.

Commode, s. f. Pigoulière en usage à Rochefort. Voyez *Pigoulière.*

Commodore, s. f. (*Commodore*). On s'en sert pour désigner dans le langage familier un capitaine de vaisseau commissionné ou commandant une division.

Communiquer, v. n. (*To have a free intercourse*). Un navire en quarantaine ne peut communiquer avec la terre ni avec les bâtiments non en quarantaine.

Compagnon, s. m. (*Sailor*). Voyez *Matelot.*

Comparaison, s. f. (*Comparison*). Prendre une comparaison. Déterminer à un même instant l'heure qu'il est à un chronomètre et à un compteur, on prend ordinairement plusieurs comparaisons successivement et on prend pour différence la moyenne des résultats trouvés. Voir *compteur.*

Compas, s. m. (*Compas*). Instrument propre à donner la direction des quatre points cardinaux et des airs de vent intermédiaire. Il se compose : 1º d'une rose (*Card*) ou cercle en papier sur lequel sont tracés les 64 airs de vent; 2º d'une aiguille aimantée (*Magnetical needle*) reposant par son centre sur un pivot et sur laquelle est fixée la rose qu'elle entraîne dans son mouvement; 3º une boîte en cuivre ou cuvette (*Boul*) mobile ou fixée au bâtiment et portant en son centre le pivot de l'aiguille.

— Compas de route (*Steering compass*). Compas destiné à diriger la route d'un bâtiment; un trait noir est tracé à l'intérieur de la cuvette de façon que le rayon de la rose qui aboutit à ce trait indique la direction de la quille. Pour gouverner à un air de vent déterminé, il suffit de maintenir constamment ce trait dans le prolongement du rayon de la rose qui correspond à cet air de vent.

— Compas de relèvement (*Azimuth compass*). Compas destiné à faire connaître dans quel air de vent se trouvent des objets en vue à cet effet, une alidade est fixée sur la partie supérieure de la cuvette.

— Compas renversé (*Hanging compass*). Compas disposé de façon à ce qu'en le regardant par dessous, on puisse voir la route du bâtiment; un compas renversé est ordinairement installé dans la chambre du commandant.

— Compas à liquide. Vase contenant un liquide sur lequel flotte un corps portant deux barreaux aimantés de section rectangulaire.; ces barreaux parallèles entre eux sont reliés par un joug en cuivre portant à son centre le pivot de suspension de la rose.

— Boussole Duchemin. Elle repose sur le principe suivant : un anneau d'acier soumis à une action magnétique puissante forme un aimant ayant deux points neutres situés sur un même diamètre et deux pôles magnétiques N et S aux extrémités d'un diamètre perpendiculaire au précédent; ce cercle disposé sur une chape constitue un véritable compas; si au lieu d'un anneau en acier, on en met plusieurs, on augmente la stabilité mécanique de l'instrument et sa sensibilité. La puissance magnétique de cette rose vaut 2 à 4 fois celle des roses ordinaires auxquelles on l'a comparée. Par mer plate, la rose Duchemin suit et accuse la moindre variation de cap quand les autres compas dorment ou paraissent affolés. Par mauvais temps, les oscillations du navire ont peu d'influence sur elle et ses oscillations ne dépassent pas 2º lorsque celle du compas ordinaire atteignent 8º.

Compensation magnétique. Le fer qui se trouve en grande quantité sur les navires, surtout depuis qu'ils sont cuirassés, exerce sur le compas une influence plus ou moins considérable qu'on nomme attraction locale et qui tend à faire sortir l'aiguille aimantée du méridien magnétique ; cette action varie avec l'orientation du bâtiment. La compensation a pour but, au moyen de masses de fer convenablement disposées, de détruire ou plutôt compenser l'action du fer faisant partie du bâtiment.

Comporter (se) (*To behave at sea*). Se dit de la façon dont un navire tient la mer, marche, en un mot navigue. Un navire se comporte bien lorsque, par grosse mer, il s'élève à la lame, à des mouvements doux, réguliers, peu étendus, fatigue le moins possible sa mâture, ses liaisons, son gouvernail, marche bien et gouverne bien.

On dit de même dans les conditions inverses qu'un bâtiment se comporte mal.

Composé, adj. (*Compound*). Ordre composé ; formation d'une armée navale en deux ou plusieurs lignes de vaisseaux ; par exemple, l'ordre de chasse, de retraite, l'ordre de retraite sur deux ou trois colonnes.

Compteur, s. m. (*Counter*). Montre à secondes dont on se sert dans les observations d'angle horaire.

Lorsqu'on veut déterminer la longitude d'un lieu, il faut connaître, au moment où on détermine l'angle horaire, l'heure qu'il est à Paris ; cette heure est donnée par le chronomètre ; mais comme on ne peut déplacer celui-ci sans déranger sa marche, on détermine d'abord l'heure qu'il est au moment de l'observation au compteur. On compare ensuite l'heure de ce compteur à l'heure du chronomètre, et leur différence fait connaître l'heure de Paris au moment de l'observation.

Comptoir, s. m. (*Factory*). Centre de commerce sur les côtes des pays hors d'Europe où résident des agents consulaires et des négociants qui facilitent les transactions.

Conassière, s. f. Voyez *Fémelot*.

Concentrer, v. a. (*To concentrate*). Concentrer son feu sur un point, c'est pointer toutes les pièces d'une batterie sur un même point.

Conche, s. f. (*Small sandy bay*). Petite baie sablonneuse.

Condamner, v. a. (*To condemn*). Condamner un bâtiment, un mât, une vergue, une voile, un objet quelconque, c'est, après les avoir examinés, déclarer qu'ils sont hors de service.

Condamner une ouverture, un panneau, c'est empêcher d'y passer, soit en les fermant par un moyen quelconque, soit en y plaçant un factionnaire avec une consigne convenable.

Conduit, s. m. (*Tube*). Tuyau, canal en métal ou en bois servant à faire passer des gaz ou des liquides d'un lieu dans un autre. Un conduit en cuir ou en toile se nomme manche.

— Cosse, margouillet, pomme se fixant au moyen d'une engougure sur les haubans ; elles servent à empêcher de se mêler des cordages venant du haut du gréement et à les conduire à leurs poulies de retour sur le pont.

Conduite, s. f. Poulie de conduite. Petite poulie aiguilletée sur un hauban et remplissant le même but qu'un conduit ; voyez ce mot.

Congédier, v. a. (*To discharge*). Délivrer leur congé à des gens de mer lorsqu'ils ont accompli leur temps de service ou lorsque leur présence n'est plus nécessaire aux besoins du service.

Connaissance, s. f. (*Glympse*). Prendre connaissance d'une terre, d'un navire, d'un écueil, c'est s'en approcher de façon à l'apercevoir et déterminer sa nature, sa position, etc.

Connaissance des temps (*Nautical almanach*). Recueil publié chaque année et deux ans à l'avance par le bureau des longitudes et contenant toutes les données astronomiques qui peuvent intéresser les astronomes et les navigateurs. On y trouve une série de tables faisant connaître : la longitude du soleil, sa latitude pour chaque jour à midi, l'équation du temps, la parallaxe du soleil, son diamètre apparent; la longitude de la lune; les positions apparentes de 116 étoiles; les distances lunaires, les éclipses, les plus grandes marées, les longitudes et latitudes des principaux lieux de la terre et une série de tables de corrections.

Congréage, s. m. (*Worming*). Action de congréer. L'ouvrage qui en résulte.

Congréer, v. a. (*To worm*). Congréer un cordage. C'est garnir toutes ses hélices et sur toute leur longueur d'un petit filin fixé de distance en distance par des amarrages. Le cordage est ainsi pénétré moins facilement par l'eau, sa surface devient plus unie et plus facile à fourrer.

Connaissement, s. m. (*Bill of lading*). Déclaration et état que signe un capitaine de la marine marchande et où sont consignées, en détail, les marchandises et objets qu'il a reçus à son bord, avec l'engagement de les remettre dans un lieu déterminé et sous les conditions stipulées.

Le connaissement est fait en double expédition, l'une pour le capitaine, l'autre pour l'armateur.

Consentir, v. n. (*To spring*). Une pièce de bois, mât, vergue, consent lorsqu'elle cède ou se courbe sous un effort quelconque, de façon à ne pouvoir plus se redresser d'elle-même.

Conservation des bois. La carie ou pourriture sèche étant due à la fermentation de la séve (*voir* Carie), il faut empêcher cette fermentation, soit en chassant la séve, soit en la tenant à l'abri du contact de l'air qui favorise les fermentations.

On peut donc conserver les bois en les empilant sous de vastes hangars, qui les préservent de la pluie, du soleil, mais permettent une ventilation active favorisant l'évaporation de la séve.

Pour mettre les bois à l'abri du contact de l'air, on les plonge dans l'eau; l'eau de mer conviendrait, mais elle contient des vers marins nommés tarets qui détruisent en peu de temps le bois: aussi est-on obligé de choisir pour magasins à bois certaines anses où l'on peut obtenir un mélange d'eau douce et d'eau salée dans lequel les tarets ne subsistent pas. On peut encore enfouir les bois dans le sable, la vase humide; mais le manœuvrage et la recherche des pièces d'une forme déterminée sont alors très longs et très pénibles.

Le dépouillement des bois de leur séve par évaporation sous les hangars est très long; celui des bois immergés dans l'eau, est plus rapide, mais exige encore environ deux ans; on a donc cherché des procédés plus rapides.

1o La dessiccation artificielle. Les bois sont placés dans une chambre fermée et maintenus en contact avec de l'air chaud ou de la fumée chassés par un ventilateur à force centrifuge. Ce procédé ne s'emploie que pour des pièces de faibles dimensions.

2o L'injection. On prévient la décomposition des bois en les injectant de sels minéraux qui se substituent à la séve et réagissent sur la manière albumineuse ou organique de façon à la rendre plus ou moins insoluble et à l'abri de la fermentation.

On a employé le sulfate de cuivre, la créosote, etc., mais ces différents liquides ne pénètrent facilement que les bois tendres, et pour le pin de bonne qualité et le chêne, la pénétration est à peu près nulle; aussi ces procédés ne sont d'aucun usage pour la conservation des bois de marine.

Carbonisation. Système Lapparent. Un tuyau communiquant avec un réservoir à gaz se termine par un ajutage; on enflamme le gaz à sa sortie et on projette le jet de flamme ainsi obtenu sur toute la surface des pièces de bois. La séve est ainsi chassée de la partie superficielle et la couche extérieure complètement carbonisée est imprégnée de produits créosotés et empyreumatiques jouissant de propriétés antiseptiques très puissantes.

Conservation des navires. Pendant la construction, on doit veiller à produire à l'intérieur du bâtiment et dans le boisage lui-même la ventilation la plus active ; on y parvient en laissant quelques virures vacantes dans les revêtements extérieurs et intérieurs, en laissant libres des trous de gournables, en installant des manches à vent. Lorsqu'un navire est à la mer, les parties les plus sujettes à se pourrir sont les vaigres, membrure des œuvres vives exposées à l'atmosphère humide, chaude et stagnante de la cale. Il faut donc chercher à y établir la ventilation la plus active et y entretenir la plus grande propreté.

Conserve, s. f. (*Company keeper*). Bâtiment convoyeur chargé d'escorter et protéger un convoi.
— Naviguer de conserve (*To sail in company*). Naviguer ensemble.
— Feux de conserve. Feux, artifices servant de signaux de ralliement.
— Boîte renfermant des aliments conservés.

Conserver, v. a. (*To keep*). Conserver un amer à tel air de vent ; c'est se tenir de façon à le voir toujours dans la même direction.

Conserver le vent. Manœuvrer de façon à rester au vent d'une île, d'un point quelconque, d'un bâtiment.

Consignataire, s. m. (*Consignee*). Négociant à qui l'on adresse un navire pour le désarmer ou des marchandises pour les vendre ou les recevoir en dépôt.

Consigne, s. f. (*Regulation*). Règlements particuliers variables selon les navires, mais basés sur les lois et ordonnances, et rédigés à bord par le comman-
dant en second avec l'approbation du commandant.
— Police donnée à un fonctionnaire.
— Lieu où l'on met le fanal destiné à conserver le feu à bord.
— Ordre général ou punition particulière interdisant de sortir du bord.
— Garde de santé des Lazarets.

Consigner, v. a. (*To forbid intercourse*). Consigner les équipages, les officiers ; les empêcher de communiquer avec la terre ou un autre bâtiment.
— Consigner une partie du bâtiment. Empêcher d'y pénétrer.

Consommations, s. f. (*Expenditure of stores*). Objets employés ou qui, par suite d'usure ou d'avaries, ne sont plus en état d'être mis en service.

Constructeur, s. m. (*Ship builder*). Personne qui se livre à la construction des bâtiments de toutes sortes.

Constructions navales. L'ensemble des opérations du ressort des ingénieurs de la marine.

Construire, v. a. (*To build*). Tracer les plans d'un navire, le bâtir et exécuter tous les détails de sa construction.
— Construire en petit bois ; n'employer dans la construction que des pièces de dimensions beaucoup plus faibles que celles employées ordinairement, en ayant recours à des pièces d'assemblage ou à des dispositions particulières.

Consul, s. m. (*Consul*). Fonctionnaire civil résidant en pays étranger et chargé de représenter son gouvernement, de défendre les intérêts des nationaux et de faciliter leurs relations avec les naturels ; officier de l'état civil, il reçoit les déclarations de naissance, assiste les navires en cas de naufrage, rapatrie les marins naufragés ou laissés dans les hôpitaux, fait les approvisionnements des navires de l'Etat.

Les consuls relèvent du ministère des affaires étrangères.

Consulat, s. m. (*Consulate*). Dignité, charge des consuls. Le temps de leur administration. Le lieu où ils résident. Leur hôtel et leurs bureaux.

Consulat de la mer. Titre d'un code maritime ancien attribué aux Catalans.

Contraire, adj. (*Ahead*). Vent, courant, marée contraire. Vent courant, marée qui, par leur direction, s'opposent à la navigation.

Contre, prép. (*Counter*). Cette préposition se joint à un mot et veut dire : à contre, en sens opposé ; contre-brasser, ou appliqué le long d'un objet pour le renforcer. Contre-quille.

— Adverbe. Le vent, la marée sont contre, c'est-à-dire contraires.

— Poulie à contre. Poulie dont la caisse reçoit deux rouets placés verticalement l'un au-dessous de l'autre, mais dans des plans perpendiculaires.

Contre-à-contre, adv. (*Quite by*). Navires, objets placés très près l'un de l'autre, mais sans se toucher.

Contre-amiral, s.m. (*Rear admiral*). Grade immédiatement supérieur à celui de capitaine de vaisseau.

Contre-arc, s. m. (*Sagging*). Courbure d'une ou plusieurs parties de la quille, mais en sens contraire de celle nommée arc. Le contre-arc est l'effet du poids des mâts, de la tension des haubans ou de tout autre cause analogue.

Contre-bittes, s. f. Taquets de bittes ; courbes qui arc-boutent le montant des bittes sur l'avant.

Contre-bordée, s. f. (*Opposite tack*). Bordée courue avec des amures différentes de celles qu'on avait précédemment.

Contre-brasser, v. a. (*To counterbrace*). Contrebrasser une vergue, les voiles qu'elle porte, c'est agir sur le bras du bord opposé à celui avec le bras duquel on avait agi précédemment.

— Vergues contre-brassées. Vergues brassées les unes d'un bord, les autres de l'autre bord.

Contre-cornière, s. f. Pièce courbe qui lie l'estain avec la cornière de poupe.

Contre-coupe, s. f. Voilerie. Coupe en sens contraire à la coupe totale d'une voile, faite sur une ou plusieurs laizes de cette bordure quand celle-ci a du rond

Contre-étambot, s. m. (*False post*). Pièce de bois doublant intérieurement l'étambot.

Contre-étrave, s. f. (*Apron*). Pièce courbe doublant intérieurement l'étrave ; cette pièce d'assemblage a ses écarts croisés avec ceux de l'étrave.

Contre-hiloires, s. f. Bordages d'un pont plus épais que les autres et qui s'élèvent plus haut. Entaillés comme les hiloires avec les baux sur lesquels ils reposent, ils sont placés de chaque côté des écoutilles.

Contre-maître, s. m. (*Boatswain's mate*). Grade immédiatement supérieur à celui de quartier-maître et maintenant supprimé.

Contre-marche, s. f. (*Counter-marck*). Evolution par laquelle les vaisseaux d'une même ligne suivent la route et les eaux du vaisseau de tête.

Contre-point, s. m. Morceau de ralingue de renfort placé près du point des voiles.

Contre-pointes. Laizes qui, en cessant de faire partie de la bordure d'une voile, en composent les côtés.

Contre-quille, s. f. (*Upper false keel*). Deuxième quille ajoutée intérieurement sur la quille dans toute sa longueur et croisant ses écarts ; c'est sur elle que sont entaillés les talons ou culs des varangues. Vers la maîtresse partie du bâtiment, la contre-quille est composée de bordages placés bout à bout et de peu d'épaisseur ; vers les deux extrémités, elle est beaucoup plus épaisse, ce qui diminue un peu l'acculement des varangues extrêmes ou fourcats.

Contre-salut, s. m. Salut rendu par un navire salué précédemment.

Contre-tenir, v. a. (*To take hold*). Contre-tenir un cordage ; le lâcher en douceur en le tenant toujours tendu.

Contre-voile d'étai, s. f. Voile aurique gréée entre la voile d'étai de hune et celle de perroquet.

Conversion, s. f. (*Conversion*). Mouvement circulaire exécuté par plusieurs bâtiments évoluant.

Convoi, s. m. (*Convoy*). Réunion de bâtiments de commerce naviguant de compagnie et sous escorte en temps de guerre.

— Ordre de convoi. Ordre de file dans lequel les vaisseaux gouvernent largue ou vent arrière.

Convoiement, s. m. (*Conveying*). Action de convoyer.

Convoyer, v. a. (*To convoy*). Accompagner, diriger, protéger un convoi en temps de guerre.

Convoyeur, s. m. (*Conveying ship*). Bâtiment de guerre escortant un convoi.

Coq, s. m. (*Cook*). Le cuisinier de l'équipage.

— Le cordier chargé de faire chauffer le goudron.

Coq-souris, s. f. Sorte de bonnette qui se lace entre le hunier et la vergue de fortune d'un sloop, d'une galiotte ; elle est divisée en deux parties réunies par un transfilage qui laisse passer l'étai du mât.

Coque, s. f. (*Hull*). Le corps du bâtiment sans agrès, charges ou munitions.

— (*Kink*). Sorte de boucle qui se forme dans les cordages neufs, par suite de leur commettage ou de l'humidité.

Coquerie, s. f. (*Cook room*). Emplacement, à terre, où l'on fait la cuisine d'un navire en armement ou en désarmement dans un port.

— La cuisine à bord.

Coqueron, s. m. (*Tronsom*). Compartiment pratiqué à l'arrière d'un bâtiment, dans la partie extrême, et servant d'armoire ou de caisson.

Coraline, s. f. (*Fishing boat*). Chaloupe employée à la pêche du corail, et gréant une voile à livarde et un foc en dedans (Médit.).

Corbeau, s. m. Synonyme de grappin.

Corde, s. f. (*Rope*). Ce mot est très rarement employé dans la marine.

— Bout de corde, mât de corde. Voyez *Draille* et *Drisse*.

— Corde de paratonnerre. Voyez *Paratonnerre*.

— Corde de la cloche. Corde qui sert à sonner la cloche du bord.

— Coups de corde. Voyez *Coups*.

— Fuir à mâts et à cordes. Voyez *Fuir*.

Cordage, s. m. (*Rope*). Réunion, par le tortillement ou le commettage, des fibres de différentes plantes. Les cordages sont ordinairement en chanvre ; on en fabrique cependant avec d'autres substances, comme l'abaca, le bastin, le pitte (voir ces mots) ; on en fabrique beaucoup maintenant en fil de fer.

Le fil de caret est l'élément de tout cordage ; on l'obtient en réunissant directement les brins de chanvre par le filage et les tordant ensuite sur eux-mêmes de droite à gauche. La réunion par le commettage de fils de caret plus ou moins gros ou plus ou moins nombreux, donne le fil à voile, le lusin, le merlin, le bitord, les commandes, la lignerole.

Réunissant encore par la torsion plusieurs fils de caret commis ensemble ou torons, on obtient des cordages de différentes grosseurs, aussières, grelins, câbles.

Voir, à sa place, chacun des mots cités dans cet article.

— Cordages en fil de fer. Les cordages en chanvre étant très promptement mis hors de service sur les bâtiments à vapeur, dans le voisinage des cheminées, on a cherché à remplacer le chanvre par le fer. Les étais et les haubans en chaînes, très lourds et manquant d'élasticité, furent d'un très mauvais usage et bientôt remplacés par des cordages en fil de fer ; depuis 1869, un règlement prescrit l'emploi de ces derniers pour le gréement dormant.

Ces cordages sont formés de fils zingués commis comme les fils de chanvre.

La résistance des cordages en fil de fer est deux à trois fois plus grande que celle des cordages en chanvre à égalité de grosseur.

Leurs principaux avantages sont : une plus grande solidité, une durée presque indéfinie, une plus grande légèreté ; leurs inconvénients sont : le manque d'élasticité, leur tendance à devenir cassants par les grands froids, la difficulté de les redresser sans les casser lorsqu'ils ont été pliés.

Cordelle, s. f. (*Track rope*). Amarre fixée à un bateau, à une embarcation, dans un cours d'eau resserré, et sur laquelle agissent des hommes ou des chevaux pour les haler.

Corderie, s. f. (*Rope making*). L'art de fabriquer des cordages.
— Corderie. Atelier où l'on fabrique des cordages.
— Tours dans les câbles d'un navire à l'ancre.

Cordier, s. m. (*Rope maker*). Ouvrier employé à la fabrication des cordages.

Cordon, s. m. (*Strand*). Un cordage peut, au lieu d'être composé de trois ou quatre torons commis ensemble, être composé de trois ou quatre cordages plus petits, qu'on nomme alors cordons.

Un cordage composé de torons est dit commis en aussières, et celui composé de cordons, commis en grelins.
— Espèce de bourrelet en bois, tel

que la partie extérieure des lisses de rabattue ou de plat-bord.
— Petit cercle proéminent en métal, qui sert de renfort, d'ornement sur une bouche à feu.
— Cordon de percuteur. Bout de ligne avec lequel le chef de pièce fait tomber le percuteur sur l'étoupille qui met le feu à la charge.
— Cordon tire-feu. Bout de ligne fixée par un crochet à la boucle de l'étoupille. Le chef de pièce, en tirant le cordon, met le feu à l'étoupille et par suite à la charge.

Corne, s. f. (*Crutch*). Vergue servant à enverguer la brigantine, l'artimon, ainsi que les voiles dites goélettes et senaux ; son extrémité inférieure embrasse l'arrière d'un mât par une sorte de croissant ou mâchoire : son autre extrémité est maintenue plus élevée par des cordages appelant du haut du mât.
— Gros épissoir. Voyez ce mot.
— Corne d'amorce. Espèce d'étui à poudre formé par une corne de bœuf ; il servait autrefois à amorcer les bouches à feu.

Cornaux, s. m. (*Pissingtube*). Latrines de l'équipage consistant en auges inclinées qui découlent dans des conduits verticaux aboutissant à la mer ; les cornaux sont placés tribord et babord sur le plancher de la poulaine.

Cornet, s. m. (*Case of a mast*). Pièce de bois creusée longitudinalement, sur l'arrière de laquelle s'applique la partie antérieure du mât de certains bateaux depuis l'étambrai jusqu'à la carlingue. Le mât est retenu en arrière par une bande de fer circulaire tenue d'un côté par un crochet et de l'autre par une goupille.

Cornette, s, f. (*Broad pendant*). Etendard en étamine aux couleurs nationales ; envergué d'un côté sur un bâton et de l'autre terminé par deux pointes. Ce pavillon servait autrefois de marque de commandement pour un officier de grade inférieur à capitaine de vaisseau et commandant au moins trois bâtiments.

Corniche, s. f. Pièce de bois sculptée appliquée en dehors de la lisse d'hourdi.

Corocora, s. m. (*Corocora*). Navires caboteurs malais, très larges du milieu, aux extrémités fines et symétriques, à quille courte.

Corps, s. m. (*Body*). La partie principale ou centrale d'un objet.

— Corps d'un navire. La coque.

— Corps de bataille. Vaisseaux placés au centre d'une armée navale.

— Se perdre corps et biens. Se dit d'un navire qui se perd avec son équipage.

Corvette, s. f. (*Corvette*). Bâtiment de guerre ras, fin, léger et bien voilé. On distinguait des corvettes de 1er et 2e rangs.

Les premières avaient une batterie couverte, portaient 28 ou 36 bouches à feu et 228 ou 284 hommes. Les secondes n'avaient qu'une batterie barbette, portaient 20 ou 24 bouches à feu et 150 ou 206 hommes.

— Corvette de charge (*Store ship*). Bâtiment de transport, du port d'environ 800 tonneaux, ayant une batterie couverte, 22 bouches à feu et 154 hommes d'équipage.

— Corvette d'instruction. Petit bâtiment, corvette ou brick, destiné à l'instruction des élèves de la marine, des mousses et des marins.

Cosse, s. f. (*Thimble*). Anneau de fer présentant sur sa circonférence extérieure une sorte de cannelure ou engougure propre à recevoir et à maintenir un cordage.

Les poulies sont généralement fixées au moyen d'une cosse reliée à la caisse par l'estrope : la cosse est elle-même fixée par un croc ou par un aiguilletage.

Côte, s. f. (*Shore*). Le rivage de la mer et les fonds qui l'avoisinent.

— Côte accore ou à pic (*Bold shore*). Lorsqu'elle s'enfonce presque verticalement dans la mer.

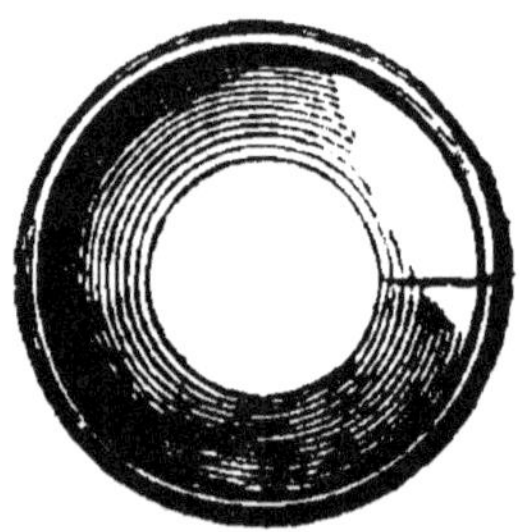

Cosse.

— Côte basse (*Low shore*). Lorsqu'elle s'élève peu et se prolonge presque horizontalement sous l'eau.

— Côte saine (*Clear shore*). Lorsqu'on peut s'en approcher sans être exposé à toucher.

Côte malsaine (*Foul shore*). Lorsqu'il y a des roches, bancs, écueils, de forts courants.

— La côte court au nord, c'est-à-dire que sa direction générale va du sud au nord (*The coast flies to the north*).

— Ranger la côte (*To coast along*). Naviguer le long de la côte.

— S'élever d'une côte (*To claw of a coast*). S'éloigner d'une côte.

— Aller à la côte, faire côte (*To run a shore*). Etre poussé, malgré tous ses efforts, vers la côte par le vent ou la mer.

— Etre à la côte (*To be a shore*). Etre jeté sur le rivage.

Côté, s. m. (*Side*). Syn. de flanc, muraille, bord. Travers d'un bâtiment. Le côté droit, ou tribord. Présenter le côté ou le

travers à un fort, à une batterie.
Le côté du vent.

Côtier, adj. (*Coasting*). Pilotes côtiers. Pilotes connaissant exactement, pour certaines localités ou certaines parties de la côte, les fonds, les mouillages, les sondes, les dangers, les courants, les passes, le balisage et, en général, tout ce qui a rapport à la navigation dans ces parages.

Cotonné, part. (*Worn out*). Une voile est cotonnée lorsqu'elle commence à s'user par le frottement et qu'elle devient molle et présente à sa surface une sorte de duvet.

Côtoyer, v. a. (*To sail along*). Côtoyer une terre, en suivre les rivages avec son navire.

Côtre, s. m. (*Cutter*). Petit bâtiment à un mât, fin de l'arrière,

Cotre.

fortement épaulé et portant bien la voile. Le beaupré, horizontal, pour pouvoir être rentré facilement, porte un grand foc et souvent une trinquette. Le mât vertical porte un mât de hune, parfois un mât de perroquet et grée une brigantine ou grand'-voile, un flèche-en-cul et une fortune, pour le largue et le vent arrière. Les côtres marchent très bien au plus près, mais, par mauvais temps, leur brigantine, qui est très grande, exige beaucoup de précautions.

— On armait autrefois en guerre des côtres portant 6 à 8 bouches à feu et 60 hommes d'équipage.

On trouve encore aujourd'hui de petits côtres faisant l'office de garde-pêche.

Couchant. s. m. (*West*). L'ouest ou l'occident (Médit.).

Coucher, v. a. (*To strain*). Faire incliner. Un fort vent de travers couche le bâtiment.

— Les apparaux dans l'abattage en carène couchent le bâtiment.

Couches, s. f. Pièces d'un mât d'assemblage qui se superposent les unes aux autres suivant leur longueur.

Cou-de-cygne, s.m. (*Goose-neck*). Tige en fer fixée par une de ses extrémités au pont et recourbée à l'autre extrémité ; elle servait autrefois à arrêter un câble-chaîne, à le bosser en s'engageant dans ses maillons.

Couillard, s. m. (*Furling line*). Raban de ferlage, en forme de tresse, fixé en patte d'oie sur le milieu d'une vergue pour retrousser et retenir sur l'avant le fond d'une voile serrée.

Couillons (*Tomkins*). Tampons d'étoupe, placés et amarrés dans la toile d'un hunier et qui donnent prise sur la voile lorsqu'on sert le hunier en chemise.

— Les adents d'une verge d'ancre qui, pris entre les deux portions du jas, les empêchent de tourner.

— Morceaux d'orme encastrés dans la cale et percés de deux trous pour le passage des vergues de mestre et de trinquet.

Couladoux, s. m. Syn. de Ride (Médit.).

Coulant (nœud) (*Rolling hitch*). Nœud qui se serre lorsqu'on fait effort sur le bout du cordage qui a servi à faire le nœud.

Coulée. s. f. (*Quick work*). Partie submergée du navire, recouverte par les bordages appelés ribords. Voyez ce mot.

— Courbure des fonds extérieurs de la carène et qui indique les qualités nautiques du bâtiment.

Couler, v. n. (*To sink*). Couler, couler bas, couler bas d'eau, couler à fond. Se dit d'un bâtiment qui s'enfonce et s'abaisse sous l'eau.

— v. a., Couler un bâtiment dans un combat ; lui occasionner, par l'effet des projectiles ou l'abordage, des voies d'eau suffisantes pour faire enfoncer le bâtiment.

— Pointer à couler bas. Tirer de façon à frapper le navire à hauteur de sa flottaison.

Couleurs, s. f. (*Ship's flag*). Le pavillon national. Hisser les couleurs, amener les couleurs.

Coulis, s. m. (*Coolies*). Nom des Indiens qui s'engagent pour être transportés dans diverses colonies et y travailler librement, moyennant salaire convenu et sous condition d'être rapatriés aux frais du gouvernement.

Coup, s. m. Coup de vent. Coup de temps (*Hard gale ; Gale of wind*). Augmentation considérable dans l'intensité du vent qui oblige à prendre la cape ou à fuir vent arrière ; le coup de vent est forcé (*Stiff gale*) lorsque sa vitesse atteint les plus grandes limites.

— Coup de mer (*Billow*). Choc violent d'une lame contre le bord, ou vague qui déferle par-dessus le navire.

— Coup de roulis (*Hard seeling*).

— Coup de tangage (*Hard pitching*). Mouvement brusque et violent de roulis ou de tangage.

— Coup de barre (*Wild steering*). Mouvement trop brusque et trop prononcé donné à la barre du gouvernail par le timonier.

— Coup de talon (*Groundling*). Choc du talon de la quille contre le fond de la mer.

— Coup d'aviron (*Stroke*). Chaque effort d'un rameur sur son aviron.

— Coup de canon (*Shot*). Explosion d'une bouche à feu chargée.

— Coup de canon de diane (*Morning gun*). Coup indiquant dans un port ou une rade la fin du service de nuit et le commencement de celui de jour.

— Coup de canon de retraite (*Evening gun*). Indiquant la fin du service de jour.

— Coup de canon de partance (*Sailing gun*). Annonçant le départ prochain d'un bâtiment et rappelant tout le monde à bord.

— Coups de cordes. Peine afflictive infligée autrefois en vertu d'un jugement. Le condamné, dépouillé de sa chemise et attaché au cabestan, recevait d'un quartier-maître le nombre de coups de garcette fixé par le jugement.

— Haler à grands coups. Agir sur une manœuvre par grands efforts successifs et saccadés.

— Donner un coup à une manœuvre. Raidir par plusieurs efforts saccadés une manœuvre insuffisamment tendue.

Coupe, s. f. (*Cutting*). Coupe des voiles. L'art de couper, tailler les laizes de toile de façon à ce qu'en les réunissant par des coutures, des ralingues, on obtienne une voile de dimensions données.

Coupé, s. m. (*Opendeck*). Interruption du pont à bord de certains bâtiments et au-dessus de laquelle on établissait une autre sorte de pont avec des cloisons latérales percées de fenêtres.

Coupée, s. f. (*Entering port*). Ouverture faite à la muraille d'un bâtiment, tribord et babord d'un point supérieur et qui donnent accès aux échelles qui permettent de descendre du bord ou d'y monter.

— Coupée, ad. (*Snatchblock*). Poulie-Coupée. Poulie dont l'une des joues présente une ouverture suffisante pour y introduire un cordage et le placer sur le rea. L'estrope en fer s'ouvre au moyen d'une charnière pour le passage du cordage ; elle se referme ensuite et se fixe par un crochet.

Couper, v. a. (*To cross*). Couper la ligne ennemie. Coupure faite à une ligne de vaisseaux ennemis par le passage, entre deux de ces vaisseaux, d'un ou de plusieurs bâtiments.

— Couper la retraite à un navire. Croiser la route de ce navire pour l'empêcher de la continuer.

— Couper à terre. S'approcher de terre le plus directement possible.

— Couper la lame. Gouverner de façon à ce qu'un bâtiment présente le plus possible son avant à la lame.

Couple, s. m. (*Frame*). Pièce de construction à deux branches qui s'élève symétriquement des deux côtés de la quille jusqu'à la hauteur du plat bord ; on compare souvent un bâtiment à un squelette dont la quille serait l'épine dorsale et les couples les côtes. Les couples sont formés de plusieurs pièces ; la première, dont le milieu s'assemble au moyen d'entailles avec la quille, est la varangue ; elle déborde celle-ci des deux côtés ; les suivantes sont, de chaque côté, les genoux, puis les alonges, en nombre plus ou moins grand, suivant l'importance du bâtiment.

Les différentes pièces du couple sont d'abord assemblées sur le sol et le couple entier est ensuite placé sur la quille de façon à ce qu'il soit disposé symétriquement par rapport à elle ; cette opération est le *balancement*.

On nomme couples de levée ceux mis en place tout d'une pièce, par opposition aux couples de remplissage, qui sont formés d'alonges que l'on encastre pièce à pièce dans les vides laissés entre les premiers.

Un couple droit (*Square timber*) est un couple dont les faces planes latérales sont perpendiculaires au plan diamétral du bâtiment ; tels sont ceux de la maîtresse partie ; un couple dévoyé (*Cant timber*) a, au contraire, ses faces obliques par rapport au plan diamétral, comme l'estain, le coltis et, en général, les couples de l'avant et de l'arrière.

— Maître couple (*Midship frame*). Le couple placé dans la partie la plus large du bâtiment.

Couradoux, s. m. Syn. d'entrepont (Médit.).

Couralin, s. m. Petit bateau de passage dans les ports et rivières.

Petite pirogue des Antilles, à fonds plats.

Courant. s. m. Mouvement de l'eau dans une direction déterminée.

Dans les rivières et les fleuves, ce mouvement est dû à la différence de niveau à la source et à l'embouchure.

A la mer, on distingue :

1º Les courants alternatifs, comme ceux produits par la marée et dirigés successivement vers la côte et inversement. Ces courants ne se font sentir que près des côtes ou à peu de distance ;

2º Les courants généraux, qui embrassent alors des espaces considérables et que l'on observe dans tous les océans.

Sous l'action continue des vents réguliers, tels que les alizés, qui soufflent de chaque côté de l'équateur, les eaux se mettent en mouvement et donnent naissance aux courants équatoriaux, qui, après avoir marché parallèlement à l'équateur, remontent ensuite vers les pôles Cette eau, enlevée aux régions équatoriales, est alors remplacée par celle apportée des pôles par les courants polaires. Dans l'Atlantique et le Pacifique nord, les courants équatoriaux rencontrent au nord des terres qui les forcent à modifier leur direction et ils se divisent en deux branches, l'une qui s'échappe par la mer du Nord ou le détroit de Bérhing vers les mers polaires, et l'autre qui redescend vers l'équateur, contournant l'Europe ou l'Amérique, pour retomber dans le courant initial. Dans les mers du Sud, les courants équatoriaux ne rencontrant pas de terre vers les pôles, forment des circuits moins nettement déterminés ;

3º Courants périodiques. Dans la mer des Indes, les vents réguliers ou moussons soufflent pendant six mois dans un sens et pendant six mois dans l'autre; quelque temps après le renversement de la mousson, le courant change de sens et prend celui de la mousson.

L'étude des vents et des courants a été faite d'une façon approfondie par l'officier américain Maury, à l'aide d'un grand nombre de journaux de bord, et les navires cherchent maintenant non le chemin le plus court, mais les vents et les courants favorables. Ce changement dans la manière de naviguer produit, chaque année, une économie de plus de 100 millions pour toutes les marines de l'Europe.

Courant, s. m. (*Running*). La partie d'une manœuvre, du garant d'un palan qui se trouve soit entre les rouets des poulies, soit en dehors du côté sur lequel on fait effort. La partie fixe est le dormant.

— Courant, adj. (*Running*). Manœuvres courantes; celles dont une extrémité seule est amarrée et dont l'autre est destinée à recevoir l'action des hommes; bras, cargues, boulines, écoutes, etc.

— Une manœuvre, une ride sont bien courantes quand elles courent bien dans les poulies qu'elles traversent.

— Cape courante Voyez ce mot. Cape pendant laquelle on a assez de voile et, par suite, assez de vitesse pour pouvoir gouverner.

— Panne courante. Voyez *Panne.*

Courbant, adj. (*Curve*). Bois courbant ; bois formant des arcs assez prononcés et employés pour varangues. genoux, alonges, fourcats, guirlandes, etc.

Courbatoir, s. m. (*Small knee*). Courbe de petites dimensions, par exemple, les courbes de beaupré, de porte-haubans, de gatte des embarcations ou des petits bâtiments.

Courbe, s. f. (*Knee*). Pièces de bois dont les branches forment un angle plus ou moins ouvert et qui servent à relier différentes parties de la charpente d'un bâtiment.

— Courbes des ponts. Courbes naturelles en bois placées à chaque barrot ; leur branche horizontale est chevillée sur le côté du bau, et leur branche verticale appliquée sur la muraille est fixée par de fortes chevilles chassées à travers les revêtements extérieurs. Les approvisionnements de bois devenant de plus en plus pauvres, on a supprimé les courbes en bois de grandes dimensions et on les a remplacées par des courbes en fer placées de la même façon que celles en bois ; la branche verticale est appuyée contre la muraille et la branche horizontale sur le côté du bau.

— Courbe d'étambot. Courbe qui relie la quille à l'étambot ; ses deux branches sont presque à angle droit ; la branche verticale qui s'applique sur l'étambot s'élève jusqu'au fourcat ; la branche horizontale fixée sur la quille se prolonge jusqu'au pied de l'estain. Faute de courbes suffisamment grandes, on remplace le contre-étambot par un massif (Voir ce mot) qui permet l'emploi d'une courbe à plus courtes branches

Il existe un grand nombre d'autres courbes : dauphins, jottereaux, guirlandes, capucine, barre d'hourdi, taquets de bittes. Voir ces mots.

Courber, v. a. (*To bend*). On courbe les bordages ou pièces qui n'ont pas une courbure suffisante par l'effet du feu, de la vapeur, de la pression, etc.

Coureau, s. m. (*Narrow channel*). Passage très étroit entre des passes, des rochers, des îles, et dans lequel on peut cependant naviguer.

Courir, v. n. et v. a. Faire route. Avancer en parlant d'un navire.

— Courir à terre (*To make the land*). Faire route vers la terre.

— Courir au large (*To stand for the offing*). Faire route vers la pleine mer.

— Courir sur un navire (*To run upon a ship*). Se diriger vers lui.

— Courir des bordées (*To beat to windward*). Louvoyer.

— Courir largue, vent arrière, au plus près ; naviguer sous ces allures.

— Courir la mer (*Syde pirater*).

— La côte court au nord. Sa direction générale est du sud au nord.

— Courir la grande bordée. Le service est alors partagé entre les deux moitiés de l'équipage tribordais et babordais qui font alternativement le quart.

— Un cordage, une manœuvre courent bien lorsque les poulies, dans lesquelles ils passent, sont bien disposées et n'opposent aucun obstacle à leurs mouvements.

— Une manœuvre, un câble amarrés courent lorsque l'amarrage a été mal fait et qu'il glisse.

Cour martiale (*Court martial*). Tribunal institué autrefois dans les ports pour connaître de tous les délits commis dans les ports, arsenaux et établissements maritimes par des marins et ouvriers à la solde de la marine. Supprimées en 1806, les cours martiales ont été remplacées par les tribunaux maritimes.

Couroi, s. m. (*Coat*). Composition de brai sec, soufre, suif et huile de poisson dont on enduit à chaud la carène d'un navire non doublé pour la préserver des vers et accélérer le sillage en unissant les contours.

Couroirs, s. m. (*Passages*). Passages étroits à l'intérieur d'un navire, pratiqués entre des chambres ou des cabines. Voyez *Coursive*.

Couronne, s. f. Voyez *Barbotins*.

Couronnement, s. m. (*Taffrail*). Extrémité élevée de l'arrière d'un bâtiment qui s'arrondit par en haut et reçoit une bise dite de couronnement ; le couronnement est orné de sculptures et de peintures.

Couroyer, v. a. Appliquer un couroi. La carène du bâtiment est alors chauffée (Voyez ce mot) pour bien enlever les vieux enduits ; puis le couroi très chaud

est appliqué au moyen de guipons.

Course, s. f. (*Cruise*). Navigation d'un corsaire. Guerre faite à la manière des corsaires.

— Armer en course. Equiper un navire en corsaire.

Coursier, s. m. Canon de chasse qui était placé sous le coursier d'une galère, c'est-à-dire de l'avant à l'arrière, entre les bancs des rameurs.

Coursive, s. f. (*Passage*). Terme générique désignant les passages étroits, corridors qui se trouvent à l'intérieur d'un bâtiment.

Court, adj. Le vent est court lorsqu'il est un peu trop près pour qu'on puisse atteindre un point donné d'un seul bord.

— Bâtiment court; un bâtiment dont la longueur est faible par rapport à sa largeur.

Courtier, s. m. (*Ship broker*). Agents d'affaires maritimes qui s'occupent de toutes les transactions concernant les cargaisons, le fret des navires et, en général, de tout ce qui concerne le commerce maritime.

Courtage, s. m. Rémunération payée à un courtier qui a traité ou fait traiter une affaire.

Coussin, s. m. (*Bolster*). Tout objet servant à en garantir d'autres de frottements ou de chocs réitérés.

— Coussins de bittes (*Doublings of the bitts*). Pièces de bois tendre, clouées sur l'arrière du traversin des bittes pour les protéger du frottement des câbles.

— Coussins d'écubiers. Pièces placées au-dessous des écubiers et destinées au même usage.

— Coussins de tête de mât. Pièces de bois tendre allant d'une traverse des barres à l'autre et empêchant les haubans de porter sur les barres qui sont anguleuses et de bois dur.

— Coussin de mire. Prisme de bois léger dont les bases parallèles sont des trapèzes et qui se place sous la culasse d'une bouche à feu pour lui donner l'inclinaison convenable pour le pointage.

Couteau. Le contre-étambot a la forme d'un prisme triangulaire s'appliquant le long de l'étambot par une de ses faces et se terminant en biseau du côté du gouvernail, qui présente un biseau de même genre. Ces biseaux sont appelés couteaux et servent à faciliter le mouvement du gouvernail autour de ses ferrures.

Couture, s. f. (*Chink*). Intervalle entre deux joints, entre deux pièces de construction et qu'on remplit au moyen du calfatage.

Les coutures ne doivent pas être trop larges, mais il faut surtout que leur ouverture extérieure ou entrée soit plus grande que celle du fond; quand l'entrée est trop serrée, on ne peut y chasser l'étoupe.

— Réunion de deux laizes de toile à voile.

— Le travail qui a pour but de les réunir. On distingue: les coutures plates, dans lesquelles les bords des laizes se recouvrent et sont réunis par deux ou trois rangées de coutures, suivant la force de la voile et l'effort qu'ele a à supporter; les coutures rondes dans lesquelles les laizes se joignent simplement sur leurs bords.

Couvert, part.

— Temps couvert (*Cloudy*). Le ciel chargé de nuages ou de vapeurs.

— Batterie couverte (*Close*). Batterie de bouches à feu renfermée entre deux ponts par opposition à la batterie des gaillards ou batterie découverte.

— Couvre-lumière, s. m. (*Apron*). Plaque de plomb plate fixée par deux rabans sur la lumière d'une bouche à feu pour la préserver de la pluie et de la poussière.

— Couvre-percuteur, s. m. Espèce de chapeau qu'on fixait sur les percuteurs des pièces pour les protéger.

Couvrir, v. n. (*To overflow*). Un rocher couvre, lorsque dépassant la surface de la mer à la basse mer, il disparaît au flot.

— Couvrir un bâtiment au feu

s'interposer entre lui et le bâtiment ennemi.

— Le couvrir de voiles, établir le plus de voiles possible.

Cracher, v. a. (*To work out*). Un navire crache ses étoupes, lorsque par suite de la fatigue, les étoupes sortent des coutures.

Cran de mire. Entaille pratiquée dans la masse de mire d'une bouche à feu et par le fond de laquelle passe la ligne de mire.

Crapaud, s. m. (*Goose-neck*). Mâchoire en fer chevillée sur l'avant de la barre du gouvernail et qui glisse sur la lamisaille.

— Affût de mortier.

Crapaudine, s. f. (*Bed plate*). Support en fonte de fer fixé sur la semelle de l'affût d'une caronade et qui la supporte au moyen d'un boulon tourillon.

Craquelin, s. m. (*Weak boat*). Embarcation. Petit navire de construction très faible.

Craquer, v. n. (*To split*). Un mât, une vergue, une pièce de bois craquent lorsqu'il y a rupture d'une partie de leurs fibres.

— Un navire craque lorsque sa charpente entière, agitée par une mer violente, fatigue avec beaucoup de bruit.

Cravan, s. m. (*Barnacle*). Gland de mer. Coquillage qui s'attache surtout à la carène des navires non doublés.

Cravate, s. f. (*Navel line*). Un cordage prend le nom de cravate lorsqu'il entoure un mât, des bigues, une ancre sans les serrer, mais de façon à les supporter.

Une ancre est en cravate lorsqu'elle est suspendue à l'arrière d'une chaloupe par un cordage qui entoure la verge sous les deux pattes de manière que le diamant soit à hauteur du davier de la chaloupe, le bec en travers et le jas dans l'eau.

— Artifice employé dans les brûlots et composé d'un morceau de serpillière enduit de substances combustibles.

— Cravate à étoupilles. Mèche employée pour enflammer une charge de poudre placée au fond

de l'âme d'une pièce enclouée et en faire sauter le clou enfoncé dans la lumière.

Créance (en). Un bâtiment est mouillé en créance, lorsque étant sur une ancre, sa chaloupe va porter et mouiller une ancre d'affourche.

Crémaillère. Assemblage à crémaillère. Assemblage de deux pièces de bois par des dents qui prennent les unes dans les autres et s'opposent à tout mouvement de glissement.

Creux, s. m. (*Depth*). Le creux d'un navire est la distance du dessus de la quille au milieu de la face supérieure du maître bau.

— Creux de lames. Leur profondeur au-dessous du niveau de la mer (*The trough of the sea*).

— Creux, adj. (*Hollow*). La mer est creuse lorsque les lames laissent entre elles des intervalles larges et profonds.

Crever, v. n. (*To be bilged*). Navire crevé. Navire défoncé en un de ses points et présentant à l'eau une ouverture. Cordage crevé. Cordage dont un toron a cédé ou est cassé.

Crique, s. f. (*Cove*). Petit enfoncement dans les côtes pouvant abriter de petits bâtiments.

Croc, s. m. (*Hook*). Pièce de fer recourbée, fixée à un objet et qui sert à l'accrocher. Croc de palan (*Tackle hook*), croc de candelette (*Hook of the fore tackle*), croc de capon (*Cat hook*); crocs fixés aux estropes en fer des poulies des palans de candelette, de capon.

— Croc à émérillon (*swivel*); croc dont la partie droite tourne dans une espèce d'anneau.

— Croc à cosse; croc dont la tête est traversée par une cosse qui sert à fixer un cordage.

Crocher (*To hook*). Faire prendre un croc dans une boucle ou un corps quelconque.

Croche. Commandement pour indiquer aux matelots qu'ils doivent saisir un objet et faire effort sur lui.

— Croche dans la toile. Commandement lorsqu'on serre une voile ou qu'on prend des ris.

Crochet, s. m. (*Hook*). Crochet à long manche pour mouvoir les câbles-chaînes.

— Crochet de voilier. Crochet qui, fixé au bout du banc de voilier par un petit bout de ligne, sert à contre-tenir la toile sur ses genoux pendant qu'il la coud.

Croisée, s. f. (*Crown*). Croisée d'une ancre. La distance entre les becs des deux pattes. Point où les bras se soudent à la verge.

Croiser, s. m. (*Cruize*). Bâtiment tenant une croisière.

— Mettre une vergue en croix (*To sway across*). Croiser les perroquets.

Croisettes, s. f. (*Top gallant masts cross trees*). Barres de perroquet.

Croisière, s. f. (*Cruize*). Action de croiser.

— Parage déterminé qu'un navire parcourt dans tous les sens pendant un certain temps pour surveiller tous les navires qui y passent, surprendre les navires ennemis et les combattre.

Croissant, s. m. (*Sweep*). Croissant de bôme. Bourrelet en bois cloué sur le mât de l'arrière pour servir d'appui à la mâchoire de la bôme.

— Croissant d'affût. Pièce de bois composée de deux parties : l'une fixe est encastrée dans les flasques de l'affût ; l'autre, arrondie de l'avant, est reliée à la première par une charnière qui permet de la relever ou l'abattre, suivant les besoins du pointage.

— Croissants de sabord. Tringles clouées au-dessus des sabords, de manière à empêcher d'y pénétrer la pluie qui coule le long de la muraille du navire.

— Croissants de hamac. Tringles courbes en bois percées de trous où l'on passe les araignées d'un hamac pour le tenir plus ouvert.

Croisure, s. f. (*Length*). La longueur des vergues d'un navire et, par suite, la largeur de ses voiles.

— (*Cross-seizing*). Croisure d'un cordage ; le point où les doubles de ce cordage se rencontrent, en revenant l'un sur l'autre, après avoir entouré une poulie, un cap de mouton, un objet quelconque.

Croix, s. f.

— Croix dans les câbles (*Elbow*). La position de deux câbles d'un navire affourché qui, après l'évitage, passent l'un sur l'autre en se croisant.

— Mettre en croix une vergue. La mettre à poste sur ses bras, balancines également embraquées et raidies.

— Croix de Saint-André. Fortes et larges sangles tissées avec du fil de caret ou bandes de renfort en toile double, qu'on tend diagonalement sur la face antérieure de la misaine, pour la fortifier par mauvais temps. Ces bandes, fortement raidies à leur partie inférieure, empêchent la voile de porter sur l'étai de misaine et de se détériorer par le frottement.

Crône, s. f. (*Wheel*). Grue installée sur un quai pour le chargement et déchargement des navires.

— Nom donné par les pêcheurs de certaines localités à un petit abri sous des rochers au bord de la mer.

Croupiat, s. m. (*Stern fast*). Aussière ou grelin frappé sur un point fixe, corps mort, navire voisin et dont on se sert pour appareiller. Le croupiat rentre à bord par l'arrière, et en virant dessus, on fait abattre le bâtiment.

Croupière, s. f. (*Stern fast*). Aussière ou grelin frappé sur une ancre que l'on va mouiller et qui sert à faire abattre ou éviter un navire de façon à présenter le travers à un fort ou à un bâtiment ennemi.

— Mouiller en croupière (*To cast an anchor by the stern*). Mouiller une ancre dont le câble rentre à bord par le sabord de l'arrière ; en virant sur ce câble garni au cabestan, on évite le navire comme on le veut.

— Forte bosse à aiguillette placée près des bittes.

— Petite erse à l'arrière d'un affût où se croche le palan de retraite.

Croute, s. f. (*Waste piece*). Planche de rebut faite avec l'aubier ou les parties du bois placées près de l'écorce.

Cueille, s. f. (*Quoil*). Une laize de toile à voile ; sa largeur.

— Un tour d'un cordage tourné en rond.

Cueillette (en). Navire chargé en cueillette. Navire sur lequel chacun apporte les objets qu'il a à expédier en payant un prix déterminé par tonneau de marchandises.

Cueillir, v. a. (*To coil*). Cueillir un cordage ; le ployer en lui faisant faire plusieurs tours sur lui-même, en rond ou en ovale, de façon à ce qu'il tienne le moins de place possible et puisse être filé facilement. Voir *Lover*.

— Ramasser, réunir, ranger des objets quelconques.

Cuiller, s. m. (*Ladle*). Instrument composé d'un long manche en bois portant à son extrémité une espèce de cuiller en cuivre demi-cylindrique et qui sert à décharger les bouches à feu se chargeant par la bouche.

— Longue gouge dont on se sert pour percer les pompes.

— Cuiller à brai. Cuiller tout en fer avec laquelle les calfats prennent le brai chaud et le versent sur l'étoupe des coutures.

— Cuiller du coq. Espèce de casserole en cuivre à long manche en fer qui sert à prendre le bouillon dans la chaudière.

— Espèces de caisses en tôle installées sur les bateaux-dragueurs et qui vont chercher la vase ou les dépôts au fond de l'eau.

Cuisse, s. f. Syn. de la pièce de construction appelée courbe (Médit.).

Cul. Fond, partie arrière, basse, reculée d'un objet.

— Cul d'un navire. Sa partie arrière ; cul rond, carré, pointu ;

cul de poule, arrière allongé et relevé.

— Cul de varangue. Partie de la varangue qui repose sur la quille.

— Cul d'une poulie (*Bottom*). La partie de la caisse opposée au point d'attache.

— Cul de porc simple (*Wall knot crown*). Entrelacement de torons formant une espèce de bouton ou de pomme à l'extrémité d'un cordage.

— Cul de porc double (*Shroud knot*). Nœud servant à réparer un hauban cassé ; on fait à chaque bout un cul de porc et on les réunit par un amarrage.

— Cul-de-sac (*Haven*). Nom aux Antilles d'un petit port ou havre au fond d'un golfe ou d'une rade.

— Cul-de-badou. Espace situé sous le caillebotis de la chambre d'un canot.

— Cul-de-lampe des bouteilles. Massif sculpté formant la partie inférieure de ces dernières.

— (*Cascable*). Cul-de-lampe d'un canon. Surface qui rejoint le bouton de culasse au corps de la pièce.

Culasse, s. f. (*Breech*). L'extrémité arrière d'une bouche à feu. Autrefois la culasse se terminait par la plate-bande de culasse (*Base-ring*), le cul-de-lampe (*Cascable*) et le bouton de culasse (*Pomillion*) ; aujourd'hui, dans les pièces se chargeant par la culasse, ces parties sont supprimées et la culasse se termine par un plan qu'on nomme tranche de culasse.

On ferme l'ouverture de la culasse par une pièce cylindrique en métal qui se visse dans l'intérieur de l'âme ; on la nomme vis de culasse (*Breech screw*).

Culer, v. n. (*To drop astern*). Un navire cule lorsqu'il va en arrière.

— Brasser à culer. Brasser les vergues de façon à ce que les voiles, recevant le vent sur leur partie antérieure, tendent à faire reculer le navire.

— Le vent cule lorsqu'il se rapproche du vent arrière.

Culot, s. m. (*Bottom*). Culot de gargousse. Le fond de la gargousse.

— Culot d'un projectile creux. Sa partie postérieure plus épaisse que le reste.

Culotte, s. f. Syn de Cornette.

Arg. Tailler des culottes à un navire que l'on poursuit. L'obliger à se couvrir de voiles pour ne pas se laisser approcher.

Curer, v. a. (*To drag*). Curer un port, une rade, une passe, les nettoyer des vases, sables, galets, dépôts de toutes sortes qui les obstruent.

Curette, s. f. (*Scraper*). Gratte à long manche employée pour nettoyer l'intérieur des pompes.

Cure-molle, s. f. (*Mud lighter*). Machine à curer. Grand ponton portant une chaîne sans fin qui met en mouvement une série de caisses ou cuillers qui vont chercher la vase, les débris de toutes sortes au fond de l'eau et les déversent dans des chalans *ad hoc*. Ces appareils sont mus par la vapeur

Cutter. Voyez *Côtre*.

D

Dalot, s. m. (*Scupper*). Trou pratiqué dans la fourrure de gouttière et traversant la muraille d'un bâtiment pour l'écoulement des eaux des ponts et des pompes.

Les dalots garnis intérieurement en plomb sont garantis à l'extérieur par une maugère.

Damelopre, s. f. Ancien bateau hollandais à fond plat naviguant dans les rivières.

Dames, s. f. (*Rowlocks*). Tolets plats en bois placés sur le plat bord des canots et qui reçoivent et retiennent les avirons lorsque l'on nage.

— Echancrures du plat bord d'un canot garnies de cuivre et destinées à recevoir et maintenir les avirons pendant la nage.

— Deux chevilles en fer qu'on plante sur le plat bord arrière d'une chaloupe et qui servent à maintenir un câble que l'on file ou qui appelle de l'arrière.

Danger, s. m. (*Danger*). Tout obstacle sur lequel un navire peut toucher ; banc, basse, barre, rocher, récif, écueil.

Dard, s. m. (*Fire arrow*). Baguette garnie de dents et d'artifices qu'on lançait au moyen d'un fusil dans les voiles d'un navire ; elle s'y accrochait et l'incendiait.

— Espèce de foëne ou harpon.

Darse, s. f. (*Tide dock*). Bassin destiné à la réparation et à la conservation des bâtiments (Médit.).

Darsine, s. f. Petite darse.

Dauphins, s. m. Syn. de jottereaux.

— Courbes au nombre de deux ou trois placées de chaque côté de la guibre qu'elles relient aux joues du bâtiment. Entre elles sont les fourrures de dauphins qui jouent le même rôle.

Davier (*Fore-roller*). Rouleau en bois ou en fer mobile autour d'un axe supporté par deux montants en fer. Lorsqu'on agit sur un câble, qui rentre à bord d'une embarcation ou d'un bâtiment, on le fait porter sur un davier au lieu de le faire porter sur le plat bord, de façon à substituer un frottement de roulement au frottement de glissement.

— Les cercles des bouts dehors de bonnettes portent de petits daviers sur lesquels glissent les bouts dehors lorsqu'on les pousse.

Dé, s. m.

— (*Coak*). Dé d'un rea. Garniture placée au centre du rea pour résister à la pression de l'essieu qui le traverse. Les dés autrefois en fonte sont maintenant en cuir.

— (*Palm*). Dé de voilier. Plaque en métal, circulaire, quadrillée, que les voiliers fixent à la paume de la main au moyen d'une bande en cuir. Ils appuyent cette plaque sur la tête de l'aiguille pour la pousser dans la toile qu'ils cousent.

— (*Dowel*). Tampon de bois prismatique dont les charpentiers se servent pour boucher les trous de nœuds des pièces de bois.

— (*Dowel*). Chevilles en bois qu'on enfonce à mi-bois dans deux pièces contiguës d'un mât ou d'une vergue d'assemblage pour les empêcher de glisser l'une sur l'autre.

Débâcle, s. f. (*Breaking*). Rupture des glaces à la suite d'un temps doux et pluvieux.

Débanquer, v. n. (*To disenboque*). Quitter un banc sur lequel un navire a passé.

— Quitter le banc de Terre-Neuve lorsque la pêche est terminée.

Débarcadère, s. m. (*Landing place*). Tout endroit disposé pour l'embarquement et le débarquement des objets de toutes sortes ; jetées, cales, quais, appontements.

Débarquement (*Landing*). Transport et mise à terre d'hommes et objets de toutes sortes contenus dans un bâtiment.

— Mise à terre d'armes et de munitions pour une expédition militaire.

On dresse sur chaque navire de guerre le rôle des compagnies de débarquement ; ce rôle indique les officiers, les hommes, les armes, les munitions, les provisions, les canots qui doivent être employés à cette opération.

— Débarquement d'un canot du bord. Le mettre à l'eau.

Débarquer (*To land*).

— v. a., opérer un débarquement.

— v. n., quitter un navire.

Débauche, s. f. Heure de la cessation du travail dans certains arsenaux.

Débiter (*To prepare*). Scier, préparer une pièce de bois pour l'usage qu'on veut en faire.

Débitter, v. a. (*To unbitt*). Enlever les tours qu'un câble fait autour d'une bitte.

Déborder, v. a. et n.

— Déborder une voile (*To loosen the sheets*). Larguer ses écoutes, pour la carguer, la serrer ou la changer.

— Déborder des avirons (*To ship the oars*). Les retirer de dessus le bord, les désarmer lorsqu'on cesse de nager.

— Déborder un navire. Enlever, déclouer ses bordages.

— Déborder une embarcation d'un quai, d'un navire. La pousser au large.

— Une embarcation déborde lorsqu'elle s'éloigne du quai ou du navire où elle était accostée.

Déborde (*Fend off*). Commandement du patron d'une embarcation pour la pousser au large.

Débosser, v. a. (*To take off the stoppers*). Larguer ; enlever les bosses qui retiennent un cordage.

Débouquement, s. m. (*Passage*). Sortie d'un canal entre plusieurs îles ou écueils.

— Ce canal lui-même.

Débouquer, v. n. (*To diseinboque*). Traverser et quitter un débouquement pour entrer dans la mer libre.

Debout, adv.

— Debout au vent. Etre debout au vent (*To ride head to wind*). Un navire est debout au vent, à la lame, lorsqu'il présente son avant au vent, à la lame.

— Aborder debout au plein. Se dit d'une embarcation qui arrive droit à la côte en maintenant sa quille perpendiculaire à la direction du rivage.

— Une pièce de bois ou de fer agit debout lorsqu'elle résiste à un effort exercé dans le sens de ses fibres.

Débris, s. m. (*Wrecks*). Partie ou pièce d'un navire qui a péri et qu'on retrouve flottant au large ou déposé par la mer sur le rivage.

Débrouillard, ad. Argot. Un matelot débrouillard est un matelot qui sait se tirer d'affaire vite et n'importe dans quelle circonstance. Les marins sont, en général, débrouillards, et le marin français l'est par excellence.

Débrouiller (se), v. n. (*To clear*). Le temps se débrouille lorsque le ciel, après avoir été chargé de nuages, de vapeurs, devient clair.

Fig. Se tirer d'affaire vite et bien.

Décapelage, s. m. Action de décapeler.

Décapeler, v. a. Décapeler un mât, une vergue, c'est enlever les cordages qui y sont capelés.

— Décapeler une hune, un chouquet, des barres, c'est les faire passer par-dessus la tête des mâts où ils étaient placés pour les retirer.

— Décapeler un cordage en tournant un objet quelconque, c'est le dépasser par-dessus cet objet et l'enlever.

— v. n. Un navire décapèle lorsqu'il est en train d'enlever ses capelages.

Décaper, v. n. Manœuvrer pour s'éloigner du voisinage d'un ou plusieurs caps.

Décarver, v. a. (*To cross*). Décarver deux pièces de construction assemblées par un écart, c'est fixer sur elles une troisième pièce qui couvre leur écart et les consolide.

Déchalement, s. m. Syn. de Jusant.

Déchaler, v. n. (*To flow down*). La mer déchale lorsqu'elle descend.

Décharge, s. f. (*Unloading*). Extraction d'un navire d'une partie des munitions, marchandises qu'il contient; si on enlève la totalité de ces objets, le navire est en déchargement.

— (*Discharge, quittance*). Reçu de munitions, marchandises ou objets débarqués et livrés conformément aux marchés passés et aux ordres donnés.

— (*Volley*). Volée de coups de canon, de coups de fusil.

Déchargement, s. m. (*Unloading*). Débarquement de la totalité des marchandises contenues dans un bâtiment.

— Acte authentique libérant de la responsabilité des objets débarqués.

— Action d'extraire d'une arme à feu la charge (projectile et poudre) qui y avait été introduite.

— (*Discharge*). Mise à terre ou sur un autre navire d'un matelot qui quitte le bord en vertu d'un ordre avec une feuille indiquant ses services, la situation de sa masse, son grade et tout ce qui concerne sa position.

Décharger, v. a. (*To unload*). Opérer la décharge ou le déchargement d'objets placés dans un bâtiment.

— v. a. (*To take the charge out*). Enlever la charge d'une bouche à feu.

Pour décharger une pièce-bouche, on essaie d'abord de retirer le projectile à l'aide du tire-bourre en crochant dans la ganse du bouchon ou on cherche à faire glisser le projectile en avant en élevant la culasse et en faisant frapper la volée sur le seuillet du sabord. Si on n'y arrive pas de cette façon, on noie la gargousse en introduisant de l'eau par la lumière, puis on introduit un peu de poudre sèche qu'on enflamme à l'aide d'une étoupille; il se produit une légère explosion qui suffit pour chasser le projectile et la gargousse non enflammée.

Pour les pièces-culasse, on ouvre la culasse et on retire à la main la gargousse, le bouchon en algue, puis le projectile en tirant sur la ganse du culot. Si on n'y parvient pas, on se sert du crochet de déchargement à vis ou on refoule par la bouche avec un refouloir à hampe longue. Enfin, comme dernier moyen, on chasse le projectile par l'explosion d'une petite quantité de poudre mise à la place de la charge.

— Décharger des voiles masquées ou coiffées ; c'est les changer en brassant de façon à ce qu'elles reçoivent le vent sur leur face arrière.

Déchet, s. m. (*Shrinkage*). Perte, réduction sur les vivres de campagne embarqués. On accorde au commis chargé 13 0/0 sur les boissons et 10 0/0 sur les comestibles pour l'indemniser du déchet.

Déchirer, v. n. (*To split*). Une voile se déchire par l'effet du vent, d'une maladresse, d'une mauvaise manœuvre.

Déclaration, s. f. (*Account*). Acte dans lequel on déclare à la douane l'espèce et la quantité de marchandises dont un navire est chargé.

Déclinaison, s. f. Voir *Variation*.

Déclinquer, v. a. (*To rip of*). Déclinquer une embarcation à clin. Enlever ses bordages.

Décoincer, v. a. (*To take off the wedges*). Retirer, enlever des coins ; on décoince les bas mâts toutes les fois qu'on ride le grément.

Décollement, s. m. (*Shortening*). Raccourcissement d'un tenon.

Décoller, v. n. (*To cut the head off*). Décoller les morues ; leur couper la tête avant de les saler.

Décolleur, s. m. Homme des bâtiments terre-neuviers qui décolle les morues.

Décommettre, v. a. (*To unlay a rope*). Détordre les torons d'un cordage.

Découdre, v. a. (*To rip off*). Découdre des bordages ; les enlever de leur place après les avoir décloués.

Découvert, ad. (*Upon deck*). Batterie découverte ; batterie placée sur le pont supérieur d'un bâtiment.

Découverte, s. f. (*Discovery*). Constatation de l'existence d'une terre inconnue jusqu'alors des navigateurs.

— Voyage de découverte. Voyage entrepris dans le but de faire des découvertes.

— (*Advice ship*). Bâtiment qui se tient en avant ou sur les ailes d'une armée pour éclairer sa marche.

— Synonyme de vigie.

Découvrir, v. a. (*To discover*). Découvrir une île, une terre, en faire la découverte.

— v. n. Un banc, une roche, un point découvrent lorsqu'à certains moments ils sont recouverts par la mer et qu'à d'autres ils apparaissent au-dessus de sa surface.

Décroiser, v. a. Décroiser les perroquets, les cacatois ; les dégréer. Voyez ce mot.

Dedans.

— adv. Une voile a le vent dedans lorsque le vent la remplit de façon à pousser le navire en avant.

— Subst. Le dedans d'une voile en est la face postérieure.

— En dedans. Un navire est en dedans d'un cap, d'une roche, lorsqu'il est moins avancé en mer que ce cap, ce rocher.

Dédoubler, v. a. (*To unsheath*). Dédoubler un navire, déclouer son doublage en cuivre.

Défendre, v. a. (*To fend off*).

— v. n. Un brigadier d'embarcation défend, lorsqu'à l'aide de sa gaffe qu'il oppose sur un corps vers lequel l'embarcation se dirige, il évite ou amortit le choc qui allait se produire.

— v. a. Défendre une arrivée, une auloffée. Là prévenir. Voyez *Défier*.

Défense, s. f. (*Fender*). Tout objet suspendu contre le bord d'un navire ou d'une embarcation pour préserver la muraille du choc des quais ou de toute construction flottante.

Les défenses sont des morceaux de câble, de cordage, de bois, de gros coussins remplis d'étoupe et entourés de cordages, et pour les embarcations des ceintures, des colliers.

— Espars, bout dehors employé pour éloigner d'un bâtiment un autre qui menace de l'aborder.

Déferler, v. a. *(To unfurl)*. Démarrer les rabans de ferlage qui tiennent une voile serrée et la laisser tomber sur ses cargues.

— La lame déferle lorsqu'elle brise en s'enroulant sur elle-même ou en choquant une plage, un rocher.

Défier, v. a. *(To fend)*.

— v. a. Défier un abordage. Empêcher un abordage de se produire entre une embarcation et une autre embarcation ou un quai en s'appuyant sur ceux-ci à l'aide d'une gaffe ou d'un aviron de façon à empêcher le choc ou à l'amortir.

— Éloigner. Défier la chaloupe de l'escalier.

— v. n. Défie. Commandement fait à un timonnier.

— Défie du vent. Veiller à ce que le bâtiment ne loffe pas davantage.

— Défie de l'arrivée. Veiller à ce que le bâtiment n'arrive pas.

— Défie la lame. Loffer ou arriver de façon à ce que le bâtiment reçoive une lame qui s'approche de la façon la moins dangereuse possible.

— Défie tout. Mettre la barre toute d'un bord pour arriver ou loffer.

Défiler, v. n. *(To bear away)*. Des vaisseaux, qui naviguent dans les eaux les uns des autres et qui laissent porter sur une ligne de vaisseaux ennemis ou en canonnant une partie, défilent devant ces derniers.

Défoncer, v. a. *(To shove)*. Déchirer, crever, enfoncer. Voile défoncée par le vent.

— Sabords, bouteilles défoncés par les lames.

— Navire défoncé en échouant.

Défournis, s. m. Défauts altérant les dimensions d'une pièce de bois.

Défourrer, v. a. *(To un keckle)*. Enlever la fourrure qui garnissait un cordage. Voyez *Fourrure*.

Dégager, v. a. *(To clear)*. Retirer, débrouiller, débarrasser un objet ou un endroit.

— Dégager un cordage, le débarrasser de tout ce qui peut empêcher d'agir dessus.

— Dégager une batterie. En enlever tout ce qui peut gêner ou n'est pas réglementaire.

— Dégager un vaisseau dans un combat ; se porter à son secours, l'aider à soutenir le feu de l'ennemi et lui permettre de s'éloigner s'il n'est plus en état de combattre.

Dégarnir, v. a. *(To strip)*. Détacher, enlever.

— Dégarnir un hauban, enlever les paillets sangles, limandes qui le préservaient des frottements.

— Dégarnir un mât, une vergue, enlever les poulies. cosses, agrès de toutes sortes dont ils sont pourvus pour la manœuvre.

— Dégarnir un cabestan, un guindeau, enlever les barres, la chaîne ou le câble enroulés sur la cloche.

— Dégarnir les avirons d'une embarcation, les désarmer.

Dégauchir, v. a. *(To prepare)*. Faire disparaître les irrégularités les plus saillantes d'une pièce de bois que l'on travaille.

Dégorgeoir, s. m. *(Prinser)*. Morceau de fil de fer pointu d'un côté et terminé de l'autre par un anneau. Le chef de pièce enfonce le dégorgeoir dans la lumière pour la dégager et percer la gargousse.

Outre le dégorgeoir ordinaire, on emploie le dégorgeoir à vrille et le dégorgeoir à fraise destinés tous deux à dégager la lumière dans le cas où des corps résistants s'y sont introduits.

Dégorger *(To clear)*. Déboucher la lumière à l'aide d'un dégorgeoir et percer la gargousse de façon à ce que la flamme de l'étoupille puisse allumer la poudre.

Dégraisser, v. a. *(To beard)*. Dégraisser une pièce de bois, abattre ses arêtes et les parties saillantes de façon à lui donner la forme voulue.

Dégrappiner, v. n. (*To purchase a grappling*). Relever un grappin mouillé.

Dégrat, s. m. A Terre-Neuve, lieu en dehors d'une rade où les embarcations vont pêcher la morue.

Degré, s. m. (*Degree*).

— La circonférence se divise en 360 arcs égaux ou degrés; à chacun de ces arcs correspond un angle au centre qu'on dit être d'un degré.

— L'équateur terrestre est divisé en 360 degrés, et chaque degré équivaut à 20 lieues ou 60 milles marins.

— La rose du compas est divisée en degrés, et les aires de vent s'expriment soit en degrés, soit en quarts.

— Degrés de bande. Nombre de degrés mesurant l'inclinaison du navire sur un bord par l'effet de la bande et dont on doit tenir compte dans le pointage des bouches à feu.

Dégréement, s. m. (*Unrigging*). Action de dégréer un navire.

Dégréé, adj. (*Unrigged*). Bâtiment dégréé dans un port, lorsqu'il ne conserve que ses bas mâts maintenus par quelques haubans.

— Bâtiment dégréé par le combat, le mauvais temps; lorsque ses mâts, ses voiles, son gréement ont été fortement endommagés.

Dégréer, v. a. (*To unrig*). Enlever le gréement d'un navire pour le désarmer ou le réparer.

— (*To get down top gallant yards*). Dégréer les perroquets, les cacatois. Mettre en bas les vergues de perroquets, de cacatois, pour cause de mauvais temps. Serrer la voile, la dégarnir de ses cargues, écoutes et boulines, faire la genope sous le vent, frapper un halebreu sur le bout du vent et l'apiquer au vent au moyen du halebreu.

Dégrossir, v. a. (*To beard*). Voir *Dégraisser.*

Déhaler, v. a. (*To tow*). Haler en dehors.

— Déhaler un navire d'un port. L'en faire sortir en le halant.

— Déhaler un navire d'une côte. L'en éloigner en le remorquant par des embarcations, un bateau à vapeur, ou en se halant sur une ancre mouillée au large.

— Se déhaler. S'éloigner d'une position dangereuse au moyen de ses embarcations, de ses voiles.

Au fig. Sortir d'embarras.

Dehors. Au large, hors d'un port, de la rade. La mer est grosse dehors. Conduire un navire dehors.

— Jeter quelque chose dehors, le jeter à la mer par-dessus le bord.

— Une voile est dehors lorsqu'elle est établie pour recevoir le vent. Un navire est toutes voiles dehors, lorsque toutes ses voiles sont établies.

Déjaugement, s. m. Emersion. Diminution dans le tirant d'eau d'un navire.

Déjauger, v. n. (*To emerge*). Un navire déjauge lorsque par suite d'un échouage ou d'un retrait de la mer, son tirant d'eau a diminué d'une certaine quantité.

Délacer, v. a. (*To unlace*). Délacer ou démailler une bonnette, c'est la détacher de la partie inférieure d'une autre voile à laquelle elle est lacée par un cordage ou passeresse passant alternativement dans des œillets pratiqués dans les deux voiles.

Délaissement, s. m. (*Abandon*). Abandon, fait devant la justice, par le propriétaire d'un navire, d'objets assurés et du navire lui-même à la suite d'avaries ou de pertes provenant d'événements de mer. La propriété des objets délaissés est transportée aux assureurs qui doivent payer la valeur convenue.

Délarder, v. a. (*To beard*). Delarder une pièce de bois; abattre ses arêtes en chanfrein.

Délégation, s. f. (*Délégation*). Somme prise sur la solde d'un marin embarqué et que l'on verse pendant son absence à ses parents, sa femme, ses enfants. Le matelot désigne ordinairement lui-même cette somme; mais s'il a négligé de le faire, il peut, sur la demande justifiée des intéressés, être obligé de faire une délégation. En cas de décès du délégataire, la famille n'a rien à restituer pour trop perçu.

Délestage, s. m. (*Unballasting*). Action d'enlever le lest contenu dans un navire.

Délester, v. a. (*To unballast*). Délester un bâtiment, enlever le lest qui est à bord.

Délesteur, s. m. Matelot employé au délestage.

— (*Ballast lighter*). Bateau destiné à recevoir le lest des bâtiments, et à le transporter soit à terre, soit sur un autre bâtiment.

Déliaison, s. f. (*Loosing*). Commencement de séparation des pièces d'un navire par suite de la fatigue.

Délier (se), v. n. (*To loose*). Un bâtiment se délie lorsqu'il se produit des déliaisons dans ses pièces principales.

Délivrer, v. a. (*To rip off*). Délivrer un bordage, une pièce quelconque, c'est l'enlever de sa place, de façon à la remplacer et à découvrir un endroit qui nécessite des réparations.

Délot, s. m. Doigtier en cuir garantissant le petit doigt de la main gauche des calfats pendant qu'ils frappent sur leur ciseau.

Démancher, v. n. (*To disembogue*). Sortir de la Manche ou, en général, débouquer. Voir ce mot.

Demande (à la). Filer à la demande un cordage qui fait effort, c'est le laisser filer sans opposer aucune résistance, mais en se tenant prêt à arrêter le mouvement au besoin.

— Une pièce de bois est à la demande lorsqu'elle a été façonnée de façon à occuper exactement la place à laquelle on la destine.

Demander, v. n. (*To require*).

Un navire qui mouille demande du câble lorsqu'il cule.

Démanillage, s. m. Séparation de deux objets réunis par une manille, de deux bouts d'une chaîne, par exemple.

Démaniller, v. a. Séparer deux objets réunis par une manille.

Démarrage, s. m. (*Letting out*). Action de défaire des amarrages, des nœuds.

— Action de larguer les amarres ou lever les ancres qui retiennent un navire pour prendre un autre mouillage.

— Rupture des câbles qui amarrent un navire sous l'effort de la mer et du vent.

Démarrer, v. a. (*To cast off*). Défaire des nœuds ou des amarrages.

— Larguer les amarres ou lever les ancres qui tiennent un navire pour le faire appareiller ou changer de poste de mouillage.

— Démarrer (*To part*). Partir, prendre le large. Ce navire démarra tel jour.

— Démarrer des bouches à feu. Larguer les amarrages qui servaient à les assujettir. Voir *Amarrages*.

Démâtage, s. m. (*Dismasting*). Opération d'enlever les bas mâts d'un bâtiment.

— Rupture d'un ou plusieurs mâts par suite du mauvais temps, d'un abordage, d'un échouage, d'un projectile, d'une mauvaise manœuvre.

Démâter, v. a. (*To dismast*). Enlever les bas mâts d'un bâtiment à l'aide de la machine à mâter ou de bigues.

— Un navire démâte de un ou plusieurs mâts lorsqu'un ou plusieurs de ses mâts se brisent dans les circonstances indiquées au mot démâtage.

— Tir à démâter. Tir des bouches à feu dans lequel le pointage concentre les coups dans le trélingage du grand mât ou du mât de misaine de façon à abattre un de ces mâts.

Démergement, s. m. (*Emersion*).

Diminution dans le tirant d'eau d'un bâtiment.

Démerger (*To emerge*). Un navire démerge lorsque son tirant d'eau diminue par suite de la consommation des provisions et munitions ou du déchargement de différents objets ou marchandises.

Demi, s. f. (*Half*). Ce mot est ordinairement lié à un autre et restreint la signification à la moitié de l'objet exprimé par ce mot (*Voir* ces mots) par exemple: demi-clef. Voir *Clef*.

Demoiselles, s. f. (*Stern bolts*). Synonyme de dames.

Démolir, v. a. (*To rip up*). Mettre en pièce les différentes parties d'un navire qui ne peut plus rendre aucun service.

Démolition, s. f. (*Ripping up*). Action de démolir un bâtiment.

— Bois de démolition, le bois qui en provient.

Démonté, adj. Mer démontée (*Hight and confused*). Etat de la mer lorsque les lames hautes, rapides, se précipitent avec la plus grande violence.

— Bouche à feu démontée. Pièce enlevée de dessus son affût pour changer celui-ci.

— Pièce mise hors de service par le feu de l'ennemi.

Démonter, v. a. (*To unhang*). Enlever, retirer, ôter de sa place.

— Démonter un gouvernail. Le retirer de ses ferrures.

— Démonter une bouche à feu. L'enlever de dessus son affût.

Les pièces se démontent :

1° Les canons de 16 centimètres et 14 centimètres par la machine complète Griolet ou par la demi-machine et les aiguillettes. Voir *Griolet ;*

2° Les grosses pièces de 19 centimètres, 24 centimètres, 27 centimètres par les vis. Voir *Vis ;*

3° Les pièces sur affût marin par le trévire. Voir *Trévire*.

Tantôt la pièce est seulement soulevée de dessus son affût, tantôt elle est amenée sur le pont ; on la couche alors le long du bord où elle est fixée solidement.

Dent de loup. Levier employé dans les ports pour faire tourner de fortes pièces de bois sur leur axe longitudinal.

Dépalé, part. (*Driven to leeward*). Lorsqu'un navire est entraîné par le vent, le courant hors de la position qu'il voulait conserver, on dit qu'il est dépalé.

Dépaqueter, v. a. (*To loosen*). Dépaqueter une voile, c'est la retirer de son étai et la déplier pour l'enverguer, la visiter, ou la faire sécher.

— Dépaqueter une voile enverguée et serrée, c'est la déferler.

Dépasser, v. a. (*To unreeve*). Dépasser une manœuvre. La retirer des poulies, cosses, margouillets où on l'avait d'abord fait passer.

— Dépasser les tours de chaîne (*To clear the chains*). Lorsque, par suite de l'évitage, les chaînes d'un navire affourché se croisent, c'est faire disparaître ce croisement ; à cet effet, on démanille l'une des chaînes et on la fait tourner convenablement autour de la seconde qui reste à poste.

— Dépasser un mât supérieur (*To get down a mast*). Le descendre de façon à l'amener sur le pont ; pour les mâts d'hune, on dit plutôt caler.

— Dépasser un mât de perroquet. Soulever le mât avec des palans convenablement disposés, en raidissant la guinderesse ; enlever la clef ; mollir la guinderesse et amener le mât en halant sur le hale-breu.

— Dépasser le lit du vent. Se dit d'un navire qui loffe et prolonge son mouvement au delà du lit du vent.

Dépendre, v. n. (*To blow*). Le vent dépend du nord. Le vent souffle du nord ou de la partie nord de la rose.

Déplacement, s. m. (*Displacement*). Volume d'eau déplacé par un navire qui flotte. En vertu du principe d'Archimède, le poids d'un corps qui flotte est égal au poids du liquide qu'il déplace; si donc on connaît le déplacement, il suffira de le multiplier par la densité de l'eau de mer pour avoir le poids du navire.

Déplanter, v. a. Déplanter une ancre (*To start an anchor*). C'est agir sur son câble pour la redresser et l'arracher du fond.

— v. n. (*To jark*). Un navire déplante au moment où il arrache du fond l'ancre sur laquelle il était mouillé.

Déployer, v. a. Déployer une voile (*To loosen*). Larguer ses rabans, ses cargues et l'établir.

— Déployer un pavillon. Le hisser tout développé ou de façou à ce qu'il flotte.

Dépôt de la marine. Dépôt général des cartes et plans de la marine et des colonies, sous la direction des ingénieurs hydrographes. Ses attributions sont la levée, la construction et la gravure des cartes marines; la réception, la réparation, l'entretien des chronomètres.

Dépouiller, v. a. (*To take off*). Voilerie. Dépouiller la mauvaise toile d'une voile à réparer. Enlever les parties avariées.

Dérader, v. n. (*To be forced to sea*). Un navire au mouillage dérade lorsque, par la force de la mer et du vent, ses ancres chassent, ses câbles se cassent et qu'il est obligé de prendre la mer.

Déralinguer, v. a. Enlever les ralingues d'une voile.

— Le voilier déralingue les voiles pour les réparer.

— Le vent déralingue lorsqu'il déchire la toile et la sépare de la ralingue.

— Au fig. vêtement déralingué. Vêtement déchiré en mauvais état.

Déraper, v. n. (*To trip the anchor*). Un navire dérape, lorsqu'il enlève du fond sa dernière ancre, pour appareiller, ou changer de mouillage. Une ancre dérape, au moment où elle est arrachée du fond.

— V. a. Déraper une ancre. L'arracher du fond.

— Syn. d'appareiller. Comme indiquant le moment où le navire n'est plus retenu par aucune amarre.

Dérivation, s. f. (*Dérivation*). Quantité régulière dont le projectile d'une pièce rayée s'écarte du plan de tir, par suite de son mouvement de rotation; la dérivation a toujours lieu dans le sens de la rotation de la partie supérieure du projectile et elle se mesure en prenant la plus courte distance du point de chute du projectile au plan de tir. Elle augmente avec la distance, mais beaucoup plus rapidement; ainsi pour le canon de 24 c., modèle 1870, elle est de 0 m. 20 à 1000 m., 1 m. 80 à 2000 m., 3 m. 4 à 4000 m., etc.

Dérive, s. f. (*Drift*). La dérive est la quantité dont un bâtiment tombe sous le vent, ou l'angle formé par le sillage du bâtiment avec la quille. La dérive est due à l'impulsion latérale du vent sur les voiles et sur le corps du bâtiment; elle est donc toujours du côté opposé aux amures et est dite à droite ou à gauche, suivant que le navire tombe à tribord ou à babord. La dérive se mesure au moyen d'un dériveur, et se note sur le renard (voir ces mots). Lorsqu'un navire dérive, la direction de sa route n'est donc pas celle à laquelle il a le cap et il faut la corriger de l'angle de dérive: si par exemple. la route au compas est le N. 75 E, avec 8° de dérive tribord; la route corrigée de la dérive est N. 83°E. La dérive est d'autant plus forte que le vent se rapproche plus de la direction du plus près et que le navire fait moins de chemin.

Un bon bâtiment sous voiles majeures et au plus près, filant 6 nœuds, par une mer passable, à une dérive moyenne de 8°, si son sillage excède 8 nœuds il n'y a plus de dérive. Dans d'autres circonstances, la dérive peut aller jusqu'à 22°, et lorsqu'on est en panne ou à la cape, elle est de 90°. Le bâtiment ne va donc plus du tout de l'avant, mais seulement de travers.

La quantité dont dérive un bâtiment dépend en outre de la forme de sa coque.

Tout ce qui tend à augmenter la surface latérale de ses œuvres mortes et par suite l'action du vent, augmente la dérive, au contraire, toute augmentation de la surface latérale des œuvres vives, en augmentant la résistance au mouvement dans le fluide, la diminue. Un bâtiment long, creux, à quille élevée, dérive peu ; un bâtiment court et à fonds plats, dérive beaucoup ; on corrige ce défaut par l'emploi des ailes de dérive ou dans les embarcations par une espèce de semelle qui se glisse le long de la quille en traversant les fonds de l'embarcation,

— Un navire, un objet est en dérive (*Floating a drift*) lorsqu'il flotte au gré du vent, des lames, des courants.

— Quantité dont il faut déplacer le cran de mire sur la traverse des hausses parallèles pour corriger la dérivation. Elle se porte à droite pour les pièces de la marine, à gauche pour les pièces de la guerre.

Dériver, v. n. (*To make lee way*).
— Avoir de la dérive sous l'action du vent. Voir *Dérive*.
— Un navire dérive avec le courant lorsqu'il se laisse aller au courant d'un fleuve ou de la marée.

Dériveur, s. m. Instrument destiné à mesurer la dérive d'un bâtiment. Il se compose d'un demi-cercle en cuivre gradué placé sur le couronnement et dont le rayon du milieu est dans la direction de la quille. Pour mesurer la dérive, il suffit de déterminer l'angle du sillage du bâtiment avec le rayon central.
— (*Storm-mizen*). Petit artimon qu'on envergue de mauvais temps.

Derrière, s. m. prép. (*Stern*).
l'arrière, la poupe d'un bâtiment.

— Les mâts, vergues, voiles, manœuvres de derrière ou d'arrière.
— Passer derrière un navire, c'est-à-dire, derrière sa poupe.

Désaffourcher, v. n. (*To un moor*). Désaffourcher un navire ou désaffourcher une des deux ancres qui tiennent un navire affourché.

Désamarrer. Voir *Démarrer*.

Désarmement, s. m. Désarmement d'un bâtiment.

Opération qui consiste à en retirer l'armement pour le remettre à l'arsenal, et à débarquer les officiers et l'équipage.

Désarmer, v. a. Désarmer un bâtiment (*To lay up a ship*). Enlever gréement, munitions, artillerie, provisions, et en général tout ce qui constitue l'armement, pour les verser dans les magasins de l'arsenal. Débarquer les officiers et l'équipage en leur donnant une autre destination.

Le bâtiment ne conservant que son lest, ses bas mâts, est amarré dans le port et rentre alors dans la catégorie des bâtiments dits désarmés.
— Désarmer les avirons. Les rentrer dans une embarcation après s'en être servi.
— Un bâtiment, une escadre, un marin désarment.

Désarrimage, s. m. (*Shifting*). Opération qui consiste à désarrimer un bâtiment.

Désarrimer, v. a. (*To shift*). Désarrimer un navire ; c'est en défaire l'arrimage pour le changer ou désarmer le navire.

Désavantage, s. m.
Voir avantage du vent.

Descendant, adj. (*Flowing down*).
— Marée descendante. Le jusant.

Descendre, v. n. (*To flow down*).
— La mer descend, lorsqu'elle baisse pendant le jusant.
— Descendre un bâtiment qui est dans un fleuve ou une rivière, le diriger vers l'embouchure.
— Descendre à terre, quitter le bord pour aller à terre.
— Le vent descend lorsqu'il change de direction du nord vers le sud.

Descente, s. f. (*Landing*). Débarquement à terre au moyen d'embarcations armées de troupes destinées à une opération militaire.

Déséchouement, s. m. (*Buoying up*). Action de déséchouer.

Déséchouer, v. a. (*To buoy up*). Remettre à flot un navire échoué. On déséchoue un navire en l'allégeant d'abord le plus possible, puis en le hâlant sur des ancres mouillées au large par des embarcations, ou en le faisant remorquer par des bateaux à vapeur.

Désemparer, v. a. (*To disable*). Désemparer un bâtiment; lui causer des avaries telles, dans son gréement, sa coque, son équipage, qu'il ne puisse plus manœuvrer.

Un navire peut être désemparé par le mauvais temps, un abordage ou par l'effet d'un combat.

Désenclouer, v. a. (*To unnail*). Faire sortir de la lumière d'une bouche à feu, le clou qui y a été introduit pour l'enclouer. On peut y parvenir en retirant directement le clou ou la vis de lumière ou en l'enfonçant tout à fait dans la pièce. On peut alors presque toujours, en frappant la volée de haut en bas former un petit vide au fond de l'âme: on y verse de la poudre et on fait feu.

D'autres fois, on coupe la queue du clou dans l'âme, on charge la pièce à poudre, on place une mèche lente qui touche la charge et arrive jusqu'à la bouche de la pièce puis un valet par dessus la charge. L'explosion fait souvent sauter le clou.

Si la pièce a un grain de lumière, on peut l'enlever mais alors il faut généralement remplacer ce grain pour utiliser la pièce.

Désengreneur, s. m. Espèce de doigt en fer mobile autour d'un axe et qui oblige les câbles-chaînes à quitter la couronne
— Barbotin après y avoir fait un tour.

Dessous, adv.
— La barre dessous (*Down helm*). Placer la barre tout à fait au bord sous le vent.
— Tiens bon dessous (*Hold tight*). Ordre aux matelots de maintenir bien tendu un cordage sur lequel ils font effort.

Dessus, s. m. Le dessus d'une voile (*The fore part*). La partie antérieure d'une voile, la face qui est tournée vers l'avant.
— Avoir le vent dessus (*To be aback*). Avoir ses voiles coiffées.
— Être vent dessus, vent dedans. Avoir ses voiles disposées de telle façon que les unes le reçoivent dessus et les autres dedans. (Voir être en panne.)

Détail, s. m. Service intérieur d'un bâtiment. L'officier en second d'un bâtiment est chargé du détail, il est secondé par des officiers spécialement désignés et nommés officiers de détail. Ce service comprend l'arrimage du bâtiment, la mise en place du gréement, la composition des rôles, la discipline, les manœuvres d'ancres, et la conservation de tous les objets d'armement.

Détaler, v. n. (*To sail*). Un navire détale lorsqu'il avance rapidement en faisant un grand sillage.

Détalinguer, v. a. (*To unbend*). Séparer un câble de son ancre en défaisant le nœud ou étalingure qui les réunissait.

Détaper, v. a. (*To take out a tampion*). Enlever une tape ou tampon fermant une ouverture.

Détaper un écubier, une pièce.

Détresse, s. f. (*Distress*). Un navire est en détresse lorsqu'il a besoin de secours immédiat, soit pour avaries graves, soit pour manque de vivres. Un navire en détresse met son pavillon en berne et tire des coups de canon ou emploie les signaux suivants ensemble ou séparément.

De jour: 1° coups de canon tirés à intervalle d'une minute environ; 2° le signal de détresse du code international indiqué par N. C.; 3º le signal à grande distance consistant en un pavillon carré ayant au-dessus ou au-dessous une boule.

De nuit : 1º coups de canon tirés à intervalle d'une minute ; 2º Flammes produites au moyen d'un baril de goudron ou d'huile en combustion ; 3º bombes ou fusées lancées, une à une, à de courts intervalles.

Détroit, s. m. (*Strait*).

— Ancre de détroit ou installée en galère ; ancre suspendue sous le beaupré de façon à pouvoir être mouillée et remise à poste facilement. On installe ainsi une ancre de bossoir ou de jet dans les mers peu profondes et couvertes de dangers où les calmes et les courants obligent à de fréquents mouillages. Voir *Galère*.

Dévaler, v. n. (*To run down*). Descendre vivement ; se dit d'un homme qui est dans le gréement.

Devant, s. m. L'avant d'un bâtiment. Les mâts, vergues, voiles, manœuvres de devant.

— adv. Passer devant un navire, passer près ou dans la direction de son avant.

— Etre vent devant. Avoir ses voiles masquées ou coiffées par un vent venant de l'avant.

— Virer vent devant. Voir *Virer*.

— Fuir devant le temps. Voir *Fuir. Fig.* Un homme est vent devant lorsqu'il ne sait à quoi se décider.

Déventer, v. a. (*To shiver*). Déventer un bâtiment. Etre placé de façon à empêcher le vent d'arriver sur lui. Un bâtiment en passant au vent et près d'un autre le dévente. Vent arrière, les voiles d'artimon déventent celles du grand mât.

— Une voile en dévente encore une autre lorsqu'étant au plus près, le vent après avoir agi sur la première s'échappe sous le vent et va frapper le dessus de celle qui est située derrière ; la partie sous le vent de cette voile recevant le vent dessus et dedans se met à battre, et on dit qu'elle est déventée.

— Déventer une voile, la brasser en ralingue de façon à ce qu'elle fasie.

Déverguer, v. a. (*To unbend a sail*). Retirer une voile de sa vergue, de sa corne ou de sa draille pour la changer ou la réparer. La voile est serrée avec soin, dégarnie de ses cargues ou autres manœuvres, et amenée sur le pont au moyen d'un cartahu.

Devers, s. m. (*Warping*). Plan incliné pratiqué sur une pièce de bois de façon à l'assembler avec une autre pièce présentant également du devers.

— Gauche. Une pièce a du devers on a du gauche. Voir ce mot.

Déviation, s. f. (*Déviation*).

— Déviations. Les changements de direction de l'aiguille aimantée, c'est-à-dire déclinaison, inclinaison, déviation par l'attraction locale, l'électricité.

— Angle formé par le méridien magnétique et la direction de l'aiguille aimantée ; cet angle est dû à l'influence des masses de fer rentrant dans la construction du bâtiment.

— Déviations. Changements de directions latéraux ou autres des projectiles lancés par une bouche à feu. La quantité régulière dont un projectile s'écarte du plan de tir par suite de son mouvement de rotation a reçu pour les pièces rayées un nom spécial : dérivations (voyez ce mot), et on nomme déviations les changements de direction dus à toutes les autres causes ; les principales sont :

1º Le vent qui pousse le projectile du côté opposé à celui d'où il souffle ;

2º La vitesse du bâtiment qui entraîne encore le projectile après sa sortie ;

3º La vitesse du but qui fait qu'au moment de l'arrivée du projectile le but n'est plus à la place où on l'avait visé.

4° L'inclinaison des tourillons de la pièce qui fait dévier le coup du côté du tourillon le plus bas et diminue la portée ;

5° La différence de niveau entre la pièce et le but ; si le but est plus élevé que la pièce, la portée est diminuée ; si le but est moins élevé, la portée est augmentée.

Dévigogné, part. (*Crooked*). Déjeté, déformé.

Déviragé, s. m. Tour, courbure prise par une pièce de bois ou qu'on lui donne.

Dévirer (*To weer out*).
— Dévirer le cabestan ; le détourner, ou le tourner en sens contraire. On dit dans le même sens dévirer, sans complément.
— Dévirer un cordage tortillé et présentant des coques ; le tortiller en sens inverse pour les faire disparaître.
— Devirer une glène, une pièce de bois, etc., les retourner sens dessus dessous.

Devis, s. m. (*Buil ding device*). Ensemble des plans d'après lequel un navire doit être construit.
— Devis estimatif (*Ship wright's Estimate*). Détail des sommes présumées que coûtera un bâtiment construit et armé.
— Devis d'armement et de campagne (*Design of a ship*). Cahier remis à chaque commandant d'un bâtiment et portant l'historique complet de ce bâtiment, des remarques de l'ingénieur sur sa construction, ses qualités nautiques, etc.

Dévoiement, s. m. (*Flaring*). Déviation en parlant d'une pièce de bois. Voir *Couple dévoyé*.

Dévoyé, part. (*Cant*). Voir *Couple*.

Diablon, s. m. (*Mizen top gallant stay sail*). Voile d'étai de perruche et semblable au diablotin au-dessus duquel elle est placée. Peu employée.

Diablotin, s. m. (*Mizen top stay sail*). Voile d'étai du perroquet de fougue ayant la forme d'un trapèze et placée au-dessus du foc d'artimon.

Diamant, s. m. L'extrémité de la verge d'une ancre du côté des pattes. C'est le point où les deux pattes viennent se souder. C'est donc la partie faible de l'ancre et c'est sur elle que porte l'essai des ancres.

Diamétral, adj. (*Diametral*). Plan diametral d'un navire, plan vertical passant par le milieu de la quille, de l'étrave, de l'étambot et qui partage le bâtiment en deux parties longitudinales égales.

Diane, s. f. (*Morningdrum*). Batterie de tambour qui annonce la fin du service de nuit dans les arsenaux ou les navires armés.

Dieu-conduit, s. m (*Aft-board*) Encadrement fixé sur le tableau de poupe et où l'on place le nom du bâtiment, l'image du personnage ou du saint sous la protection duquel est placé le bâtiment.

Différence, s. f. (*Difference in draught*). La différence entre le tirant d'eau arrière d'un navire et le tirant d'eau avant; le premier est ordinairement le plus fort.
— Un bâtiment est en différence lorsque les tirants d'eau avant et arrière sont tels qu'il est prescrit par le devis.
— Différence en longitude, en latitude, chemin fait par un navire en longitude, en lattitude dans l'intervalle de 24 heures.

Différenciomètre, s. m. Instrument qui sert à prendre, de l'intérieur d'un navire, son tirant d'eau. Il se compose de deux tubes en métal perpendiculaires à la quille, placés, l'un à l'arrière, l'autre à l'avant et communiquant avec la mer par des tubes à robinet. Ces robinets étant ouverts, l'eau monte immédiatement dans les tubes, et la hauteur des colonnes d'eau donne le tirant d'eau avant et le tirant d'eau arrière.

Digeon, s. m. (*Stem-fur*). Pièce de bois triangulaire remplissant le vide qui existe sous la figure du navire.

Digon, s. m. (*Flag-yard*). Bâton servant de vergue à une flamme.
— L'ensemble des aiguilles d'éperon qui vont du taquet de gorgère à la figure.

Digue, s. f. (*Stone-pier*). Chaussée élevée sur le fond de la mer à la suite d'une terre, d'un cap, et qui paraît au-dessus des hautes marées. Elle sert à fermer un port, une rade et à les garantir des lames du large. Un chemin peut couronner la crête de la digue ; on peut y installer des batteries, comme à Cherbourg.

Dimanche, s. m. (*Spot*). Vide laissé par les peintres en appliquant la peinture.
— Palan de dimanche. Palan volant de très petite dimension.
— Eclaircie du ciel.

Diminuer, v. n. (*To shorten sail*). Diminuer de toile ou de voiles : Réduire la voilure exposée au vent.
— Le fond diminue lorsque la profondeur d'eau devient moindre

Diminution (bordages de). Bordages appliqués au-dessous de la préceinte et dont le can supérieur a 6 à 7 millimètres de plus que le can inférieur.

Direct, adj. Ordre direct ou naturel (*Direct*). Une flotte est en ordre direct lorsque chaque vaisseau suit celui désigné comme son matelot d'avant.
— Route directe. Route faite sans dériver.

Direction, s. f. (*Direction*). Pointage en direction. Opération qui consiste à mouvoir une pièce de canon de façon à ce que la ligne de mire soit dans le plan vertical passant par le but.

Disputer, v. a. (*To strive*). Disputer le vent à un bâtiment, c'est manœuvrer pour gagner le vent par rapport à lui.

Distance lunaire, s. f. (*Lunar distance*). Distance angulaire du centre de la lune au centre du soleil ou à une étoile. L'observation des distances lunaires permet de déterminer la longi-

tude d'une façon très exacte et de régler les chronomètres.

Distillatoire, adj. Appareil distillatoire. Appareil dans lequel on distille de l'eau de mer ; la vapeur se condense en donnant de l'eau douce qui est potable. Tous les grands bâtiments ont un appareil de ce genre et le manque d'eau, à la mer, n'est plus à craindre.

Distinctif, adj. (*Distinguishing*). Marques distinctives. Marques différentes dans le costume des officiers, maîtres et matelots propres à faire connaître leur grade ou leur emploi.
— Marques, généralement des pavillons, indiquant qu'un navire, un canot appartient à l'Etat, qu'il est commandé par un officier de tel ou tel grade, qu'il est destiné à tel usage, etc.
Les marques distinctives des navires de l'Etat sont : le pavillon national à la corne et sur le beaupré, et la flamme au grand'mât ; d'un bâtiment amiral : deux bâtons de commandement en blanc dans la partie bleue du pavillon national ; d'un bâtiment en quarantaine : un pavillon jaune au mât de misaine. La nuit, les marques distinctives sont remplacées par des fanaux diversement placés.

Distributeur, s. m. (*Steward's-man*). Agents placés sous les ordres du commis aux vivres pour la distribution à bord des rations de toutes sortes.

Distribution, s. f. (*Daily allowance*). Répartition des vivres, vêtements, etc., entre ceux qui y ont droit.

Division, s. f. (*Division*). Force navale qui compte moins de 12 vaisseaux.
Une armée navale peut comprendre plusieurs divisions.
— Réunion de marins débarqués ou prêts à être embarqués et qui sont militairement organisés en compagnie et casernés. On les instruit dans toutes les parties du service du bord.

Dogre, s. m. (*Dogger*). Petit bâtiment ponté employé dans les mers du Nord à la pêche du hareng et du maquereau. Il porte des voiles carrées.

Dogue d'amure, s. m. (*Chess tree*). Fort chaumard appliqué contre la muraille d'un bâtiment et qui recevait autrefois l'amure de grand voile. On l'a remplacé par la poulie d'amure qui est accrochée à une bouche fixée sur la vaigre bretonne, près de la gouttière des gaillards.

Doigtier, s. m. (*Thumb stall*). Petit sachet en cuir dont le chef de pièce se sert pour recouvrir le doigt avec lequel il bouche la lumière du canon.

Dôme, s. m. (*Hood*). Capot en toile peinte supporté, par des arcs-boutants, cintrés en cuivre, au-dessus des ouvertures, escaliers ou échelles aboutissant sur le pont pour les préserver de la pluie.

Donner. Un navire donne la bande lorsqu'il penche sur un côté.

— Donner dans une passe, un port (*To run right*). Se diriger vers le port, la passe.

— Donner la chasse à un navire (*To chase*). Le poursuivre.

— Donner la route (*To regulate the going*). Indiquer à quel air de vent on doit gouverner.

— Donner un coup à une manœuvre (*To haul tight*). Hâler dessus pour le raidir encore plus.

— Donner sur un banc. Y toucher.

Dormant, s. m. (*Standing part*). Partie fixe d'un cordage. Extrémité fixe d'un cordage disposé pour agir et sur laquelle s'exerce l'effort, l'autre partie mobile libre du cordage se nomme le courant.

— Le point où un cordage est fixé.

— Le dormant d'un bras, d'une balancine.

Double, s. f. (*Bight*).

— Le double d'une manœuvre. La partie qui revient sur elle-même dans le sens de la longueur après avoir passé dans une poulie ou autour d'un cabillot ou tout autre objet.

— Le double d'une voile, la partie de cette voile qui, lorsqu'on la serre, se trouve accidentellement sous une autre partie de cette voile, qui est aussi repliée.

— Poulie double, poulie à deux réas.

— Estrope double, celle qui fait deux fois le tour d'une poulie.

— Cabestan double, cabestan à deux cloches. Voir *Cabestan*.

— Double ration. Quantité de vin ou d'eau-de-vie égale à la ration d'un homme et qu'on donne pour récompense ou réconfortant en sus de la ration réglementaire.

Doublage, s. f. (*Sheating*). Enveloppe que l'on applique sur la carène d'un bâtiment pour la préserver des piqûres des vers. Autrefois ce doublage était un enduit de composition variable, aujourd'hui il consiste en plaques de cuivre clouées les unes au bout des autres.

— (*Lining*). Morceaux de toiles cousues sur une voile pour la renforcer ou la consolider.

Doubler, v. a. Doubler un navire (*To sheat*). Appliquer un doublage. Doubler une voile, lui appliquer un doublage.

— Doubler un bâtiment. Le gagner de vitesse.

— Doubler un cap. Manœuvrer pour le dépasser.

— Doubler la ligne ennemie. Faire passer des bâtiments de chaque côté de la ligne ennemie de façon à ce qu'elle se trouve entre deux feux.

— Doubler des manœuvres, cordages, etc., les disposer en double en cas d'un mauvais temps ou à l'approche du combat.

— Doubler les avirons. Faire agir deux hommes sur chaque aviron.

— Double! Commandement fait à des canotiers pour qu'ils nagent avec plus de force et d'ardeur.

Douceur (en) (*Handsomely*).

Peu à peu, uniformément, sans secousse.

Filer un cordage en douceur. Amener une vergue en douceur.

Dragon, s. m. (*Gust of wind*). Signifiait autrefois : rafale, grain, blave, trombe.

Draguer, v. a. (*Drag*). Filet très fort, garni d'une lame de fer et destiné à draguer le fond pour prendre des poissons plats, des huîtres ou retrouver des objets tombés à la mer.

— Bourrelet en bois cloué le long d'un bordage inférieur de la coque d'une embarcation destinée à s'échouer pour la protéger et l'empêcher de se coucher.

— Pêcher au moyen d'une drague (*To drag*).

— Draguer une ancre. (*To sweep for an anchor*). Deux embarcations, suffisamment espacées, traînent sur le fond un faux bras lesté de quelques gueuses, dans la direction de la patte de l'ancre laissée au fond. Dès que la résistance éprouvée fait supposer que le faux bras l'a rencontrée, les canots se croisent de manière à faire un tour mort du faux bras autour de la patte ; puis on réunit ces deux doubles du faux bras et on les raidit. On fait ensuite avec un grelin un grand nœud de bouline et on le coule autour du faux bras pour le faire capeler sous la patte. On souque ensuite le nœud en hâtant obliquement le grelin et l'on dérape comme avec un orin.

— Draguer une chaîne. On étalingue un faux bras sur une chatte, et une gueuse est amarrée sur lui à quelques mètres de l'étalingure pour obliger la chatte à rester sur le fond. On promène ensuite ce faux bras avec un canot perpendiculairement à la direction de la chaîne et jusqu'à ce qu'on l'ait accrochée.

Draille, s. f. (*Horse*). Cordage tendu, le long duquel une voile, une tente peuvent courir ou glisser par le moyen d'un transfilage ou d'anneaux fixés sur la toile.

Les focs, les voiles d'étai glissent le long des drailles faisant dormant d'un côté au capelage d'un mât et tendues suivant la direction de l'étai de ce mât.

— Draille de palan d'étai. Corde employée à soutenir ce palan et à le mettre en direction.

Dranet, s. m. (*Sweepingnet*). Filet que les pêcheurs de la Manche traînent dans la mer partout où ils peuvent trouver fond avec les pieds.

Drège, s. f. Grand chalut, formé de plusieurs tramails.

Dresser, v. a.

— Dresser la barre (*To right the helm*). La mettre droite.

— Dresser les vergues (*To square the yards*). Les mettre horizontalement et carrément au moyen de leurs bras et balancines.

— Dresser un navire. Remettre droit un navire penchant d'un côté en changeant la disposition du chargement.

Drisse, s. f. (*Halliard*). Manœuvre servant à hisser une vergue, une voile, une corne, un pic, c'est-à-dire les élever à la hauteur voulue pour qu'on puisse établir les voiles. Les drisses, suivant le poids de l'objet à hisser, sont en simple, double ou triple et à itagues.

— Drisses de basses vergues (*Jeers*). Ces drisses ne servent qu'à hisser la vergue et sont enlevées lorsque celle-ci est à poste. La drisse du grand hunier. La drisse du petit perroquet. Ces drisses servent à hisser les voiles et les vergues qui les portent.

Les drisses des vergues sont doubles ou simples et frappées vers le milieu de la vergue.

— Drisse de foc.

— Drisse de voile d'étai. Les drisses des voiles à draille sont frappées au point supérieur de ces voiles, elles servent à les hisser et à raidir leur ralingue de draille. La corne est hissée et maintenue en place par deux drisses. La drisse de mât (*Fock-halliard*) sert à maintenir la mâchoire ; elle est formée par un palan adapté sur des poulies doubles est frappée sur les élonges et l'autre estropée sur la cosse d'une cheville à piton qui traverse la mâchoire.

La drisse de pic (*Peak halliard*) sert à maintenir la corne inclinée et passe alternativement dans quatre poulies fixées sur la corne et sur le mât d'artimon.

Drive, s. f. Voir *Aile de dérive*.

Drogue, s. f. Jeu de cartes qui se joue deux contre deux ; les perdants sont condamnés à porter sur le nez une pince en bois qui leur serre fortement les narines, on dit alors qu'ils droguent.

Droit, s. m. (*Rigth*).
— Le droit d'une pièce de construction en est la face plane par opposition à une face courbe.
— *Duty*-droit, contribution qu'on exige des navires en compensation de certains services qu'on leur rend.
— Droit d'ancrage (*Anchorage duty*).
— Droit de halage (*Towage duty*).
— Droit de pilotage (*Pilotage duty*).

Droit, adj. (*Arimmed*).
— Une vergue est droite lorsqu'elle est bien dressée sur ses bras et balancines, de façon à être parallèle aux baux.
— Bois droit, celui qui sert pour les pièces non courbes, telles que la quille, les baux, les bordages.
— Droite la barre. (*Helm amidship*). Placer la barre dans le plan longitudinal, de façon à ce que le gouvernail ne fasse venir le bâtiment ni sur un bord ni sur l'autre.

Droit, adv. (*Right way*).
— Gouverner droit. Éviter tout lan ou écart à droite ou à gauche.
— Bouche à feu droit au sabord. Pièce placée au milieu du sabord et dont l'axe est dirigé perpendiculairement à la quille.

— Droit comme ça (*Right so*). Ordre au timonier de conserver la barre droite.

Droiture (en), adv. (*Right way*). Un navire se rend en droiture à sa destination lorsqu'il ne relâche pas en route et ne perd point de temps.

Drome, s. f. (*Float*). Réunion de pièces de bois, barriques que l'on amarre ensemble pour les mettre ou les laisser à flot.
— (*Spare masts and yars*). Assemblage de pièces de rechanges, mâts, vergues, avirons, etc., embarquées à bord d'un bâtiment et placé sur le pont de chaque côté de la chaloupe, entre le mât de misaine et le grand mât.
— Suite de vieilles pièces de mâture que l'on place sur l'eau de distance en distance sur le passage d'un navire qu'on va lancer de façon à en amortir la vitesse.
— Drôme des embarcations. La réunion en un point d'un arsenal des embarcations des navires désarmés.

Drosse, s. f. (*Tiller rope*). Cordage en filin blanc ou en cuir qui sert à faire mouvoir la barre du gouvernail.

Le milieu de la drosse est placé dans l'engoujure du cylindre de la roue et fixé par une crampe en fer ; avec les deux moitiés de la drosse on fait sur le cylindre un nombre de tours suffisant pour que les bouts soient à l'aplomb des conduits qui traversent le pont ; puis elles passent dans une série de conduits et de reas tribord et babord formant palan.
— Drosses de basses vergues (*Trusses*). Espèces d'estropes garnies de basane qui servent de racage aux basses vergues. Elles embrassent la vergue et le mât et permettent de les serrer l'un contre l'autre en les raidissant au moyen des palans de drosse. Au plus près, les drosses sont larguées pour permettre le brassiage ; vent arrière les drosses sont embraquées raides.

Drosser, v. a. (*To sheer*). Les

courants, la lame, le vent drossent un navire, lorsque, malgré ses efforts, ils l'entraînent hors de sa route.

Duit, s. m. (*Pier*). Chaussée en pierres qui traverse un petit bras de mer pour arrêter le poisson lors du jusant et sur laquelle on se tient pour pêcher lorsqu'elle n'est pas couverte par la marée.

Duitte, s. f. (*Thin strand*). Petits torons provenant de fils de caret très menus et servant à faire de la ligne d'amarrage ou du petit

Dunes, s. f. (*Downs*). Monticules de sable fin et mouvant formés sur le bord de la mer et qui occupent parfois des espaces considérables.

Dunette, s. f. (*Poop*). Logement formé à bord de certains navires par un pont léger construit au-dessus du gaillard d'arrière, depuis le couronnement jusqu'à l'avant du mât d'artimon. Ce logement est réservé au commandant du bâtiment ; c'est sur la dunette que se tient l'officier de quart.

E

Eau, s. f. (*Salt water*).
— Eau salée. L'eau de mer a une saveur salée, amère, nauséabonde, due aux matières salines qu'elle tient en dissolution ; elle contient 25 à 26 0/0 de sel marin ; 8 0/0 de sel de magnésie, des bromures et iodures alcalins. Sa densité est de 1,026. Elle est donc plus lourde que l'eau douce et un navire s'enfonce plus dans cette dernière que dans l'eau salée ; aussi a-t-on vu des navires fortement chargés couler bas d'eau en passant de la mer dans un fleuve. La couleur de l'eau de mer change avec la couleur du ciel, la nature du fond, la profondeur : jaunâtre ou verdâtre dans la Manche où le fond est à peu de distance et formé de sables et d'herbes ; elle est au contraire bleue dans l'Océan et dans la Méditerranée.
— Eau douce (*Fresh water*). L'eau douce ou potable s'embarque à bord comme approvisionnement et est renfermée, dans la cale, dans des caisses en tôle ; on distille du reste maintenant l'eau de mer, et l'eau condensée, suffi-samment aérée, est parfaitement potable.
— Faire son eau. Prendre l'approvisionnement d'eau douce du navire.
— Rationner l'eau.
— Mettre un navire à l'eau. Le lancer.
— Avoir de l'eau. Trouver de la profondeur en sondant.
— Tirer tant de mètres d'eau, s'immerger de cette quantité.
— Ligne d'eau d'un navire. Sections horizontales faites par la surface de la mer sur l'extérieur de la carène, lorsque le bâtiment est au tirant d'eau voulu.
— Recevoir un boulet à fleur-d'eau, c'est-à-dire dans le voisinage de la flottaison.
— Eaux.
— Eaux d'un bâtiment. (*The wake*). Les eaux qui se trouvent dans la direction de sa quille vers l'arrière.
— Un navire a des eaux vives lorsqu'il est très fin de l'arrière ; l'eau a alors une action très vive sur le gouvernail.
— Marées. Les mortes eaux ; marées où la mer descend et monte

peu ; on dit de même basses eaux, hautes eaux ; on dit aussi de basse eau, de pleine eau, pour indiquer les moments où la mer est basse ou pleine.

Ebe, s. m. (*Ebb tide*), synon. de jusant.

Ébouter, v. a. (*To cut the end of*). Scier le bout d'une pièce de bois pour juger de son état, de sa qualité.

Écart, s. m. (*Scarf*). Jonction, assemblage de deux pièces de bois taillées de façon à ce qu'elles s'appliquent parfaitement l'une sur l'autre, ou s'emboîtent sur une surface plus ou moins étendue. La forme des écarts varie avec la nature des efforts que les pièces ont à supporter.

Écarver, v. a. (*To scarf*). Réunir deux pièces au moyen d'un écart.

Échafaud, s. m. (*Flake*). Assemblage de barres ou planches formant une plate-forme en dehors d'un navire ou contre un mât et sur laquelle s'installent des travailleurs.

— A Terre-Neuve, grand treillis en bois monté sur des pièces et sur lequel on étend la morue pour la faire sécher.

Échafaudier (*Flaker*). L'homme qui dispose et surveille les morues sur l'échafaud.

Échompeau, s. m. Nom donné par les Terre-neuviers au bout d'une ligne de pêche qui est fixé à l'hain.

Échancrure, s. f. (*Hollow cut*). La ralingue des voiles carrées n'est pas droite mais circulaire et forme une courbe rentrante qu'on nomme échancrure.

Pour les voiles basses, l'échancrure est faite pour les empêcher de frotter sur la chaloupe ou les murailles du bâtiment ; pour les voiles hautes, pour les empêcher de porter sur les étais.

Échantignolles, s. f. (*Gun carriage kevels*). Forts taquets en bois placés sous les flasques de l'affût de certaines bouches à feu pour exhausser l'arrière et rem-

placer les roues ; le recul est ainsi diminué.

L'affût à échantignolles est employé pour les canons de 14-16 c. et l'obusier de 22 c. Pour remettre en batterie une pièce à échantignolles, on soulève l'arrière de la pièce avec un levier à roulettes nommé levier directeur ; l'affût est alors porté sur quatre roues et rentre facilement en batterie.

Échantillon, s. m. (*Scantling*). L'ensemble des dimensions d'une pièce de bois. Deux pièces de même échantillon.

— L'épaisseur de la muraille d'un bâtiment. Un bâtiment d'un faible échantillon.

Échappée, s. f. (*Aft running part*). Le rétrécissement des façons de l'arrière d'un navire depuis le maître-couple jusqu'à l'étambot.

Écharpe (en). (*Sideways*). Un cordage est en écharpe par rapport à un autre objet lorsqu'il le croise.

Échaudis, s. m. Bouche en fer triangulaire que l'on place sur les hiloires des ponts pour les saisines d'embarcations, et sur la courbe de capucine des petits navires pour y passer la liure de beaupré.

Échauffé, part. (*Rotten*). Du bois, un cordage, sont échauffés lorsqu'ils commencent à se pourrir.

Échelette, s. f. Laize de toile à voile dont la tête ne correspond pas, suivant le droit fil, à la laize qui est au-dessus.

Échelle, s. f. (*Ladder*). Espèce d'escalier mobile destiné à établir la communication entre les ponts.

— Echelle de commandement (*Companion ladders*). Escalier que l'on fixe à tribord d'un bâtiment et en dehors par le travers du grand mât ; il sert à monter des embarcations à bord et aboutit à la coupée.

— Echelle de côte (*Gang way ladders*). Taquets en bois cloués sur la muraille du bâtiment par le travers du grand mât et dont on se sert pour monter à bord en s'aidant de tire-veilles.

— Echelles de poupe, de tangon. Echelles en corde avec traverses en bois à l'usage des canotiers; la première, suspendue à la bôme, en arrière du couronnement, sert pour les embarcations amarrées à l'arrière; l'autre, fixée au tangon de misaine, pour celles amarrées sur ce tangon.

— Echelles de revers (*Jacob's ladders*). Echelles avec traverses en bois permettant de monter du pont sur les haubans. Les haubans sont, à leur tour, garnis d'échelons on filin ou enfléchures qui servent à monter dans les hunes.

— Echelles du Levant. Les villes maritimes du Levant, de l'Egypte et de la Barbarie nommées autrefois escales. Voir *Escale*.

Échillon (*Water spout*). Nuage noir où l'on remarque une trombe en forme de queue (Méd.).

Échiquier, s. m. (*Bow and quarter line*). Tactique navale. Dans l'ordre en échiquier, les navires tous orientés du même bord au plus près se relèvent les uns les autres sur la ligne du plus près de l'autre bord.

Échouage. Echouement, s. m. (*Stranding. Gronnding*). Rencontre d'un haut fond sur lequel un navire se heurte et est arrêté.

Échouer, v. n. (*To get aground*). Un navire échoue lorsque sa quille venant à toucher le fond, il cesse de flotter librement et s'arrête.

— On échoue souvent les canots, les chaloupes, les barques à la pleine mer pour les nettoyer et les réparer jusqu'au retour de l'eau.

Éclairage, s. m. (*Lighting*). Eclairage des côtes; l'ensemble des phares et des feux qui y sont allumés pour guider les navigateurs.

Éclaircie, s. f. (*Clear-interval*). Intervalle entre les nuages laissant entrevoir le ciel.

Éclaireur. s. m. (*Advice ship*). Bâtiment chargé de naviguer en avant et sur les ailes d'une armée navale pour éclairer sa marche.

Éclat, s. m. (*Splinter*). Morceau arraché ou séparé d'une pièce de bois ou de la muraille d'un bâtiment par les boulets ennemis. La meilleure protection contre ces éclats consiste dans l'emploi de filets en quarantainier, de filin ordinaire. Le quarantainier employé à 50 millimètres de circonférence, l'ouverture des mailles est de 1 décimètre et les amarrages sont en fil de caret; une ralingue en quarantainier de 65 millimètres fait le tour du filet et sert à le fixer à la muraille.

— Fente, commencement de rupture dans une pièce de bois.

Éclater (*To split*). Une pièce de bois éclate lorsqu'il s'y produit un commencement de rupture.

Éclté, part. (*Splited*). Syn. de éclaté.

École, s. f. La marine possède différentes écoles destinées à instruire son personnel.

Le vaisseau-école des élèves *le Borda* (*Training ship for naval cadets*), à Brest, qui reçoit au concours des jeunes gens de seize à dix-sept ans ; ces élèves, après deux années d'études, sortent avec le grade d'aspirant de seconde classe, et après un voyage d'un an sur la frégate-école d'application, obtiennent le grade d'aspirant de première classe.

L'école des mousses (*Training ship for boys*) destinée à recevoir les enfants des maîtres, seconds maîtres et matelots.

Le vaisseau-école des canonniers à Toulon (*Gunnery ship*).

L'école du génie maritime à Cherbourg; l'école de torpilles, en rade de l'île d'Aix, des écoles de pyrotechnie, de dessin, de médecine navale.

Écope, s. f. (*Scoop*). Pelle en bois longue, creuse, qui sert à prendre de l'eau et à la jeter contre la muraille du bâtiment pour le nettoyer

— **Écope à main.** Petite écope à manche court et servant à extraire des embarcations l'eau qui s'y trouve.

Écore. Syn. d'accore.

Écoute, s. f. (*Sheet*). Cordage destiné à fixer le point inférieur sous le vent d'une basse voile, soit carrée, soit à bourcet, et le point inférieur arrière d'une voile aurique ou latine. Pour les voiles carrées supérieures, les deux cordages qui fixent les points inférieurs se nomment écoutes, et on dit écoute du vent et écoute sous le vent, ou de tribord et de babord.

Haler sur les écoutes d'une voile. La border.

— **Écoutes de guis.** Forts palans frappés tribord et babord sur le gui et la muraille, et servant à le porter sur un bord ou sur l'autre.

Écoutilles, s. f. (*Hatchway*). Ouvertures carrées pratiquées sur les ponts dans la ligne médiane, et qui servent à donner du jour et de l'air dans les batteries, et à les faire communiquer.

La grande écoutille (*The main hatch way*) est située en avant du grand mât. Les écoutilles sont entourées d'un fort cadre en bois saillant d'environ 0m,30 au-dessus des ponts.

— **Écoutilles d'appareil.** Petites ouvertures pratiquées en abord sur le pont supérieur des pontons d'aballage.

Écoutillon, s. m. (*Scuttle*). Petite écoutille.

Écouvillon, s. m. (*Spunge*). L'écouvillon sert à nettoyer les bouches à feu; il se compose d'une hampe et d'un bouton garni de crin ou bien recouvert d'une peau de mouton ou de paillet tardé. Pour les pièces-bouche, on se sert de l'écouvillon cuiller; la partie avant du bouton a été creusée en forme de cuiller et garnie d'une bandelette en cuivre sur les bords; une rainure tracée sur la hampe correspond à l'ouverture de la cuiller. Pour les pièces-culasse de petit calibre, l'écouvillon et le refouloir sont montés sur la même hampe.

Écouvillonner, v. a. (*To spunge*). Nettoyer une pièce avec l'écouvillon; pendant cette opération, le chef de pièce bouche la lumière avec le pouce de la main gauche.

Écu de mer. Congé délivré par la douane dans certains ports du Nord à un capitaine qui a débarqué sa cargaison.

Écubier, s. m. (*Hawse hole*). Trou pratiqué à l'avant dans les joues du navire et qui donne passage aux câbles ou aux chaînes des ancres; il y a ordinairement deux écubiers de chaque bord; ils sont garnis de forts manchons en fer débordant par d'épaisses oreilles sur les vaigres et le bordé pour résister au frottement des chaînes.

— **Écubier de pont.** Ouverture pratiquée dans le pont et garnie d'un manchon en fer; elle sert de passage aux chaînes pour aller à la fosse aux chaînes.

Écueil, s. m. (*Shelf*). Basse, batture, roche, récif.

Écuelle, s. f. (*Saucer*). Chaudron ou secier; plaque de fer concave dans laquelle est fixé le dé dans lequel tourne le pivot d'un cabestan.

Écume, s. f. (*Foam. Froth*). Globules blancs et légers qui se forment à la crête des lames lorsqu'elles se frappent entre elles ou qu'elles rencontrent un objet quelconque; l'écume peut faire reconnaître la présence d'un danger.

Écumer, v. n. (*To foam*). La mer écume.

— **Écumer la mer.** Exercer la piraterie.

Écumeur de mer, s. m. (*Pirate*). Pirate.

Écurie (Transport) (*Horse-ship*). Bâtiment destiné au transport des chevaux.

Écusson, s. m. (*Esculcheon*). La partie inférieure de l'arcasse formée par quatre pièces de bois dites courbes d'écusson (*Escut-cheon knees*).

— La pièce décorée du tableau où est inscrit le nom du bâtiment.

Égorgeoir, s. m. (*Leech-line*). Cargue provisoire servant à serrer une voile majeure, au lieu d'être frappée sur la ralingue, elle entoure la voile.

Égorger, v. a. (*To spill*). Egorger un hunier. Agir sur ses égorgeoirs.

Égouttoir, s. m. (*Gratings*). Treillis sur lequel on met égoutter un cordage qu'on vient de goudronner.

Élan, s. m. (*Jerk*). Voir *Lan*.

Élancé, part. (*Flaring*). Avant élancé. Avant saillant. Couple élancé. — Couple dévoyé.

Élancement, s. m. (*Rake of the stem*). L'élancement de l'étrave c'est-à-dire son inclinaison.

Élève. (*Midshipman*). Le premier grade dans la hiérarchie des officiers de marine. On distingue les élèves de 1º et de 2º classe.

Les élèves de l'école navale reçoivent à leur sortie le grade d'élève de 2º classe et le conservent pendant 2 ans. Les élèves de 2º classe portent à la casquette et à l'habit un galon mi or et bleu, ils ont autorité sur l'équipage mais non sur les premiers maîtres.

Les élèves de l'École polytechnique, à leur sortie de l'école, les élèves de 2º classe après deux ans de navigation et un examen, sont nommés élèves de 1re classe; ce grade correspond à lieutenant en second dans l'armée de terre et donne autorité sur l'équipage et les premiers maîtres il est immédiatement inférieur au grade d'enseigne. Les marques distinctives sont les aiguillettes d'or, un galon en or aux manches et à la casquette.

Élever (s'), v. n. S'élever au vent. (*To gain to windward*). Faire route de façon à se trouver au vent du point où l'on était précédemment.

— S'élever d'une côte (*To claw off a coast*). S'en éloigner dans la direction du vent qui souffle.

— S'élever en latitude (*To gain latitudinally*). Faire route vers des latitudes de plus en plus éloignées de l'équateur.

Un navire s'élève bien à la lame (*To rise easily upon the sea*). Lorsqu'il cède facilement, sans secousse à l'action des lames qui tendent à le soulever.

Élingue, s. f. (*Sling*). Cordage dont on entoure les objets pesants qu'on veut soulever, embarquer ou débarquer : on distingue différentes sortes d'élingues : les unes sont faites d'un cordage court dont les deux bouts sont épissés ensemble ; un des doubles, après avoir embrassé le fardeau, passe dans l'autre double et on y croche un palan ; les autres consistent en un bout de filin de 4 à 5 mètres ayant un œil à l'une de ses extrémités ; on bague par un nœud coulant, cette élingue sur un des bouts de l'objet, et on entoure l'autre bout au moyen d'un nœud de bois. Si on n'a point d'élingue, on réunit les deux bouts d'une corde par un nœud plat.

Les élingues avec un croc à chaque bout, appelées pattes à futailles, servent à hisser des barils légers en les crochant sur les extrémités des douvelles.

Élinguer, v. a. (*To sling*). Elinguer un objet, le garnir d'une élingue pour le hisser.

— Le hisser.

Elme (Feu Saint-Elme) (*St-Helm's fire*). Météore lumineux, qui de nuit, par un temps orageux, apparaît aux extrémités des mâts et des vergues. Ces feux s'appelaient autrefois Castor et Pollux.

Élonger, v. a. (*To haulalong*). Etendre, prolonger.

— Elonger un cordage; l'étendre, le déployer sur le pont, pour en défaire les coques ou pour que les matelots puissent se mettre dessus et le haler.

— Elonger une ancre (*To lay a*

kedge out). La faire porter et mouiller par une embarcation.

Élongis, s. m. (*Tressle-trees*). Pièces en chêne placées de chaque côté sur les jottereaux dans le sens de la longueur du navire. Ils sont entaillés pour recevoir les barres traversières; ils maintiennent de chaque côté la caisse du mât de hune et supportent la clef de ce mât.

Embabouiné, part. (*Foul*). Navire embabouiné; engagé dans une mer parsemée de dangers.

Embanquer, v. n. (*To come on a banck*). Arriver sur un banc; se dit surtout de celui de Terre-Neuve.

Embarcadère, s. m. (*Wharf*). Voir *Débarcadère*.

Embarcation, s. f. (*Boat*). Terme générique désignant toutes les petites constructions flottantes allant à voile ou à l'aviron.

Embardées, s. f. (*Lurches*). Mouvements de rotation d'un navire autour de son axe vertical sur un bord ou sur l'autre. Ce mot s'applique surtout aux mouvements de ce genre qui se produisent lorsqu'on est grand largue, vent arrière ou à l'ancre. Aux autres allures, un mouvement du côté du vent s'appelle oloffée, et sous le vent, arrivée. Voir ces mots.

Embarder, v. n. (*To lurch. To sheer, to yaiw*). Faire des embardées.

Embargo, s. m. (*Embargo*). Défense aux navires qui sont sur une rade ou dans un port de prendre la mer, sous peine d'être traités comme navires ennemis.

On met l'embargo sur des navires pour réquisitionner leurs cargaisons ou leurs équipages.

Embarquement, s. m. (*Embarkment*). Le transport et la mise à bord d'hommes et d'objets de toutes sortes.

— Ordre d'embarquement.

L'ordre donné à une personne d'embarquer sur un bâtiment désigné.

Embarquer, v. a. (*To imbark*).

Effectuer l'embarquement d'hommes et d'objets de toutes sortes.

— L'embarquement d'hommes, de marins, soldats consiste à les porter à bord suivant des ordres reçus.

— L'embarquement des munitions et objets de toutes sortes consiste à les recevoir des arsenaux ou magasins, les mettre dans des embarcations, les transporter, les arrimer à bord.

— Embarquer son eau. Prendre la provision d'eau douce du bâtiment.

— Embarquer de l'eau, un coup de mer, un paquet de mer : c'est recevoir par dessus le bord une forte lame qui déferle sur le pont.

— v. n. (*To come aboard*). Des marins, des soldats, passagers embarquent lorsqu'ils se rendent à bord d'un bâtiment en vertu d'ordres.

Embarrer, v. a.

— Syn. de Barrer (*To break aship' sseher*).

Embarrer un affût (*to set a lever*), agir sous cet affût avec un anspect de manière à porter plus sur l'avant ou plus sur l'arrière.

Embase, s. f. Renflement qui sert à porter une pièce fixe ou mobile. Embases de tourillons d'une bouche à feu; renforts cylindriques de même métal que le tourillon et qui portent contre les flasques de l'affût pour empêcher la pièce de ballotter.

Embauchée, s. f. Heure du commencement ou de la reprise du travail dans certains arsenaux.

Embecqueter, v. n. (*To get within a cap*). Un navire a embecqueté lorsqu'il a dépassé un cap, situé à l'entrée d'un détroit, d'une rade.

Embellie, s. f. (*Clearing, Becalming*). Apparence d'embellissement du temps annoncée par une éclaircie dans les nuages.

— Instant d'accalmie, calme, passager et relatif qui se produit dans l'état de la mer. Veiller l'embellie. Profiter de l'embellie.

Emblier, v. a. Syn. d'Encombrer.

Embossage, s. m. Action de s'embosser. Situation d'un bâtiment embossé.

— Ligne d'embossage. File de vaisseaux mouillés en ligne et présentant tous le flanc du même côté ou pouvant le présenter en se hâlant sur les embossures ou croupières.

Embosser, v. a. (*To anchor with a spring*). Embosser un navire. Disposer des amarres de façon à pouvoir le maintenir évité suivant une direction donnée. On s'embosse pour présenter le travers à l'ennemi, pour aérer les bâtiments dans les pays chauds, pour le tenir debout à la mer sur les rades à courant.

On embosse de deux manières : 1° En faisant croupiat sur l'ancre du bossoir (Voir ce mot); 2° En mouillant une ancre à jet derrière ou par le travers, au moyen du grand canot, on vire ensuite sur son grelin.

Embossure, s. f. (*Spring*). Synonyme de croupiat (Voir ce mot). Mouiller avec embossure, appareiller avec embossure. Mouiller une ancre munie d'un croupiat. Appareiller en se servant d'un croupiat.

Emboucher, v. n. Voir *Embouquer*.

Embouchure, s. f. (*Mouth*). Entrée d'un fleuve, d'un port, d'une rade, d'un détroit.

Emboudinure, s. f. (*Puddening*). Garniture que l'on fait sur l'organeau d'une ancre, quand on doit y fixer une amarre en filins, afin que celle-ci ne soit pas détériorée par le contact direct avec le fer.

On couvre d'abord l'organeau d'une limande en toile goudronnée, sur laquelle on passe des tours bien serrés d'un petit cordage; puis, de distance en distance, on fait des guirlandes (V. ce mot), afin de maintenir exactement la fourrure sur l'organeau.

Parfois, au lieu de fourrer sur la limande, on la recouvre d'une sangle qui embrasse tout l'organeau.

Embouquement, s. m. (*Channel*). Canal; passage entre des îles, des dangers.

— Action de pénétrer dans un canal.

Embouquer, v. n. Quitter la mer libre et entrer dans un embouquement.

Embraquer, v. a. (*To haul taught*). Embraquer un cordage; haler dessus pour en faire disparaître le mou et le tendre.

Embraquer roide; tendre le cordage, puis le raidir.

Embrumé, part. (*Foggy*). Chargé de brouillards. Temps embrumé. Horizon embrumé. Navire embrumé.

Embrun, s. m. (*Spray*). Aspersion d'eau de mer produite par l'effet du vent sur la crête des lames ou par leur choc entre elles, contre le navire ou tout autre obstacle.

Embu, s. m. Lorsqu'on réunit une laize de toile avec une autre plus longue et qu'on s'arrange en cousant pour faire disparaître cette différence, on dit qu'on fait boire la toile.

La différence entre les deux longueurs se nomme embu.

Emerillon, s. m. (*Hook*). Croc ou anneau rivé par une petite tige dans un anneau, mais de manière à pouvoir tourner librement dans le trou de l'anneau.

— Poulie à émerillon (*Swivel block*). Poulie estropée en fer qui se termine par un croc à émerillon; en tournant autour de l'émerillon, la poulie peut être placée dans la direction du cordage. Une poulie estropée en filin peut aussi recevoir un croc à émerillon; la cosse de l'estrope porte alors une maille en fer dans laquelle tourne le croc.

Emerillond, chaîne (*Swivel*). Emerillon destiné à prévenir les coques de la chaîne, on le place près de l'ancre.

— Emerillon d'affourche (*Mooring swivel*). Il sert à réunir deux

chaînes sur lesquelles on est affourché.

— (*Shark hook*). Gros crochet à
émerillon qui sert d'hain pour
prendre les requins et les gros
poissons.

Emmancher, v. n. Entrer dans
un bras de mer, un canal ; en
particulier le canal de la Manche.

Emmatelotage, s. m. Action de
désigner les deux hommes qui
autrefois devaient coucher dans
le même hamac et qui aujour-
d'hui crochent leurs hamacs au
même endroit.

Emmateloter, v. a. Désigner les
hommes qui doivent coucher
dans le même hamac ou crocher
leurs hamacs au même endroit.

Empanner, v. n. (*To bring by the
lee*). Un navire empanne lorsqu'il est masqué par le côté de
l'écoute de ses voiles Cet accident peut être dû à la négligence
de l'homme de barre, à une saute
de vent, à l'effet des lames ou du
courant, à un mauvais balancement de la voilure.

— V. a. Empanner un navire, le
mettre en panne. Voyez ce mot.

Empâtement, s. m. (*Splicing*).
Enlacement des torons d'un cordage décommis pour faire une
épissure. La partie du cordage
où se trouve l'enlacement.

Empâter, v. a. (*To splice*). Empâter un cordage. En faire l'empâtement.

— Empâter des pièces de bois ; les
réunir par une empature.

Empature, s. f. (*Scarf*). Espèce
d'écart qui sert à réunir deux
pièces de bois ; les extrémités de
ces pièces sont amincies à mi-
bois et les deux parties sont su-
porposées.

Les varangues et les alonges
sont réunies aux genoux par des
empatures.

— Vaigres d'empature (*Stringers*).
Vaigres placés au point de réunion des varangues et des genoux.

Empenelle, s. m. (*Back anchor*).
Ancre qui sert à empenneler un
autre.

Empennelage, s. m. (*Backing*).
Action d'empenneler un ancre.
L'ensemble des moyens par les-
quels on l'a empennelée.

L'empennelage est le mode de
mouillage le plus sûr, car l'action
du cabre de l'empennelle tend à
l'enfoncer de plus en plus et non
à la soulever, comme pour la
première ancre, à chaque mouvement de tangage.

Empenneler, v. a. (*To back an
anchor*). Empenneler une ancre ;
fixer à sa croisée une petite longueur d'un grelin qui sert de câble à une ancre ordinairement
moins forte et mouillée plus
loin.

— Mouiller une ancre empennelée. L'ancre à jet est mise en
mouillage sur ses bosses et sur
son organeau est frappé l'orin
de l'ancre de bossoir ; un second
orin est frappé sur l'ancre à jet ;
on laisse tomber les deux ancres
en même temps, ou plutôt l'ancre à jet un peu plus tôt afin que
l'orin qui lui sert de câble soit
bien élongé sur le fond.

— Empenneler un ancre de bossoir
déjà mouillée. On entoure le câble au-dessus de la flottaison par
un nœud coulant, formé avec le
grelin servant de câble à l'ancre
à jet ; puis on mouille cet ancre
plus loin.

Empeser, v. a. (*To wet*). Empeser
les voiles ; les arroser à l'aide
d'une pompe pour resserrer le
tissu qui retient ainsi mieux le
vent.

Emplanture, s. f. (*Step*). Encaissement solidement établi où se
loge et repose le pied d'un mât :
pour le mât de misaine et le
grand mât, les emplantures sont
fixées sur la carène du navire,
celle du mât d'artimon est dans
le faux-pont et celle du beaupré
se trouve sous le pont ou dans
la batterie.

A bord des bâtiments à vapeur,
lorsque la machine est sur l'a-
vant du grand mât, le pied de
celui-ci repose sur une fourche
en fer de manière à laisser le
passage libre à l'arbre de l'hélice.

L'emplanture se compose de deux pièces latérales nommées flasques, d'un massif central, entaillé d'une mortaise destinée à recevoir le tenon d'emplanture du mât.

Emplir, v. n. (*To ink*). Un bâtiment emplit lorsqu'il a une voie d'eau, par l'effet des lames, du courant.

Empointures, s. f. (*Earings*). Les angles supérieurs d'une voile carrée.

— Les extrémités des bandes de ris.

— Cosses d'empointures (*Earing thimbles*). Cosses fixées sur les ralingues aux empointures

— Rabans d'empointures. (*Head earings*). Rabans qui servent à fixer à la vergue les empointures lorsqu'on envergue la voile ou qu'on prend un ris.

— Prendre une empointure. Fixer une empointure à un adent d'une vergue. Le raban d'empointure est bagué sur la vergue à l'adent; il passe dans la cosse d'empointure de l'arrière à l'avant et revient sur la vergue; on fait ainsi deux ou trois tours.

— Contre-empointure. Elle se compose de trois ou quatre tours de rabans passés dans la cosse et autour de la vergue perpendiculairement; on arrête par une demi-clef.

En bas le monde. (*Men down*). Ordre à l'équipage de descendre dans les batteries.

Encablure, s. f. (*Cables length*). Longueur d'un câble qui est de 120 brasses, environ 200 mètres. On s'en sert comme unité de mesure pour les petites distances.

Encalminé, part. (*Becalmed*). Pris par le calme.

Encaper, v. n. (*To embay*). S'avancer entre les caps qui forment l'entrée d'un détroit, d'une rade.

Encastrement, s. m. (*Groove*). Entailles demi-circulaires pratiquées sur le can supérieur des flasques d'un affût et qui reçoivent les tourillons de la pièce.

Enclavation, s. f. (*Pond*).
— Fosse disposée pour recevoir des bois de construction et les conserver.
— L'ensemble des pieux et des madriers disposés dans cette fosse pour retenir les bois et les ranger.

Enclaver, v. a. (*To set*).
— Enclaver un bordage. Faire rentrer dans une rablure le côté préparé à cet effet.
— Enclaver une pièce de construction. La placer dans une enclavation.

Enclouer, v. a. (*To spike up*). Enclouer une bouche à feu, la mettre hors de service en bouchant la lumière au moyen d'un clou d'acier barbelé ou à vis, qu'on y chasse à force.

Encoignure, s. f. (*Loop*). Ganse qui entoure les cosses fixées aux extrémités de l'envergure des voiles.

Encolure, s. f. (*Middle part*). Encolure d'une varangue.
La hauteur de son milieu audessus de la quille; cette hauteur varie avec la position de la varangue.
— Ligne d'encolure (*Cutting down ligne*). Courbe passant par le milieu de toutes les varangues d'un navire.
— Encolure d'une courbe, son épaisseur dans sa partie courbe.

Encoquer, v. a. (*To fix round*). Encoquer les bouts d'une vergue, les introduire dans les cercles de bout dehors.

Encornail, s. m. (*Half sheave*). Demi-rouet de poulie qu'on fixe à certaines mortaises, par exemple, aux extrémités des mâts et vergues les plus petits.

Encouturé, part. (*Clinched*). Bordé encouturé. Les bordages y reposent sur des adents pratiqués dans les membres.

Endaubages, s. m. Viandes ou provisions préparées pour être conservées dans des boîtes en fer blanc.

Endentement, s. m. (*Indenting*). Réunion de deux pièces de bois au moyen de dents taillées sur les deux et engrenant les unes avec les autres.

Endenter, v. a. (*To indent*). Réunir deux pièces de bois par un endentemeut.

Endenter deux lignes de vaisseaux parallèles ; c'est les disposer de façon que les vaisseaux d'une ligne soient en face les intervalles de l'autre.

En-dessous, s. m. (*Aft-part*). La face d'une voile tournée vers l'arrière.

En-dessus, s. m. (*Fore-part*). La face d'une voile tournée vers l'avant.

Endurer, v. n.

Diminuer l'effort qu'on exerce sur des avirons.

— Endure tribord.

Commandement aux canotiers de tribord de diminuer leurs efforts sur les avirons, afin d'équilibrer l'effort exercé, à babord, si celui-ci est plus faible, ou bien encore de favoriser la rotation vers babord.

Énervé, part. (*Weakened*). Filin énervé; filin affaibli, avarie.

Enfant-trouvé, s. m.

Nom qu'on donne à une personne qui s'est embarquée sans autorisation et ne s'est montrée que lorsqu'on était au large.

Enfilade, s. f.

— Volée d'enfilade (*Raking fire*). Bordée de coups de canons, atteignant un bâtiment dans le sens de sa longueur.

Enfiler, v. a. (*To rake*). Enfiler un bâtiment ; lui envoyer une volée d'enfilade.

Enflécher, v. a. (*To rattle*). Enflécher un bâtiment ; faire ses enfléchures.

Enfléchures, s. f. (*Rattlines*). Echelons en quarantainier fixés sur les haubans, et servant à monter dans la mâture.

A chaque mât les haubans les plus de l'arrière et sur les petits navires, les haubans de perroquet, n'ont pas d'enfléchures. Les enfléchures sont fixées à chaque hauban par une demi-clef.

Engagement, s. m. (*Fight*). Combat de peu de durée.

Engager, v. a. Engager l'action. Commencer le combat.

— (*To be waterlogged*). Un bâtiment engage lorsqu'il se couche tellement sous l'effort du vent d'une rafale, que l'eau se trouve au-dessus de son fort et même du plat-bord et qu'il ne peut ni se relever, ni arriver. On fait alors passer tout l'équipage du bord opposé, on défonce les voiles et au besoin, on coupe la mature pour le redresser.

— Une batterie, un pont, une cale sont engagés lorsqu'ils sont encombrés et que le service ne peut s'y faire.

— Un objet quelconque est engagé lorsqu'on ne peut facilement le retirer de l'endroit où il est.

— Une manœuvre est engagée lorsqu'elle ne peut plus courir librement, parce qu'elle est serrée ou arrêtée.

Aussière engagée (*Foul hawse*).

En garant (*Handsomely*). Voir *En douceur.*

Engorgé, part. (*Foul*). Les pompes, les canaux des auguilliers, la lumière d'une bouche à feu, sont engorgés lorsqu'ils se trouvent bouchés pour une cause quelconque.

Engoujure, s. f. (*Gut*). Rainure à section demi-circulaire pratiquée dans une pièce de bois ; par exemple, l'engoujure pratiquée à la partie inférieure des caisses de mât d'hune et destinée à recevoir le braguet.

En grand (*Hard*). Tout à fait, sans retenue, sans précaution.

— Enlever un objet en grand. L'enlever complètement et tout à coup.

— Larguer un cordage en grand. Le larguer complètement et sans retenue.

— Arriver en grand. Employer tout l'effet du gouvernail à faire arriver un navire le plus vite et le plus complètement possible.

Engraver (s') (*To ground*). Un navire s'engrave lorsqu'il touche sur un fond de gravier ou de sable, s'y arrête et parfois s'y enfonce.

Engrener, v. a. (*To couple*). Placer des futailles les unes au-dessus des autres, de façon à ce que celles d'une ligne se placent dans les creux de la ligne inférieure.

En haut le monde! (*All handsup*). Commandement pour faire monter l'équipage sur le pont.

Enhuché, part. (*Moon shered*). Haut sur l'eau. Navire enhuché ; navire dont l'accastillage est très élevé.

Enjaler, v. a. (*To stock*). Garnir un ancre de son jas.

Enlever, v. a. (*To carry*). Enlever un bâtiment à l'abordage ; s'en rendre maître après un abordage.

En ligne (*In a line*). Tactique navale. Disposition de vaisseaux rangés selon un des ordres définis par la tactique.

Enligner, v. a. (*To level*). Fixer des pièces de bois à la suite les unes des autres, de façon à ce que leurs surfaces aient une direction déterminée.

Enllouber, v. a. (*To'indent*). Réunir deux pièces de bois au moyen d'une lioube. Voir ce mot.

En paquet, adv. (*Cheerly*). Vivement, sans précautions. Serrer une voile en paquet.

Enrochement, s. m Blocs de pierre, de béton entassés au fond de la mer pour servir de fondation à une jetée ou à toute autre construction.

Ensabler, v. a. (*To run ashore*). Faire échouer un canot sur une plage de sable.

— S'ensabler. S'échouer sur le sable et s'y enfoncer peu à peu.

Ensaboté, part. Boulet ensaboté, boulet garni d'un bloc de bois nommé sabot destiné à augmenter sa longueur et à l'empêcher de tourner dans la pièce. Le sabot s'appliquait aux obus ronds du côté opposé à la fusée.

Enseigne, s. f.

— (*Ensign*). Pavillon qu'on fixe à l'arrière, soit à la corne, soit à un petit mât nommé mât de pavillon.

— Enseigne de vaisseau (*Ensign*). Officier de la marine militaire dont le grade est compris entre celui d'élève de première classe et de lieutenant de vaisseau. Nul ne peut être enseigne s'il n'a pas servi sur les bâtiments de l'État pendant deux ans au moins, soit comme élève de première classe, soit comme enseigne de vaisseau auxiliaire, soit comme premier maître. Enseigne de vaisseau auxiliaire. Grade donné à un capitaine au long cours pourvu de son brevet lorsqu'il est appelé au service dans la marine de l'État.

Les marques distinctives des enseignes sont deux galons en or aux manches et à la casquette, et les épaulettes de lieutenant.

Ensemble! (*All in one time*). Commandement fait à des matelots pour qu'ils agissent tous ensemble sur une manœuvre ou des cordages.

Enter, v. a. (*To scarf*). Réunir deux pièces de bois par un écart ou une entaille.

Entravers.

— Aller en travers. Aller en dérive (*Adrift*).

— Etre en travers à la lame, au vent Présenter le travers à la lame, au vent. S'échouer en travers. Etre à la côte sur le flanc.

Entre-deux, s. m. (*Between masts*). Distance entre le mât de misaine et le grand mât.

— Entre-deux de sabord ; distance entre deux sabords.

Entrée, s. f. (*Entry*). L'entrée d'un port, d'une rade, d'une passe.

— Avoir l'entrée d'un port, avoir le droit d'y pénétrer, après avoir satisfait aux formalités de quarantaine, de police.

Entremise, s. f. (*Carling*). Espèce d'arc-boutant assemblé à queue d'aronde avec deux baux ou barrots consécutifs et qui maintiennent leur écartement.

Entrepont, s. m. *Between decks).* Espace compris entre le faux pont et le premier pont. C'est dans l'entrepont éclairé par des hublots que sont, à l'arrière les chambres des officiers, des maîtres; à l'avant celles des maîtres et au milieu les casiers destinés à recevoir les effets de l'équipage.

Entre-sabords, s. m. Voir *Entre-deux de sabords.*

Entretenu *(Commissioned).* Maître entretenu. Maître qui a reçu un brevet lui conférant une position stable: ses services courent et comptent sans interruption, qu'il soit employé ou non.

Entretoise, s. f. *(Transour).* Pièce de bois transversale reliant à l'avant les deux flasques d'un affût. En général, pièce servant à maintenir et relier deux pièces parallèles.

Envaser, v. a. *(To put in a muddy ground).* Echouer un navire sur un fond de vase.

— S'envaser. S'échouer sur un fond de vase et s'y enfoncer.

Enverguer, v. a. *(To bend).* Fixer à une vergue, à une corne ou draille la ralingue supérieure d'une voile dite ralingue d'envergure.

Les voiles à vergue et à corne se fixent par des rubans à un cordage nommé filière et maintenu sur la vergue au moyen de crampons. Les voiles à drailles portent des bagues qui, glissant le long de la draille, permettent de les hisser ou de les amener.

Envergure, s. f. *(Bending).* Longueur du côté ou de la ralingue par laquelle une voile est fixée à sa vergue ou à sa draille.

Envoyer, v. a. *(To put the helm alee).* Placer la barre du gouvernail sous le vent de façon à faire loffer.

— Envoyez *(About ship !).* Commandement fait au commencement de l'évolution du virement bord vent devant.

— Envoyer *(To fire).* Faire partir le projectile d'une bouche à feu.

— Envoyez. Commandement a des canonniers pour faire partir leurs pièces.

Épaté, part. *(Discarded).* Haubans épatés; haubans qui font un grand angle avec la tête du mât.

Épatement, s. m. *(Discarding).* Angle d'ouverture des haubans avec la tête du mât; la mature est d'autant mieux tenue qu'il y a plus d'épatement.

Épaule, s. f. *(Bow).* L'épaule d'un navire est le renflement qui se prononce au-dessus des façons de l'avant. Grâce à ce renflement le volume de carène immergé sur l'avant augmente très rapidement et les mouvements de tangage se trouvent ainsi fort limités.

Épaulettes, s. f. *(Coak).* La face supérieure de la noix d'un mât. la partie renflée de ce mât qui portent les barres, ou les jottereaux.

Épave, s. f. *(Wreck).* Tout objet abandonné flottant sur la mer ou rejeté à la cote. Autrefois les seigneurs avaient le droit d'épave, c'est-à-dire étaient possesseurs des débris qui échouaient sur leurs côtes; aujourd'hui l'Etat se réserve une partie de leur valeur, une autre partie revient à celui qui a ramassé l'épave.

Éperon, s. m. *(Head).* Charpente en forme de console saillant en avant de l'étrave et qui sert de point d'appui au beaupré.

— *(Mole).* L'extrémité la plus avancée d'une digue. — Une pointe de rochers qui rompt la lame à l'entrée d'une rivière.

— *(Beak).* Charpente en bois recouverte en fer et terminant l'avant du bâtiment en forme de pointe. Un navire à éperon s'avance à toute vapeur sur un navire ennemi, de façon à faire pénétrer cet éperon dans les flancs de ce dernier. Il se retire ensuite laissant une large voie d'eau par laquelle la mer pénètre

dans le bâtiment et le fait couler.

Épi du vent (*Wind'seye*). L'origine, le lit du vent.

Épinglette, s. f. (*Priming wire*).
Petit dégorgeoir en fil de fer
mince qui sert à introduire
la poudre dans la lumière d'une
bouche à feu lorsqu'on l'amorce
avec une corne.

— Petit épissoir.

Épisser, v. a. (*To splice*). Faire
une épissure.

Épissoir, s. m. (*Splicing fid*).
Instrument destiné à ouvrir les
torons d'un cordage qu'on veut
épisser ; de 16 à 40 centimètres
de longueur, l'épissoir se termine d'un bout par une pointe,
et de l'autre se recourbe en formant une espèce de marteau, s'il
est en fer ; il est, au contraire,
droit, s'il est en bois.

Épissure, s. f. (*Splice*). Jonction
de deux cordages ou de deux
bouts d'un même cordage en entrelaçant leurs torons. On distingue l'épissure carrée (*Square
splice*) qui sert à faire des estropes de poulies, des bagues,
un œil à l'extrémité d'un cordage, ou à greffer un cordage sur
un autre ; l'épissure longue (*long
splice*) qui augmente moins le
diamètre du filin et est employée de préférence lorsqu'il
doit passer dans une poulie.

Pour faire une épissure, on
décommet les torons aux extrémités sur une longueur suffisante, on rapproche ensuite les
deux bouts à épisser en ayant
soin de placer les torons de l'un
des bouts dans les intervalles
des torons de l'autre. Puis, si
c'est une épissure carrée, on fait
une passe, c'est-à-dire qu'on engage successivement chaque toron de l'un des bouts entre les
torons non décommis de l'autre
bout ; on continue en faisant sur
chaque cordage une ou deux
passes semblables, et l'on coupe
les bouts de torons en excédant.
Si les filins ne doivent pas supporter de très grands efforts, on
coupe après chaque passe un

certain nombre de fils de caret
des torons afin de diminuer
graduellement la grosseur de
l'épissure.

Pour l'épissure longue, on
substitue un toron d'un des cordages au toron correspondant de
l'autre jusqu'à une distance
égale à la moitié de la longueur
de l'épissure ; les deux torons
sont croisés par un demi-nœud,
on fait une passe avec chaque
bout et l'on coupe les parties en
excédant ; on fait de même pour
les autres torons.

Épite, s. f. (*Stick*). Petite cheville
en bois, ronde ou carrée, qui
sert à boucher les défauts des
pièces de bois ou à s'enfoncer
dans la tête des gournables pour
les maintenir en place.

Épontillage, s. m. (*Propping*).
Opération qui consiste à épontiller un navire.

— L'ensemble de ses épontilles.

— La préparation des épontilles.

Épontille, s. f. (*Stanchion*). Appui
en fer ou en bois que l'on place
sous les baux pour les empêcher
de fléchir sous le poids des
ponts. Autour des cabestans,
dans le voisinage de certaines
bouches à feu, les épontilles sont
volantes et s'enlèvent au moment de la manœuvre.

— On nomme aussi épontille tout
appui servant à maintenir ou
consolider un objet quelconque.

Épontiller, v. a. (*To prop*). Épontiller un navire. Mettre en place
ses épontilles.

— Épontiller un objet quelconque.
Le maintenir, le consolider au
moyen d'épontilles volantes.

Éprouver (*To try*). Éprouver un
objet quelconque, c'est le sou-
mettre, avant de le mettre en
service, à des expériences qui
prouvent qu'il présente toutes
les garanties de durée et d'usage.

Les câbles en chanvre, les
câbles-chaînes, les ancres sont
éprouvés au moyen de la presse
hydraulique.

Équarrir, v. a. Équarrir une
pièce de bois, la tailler de façon

à ce que ses faces consécutives soient à angle droit.

Équarrissage, s. m. (*Squaring*). Action d'équarrir une pièce de bois.

— (*Square*). Les dimensions de la section d'une pièce de bois faite perpendiculairement à sa longueur.

Équerrage, s. m. (*Bevelling*). Angle, plan de deux faces adjacentes d'une pièce de bois.

Lorsqu'un angle d'équerrage a plus de 90 centimètres ou est trop ouvert, on dit qu'il a du gras : dans le cas contraire, on dit qu'il a du maigre.

Équerre, s. f. (*Bevel*). Instrument servant à mesurer les angles plans ; il se compose de deux règles assemblées à leurs extrémités ; si l'angle est fixe et droit, l'équerre est dite équerre carrée ; s'il est variable et si l'assemblage est fait par une charnière elle est appelée fausse équerre.

Équerrer, v. a. (*To bevel*). Travailler une pièce de façon à ce que ses angles soient égaux à ceux mesurés sur le gabariage.

Équipage, s. m. (*Crew*). L'ensemble des marins embarqués à bord d'un bâtiment pour le manœuvrer et combattre.

L'équipage comprend les gabiers chargés du gréement et de la voilure, les canonniers chargés du service des pièces, les fusiliers, les matelots de pont, les calfats, les voiliers, les charpentiers, les timoniers et les premiers-maîtres, seconds-maîtres, quartiers-maîtres correspondant à chacune de ces catégories.

Équipement, s. m. (*Fitting out*). Action de pourvoir un navire de tout ce qui compose son armement.

— L'ensemble des armes et ustensiles que reçoit chaque homme pour combattre ou prendre part à une opération quelconque. L'équipement d'un fusilier, d'un chef de pièce.

Équiper, v. a. (*To fit out*). Armer un navire ; se dit plutôt des navires appartenant aux particuliers.

Équipet, s. m. (*Garland*). Petit coffre servant à contenir des objets d'un usage constant.

Erse, s. f. (*Selvagee*). Assemblage de fils de caret ou de bitord, réunis en faisceau et liés ensemble par un fil de même espèce. Pour faire une erse, on fait d'abord sur deux piquets, éloignés l'un de l'autre de la distance voulue, un nombre de tours de fils de caret ou de bitord proportionné à l'effort qu'elle doit supporter. On lie ensuite tous les tours ensemble par un transfilage à demi-clefs. La force de l'erse est évaluée à un tiers de plus que celle du cordage ordinaire de même grosseur ; elle sert surtout à élever des poids considérables.

On fait aussi des erses en réunissant les deux bouts d'un cordage par une épissure.

Ersieau, s. m. (*Grummet*). Petite erse.

Les estropes des poulies moyennes sont des ersieaux. Les avirons sont fixés aux tolets des embarcations par des ersieaux.

— Valet ersieau. Voir *Valet*.

Escadre, s. f. (*Squadron*). Force navale de moins de douze vaisseaux.

— Escadre d'évolutions. Réunion de bâtiments destinés à s'exercer aux évolutions de la tactique.

Escadrille, s. f. (*Escadrilla*). Escadre composée d'un petit nombre de bâtiments ou de petits bâtiments.

Escale, s. f. (*Scale*). Echelle ou escalier servant à monter à bord.

— Faire escale. Relâcher, s'arrêter dans un port, une rade.

— Escales. Villes maritimes du Levant où on avait l'habitude de faire escale.

Escorte, s. f. (*Escort*). Nom donné à un ou plusieurs bâtiments de guerre chargés de protéger et diriger des navires de commerce ou des prises.

Escorter, v. a. (*To escort*). Faire

escorte a des navires de commerce ou à des prises.

Espalme, s. m. (*Stuff*). Composition que l'on mêlait à du goudron et que l'on plaçait autrefois, comme un couroi, sur la carène des embarcations.

Espalmer, v. a. Espalmer une carène; appliquer l'espalme (vieux).

— Nettoyer une carène, la préparer à recevoir un couroi.

— Appliquer sur un canon, une giberne, un enduit noir, et le frotter avec la paume de la main pour lui donner du brillant.

Espars, s. m. (*Spar*). Matereau employé pour faire des mâts, des vergues d'embarcations, des bout-dehors de bonnettes, des mâts de bôme et, au besoin, des mâts de rechange de perroquet et de cacatois.

Espingole, s. f. (*Large musket*). Arme à feu en bronze, courte et evasée depuis le milieu jusqu'à la bouche et qu'on installait sur un pivot dans les hunes et les embarcations.

Essarder, v. a. (*To swale*). Essarder le pont; l'éponger avec un faubert. lorsqu'il a été mouillé, pour qu'il se sèche plus vite.

Esse, s. f. (*Forelock*). Cheville en fer droite ou tortue servant de goupille ou d'arrêt. Les roues des affûts marins sont retenues par des esses à tête carrée.

Essieu, s. m. (*Axle-tree*). Dans les poulies, clans, chaumards, l'essieu est la tige en métal qui sert d'axe de rotation au réa.

— Traverses qui supportent un affût et dont les extrémités cylindriques ou fusées servent d'axe de rotation aux roues.

Est, s. m. (*East*). Le levant ou l'orient.

— Vent d'Est (*Easterly wind*) Vent venant de l'Est.

Les vents sont à l'Est. — Les vents viennent de l'Est.

Estacade, s. f. (*Boom*). Barrière formée de radeaux, dromes, chaînes, pieux, pilotis qu'on fait à l'entrée d'un port pour le fermer.

— Espèce de pont en bois sur pilotis traversant un bras de mer ou s'avançant dans la mer comme une jetée.

Estain, s. m. (*Stern most frame*). Couple dévoyé portant sur la quille, près du contre-étambot, et dont les deux faces, avant et arrière, sont perpendiculaires à la face supérieure de la quille, mais obliques par rapport au plan longitudinal.

Les extrémités des barres s'appliquent contre les faces arrières de l'estain.

Esterre, s. f. (*Creek*). Crique, abri aux Antilles.

Estime, s. f. (*Dead reckoning*). Calcul du point, c'est-à-dire du lieu où se trouve un bâtiment, en ne se servant que de la vitesse déterminée d'heure en heure par le loch, de la dérive. Ce point est ordinairement très inexact, les moyens d'observation employés étant défectueux, surtout à cause des courants dont on ne peut tenir aucun compte : on regarde ordinairement comme courant la différence entre le point estimé et le point observé.

Estimé, part. (*By reckoning*). Variation estimée; celle que l'on suppose exister faute d'avoir la variation observée.

— La dérive estimée; celle qu'on suppose exister d'après l'allure du bâtiment, la force du vent.

Estimer, v. a. (*To reckon*). Apprécier par estime.

Estiver, v. a. (*To steeve*). Estiver du foin, du coton, de la laine; les comprimer, réduire leur volume le plus possible.

Estran, s. m. (*Strand*). Côte plate et sablonneuse.

Estrope, s. f. (*Strop*). Ceinture formée d'un cordage dont les bouts sont épissés et qui entoure des poulies, cosses ou margouillets, en se fixant dans leurs cannelures ou engoujures ; les estropes de poulies sont simples ou doubles. Beaucoup d'estropes sont en fer. L'estrope consolide la poulie et permet, en outre, d'y adapter une cosse, un croc, un fouet, pour la fixer dans le gréement.

Estrope est souvent synonyme de erse. Estrope d'aviron, estrope de culasse.

Estroper, v. a. (*To strop*). Estroper une poulie, la garnir d'une estrope.

Établir, v. a. Etablir une voile (*To trim*). La hisser, la border, l'amurer et la brasser convenablement pour qu'elle reçoive le vent.

— Une voile établit bien lorsqu'elle est bien coupée, installée et disposée.

Établissement, s. m. (*Trim*). Action d'établir les voiles.

— Etablissement d'un port ou d'un lieu. L'heure de la pleine mer en ces lieux, les jours de nouvelle ou de pleine lune; heure qui est toujours la même à chaque pleine lune ou nouvelle lune. Le retard moyen de chaque pleine mer sur celle du jour précédent est de 50 minutes 28. Si donc quatre jours se sont écoulés depuis la pleine lune, il suffit d'ajouter à l'établissement du port quatre fois ce retard pour avoir l'heure de la pleine mer.

Étai, s. m. (*Stay*). Gros cordages fixés dans le plan longitudinal d'un bâtiment et qui servent à empêcher les mâts de tomber sur l'avant ou sur l'arrière.

Chaque étai est terminé d'un bout par un collier qui se capelle aux têtes des mâts et de l'autre par une poulie, une moque, ou un appareil de ridage. Chaque mât a un étai qui porte son nom. L'étai de misaine capelé sur la tête du mât de misaine se ride sur le beaupré; le grand étai au pied du mât de misaine, l'étai d'artimon au pied du grand mât.

Les étais des mâts d'hune se rident sur le beaupré, sur le capelage de misaine et celui du grand mât; les étais de perroquet se rident à l'extrémité du bout de hors de grand foc et

aux capelages du petit mât et du grand mât d'hune, les étais de cacatois à l'extrémité du bout dehors de clin-foc et aux capelages des mâts de petit et de grand perroquet. En résumé tout l'effort des étais s'exerce sur le beaupré qui est maintenu lui par les sous-barbes fixées sur la guibre.

— Etai de tangage, étai supplémentaire que l'on installe au mât de misaine lorsque le tangage est très fort.

— Etai d'un maillon de chaîne, tige en fer formant entretoise à l'intérieur des maillons de chaîne; elle empêche ceux-ci de s'aplatir ou de se déformer sous l'influence de grandes tensions et les chaînes de faire des coques ou de s'embrouiller lorsqu'elles sont lovées.

— Voiles d'étai; voiles auriques qui s'enverguent sur les étais ou plutôt des drailles qui leur sont parallèles.

Ces voiles qui augmentent en général peu le sillage augmentent au contraire beaucoup la dérive; aussi sont-elles de moins en moins employées.

— Palan d'étai. Palan à deux poulies doubles dont on se sert pour soulever des objets lourds à l'aplomb des panneaux ou bien pour embarquer des canots, etc., avec le concours des palans de bout de vergue. La poulie inférieure porte un croc à émérillon, la poulie supérieure une cosse à laquelle est fixée la pantoire qui se fixe à une estrope du capelage du bas mât. A un mètre environ de la poulie supérieure du palan est une cosse où se croche la poulie de guide ou gui (voir ce mot) qui sert à mettre le palan d'étai à l'aplomb de tel ou tel objet.

Étale, s. m. Intervalle de temps pendant lequel la mer ne monte ni ne descend; il y a étale entre le jusant et le flot et entre le flot et le jusant.

Étale, adj. Immobile, stationnaire.

— La mer est étale lorsqu'elle ne monte, ni ne descend.

— Un bâtiment est étale lorsqu'il ne va ni de l'avant, ni de l'arrière.

— Une ancre est étale lorsqu'après avoir chassé, elle s'arrête au fond.

Étaler. Résister, se soutenir contre (*To stop tide*). Un bâtiment à la voile étale le courant, lorsque ces deux actions se balancent et qu'il n'avance ni ne recule.

— (*To ride a gale out*). Etaler un coup de vent à l'ancre ; c'est le recevoir, sans chasser.

— Etaler un autre navire, avoir la même vitesse que lui.

Étalinguer, v. a. (*To bend*). Faire une étalingure. Etalinguer un câble (*To bend a cable*). Etalinguer les chaînes (*To clinch the chains*).

Étalingure, s. m. (*Clinch*). Fixation de l'extrémité d'un câble ou d'une chaîne sur l'organeau d'une ancre.

— (*Bend*). L'étalingure d'un câble consiste en un nœud de bouline simple fait avec le bout du câble sur l'organeau de l'ancre. Le bout doit être très solidement et plusieurs fois bridé à l'aide d'amarrages à plat en fort quarantenier. Pour l'étalingure d'un grelin sur une ancre à jet, on passe un tour mort dans l'organeau, puis on fait avec le bout une demi-clef sur le grelin et on le genope au-dessus.

— (*Clinch*). L'étalingure d'une chaîne sur une ancre se fait par un bout de chaîne distincte, composé d'une manille beaucoup plus forte que celle de la chaîne et de deux mailles séparées par un émérillon. La manille embrasse la cigale de l'ancre et est fermée par un fort boulon retenu par une clavette ; le petit bout de la chaîne se réunit au premier maillon de la chaîne par la manille d'assemblage qui termine ce premier maillon. On nomme étalingure à la cale la fixation à un des baux du faux pont la dernière maille sans étai du bout de la chaîne.

Étambot, s. m. (*Stern post*). Pièce de construction de même largeur que la quille et qui s'élève à l'arrière en faisant avec celle-ci un angle généralement obtus qu'on nomme quête.

Étambrais, s. m (*Partners*). Ouvertures de formes rondes pratiquées dans les ponts pour le passage des mâts, pompes ou cabestans. Les vides compris entre les mâts et les bords de l'étambrai sont remplis à l'aide de coins qui portent, des oreilles, débordant sur les bordages du pont. Un morceau de cuir appelé braie entoure le mât et se cloue sur le pont.

Les étambrais des mâts sont ovales de l'avant à l'arrière de façon à permettre d'incliner les mâts dans cette direction.

— Etambrai du gouvernail. Voir *Jaumière*.

Étamine, s. f. (*Buntine*). Étoffe de laine légère dont on fait les pavillons, flammes, guidons.

Étance, s. f. (*Stanchion*). Morceau de bois équarri servant d'épontille. Etances à marches, coches ou taquets, garnies de tire-veilles pour descendre dans la cale.

Étanche, adj. (*Tight*). Un bâtiment, une embarcation sont étanches lorsque l'eau n'y pénètre pas par les joints. Des pompes sont étanchées, lorsqu'elles ont épuisé l'eau qui était à pomper.

Étancher, v. a. (*To free from water*) Etancher un navire, extraire l'eau qu'il contenait.

Etancher une voie d'eau, la boucher.

Étançon, s. m. (*Stanchion*). Etances qu'on place pour supporter le poids des bigues et aiguilles lorsqu'on en établit sur quelque point du bâtiment.

Étarque, adj. (*Hoisted home*). Une voile est étarque lorsqu'on l'a hissée de façon à ce qu'elle soit le plus tendue possible.

Étarquer, v. a. (*To hoisthome*). Etarquer une voile. La hisser de façon à la tendre le plus possible.

État absolu, s. m. (*Error*). Différence qui existe entre l'heure donnée par un chronomètre et l'heure de Paris ou du point pris comme origine des longitudes.

La variation de l'état absolu pendant 24 heures est la marche diurne ; pour que le chronomètre soit bon, il faut que cette marque diurne soit constante.

État-major, s. m. (*Staff-officers*).

— On distingue à bord d'un navire l'état-major, le petit état-major, l'équipage. L'état-major comprend les officiers de marine, le commissaire, le chirurgien major, les élèves ; le petit état-major se compose des premiers maîtres de manœuvre, calfatage, charpentage, de voilerie.

— Les officiers attachés à un officier amiral.

Étendard, s. m. (*Great ensign*). Nom donné au grand pavillon national de poupe.

Étoile de signaux, s. f. (*Star*). Artifice d'un éclat rougeâtre destiné à être lancé dans un tube en fer par une charge de poudre.

Étouffer, v. a. (*To lash up*). Serrer avec les bras et les mains une voile contre sa vergue ou son mât pour l'empêcher de prendre le vent.

Étoupe, s. f. (*Tow*). Ce qui reste du chanvre lorsqu'on en a retiré ce qui est bon pour faire les cordages. On distingue l'étoupe blanche (*White oakum*). L'étoupe noire (*Tarred oakum*). Suivant qu'elle provient de cordages blancs ou goudronnés.

Étoupière, s. f. Ouvrières des ports chargées de transformer les vieux cordages en étoupe.

Étoupille, s. f. (*Tube*). Artifice que l'on enfonce dans la lumière d'une bouche à feu et qui sert à communiquer le feu à la charge. On emploie dans la marine deux espèces d'étoupilles.

L'étoupille à friction qui sert pour l'inflammation de la charge dans les canons à lumière dans le renfort ; l'étoupille obturatrice qui sert pour les canons à lumière centrale.

La première se compose d'un tube en plume contenant de la poudre à mousquet et par-dessus de la matière fulminante traversée par un rugueux en fil de cuivre. Ce fil est terminé par une boucle dans laquelle s'accroche le cordon tire-feu. En tirant celui-ci, le frottement du rugueux enflamme le fulminate et par suite la poudre.

L'étoupille obturatrice est un tube en cuivre fermé à une de ses extrémités et contenant de la poudre et une capsule sur laquelle vient frapper le percuteur.

Étoupillon, s. m. Bouchon d'étoupe suivée qu'on mettait dans la lumière d'une bouche à feu pour empêcher l'humidité d'y pénétrer.

Étoupin, s. m. *Syn. de* Valet.

Étrangler, v. a. (*To bowse*). Étrangler une voile ; l'étouffer au moyen de cargues nommées étrangloirs.

Étrangloir, s. m. (*Bowsing*). Cargue des voiles à corne.

L'étrangloir de brigantine se compose d'une itague et d'un garant. L'itague fait dormant par son milieu ; sur la ralingue de chute arrière ; vient de chaque côté passer dans une poulie estropée à un piton sous la mâchoire et s'épisse sur l'estrope de la poulie dans laquelle passe le garant. Le garant part du pied du grand mât, passe dans une poulie aiguilletée sur les chaînes du pied de l'étai d'artimon, de là, dans la poulie d'itague, et fait dormant près de sa poulie de retour.

On installe aussi sur les basses voiles des étrangloirs qui, faisant dormant sur la vergue, descendent passer sous la voile, puis remontent de l'autre côté dans une poulie frappée sur la vergue.

Étrangloir à lunette, s. m. (*Stopper*). Mécanisme employé pour arrêter un câble-chaîne au moyen d'une forte compression. Il se compose d'une forte lunette ou anneau en fer garni de deux lames également en fer et maintenues par deux guides fixées sur le pont.

Cette lunette se déplace devant l'écubier de pont donnant passage à la chaîne et permet d'en diminuer plus ou moins l'ouverture. Pour que la chaine soit bien étranglée, il faut que la maille prise entre la lunette et l'écubier soit à plat.

Étricage, s. m. (*Framing*). Action d'enlever du bois de deux pièces de construction ou de mâture de façon à ce qu'elles s'appliquent exactement l'une sur l'autre.

Étrier, s. m. (*Stirrup*). Pièce de fer présentant deux branches recourbées à angles droits et qui sert à supporter ou consolider différents objets.

Étripé, part. (*Unt wisted*). Un cordage étripé est un cordage qui se détord, s'ouvre et dont les torons sont rompues partiellement.

Étriquer, v. a. (*To frame*). Etriquer deux pièces de bois; les disposer de façon à ce qu'elles s'ajustent parfaitement l'une sur l'autre.

Étrive, s. f. (*Cross*). Une manœuvre tendue est en étrive lorsqu'au lieu de venir en ligne droite, elle porte sur un objet quelconque qui l'oblige à faire un coude.

Amarrage en étrive.

— (*Throat seizing*). Amarrage fait sur un ou deux cordages à l'endroit où ils se croisent. On l'emploie pour fixer un cap de mouton sur un hauban, pour placer une cosse sur une patte d'embarcation, pour faire une pantoire double, telle que celles pour écoutes de foc ou de voiles goelettes.

Étriver, v. n. (*To be across*). Un cordage étrive lorsqu'il fait un coude en portant sur un objet quelconque.

— Faire un amarrage en étrive.

Étui, s. m. (*Case*). Enveloppe en toile en forme de sac où l'on enferme les voiles ou autres objets qu'on veut protéger.

Étuve, s. f. (*Stove*). Etuve à bordages. Cylindre creux de douze à quinze mètres de long dans lequel on peut faire arriver de la vapeur. Les bordages sont introduits dans cette étuve et lorsqu'on les a soumis pendant un certain temps à l'action de la vapeur, on peut les plier facilement et leur donner la forme voulue.

Étuver, v. a. (*To stove*). Passer à l'étuve.

Éventail (voiles à). Voiles dont les laizes taillées en langues de chat viennent se réunir aux points d'écoute.

Éventer, v. a. Eventer la quille. (*To bring out of the water the keel*). Dans l'abattage en carène, faire coucher un bâtiment de façon à ce que la quille sorte de l'eau.

— Eventer une voile (*To fill*). C'est brasser une voile en ralingue ou masquée de façon à ce qu'elle porte.

— Faire servir après avoir été en panne.

Éventrer, v. a. (*To split*). Eventrer une voile; la percer à coups de couteaux, lorsque par la force d'un vent, son action compromet la mâture et qu'on ne peut filer l'écoute.

Évitage, s. m. (*Swinging*). Mouvement de rotation d'un bâtiment sur ses ancres, au changement de marée ou par la force du vent qui agit plus sur lui que sur le courant.

— Mouvement de rotation analogue produit au moyen de câbles, d'aussières.

— Espace nécessaire à un bâtiment à l'ancre pour effectuer un changement de cap pour cap.

Évitée, s. f. Synonyme d'évitage dans sa deuxième acception.

Éviter, v. n. (*To swing*). Faire un évitage ; se dit d'un bâtiment à l'ancre et changeant de cap, sous l'influence du vent, du courant, ou de toute autre action.

— Éviter au vent (*To stem the wind*).

Éviter à la marée (*To swing at the tide*).

Éviter entre vent et marée (*To ride between the wind and tide*). Avoir le cap debout au vent, debout au courant de marée, ou entre ces deux directions.

Évoluer, v. n. (*To turn*). Un navire évolue lorsqu'il tourne autour de son axe vertical.

— Une escadre évolue lorsqu'elle exécute les mouvements et prend les différents ordres prescrits par la tactique navale.

Évolution, s. f. (*Evolution*). En parlant d'un seul bâtiment, manœuvre ayant pour but de changer le cap du bâtiment.

— En parlant de plusieurs bâtiments. Manœuvre exécutée à la fois par les différents bâtiments pour prendre un ordre déterminé par la tactique navale.

— Escadre d'évolution. Escadre formée dans le but d'instruire les officiers et équipages sur les évolutions prescrites par la tactique navale.

Exécution, s. f. (*Execution*). Signal d'exécution. Pavillon hissé par le navire amiral et ordonnant aux navires de l'escadre d'exécuter une manœuvre signalée précédemment ; on le fait en hissant un pavillon formé de deux bandes horizontales l'une jaune et l'autre rouge.

Exposant de charge, s. m. (*Quote of the lading*). Différence entre le volume de carène d'un bâtiment lège et son volume de carène lorsqu'il est au tirant d'eau en charge ; c'est donc la tranche de carène comprise entre la ligne de flottaison du navire lège et sa ligne de flottaison en charge.

F

Façons, s. f. (*Run*). Formes rétrécies de la carène d'un bâtiment à l'avant et à l'arrière. La lisse qui passe par les extrémités des varangues se nomme lisse de façons ; elle est plus élevée sur l'étambot que sur l'étrave parce que l'arrière est plus fin, a plus de façons que l'avant. Plus un navire a de façons, plus il est taillé pour la marche, mais moins il peut porter de charge.

Factorie, s. f. (*Factory*). Établissements, comptoirs, résidences d'agents consulaires et négociants aux Indes orientales.

En fagot, ad. Voir *en Botte*.

Faible, adj. (*Crank*). Navire faible ; légèrement construit, portant peu d'artillerie, de peu d'échantillon ; — faible de côté portant mal la voile et prenant beaucoup de bande sous l'influence du vent.

Failli, s. m. (*Crank*). Failli gars, homme de peu d'énergie et de peu de capacité.

Failli chien, vaurien.

Faire. Faire le nord (*To make northing*). Naviguer en ayant le cap au Nord.

Faire son eau, son bois, ses vivres ; embarquer ses provisions pour une campagne.

— Faire côte (*To runashore*). Echouer à la côte.

— Le courant fait trois nœuds. (*The tide runs three knots one hour*) La vitesse du courant est de trois nœuds à l'heure.

Faire eau, avoir une voie d'eau.

Fait, part (*Steady*). Vent fait, temps fait; vent, temps bien établis et ne paraissant pas disposés à changer.

Faix, s. m. (*Head*). Nom donné autrefois à la têtière ou ralingue d'envergure d'une voile.

— La ralingue du milieu d'une tente, celle sur laquelle on la serre est dite ralingue de faix.

— Faix de pont, biloires renversées placées sous le milieu des ponts et qui reçoivent dans des mortaises les têtes des épontilles.

— En faix, des étances, des accores sont placées en faix lorsqu'elles servent d'appui à un bâtiment en construction.

Falaise, s. f. (*Cliff*). Côtes élevées et escarpées du côté de la mer et ne présentant souvent à leur pied, ni grève, ni plage.

Falaiser, v. n. (*To break*). La mer falaise lorsque les lames se brisent contre une falaise ou côte à pic.

Fanal, s. m. (*Lantern*). Grande lanterne.

— Fanaux de signaux. Fanaux employés pour faire les signaux de nuit; on les hisse sur deux drisses l'une au grand mât, l'autre à la corne.

— Fanaux de poupe et de hune, fanaux placés autrefois à la poupe, et à la hune, ils sont remplacés aujourd'hui par les feux de position. Voir *Feux.*

— Fanaux de combat, fanaux destinés à éclairer les batteries.

— Fanal de consigne. Fanal gardé par un factionnaire et où l'on vient allumer les autres fanaux dont on a besoin pendant la nuit. Les fanaux de signaux et de position sont surveillés par les timoniers, les autres par les canonniers.

Fanons, s. m. (*Belly of a sail*). Parties d'une voile carguée qui pendent entre les cargues-points et les cargues-boulines.

Fardage, s. m. (*Dunnage*). Objets embarrassants à bord et sans utilité.

Il y a fardage de garnitures, de poulies, lorsque le gréement porte trop de paillets, sangles, poulies.

— Lit de fagots qu'on installe au fond une cale et sur lequel on place des objets qui craignent l'humidité.

Farder, v. n. (*To set well*). Une voile bien coupée, bien orientée farde bien; lorsque, gonflée par le vent, elle prend une forme arrondie, régulière.

Fargues, s. f. (*Wash boards*). Planches minces clouées sur les alonges des couples des petits bâtiments et qui remplacent les bastingages.

— Les fargues des embarcations à rame sont échancrées circulairement de distance en distance pour recevoir les avirons.

— Bouts de planches, placées de can dans des coulisses à la partie inférieure des sabords de batterie basse, et qui empêchent l'eau d'entrer lorsque les sabords sont ouverts.

Faseyer, v. n. (*To shiver*). Une voile faseie lorsque le vent vient dans la direction de la ralingue de chute du vent et la frappe tantôt dessus tantôt dedans; la voile n'est alors ni pleine, ni masquée, et elle bat légèrement.

Fatiguer, v. n. (*To work*). Un bâtiment fatigue lorsque, par l'effet du vent, de la mer, sa mâture, ses liaisons sont fortement ébranlées et éprouvent des actions autres que celles qu'elles devraient supporter.

Faubert, s. m. (*Swab*). Sorte de balai fait avec une grosse poignée de fils de caret que l'on coupe également de la longueur de 60 à 70 centimètres, ployés en double et garnis au milieu d'une erse. Les fils, en se détordant, forment une espèce d'éponge.

Fauberter. v. a. (*To swab*). Essuyer avec un faubert le pont mouillé pour une cause quelconque.

— Rafraîchir avec un faubert mouillé l'âme d'une pièce échauffée par le tir.

Faux, adj. (*False, Preventer, Sham*). Supplémentaire, simulé, défectueux.

Fausse amure, fausse balancine, fausse cargue, fausse écoute, faux haubans. Cordages supplémentaires qu'on met en place par mauvais temps ou pendant le combat pour renforcer les amures, balancines, etc., et les remplacer en cas d'avaries.

— Fausse carlingue, renfort sur la carlingue à l'emplanture des mâts.

— Fausse étrave, faux étambot, fausse quille, pièces de construction qui doublent en dehors l'étrave, la quille, l'étambot. Ces pièces ont également pour but de garantir l'étrave, la quille, l'étambot dans un échouement. Fausse quille (*Outer keel*).

— Fausse batterie (*Shamguns*). Canons de bois, mantelets de sabord peints pour simuler une batterie.

— Faux bras. Bras supplémentaire. Cordage employé à un usage quelconque.

— Faux-foc. (*Middle jib*) Foc qui s'amure sur le bout dehors de beaupré entre le grand et le petit foc.

— Faux pont (*Orlop deck*). Pont situé au-dessous de l'entrepont.

Fayols (prononcer fayots). Haricots secs distribués en ration à bord des bâtiments.

Felouque, s. f. (*Felucca*). Bâtiment long, étroit, léger, marchant à l'aviron ou à la voile; il porte deux mâts inclinés sur l'avant et des voiles à antennes (Medit.).

Femelots, s. m. (*Gud'geons*). Pentures à deux branches embrassant l'étambot et présentant des trous destinés à recevoir les aiguillots fixés sur le gouvernail. Les femelots ou ferrures femelles, en fonte ou en fer, sont au nombre de 7 ou 8 sur les grands navires.

Ferlage, s. m. (*Furling*). Action de ferler.

Ferler, v. a. (*To furl*). Ferler une voile; c'est relever par plis sur la vergue une voile carguée et la fixer au moyen de rabans, dits de ferlage, qui entourent la voile et la vergue.

Fermer, v. a. Fermer un port, barrer, son entrée au moyen de chaînes, dromes, navires, etc.

— Fermer deux objets ou amers pris à terre; c'est gouverner de façon à les voir tous deux dans la même direction.

— Fermer une voile; c'est la brasser au vent.

— Navire fermé, navire dont les bastingages élevés empêchent les lames d'arriver sur le pont.

Ferrements, s. m. (*Iron pieces*). Toutes les pièces en métal qui entrent dans la construction d'un bâtiment.

Ferrures, s. f. Ferrures de gouvernail. (*Goognigs*). Les aiguillots et les femelots qui servent à fixer le gouvernail a l'étambot.

— Ferrures de gui, de tangons; crochets recourbés fixés au bout intérieur de ces pièces et pénétrant dans un œillet en fer qui leur sert de point d'appui pour pivoter.

Fers (Peine des) (*Irons*). Peine infligée à bord aux officiers mariniers et aux matelots Le condamné a une jambe saisie près du pied dans un anneau qui glisse le long d'une barre de fer d'environ deux mètres de longueur appelée barre de justice; cette barre est fixée au pont.

Fesses, s. f. (*Quarters*). Parties arrondies de chaque côté de l'arrière d'un vaisseau au-dessus de la flottaison.

Feu, s. m. (*Fire*). Combat, action, décharge d'artillerie. Commencer le feu. Faire feu des deux bords. Cesser le feu.

— Feu, syn. de Phare.

— Feu, fanal.

— Feux indiquant l'endroit où est un navire et la façon dont il est tourné. A la voile, un bâtiment porte un feu rouge à babord et un feu vert à tribord ; à la vapeur, il porte en outre un feu clair ayant 20 quarts d'amplitude sous la hune. De plus quand il remorque, il doit porter en tête du mât deux feux blancs verticaux.

Au mouillage, tout bâtiment doit avoir un feu blanc visible de tous les points de l'horizon, à un mille de distance au moins et placé à six mètres au plus au-dessus du plat-bord.

— Feux de position. Feux qu'on hisse en rade, toutes les fois qu'on arrive au mouillage ou qu'un bâtiment y arrive. En mer et en escadre, on hisse les feux de position, lorsqu'on sort de la ligne, qu'on fait chapelle et plus généralement dans tous les cas où il est important de faire connaître sa position et sa manœuvre. Les feux de position consistent en deux feux hissés à la corne et un feu sur le beaupré.

Feu coston, s. m. (*Coston light*). Artifice qui brûle lentement en jetant une vive clarté de couleurs variées. On l'emploie pour faire des signaux de nuit. Trois couleurs sont employées, le blanc, le rouge, le vert, elles permettent de faire treize combinaisons.

Feuillette, s. f. Cordage qui est frappé au gaton et que l'on tourne en forme de fouet sur un autre cordage en confection afin de lui donner une torsion convenable.

Feuillure, s. f. Arrêt, rainure telle que celle pratiquée autour d'un sabord où le mantelet porte et s'arrête quand celui-ci est abaissé ou fermé.

Feutre, s. m. Employé pour remplacer l'étoupe entre les joints de deux bordages ; il n'a fait qu'un mauvais usage

Fifre, s. m. (*Fife*). Petite flûte aiguë employée autrefois dans la marine au lieu des clairons.

Figure, s. f. (*Figure*). Statue, buste, emblème, servant d'ornement à l'avant d'un bâtiment et placé sous le beaupré.

Filadière, s. f. Petite embarcation de rivière à fonds plats et ayant la forme d'une navette.

Fil (*Twine*). Produit obtenu en réunissant des brins de chanvre de lin ou de coton par le filage et en les tournant ensuite.

Fil de caret. Voir ce mot.

— Fil à voile (*Sail twine*). Fil destiné à coudre les voiles ; il est toujours de premier brin et formé de deux fils goudronnés de très petite dimension ; on le fabrique en bouts de 25 à 30 mètres qu'on plie en écheveaux.

File, s. f. (*Line order*). Tactique navale. Ligne que suivent ou sur laquelle sont rangés des bâtiments naviguant dans les eaux les uns des autres. Ligne de bataille, ligne de convoi. Ordre de fil par escadre ou par division. Ordre de fil par peloton.

— Feu de file. Feu exécuté par les pièces d'un même bord, l'une après l'autre au commandement du chef de batterie.

Filer, v. a. (*To run*).

— Marcher. Ce navire file bien ; il file 6 nœuds à l'heure ; il marche en faisant six milles à l'heure.

— Lâcher, laisser aller (*To let go*). Filer un câble, une manœuvre. Les lâcher, les laisser aller. Filer en douceur, en bandes (Voir ces mots). Au fig. Filer son câble par le bout, mourir.

Filet, s. m. (*Net*).

— Filet de bastingage. Filets faits avec de la ligne goudronnée qu'on tendait sur les chandeliers et filières de bastingage pour que ceux-ci puissent recevoir les hamacs de l'équipage qui y sont garantis et recouverts par de grosses toiles peintes nommées prélarts.

— Filet de beaupré. Filet installé sous le beaupré et destiné à empêcher les gabiers d'être jetés à la mer lorsqu'ils vont serrer un foc par grand vent.

— Filet d'abordage. Filet destiné à empêcher l'ennemi de monter à bord et qu'on installe le long du bord entre les haubans.

— Filet pare-éclats. Voir *Eclats*.

Filière, s. f. (*Manrope*). Cordage tendu horizontalement et servant de garde-corps ou à suspendre différents objets.

— Filières de beaupré. Garde-corps placés de chaque côté de ce mât.

— Filières. Cordages qu'on tend d'un bout à l'autre du bâtiment et auxquels les hommes se retiennent pendant les forts mouvements de roulis et de tangages.

— Filières d'envergure. Filières tendues le long des vergues et sur l'avant au moyen de crampes ; elles servent à enverguer les voiles.

— Filières de bastingage. Cordages qui passent dans les œillets des chandeliers de bastingage et qui servent à maintenir les filets ou les toiles de bastingage.

Filin, s. m. (*Prope line*). On range sous la dénomination de filin des cordages dont la circonférence croît de 3 en 5 millimètres depuis 50 jusqu'à 120 millimètres. Ils sont en pièces de 200 mètres de longueur et s'emploient pour les manœuvres courantes. Les petits filins sont toujours commis en trois, c'est-à-dire formés de trois torons, comme le quarantenier ; mais à partir de la dimension de 60 millimètres, ils sont le plus généralement en 4. Dans ce cas leurs torons sont enroulés autour d'un toron central que l'on appelle âme ou mèche. Cette mèche est en chanvre de troisième brin, son diamètre est les 2/3 du diamètre d'un des torons ; elle n'ajoute rien à la force du filin, mais elle l'empêche de se déformer.

Fin, adj. (*Sharpbottomed*). Un navire est fin lorsque ses formes

sont très rétrécies de l'avant et de l'arrière.

— Fin voilier (*Good sailor*). Navire qui marche bien à la voile, surtout au plus près.

Flache, s. f. (*Hole*). Défaut que l'on découvre dans une pièce de bois en la travaillant.

— Partie d'une pièce de bois conservant encore les traces de l'écorce.

Flamand, ad.

— Ecart flamand. Ecart très long et qui sert à joindre les différentes pièces de la quille.

Flambart. Embarcation des côtes de la Manche et servant à la pêche ; elle porte deux mâts et un tapecul.

— Feux follets, feux St-Elme.

— Argot maritime. Corsaire qui fait ses preuves. Matelot qui fait le beau.

Flambeau de signaux (*Signal taper*). Artifice qui servait autrefois de signal de ralliement à plusieurs navires naviguant de conserve.

Flamber, v. a. (*To blaze*). L'amiral flambe un bâtiment, l'officier qui le commande, lorsqu'il leur fait un signal de mécontentement pour une manœuvre mal exécutée, en l'appuyant d'un coup de canon.

Flamme, s. f. (*Pendant*). Longue et étroite banderole en étamine terminée d'un côté par deux pointes et garnie de l'autre d'une bande de toile ou têtière fixée sur un petit bâton. La flamme nationale aux trois couleurs se hisse en tête du grand mât et est la marque distinctive des bâtiments de l'Etat. On emploie en outre pour les signaux des flammes de différentes couleurs.

Flanc, s. m. (*Side*). Partie du navire comprise entre les hanches et les joues.

Flasques, s. f. (*Brackets*). Dans un affût marin ce sont les deux pièces de bois qui portent le canon, par ses tourillons ; elles en forment les deux côtés, sont réunies par les entretoises et reposent sur les essieux des roues.

Flasques d'un guindeau. Montants verticaux qui portent les tourillons du guindeau.

Flasques d'emplanture. Pièces de bois qui emboîtent latéralement le pied des mâts.

Flèche, s. f.

Cross-staff. Voir *Arbalète.*

Les flèches des mâts sont toute la partie la plus élevée et nue au-dessus du capelage des perroquets ou cacatois; elles sont sans haubans et sont maintenues seulement par un étai léger qui prend sous la pomme ; on grée des cacatois volants sur les flèches des mâts de perroquets et des ailes de pigeon sur celles des mâts de cacatois.

— Flèche de la quille d'un navire arqué, la distance du milieu de l'arc à la corde passant par les extrémités de la quille.

— Flèches de l'éperon. Voir *Aiguilles.*

Flèche-en-cul, s. f. (*Ring tail*). Voile légère qu'on établit entre la corne d'artimon et le mât de perroquet de fougue des trois-mâts, et entre la corne et le mât d'hune des goélettes, côtres ou sloops. Sa drisse est en tête du mât, son amure contre le mât et son point d'écoute à l'extrémité de la corne.

Flèche en l'air, s. m. Mât de cacatois léger et volant établi sur les mâts de perroquets pour gréer des cacatois volants.

Fleurs, s. f. (*Floor*). Parties de la carène, voisines de la flottaison ; elles sont comprises entre la ligne de flottaison et les varangues.

Flibot, s. m. (*Fly boat*). Navire de commerce à varangues plates, à carène renflée, à arrière rond et élevé, il porte deux mâts.

Flibuste, s. f. (*Smuggling*). Faire la flibuste. Faire la contrebande, la fraude, marauder, piller sur mer.

Flibustier, s. m. (*Free booter*) Aventurier, corsaire.

Au fig. Personne d'une conscience peu délicate.

Flie, s. f (*Lightair*). Fraîcheur, vent très faible (Manche).

Flot, s. m. (*Flood tide*). Flux de la mer, le temps qu'elle met à monter.

Appareiller à la fin du flot.

Appareiller au moment où la mer va cesser de monter.

— A flot (*Afloat*). Un navire est à flot lorsqu'il repose complètement et exclusivement sur l'eau.

Flotille, s. f. (*Flotilla*). Flotte comprenant un très petit nombre de bateaux ou encore un nombre plus ou moins considérable de petits bâtiments.

La flotille de Boulogne, préparée par Napoléon Ier pour une descente en Angleterre, comptait 2,000 bâtiments pouvant porter 16,000 marins, 160,000 hommes de troupe, 9,000 chevaux et quinze jours de vivres.

Flottaison, s. f. (*Ship's gage*). Ligne de flottaison ; ligne tracée sur la coque d'un bâtiment par l'eau sur laquelle il flotte; au-dessous de la ligne de flottaison sont les œuvres vives ou carène; au-dessus les œuvres mortes ou accastillage.

Flotte, s. f. (*Fleet*). Réunion de bâtiments destinés à naviguer ensemble.

— La flotte (*Navy*). La totalité des bâtiments qui constituent la force navale d'un pays.

— Bout de mât. Bouée, tout corps flottant fixé sur le câble d'une ancre pour le soulager et l'empêcher de frotter sur le fond.

— Morceau de liège, baril qu'on fixe à la ralingue supérieure de certains filets pour l'obliger à flotter.

Flotter, v. n. (*To swim*) Un bâtiment, un corps flottent lorsqu'ils sont exclusivement portés par l'eau.

— Un pavillon flotte lorsqu'il est hissé et déployé.

Flûte, s. f. (*Store ship*). Bâtiment servant autrefois à faire les transports.

Une frégate est armée en flûte

lorsqu'elle est disposée pour faire les transports.

Flux, s. m. (*Flood tide*). Voir *Flot*.

Foc, s. m. (*Jib*). Voile triangulaire ou latine qui s'envergue sur une draille entre le beaupré et le mât de misaine.

Un grand bâtiment en porte ordinairement quatre : le clin foc, le grand foc, le faux foc, le petit foc.

Les focs sont très utiles pour faire abattre un navire et balancer sa voilure.

— Foc d'artimon (*Mizen stay sail*). Voile d'état qui s'installe sur une draille partant du capelage du mât de perroquet de fougue et se raidissant au capelage du grand mât.

Foëne, s. f. (*Fish gig*). Espèce de grande fourchette en fer avec une hampe en bois et dont on se sert pour harponner les dorades, bonites, marsouins, etc.

— Foëner, pêcher avec la foëne.

Folle, adj. Brise folle. Petite brise variant sans cesse en direction et en force.

Fond, s. m. (*Ground*). Sol du fond de la mer. Fond de vase, de sable, de coquillages, de corail.

— Le fond est de bonne tenue, lorsque l'ancre y entre fortement. Le fond est mauvais lorsqu'il est, au contraire, trop dur ou trop mou pour empêcher les ancres de le labourer ou de glisser.

— La profondeur de la mer. Haut fond. Petit fond. Fond de peu de profondeur.

— Les fonds d'un bâtiment sont les parties inférieures de la carène qui correspondent aux varangues.

— Le fond d'une voile en est la partie centrale qui s'arrondit sous l'effort du vent.

— La ralingue de fond ou de bordure est la ralingue inférieure.

Fondrier, adj. (*No fit to float*). Bois fondrier; bois dont la densité est plus forte que celle de l'eau et qui, par conséquent, ne flotte pas.

Fonture, s. f. (*Decrease*). Un banc est en fonture lorsque les courants le font diminuer.

Foraine, adj. (*Open*). Rade foraine; rade ouverte ne présentant pas d'abri suffisant du côté du large aux navires mouillés.

Forants, s. m. (*Stanchions*). Matériaux qu'on place autour d'un bâtiment sur cale et sur lesquels on établit des planchers pour les besoins de la construction.

Forban, s. m. (*Pirate*). Pirate, écumeur de mer.

Force, s. f. (*Strength*). Manœuvres de force. Toutes les manœuvres qui exigent des efforts considérables, comme le mâtage, le démâtage, l'abattage en carène, l'embarquement des bouches à feu.

— Tactique navale. Ligne de force, celle dans laquelle les plus forts vaisseaux sont placés en tête de ligne.

Forcé, part. (*Hard*). Temps forcé; coup de vent forcé, bourrasque : coup de vent impétueux.

— Mât forcé; mât courbé par un effort considérable et qui a conservé son arc.

Forcer, v. n. Forcer de voiles (*To carry a press of sail*). Etablir autant de voiles qu'il est possible.

— Le vent force (*To increase*). Lorsque son intensité augmente.

Forme flottante, s. f. (*Floating wet dock*). Construction flottante disposée à recevoir un navire dont on veut visiter ou réparer la carène (Bassin de radoub).

Forme, s. f. (Syn. de façon.)

Fort, s. m. (*Fort*). Le fort d'un navire ; la partie où les couples sont le plus larges, c'est-à-dire un peu au-dessus de la flottaison.

Fort, adj. (*Strong*). La mer est forte lorsqu'elle est grosse, agitée.

Fortune, s. f. (*Fore sail*). Voile carrée, souvent volante, qui se grée sur la vergue de misaine des goélettes ou sur la grand-vergue des tartanes, des côtres, des sloops.

On nomme en général ainsi toute voile carrée gréée accidentellement sur une vergue qui ne porte pas ordinairement de voile.

— Mâts de fortune (*jurymasts*). Mâts de petites dimensions qu'on installe pour réparer des mâts cassés. On dit de même voiles, vergues, ancres, haubans de fortune.

— Gouvernail de fortune. Gouvernail que l'on fabrique à bord pour remplacer un gouvernail brisé ou enlevé par la mer.

— Fortune de mer. Les accidents auxquels sont exposés un navire, sa cargaison.

Fosse, s. f. Fosse aux mâts. Bassin garni de lambourdes où l'on conserve dans l'eau de mer les pièces de mâture d'approvisionnement.

— Fosse aux câbles (*Store*).

— Fosse aux lions. Magasins à bord où l'on élonge les câbles, les chaînes.

Fouet, s. m. (*Laniard*). Tresse d'environ deux mètres de longueur, terminée en pointe et fixée à des poulies ou à des bosses. On l'entortille autour de l'objet sur lequel on veut fixer la poulie ou la bosse ; le bout du fouet est maintenu à la main ou par un amarrage.

— Bout de ralingue laissé en excédant à la partie basse de l'empointure d'une voile aurique.

— La partie la plus haute des mâts supérieurs se nomme le fouet du mât. Voir *Fouetter*.

Fouetter, v. a. (*To lash*). Fixer une bosse, une poulie au moyen d'un fouet.

— v. n. Un mât fouette (*To flap*) lorsqu'au roulis ou au tangage l'extrémité des mâts fléchit et se balance d'une manière saccadée.

— Les voiles fouettent lorsqu'elles battent.

Fougue, s. f. (*Squall*). Grain, rafale, risée, de force à serrer les perroquets. La voile actuelle, dite perroquet de fougue, était autrefois un simple perroquet ; mais on remarqua qu'elle pouvait supporter les grains nommés fougues : on l'appela perroquet de fougue.

— Mât de perroquet de fougue (*Mizen top*). Le mât d'hune du mât d'artimon ; la voile qu'il porte se nomme perroquet de fougue.

Foule, s. f. (*Spar*). Espèce de livarde ou perche qu'on emploie à pousser la ralingue du vent d'une voile à bourcet vers l'avant pour ouvrir la voile et la faire porter au plus près ; dans les embarcations, on se sert d'une gaffe.

Fourcat, s. m. (*Floor-timber*). Les deux varangues extrêmes de l'avant et de l'arrière d'un navire et qui ont la forme d'une fourche.

Le fourcat d'ouverture est la barre la plus basse de l'arcasse, elle réunit les deux branches du fourcat arrière.

— Petits emplacements rétrécis qui se trouvent entre les varangues des deux extrémités de la cale et où il ne peut être arrimé que de petits objets.

Fourche, s. f. (*Sheers*). Réunion de deux mâts faisant l'office de bigues.

— Fourche de beaupré. Les deux alonges de l'écubier qui s'élèvent de chaque côté du beaupré et l'emboîtent.

— Un cordage fait la fourche lorsqu'il se termine par deux branches qu'on fixe en deux points d'un objet quelconque.

Formiques, s. f. (*Rocks*). Ilots rapprochés. Petits rochers sous l'eau (Médit.).

Fourrage, s. m. (*Serving*). Action de fourrer.

Fourrer, v. a. Fourrer un cordage (*To serve*). C'est l'entourer d'une série de tours de bitord, lusin ou merlin, faits à joindre et également serrés. Ce travail s'exécute au moyen de la mailloche à fourrer, maillet cylindrique portant une engoujure longitudinale qui s'applique sur le cordage. Le maillet et le manche sont entourés de plusieurs tours, qui glissent quand on fait tourner la mailloche et viennent s'appliquer uniformément sur le filin à fourrer.

Fourrier, s. m. Sous-officier chargé en sous-ordre des écritures relatives au service et à la comptabilité dans les compagnies de marins.

Fourrure, s. f. (*Serving*). La série de tours de bitord qui enveloppent un cordage fourré ; les limandes qui entourent un cordage limandé ; — la garniture en toile, paillets, sangles dont on enveloppe des cordages pour les préserver des frottements. Voir *Garniture.*

— Morceau de bois qui remplit un vide dans la construction d'un bâtiment, sert de renfort ou fait l'office de coussin d'appui.

— Pièce de bois supplémentaire qui sert à compléter la forme qu'on veut donner à une autre pièce.

— Fourrure de gouttière. Pièce de construction formant ceinture intérieure d'un navire ; elle porte d'aplomb sur les baux et latéralement contre les couples.

— Vieille toile à voile qui sert d'enveloppe, de garniture.

Foyer, s. m. (*Fire*). Feu qu'on allumait autrefois faute de phare.

— Synonyme de phare dans certains ports de la Manche.

Fraîcheur, s. f. (*Light air*). Vent très faible, commencement de brise.

Fraîchir, v. n. (*To freshen*). Le vent fraîchit lorsqu'il augmente en force.

Frais, s. m. (*Fresh*). Brise. Petit frais, joli frais, bon frais. Grand frais : avec cette brise, on porte les huniers avec trois ris et les basses voiles, les ris pris.

Frais, adj. (*Fresh*). La brise est fraîche lorsqu'elle est plus que modérée.

Franc, adj. Vent franc (*Steady*). Vent uniforme et fixe qui permet de porter en route sans dérive.

— Une pompe est franche (*Dry*) lorsqu'elle a retiré toute l'eau de la cale.

— Barre franche. Barre de gou-

vernail qu'on manœuvre directement à la main sans palans ni drosses.

Franc-bord. Tout le bordage extérieur d'un bâtiment, depuis la quille jusqu'à la première préceinte.

Franc-filin, s. m. (*White hawser*). Cordage de premier brin, non goudronné, pour qu'il soit plus fort et plus souple.

Franchir, v. a. (*To free*). Franchir une pompe. Pomper jusqu'à ce qu'elle ne donne plus d'eau.

Francisation, s. f. (*Act of naturalisation*). Acte constatant qu'un navire est français et navigue sous pavillon français.

Franc-tillac, s. m. (*Upper deck*). Pont le plus élevé d'un navire.

Frapper, v. a. (*To lash*). Amarrer, lier, fixer.

Frégate, s. f. (*Frigate*). Bâtiment de guerre à trois mâts portant une batterie couverte et une batterie des gaillards. Immédiatement inférieures comme force aux vaisseaux, les frégates étaient autrefois divisées en trois classes portant 40, 50 ou 60 bouches à feu. Dans la construction des frégates, on s'attache à concilier la force avec la légèreté, la solidité avec la marche.

C'est à bord des frégates qu'on a commencé à installer les appareils à vapeur ; elles furent à roues, puis à hélice. Aujourd'hui, les frégates portent des cuirasses considérables ; leur puissance de feux a été augmentée dans de larges proportions, mais elles ont perdu leur légèreté, leur facilité d'évolution, qui en faisaient d'excellents navires à la mer et propres à remplir toutes les missions. Les corvettes rapides jouent à peu près aujourd'hui le rôle des anciennes frégates.

Fret, s. m. (*Freight*). Chargement, cargaison d'un navire de commerce.

— Prendre un navire à fret, c'est l'affréter. Voir ce mot.

— Prix payé pour le transport des marchandises.

Fréter, v. a. (*To freight*). C'est donner un navire à loyer pour une somme convenue.

Frette, s. f. Cercle de fer qui entoure le tenon de chouquet d'un mât.

— Cercles en fer placés à chaud autour de l'âme des anciennes pièces à âmes lisses transformées en pièces rayées. On en augmente ainsi la résistance de façon à pouvoir lancer des projectiles plus lourds.

Front (ordre de). (*Breast order*). Tactique navale. Ligne dans laquelle tous les vaisseaux faisant route vent arrière ou grand largue se relèvent dans la direction de la perpendiculaire à celle du vent.

Fronteau, s. m. Fronteau de dunette. Planche sculptée qui décore le barrot de l'avant de la dunette.

— Fronteau de volée. Saillie en bois au-dessus des sabords de la batterie basse et où s'appuient les volées des canons à la serre.

— Fronteau de mire. Renfort de métal à la volée d'un canon et portant le guidon de mire.

Fronton, s. m. (*Poop work*). Partie sculptée du couronnement d'un bâtiment.

Frottoir, s. m. (*Plaiting tool*). Outil de voilier servant à aplanir les coutures ; l'un des bouts est taillé en sifflet, l'autre forme une poignée arrondie.

Fuir, v. n. (*To run away*). Manœuvre forcée d'un bâtiment pris par un très gros temps ; il est obligé de faire vent arrière et de fuir à la lame.

— Fuir devant le temps avec peu de voilure. Fuir à cordes et à mâts à sec de toile.

Fune, s. f. (*Rope*), synonyme de cordage. Prolongement de la filière des tentes d'un navire.

Funin, s. m. (*White hawser*). Synonyme de Franc-filin.

Fusée. Fusée d'un cabestan (*Hart*). La mèche ou axe central autour duquel il tourne.

— Fusée d'un aviron. La partie qui se trouve en dedans de l'embarcation lorsque l'aviron est armé.

— Fusée d'un essieu de canon. L'extrémité cylindrique qui sert d'axe aux roues.

Fusée de signaux, s. f. (*Rocket*). Artifice destiné à s'élever dans l'air et à y éclater en laissant échapper neuf étoiles très brillantes.

Fût, s. m. Réunion de petits bois légers qui forment la monture de la girouette d'un bâtiment et portent l'étamine.

G

Gabare, s. f. (*Lump*). Bâtiments de transport et de charge ; les uns, portant de l'artillerie et jusqu'à 600 tonneaux, étaient employés aux voyages d'exploration ; d'autres, moins grands, étaient employés sur les rivières.

Gabarer, v. n. Synonyme de godiller.

Gabarit, s. m. (*Mould*). Modèle, patron fait en planches minces qui indique la forme à donner à une pièce de construction. Les gabaris sont déterminés d'après les plans tracés à la salle des gabaris et donnés dans les chantiers aux ouvriers.

— Façons, formes. Un navire est d'un beau gabarit, a de belles formes.

Gabariage, s. m. (*Moulding*). Opération qui consiste à lever ou à former un gabarit.

— Le contour d'une pièce ·de construction.

Gabarier, v. a. (*To mould*). Gabarier une pièce de bois, lui donner la forme déterminée par son gabarit.

Gabarier, s. m. (*Master*). Patron de gabare.

Gabarot, s. m. (*Small lump*). Petite gabare.

Gabasse, s. f. Navire de commerce du Nord gréé comme les galiottes.

Gablage, s. m. Service des hunes, travaux du ressort des gabiers.

Gablo, s. f. (*Top*). Petite hune pour les mâts a antennes.

— Syn. de hune (Médit.)

Gabier, s. m. (*Topman*). Nom des matelots chargés du service des hunes, de la visite des voiles, des mâts, des vergues et en général de tout ce qui concerne le gréement. Les gabiers sont nommés après examens théoriques et pratiques portant sur le matelotage, la mise en place du gréement, la manœuvre des ancres et celle des embarcations. Les gabiers de 1re classe reçoivent chaque jour un supplément de solde de 40 centimes et ceux de 2e classe, 30 centimes.

Gabier de port. Les gabiers de port sont des matelots chargés de gréer des bâtiments dépourvus d'équipage, de travailler à l'atelier de garniture, de veiller à l'entretien des corps morts, de disposer les appareils de mâtage et démâtage, de lancement, d'abatage en carène.

Gabord, s. m. (*Garboard*). Premier bordage le plus bas d'un bâtiment et dont le can inférieur entre dans la rablure de la quille, depuis l'étrave jusqu'à l'étambot.

Gaburon, s. m. (*Fish*). Jumelle de chêne couvrant les cercles d'un bas mât sur la face avant depuis l'entre-deux des élongis jusqu'à quelques pieds au-dessus des gaillards; elle empêche le frotte-

ment des basses vergues sur les cercles lorsqu'on les hisse ou qu'on les amène.

Gaffe, s. f. (*Boat hook*). Long manche en bois s'emmanchant avec une douille portant une pointe en fer et un croc; manœuvrée dans les embarcations par le brigadier, elle sert à défendre les abordages, à accrocher et à pousser au large d'un bâtiment, d'une câle, d'un quai.

— *Fig.* Se tenir à longueur de gaffe. Se placer assez loin pour être à l'abri du danger.

Gaffeau, s. m. (*Fishing boat hook*). Petite gaffe employée par les pêcheurs.

Gaffer, v. a. (*To hook*). Accrocher avec une gaffe.

Gages, s. m. (*Wages*). Solde des marins du commerce.

Gagner, v. a. (*To match*). Gagner un bâtiment. L'emporter de vitesse sur lui.

— Gagner un port. Atteindre le port.

Gai, ad. (*Free, easy*). Un mât, un objet quelconque est gai lorsqu'il est trop au large dans le trou qu'il occupe.

Gaillard, s. m. (*Main deck*). Le pont des gaillards d'un bâtiment est le pont supérieur. Il se composait autrefois de deux parties bordées l'une depuis l'avant jusqu'en arrière des haubans de misaine (gaillard d'avant), l'autre depuis l'arrière jusqu'au grand mât; on communiquait d'un gaillard à l'autre par les passe-avant. La dunette était établie au-dessus du gaillard d'arrière.

Le pont des gaillards est aujourd'hui le pont supérieur d'un bâtiment, mais il est bordé sur toute son étendue; le gaillard d'arrière a disparu, et à l'avant se trouve à hauteur du plat-bord une petite plate-forme servant à la manœuvre du beaupré et des ancres, qu'on nomme gaillard d'avant.

— Gaillard d'avant (*Forcastle*).

—Gaillard d'arrière (*Quarter deck*).

Gaine s. f. (*Eding*). Ourlet large et plat qu'on fait autour d'une voile en repliant la toile sur elle-même pour la fortifier sous le merlin qui sert à coudre les ralingues. Les pavillons, flammes portant une gaine en toile sur laquelle on frappe leur drisse.

Gainer, v. a. (*To edge*). Faire une gaine.

Galavernes, s. f. (*Oar fuches*). Double pièce de bois plate fixée par une rousture sur un aviron de galère à l'endroit où il porte sur le plat-bord.

Gabasse, s. f. Grand bâtiment vénitien allant à voiles et à rames et ressemblant aux galères.

Galère, s. f. (*Galley*). Très ancien bâtiment de la Méditerranée, long, étroit, d'un faible tirant d'eau, portant des voiles à antennes, ou marchant à l'aide d'avirons manœuvrés par les galériens ou forçats.

Les galériens étaient enchaînés à leur banc de nage et leur ensemble à bord d'une galère se nommait chiourme. Les galères du roi formaient un corps distinct de celui de la marine proprement dite.

— Les navires des anciens se nommaient aussi galères.

— Baril de galère. Voir *Baril*.

— Avirons de galère, grands avirons dont on se sert sur les navires pour les faire éviter ou évoluer au besoin.

— Ancre en galère. Ancre installée sous le beaupré pour pouvoir être mouillée facilement. Pour mettre une ancre de bossoir en galère on fait peneau de l'ancre, on croche le capon, on frappe sur une des pattes un grelin passé dans une forte poulie aiguilletée sous le bout du beaupré. On vire le grelin au cabestan en mollissant le capon et la bosse debout, de manière à suspendre l'ancre par sa patte sous le beaupré. Dépasser la bosse de bout et décrocher le capon.

Galerie, s. f. (*Gang way*). Sorte de balcon saillant en dehors du couronnement d'un navire. Les trois ponts avaient deux galeries, les vaisseaux à deux ponts une seule. Les galeries ont complètement disparu.

— Galerie d'entrepont, corridor régnant tout autour de l'entrepont pour prendre connaissance des boulets ou des avaries à la flottaison. La galerie a été remplacée par une coursive.

Galets, s. m (*Stone beach*). Cailloux siliceux ronds provenant des débris de falaise et de roche arondis par le mouvement des flots. Les galets s'embarquent souvent comme lest.

Galette, s. f. (*Seabiscuit*). Biscuit de mer tantôt rond, tantôt carré.

Galgale, s. f. (*India stuff*). Mastic dont les Indiens revêtent la carène de leurs bâtiments en guise de doublage.

Galhauban, s. m. (*Back stay*). Cordage servant comme les haubans à maintenir les mâts dans le plan diamétral du bâtiment. Les galhaubans se capèlent à la tête des mâts et ont leur point d'appui sur le bord des porte-haubans.

Les galhaubans sont tantôt fixes et se rident avec des caps de mouton, tantôt volants ; ils ont alors des poulies à itague permettant de les larguer lorsqu'ils gênent au brasseyage, et de les raidir pour contre-tenir leur mât respectif par la tête, du bord du vent. Les galhaubans, grâce à leur épatement tiennent mieux les mâts élevés que les haubans.

Gallon, s. m. (*Galleon*). Grand bâtiment armé en guerre que l'Espagne employait pour rapporter de ses colonies, l'or, l'argent et les marchandises précieuses.

Galiote, s. f. (*Galliot*). Navire hollandais à deux mâts, à fond plat, de peu de tirant d'eau, rond de l'avant et de l'arrière et employé au cabotage. Le grand mât porte un hunier, un perroquet, une fortune, une brigantine ; à l'arrière se trouve un mât de tapecu gréant une brigantine.

— Galiotte à bombes (*Bomb-ketch*). Le grant mât des galiottes étant presque au milieu du bâtiment, laisse à l'avant un intervalle assez considérable ; aussi avait-on adopté ce gréement pour les navires destinés à porter des mortiers ; deux mortiers étaient alors installés dans une grande écoutille à l'avant du grand mât.

Gallpot. s. m. (*Stuff*). Espèce de mastic servant à enduire la carène, les murailles extérieures des bâtiments du commerce, leurs mâts, leurs vergues ; il se compose de résine et de matières grasses cuites ensemble.

Galoche. s. f. (*Shoe block*). Poulie longue et plate dont la caisse est ouverte sur l'une de ses joues, de manière à pouvoir y introduire librement le double d'un cordage. Ordinairement la galoche ne porte point d'estrope ; elle se fixe au moyen d'un fouet passé dans un trou qui traverse la caisse ; cependant les fortes galoches ont une estrope en fer ; la partie de l'estrope qui correspond à l'ouverture de la joue est à charnière, afin qu'on puisse fermer après qu'on y a introduit le cordage. Le croc de la poulie est généralement à émérillon.

— Pièces de bois, blocs, ouverts de plusieurs mortaises, logeant des réas fixés en différents endroits du bâtiment, et qui servent au passage des écoutes de basses voiles, des bras de basses vergues, des drosses du gouvernail.

Galvanisation. s. f. Opération qui a pour but de recouvrir d'une couche de zinc certains objets en fer que l'on préserve ainsi de l'oxydation. Les clous, les chevilles, etc., employés dans la marine sont galvanisés.

Galvette. s. f. Petits navires armés de canon employés à la piraterie sur les côtes du Malabar.

Gambes. s. f. (*Futtock, shrouds*). Manœuvres dormantes partant du trelingage et fixées de l'autre bout à la queue des lattes des caps de mouton des haubans de hune. Les gambes soutiennent les hunes contre l'effort des haubans des mâts de hune. Les gambes garnies autrefois d'enfléchures se nommaient échelles de revers.

Gambier. v. a. (*To shift*). Les voiles à bourcet, celles des embarcations s'amurent, soit en avant du mât, soit en abord ; il faut alors les amener pour les changer de bord dans les changements d'amures ; cette opération s'appelle gambier.

Gambiller (*se*). Se hisser, se transporter le long d'un cordage à l'aide de ses jambes ou de ses mains.

Gamelle. s. f. (*Bucket*). Vase en bois, cerclé de fer, du diamètre d'un seau ordinaire et moitié moins haut ; il sert de soupière pour chaque plat de matelots.

— Chef de gamelle. Officier ou aspirant chargé de surveiller la dépense et le service de la table des officiers ou des aspirants.

Ganse. s. f. (*Cringle*). Estrope en quarantenier ou en tresse roustée ; forte ligne baguée.

Garant. s. m. (*Rope*). Bout de cordage plus ou moins long qui, après avoir formé un palan en passant dans les réas de deux poulies, s'élonge en partant de la poulie motrice et sur lequel on fait effort.

— Filer en garant. Filer avec précaution, à retour, sans secousse.

— Amarrage à garants simples ou doublés. Ces amarrages sont employés pour fixer les pièces dans les batteries, le premier par beau temps, le second dans les batteries où les mantelets de sabord laissent passer la volée des pièces.

Garbin. s. m. (*South west wind*). Vent du S.-O. (Médit.).

Garcette. s. f. (*Nipper*). Tresse plus ou moins longue servant à faire différents amarrages.

— Garcettes de tournevire. Fortes tresses plates en bitord ou en commandes de trois ou quatre mètres de long. On les employait à assujettir un câble sur sa tournevire, elles servent aujourd'hui pour faire des amarrages sur les chaînes, pour les manœuvres d'ancres, pour frapper des palans sur la basse carène, etc.

— Garcettes de ris. Tresses courtes qui traversent les œils de pie d'une bande de ris ; elles sont fixées en leur milieu par un nœud fait de chaque côté de la voile ; les deux bouts de la garcette liés ensemble fixent la bande de ris sur la vergue.

Garde, s. f. Planche clouée provisoirement pour maintenir un assemblage de pièces qu'il s'agit de réunir ou rassembler.

— Palans de garde (*Wangs*). Palans maintenant la corne d'artimon ; frappés chacun à l'extrémité de la corne, ils sont terminés par un palan faisant dormant l'un à tribord, l'autre à bâbord.

Garde-corps, s. m. (*Men rope*). Cordage tendu sur le pont à environ un mètre de hauteur, pendant le mauvais temps, pour aider les hommes à se tenir debout.

— Lisses de garde-corps. Pièces de construction placées au-dessus des herpes.

Garde-côte, s. m. (*Coastguard cruiser*) Bâtiments chargés de veiller à la police de la navigation ou de la pêche sur les côtes et de s'opposer à la contrebande.

Garde du pavillon. Les gardes du pavillon institués sous Louis XIV étaient de jeunes gentilshommes faisant à peu près le service des aspirants.

Garde-marine. Les gardes-marines avant la Révolution avaient à peu près la position des aspirants.

Gare, s. f. (*Shelter*). Petit enfoncement à l'entrée d'un port où se mettent les barques pour ne pas en gêner l'entrée.

Gargousse, s. f. (*Cartridge*). Sac en parchemin, en serge, en toile, en gros papier qui contient la poudre destinée à la charge d'un canon. Chaque gargousse porte marquée à l'encre noire la lettre initiale du port et l'année de la fabrication ; au-dessous l'indication de la bouche à feu à laquelle elle est destinée et la charge qu'elle contient.

Gargoussier, s. m. (*Cartridge box*). Boîte cylindrique en fort cuir, fermé par un couvercle ; elle sert à transporter les gargousses dans les batteries et à les mettre à l'abri du feu.

— Autrefois pourvoyeurs. Voir ce mot.

Garnir, v. a. (*To serve*). Garnir une vergue ; la gréer de toutes ses poulies, filières, marchepieds, etc.

— Garnir un cabestan. Mettre les barres en place et tout disposer pour virer.

— Garnir un câble, une chaîne, une manœuvre au cabestan, c'est les enrouler autour du cabestan de façon à pouvoir faire effort dessus.

— Entourer un objet de limandes et de bitord ou de fil de caret formant natte de façon à le préserver des frottements ou des chocs.

Garniture, s. f. (*Rigging*). Atelier d'un arsenal où se préparent les différentes parties du gréement d'un navire.

— L'ensemble des objets fixés sur un mât, une vergue, une voile.

— La limande, le bitord employés pour préserver un corps des frottements ou des chocs.

— Morceau de bois qui remplit un vide.

Gat, s. m. (*Landing place*). Escalier pratiqué dans une côte escarpée pour descendre à un embarcadère.

— Escaliers en maçonnerie descendant d'un quai à la mer.

Gatte, s. f. (*Manger*). Petite cloison transversale au-dessous des écubiers destiné à recevoir l'eau des câbles lorsqu'ils rentrent à bord ; des dalots percés dans la guirlande du pont permettent à cette eau de s'écouler.

Gatton, s. m. Bâton portant un

fouet en son milieu et dont on se sert pour donner aux cordages un tortillement régulier. Le fouet fait deux ou trois tours sur le cordage dans la partie qui vient d'être commise; le galton sert alors de levier pour forcer le cordage à tourner sur lui-même et dans le sens du commettage, afin d'accélérer la marche du cochoir et la rendre continue et régulière.

Gauche, s. m (*Warped*). Une pièce de bois a du gauche lorsque ses faces ne sont plus planes.

Gaule, s. f. (*Mast*).

— Gaule d'enseigne (*Staff*). Petit mât destiné à porter le pavillon national qu'on hisse maintenant à la corne.

Gélivure, s. f. Fentes allant de la circonférence d'un arbre au cœur et qui, si elles sont larges et nombreuses, empêchent de l'employer.

Gendarmerie maritime. Corps analogue à la gendarmerie ordinaire, mais qui ne se trouve que dans les ports et les colonies.

Gêner, v. a. (*To wring*). Gêner une pièce de bois, c'est la tenir serrée dans une position qu'on lui fait prendre de façon à ce qu'elle ne puisse s'en écarter; on arrive à ce résultat en la clouant, la maintenant par des coins ou des cordes.

Général, ad. (*Admiral*). Les officiers généraux dans la marine sont les amiraux, vices-amiraux et contre-amiraux.

Générale, s. f. (*General*). Batterie de tambours et sonnerie de clairons ordonnant de faire tous les préparatifs du combat à bord.

Génie maritime. Corps chargé de la construction des bâtiments de l'Etat. Les ingénieurs du génie maritime proviennent tous de l'Ecole polytechnique; ils sont assimilés aux officiers de la flotte. portent le même uniforme et sont distingués par un parement en velours noir aux manches.

Genope, s. f. (*Lashing*). Amarrage qui consiste à presser deux cor-

dages l'un contre l'autre par des tours de ligne qui les empêchent de glisser.

— Le bout de ligne qui sert à faire l'amarrage.

Genoper, v. a. (*To lash*). Genoper deux cordages, les réunir par une genope.

Genou, s. m. (*Futtock*). Pièce de bois plus ou moins courbe qui sert de liaison à deux autres en se chevillant à mi-longueur sur chacune d'elles.

Gens, s. m. (*Men*).

— Gens de mer (*Seamen*). Tous les marins de l'Etat ou du commerce.

— Caisse des gens de mer. Caisse destinée à recevoir dans les ports militaires ou du commerce, les colonies et les consulats, et pour les transporter sans retards et sans frais aux familles intéressées, les décomptes de soldes et autres dus aux gens de mer non présents, le montant de leur succession lorsqu'ils meurent en voyage, les objets provenant de bris ou de naufrage.

Gibelot, s. m. Pièce de bois fourchue qui lie l'extrémité de la guibre aux lisses de l'éperon.

Dans une embarcation, c'est la pièce fixée entre les deux plats-bords et l'étrave.

Girouette, s. f. (*Vane*). La girouette sert à indiquer la direction du vent; elle se place au-dessus de la tête des mâts et tourne autour de la tige du paratonnerre. Elle se compose d'un châssis en bois garni d'un morceau d'étamine.

Gisement, s. m. (*Lying*). Situation d'une côte, sa direction. Le gisement d'une côte est N.-E. et S.-O. lorsqu'elle est dirigée du S.-O au N.-E.

Gisole, s. f. Petit compartiment de l'habitacle où on plaçait une lampe pour éclairer les boussoles.

Gite, s. f. (*Grounding*). Creux que produit dans le sable ou la vase un bâtiment échoué.

Giter (*To ground*). Un navire échoué gîte lorsqu'il s'enfonce en partie dans le sol.

Glène. s. f. (*Coil*). Cordage ployé en rond sur lui-même Les extrémités des manœuvres courantes sont mises en glène pour tenir moins de place et être toujours disposées à se développer. Lorsqu'on veut lancer un cordage, on le met en glène pour pouvoir le lancer plus loin.

— Panier couvert où les pêcheurs renferment leur poisson.

Gléner. v. a. (*To coil*). Faire une glène.

Gobelet. s. m. (*Funnel*). Chapeau en cuivre de forme ronde, capelé à l'extrémité des mâts de flèche et destiné à recevoir le capelage de la flèche et la pomme. Le fond du gobelet est percé d'un trou rond pour recevoir le paratonnerre. La partie inférieure s'appuie sur l'épaulette du mât et porte une latte à œil dans lequel on fixe la chaîne du paratonnerre.

Godille. s. f. (*Sculling oar*). Un aviron placé à l'arrière d'une embarcation, dans un creux en demi-cercle, pratiqué dans la partie supérieure de l'étambot, prend le nom de godille.

Godiller (*To scull*). Faire avancer un canot en se servant d'une godille. L'homme fait face à l'arrière du canot ; il tient la poignée de la godille avec ses deux mains et agit alternativement sur elle de gauche à droite et de droite à gauche, de façon que la pelle plongée obliquement dans l'eau décrive une série de 8 couchés.

Goëlette. s. f. (*Schooner*). Petit bâtiment à deux mâts, fin, très léger, et tenant bien le vent. Les mâts, très inclinés sur l'arrière, sont garnis de barres sans hunes et gréent une voile aurique enverguée sur une corne et fixée au mât par des cercles ; au-dessus est généralement installée une flèche en cul.

Le mât de misaine porte souvent, au lieu de flèche en cul, un hunier et un perroquet volants.

Goëliche. s. f. Petite goëlette.

Goëmon. s. m. (*Sea weed*). Varech, plante marine qui pousse sur les rochers et s'attache à la carène des navires.

Goguelin. s. m. (*Hobgoblin*). Être fantastique des contes maritimes et qui fréquente la cale et l'entrepont.

Golfe. s. m. (*Gulf*). Enfoncement de la mer dans les terres, beaucoup plus considérable qu'une baie.

Gondole. s. f. (*Gondola*). Embarcation de passage et d'agrément, dont on se sert à Venise, son étambot et son étrave se prolongent à une certaine hauteur et se terminent en volute recourbée en dehors.

Gondolier. s. m. (*Gondola rower*). Marins conduisant une gondole.

Gonne. s. f. (*Barrel*). Baril à goudron.

Goret. s. m. (*Hog*). Grand balai fort raide qui sert à nettoyer la carène d'un navire.

— Petit cochon.

— Argot. Homme mal tenu, d'un langage grossier.

Gorge. s. f. (*Moulding*). Engoujure arrondie réunissant deux pièces voisines d'épaisseur inégale ou faisant saillie l'une sur l'autre.

Gorgère. s. f. (*Cut water*). Pièce de construction appliquée sur l'étrave ; elle s'élève vers le beaupré en s'arrondissant et forme la partie inférieure du taille-mer. A la partie supérieure de la gorgère sont pratiquées les mortaises pour le passage des liures de beaupré.

Goudron, s. m. (*Tar*). Goudron végétal. Gomme noire, liquide, gluante, qu'on extrait par le moyen du feu des arbres résineux, pins, sapins, mélèzes.

On s'en sert pour enduire la carène des bâtiments, les cordages.

— Goudron minéral (*Coal-tar*). Goudron qu'on retire de la houille.

Goudronnage, s. m. (*Tarring*). Action d'enduire de goudron un objet quelconque. Le goudronnage diminue la force des cordages, mais, en les préservant de l'humidité, il augmente beaucoup leur durée.

Goudronner, v. a. (*To tar*). Enduire un objet de goudron.

Goudronnerie, s. f. (*Tarringloft*). Atelier où l'on prépare et fait chauffer le goudron.

Gouge, s. f. (*Gouge*). Ciseau de charpentier dont le tranchant, arrondi en arc de cercle, sert à faire des cannelures dans le bois.

Gouger, v. a. (*To gouge*). Pratiquer une cannelure ou goujure sur une pièce de bois en se servant d'une gouje.

Goujon, s. m. (*Spike nail*). Cheville en métal partout de la même grosseur ; le goujon peut être cylindrique, prismatique, triangulaire, carré.

Goujure, s. f. (*Notch*). Cannelure telle que celles pratiquées sur les caisses de poulies, les caps de moutons, pour recevoir les estropes.

Goulet, s. m. (*Inlet*). Passage étroit donnant accès de la pleine mer dans une rade complètement fermée. Le gouletde Brest (*The gut of Brest*).

Goupille, s. f. (*Pin*). Languette en fer plat qui se sépare, s'ouvre en deux pour, après avoir été enfoncée dans le bout d'une cheville percée, être reployée pour maintenir la cheville dans la pièce de bois qu'elle traverse.

Gourbiller, v. a. Evaser l'endroit où doit être logée la tête d'une cheville, d'un clou, de façon à ce qu'elle ne dépasse pas.

Gourdin, s. m.
— Bout de feuillard qui servait à corriger les forçats.
— Billette, bout de corde servant autrefois à frapper un matelot paresseux.

Gourganes, s. f. (*Beans*). Fèves sèches faisant partie des vivres du bord.

Gourmette, s. m. (*Cook*). Novice chargé, sur les navires du Levant, de la cuisine et du nettoyage.

Gournable, s. f. (*Tree nail*). Longue cheville cylindrique en bois employée pour fixer les bordages de la carène d'un bâtiment. On l'introduit à coups de maillet dans un trou percé à l'avance. Les gournables se font aujourd'hui à la mécanique ; on les obtient aussi à meilleur marché ; de plus par la fabrication même le bois se trouve comprimé, il en résulte que mises en place les gournables gonflent et rendent ainsi plus parfaite la fixation des bordages.

Gournabler, v. a. (*To tree nail*). Gournabler un navire, mettre les gournables en place.

Gournablerie, s. f. (*Tree nail loft*). Atelier où l'on fait les gournables.

Gournablier, s. m. (*Mooter*). Ouvrier chargé de faire des gournables.

Gousset, s. m. Syn. de jaumière.

Gouttières, s. f. (*Water ways*). Pièces longitudinales remplissant l'angle que fait un pont avec la muraille du bâtiment ; elles servent de liaison et en même temps elles dirigent l'écoulement des eaux le long des ponts.

Gouvernail, s. m. (*Rudder*). Le gouvernail est l'instrument dont on se sert pour diriger le navire ; il se compose de deux parties: la mèche et le safran. La mèche est la partie du gouvernail la plus rapprochée de l'étambot du navire auquel elle est liée par un système de ferrures appelées aiguillots et fémelots. Le safran est un assemblage de pièces de bois ajouté à l'arrière de la mèche pour augmenter la puissance du gouvernail.

Le gouvernail se manœuvre au moyen d'un long levier en bois ou en fer qui pénètre dans la tête du gouvernail et sert à le faire tourner sur ses ferrures. Ce levier se nomme barre. La tête du gouvernail pénètre dans le bâtiment par un trou dit de jaumière garni d'un morceau de cuir pour empêcher l'eau d'y pénétrer. La tête du gouvernail présente ordinairement deux trous, l'un pour la barre ordinaire ou barre de poste et l'autre pour la barre de rechange ou de combat. La partie de la mèche qui avoisine l'étambot présente un angle ou est taillée en chanfrein de chaque côté pour faciliter les mouvements de rotation de l'appareil ; il en est de même de l'étambot.

Le gouvernail est doublé en cuivre et garni de chaînes et de sauvegardes, pour le retenir au corps du navire, afin qu'il ne soit pas perdu s'il vient à être arraché de ses ferrures par un événemeut quelconque. Le bois employé pour sa construction est du bois fondrier ; l'effet de son poids est donc de le maintenir dans ses ferrures.

— Gouvernail compensé (*Balanced rudder*). On a adopté pour certains navires un nouveau gouvernail dont le but est d'augmenter la puissance du gouvernail ordinaire, tout en diminuant la difficulté et les forces à vaincre pour le mettre d'un bord ou de l'autre. Le gouvernail compensé se compose d'un safran d'une forme variable, mobile autour d'un axe qui partage la surface en deux parties inégales établies dans un rapport qui varie suivant les navires ; la plus petite est la surface avant. Le safran est formé de pièces de bois chevillées solidement entre elles et faisant corps avec les armatures en bronze formant la partie supérieure et la partie inférieure du gouvernail. L'axe se termine d'un côté par la tête du gouvernail en fer forgé passant dans un manchon en bronze ; de l'autre par un tourillon qui forme l'axe inférieur, reposant dans une armature en bronze à l'extrémité de la quille. Lorsqu'on veut faire évoluer le bâtiment, on agit sur la barre et on donne au safran une position oblique ; les filets d'eau frappant sur les deux parties auront pour effet de faire venir le bâtiment sur babord par exemple. La puissance giratoire du navire se trouve donc augmentée ; de plus le temps nécessaire pour mettre la barre au point voulu est considérablement diminué, car l'effort à faire est en partie détruit ; enfin le gouvernail se maintient en place avec un effort très faible.

— Gouvernail à lames équilibrées. Il se compose de deux ou trois lames métalliques, réunies par des armatures horizontales à un axe porté par la lame centrale. Ce gouvernail compensé a pour effet d'augmenter davantage encore la puissance giratoire du navire ; les filets d'eau agissant de la même façon sur les deux lames.

— Gouvernail de drisse. Son but est de maintenir la poulie de drisse d'un hunier, de s'opposer au décommettage de l'itague et d'agir concuremment avec la poulie inférieure de l'émerillon pour empêcher les tours de drisse. Il se compose d'une barre de fer formant un œil dans lequel passe le galhauban de hune de l'arrière ; cette barre en forme de T est fixée sur l'itague de la drisse par plusieurs bridures.

Gouverner, v. a. (*To steer*). C'est faire évoluer un navire ou le maintenir dans une direction donnée en se servant du gouvernail.

Pour gouverner à une route ou dans une direction donnée, le timonier s'efforce de maintenir au moyen de la barre la ligne de foi de l'habitacle sur l'air de vent indiqué. Quand on met la barre d'un bord, si le bâtiment va de l'avant, il vient du côté opposé à la barre ; si le bâtiment cule, il vient du bord où est la barre ; si le bâtiment est étale, il ne change pas de direction.

— Gouverner au plus près. Gouverner sans s'occuper du compas, mais de façon à tenir le vent dans les voiles, le point de la grande voile faseyant légèrement.

— Gouverner au plus près serré. Gouverner au plus près en tâtant constamment le vent.

— Gouverner au plus près bon plein ; gouverner les voiles pleines pour augmenter la vitesse du bâtiment, sans cependant quitter le plus près.

— Gouverner à la cape. A la cape la barre est généralement dessous. On doit mollir la barre et quelquefois même l'abandonner momentanément, lorsque le navire après s'être élevé à la lame, retombe dans le creux ; sans cette précaution, on s'exposerait à des avaries pour le gouvernail, et à des accidents pour les hommes de barre.

— Gouverner à la lame. Un navire gouverne à lame, lorsque, courant sous les allures du grand largue, il règle sa route d'après la direction des lames qui viennent de l'arrière, du travers. L'homme de barre doit veiller la mer avec grande attention ; lorsqu'il voit venir une grosse lame, il doit s'y prendre assez à temps pour lui présenter l'arrière et avoir la barre droite ou peu oblique au moment de son arrivée. La moindre distraction du timonier peut, sous cette allure, causer les plus graves accidents.

— Un navire gouverne bien lorsqu'il obéit facilement à son gouvernail et est sensible à son action ; il ne gouverne pas lorsque, pour une cause quelconque l'action du gouvernail ne se fait pas sentir.

Gouverneur, s. m. (*Governor*) Fonctionnaire exerçant le commandement en chef d'une colonie.

Grade, s. m. (*Office*). Les grades dans la marine sont désignés de la façon suivante (les mots entre parenthèse indiquent l'assimilation avec l'armée de terre :)

Equipages. — Quartier-maître (caporal) ; second maître (ser-

gent) ; maître (sergent-major) ; premier maître (adjudant).

Officiers. — Aspirant de 2e cl. (pas d'assimilation) ; aspirant de 1re classe (lieutenant en second) ; enseigne de vaisseau (lieutenant en premier) ; lieutenant de vaisseau (capitaine) ; capitaine de frégate (lieutenant-colonel) ; capitaine de vaisseau (colonel) ; amiral (général de brigade) ; contre-amiral (général de division) ; vice-amiral (maréchal).

Gradé, adj. Tout homme de l'équipage ayant un grade.

Grain, s. m. (*Squall*). Surcroît dans le vent, d'une durée plus ou moins longue, ordinairement accompagné de pluie.

Les grains prennent différents noms suivant leur nature et la façon dont ils s'annoncent.

— Grain noir (*Black squall*). Grain annoncé par un gros nuage noir.

— Grain sec. Grain sans pluie et survenant par un très beau ciel.

— Grain blanc (*White squall*). Grain indiqué par un très petit nuage blanc flottant au milieu d'un ciel serein.

A l'approche d'un grain on doit serrer les voiles légères et être prêt à manœuvrer, le vent changeant souvent avec l'arrivée du grain ; il faut également se défier de la queue du grain ou rabiau, une nouvelle survente plus forte que la première se produisant souvent après une accalmie.

Grainasse, s. f. (*Small squall*). Petit grain généralement accompagné de pluie.

Grain d'orge, s. m (*Cleat*). Morceau de bois taillé en prisme avec lequel on remplit un vide, ou accore un objet ; on s'en sert en guise de coin.

Grand, adj. (*Main*). Adjectif qualifiant tous les objets qui se rapportent au grand mât.

Grand corps (*Royal navey*). Avant 1789, on désignait ainsi les officiers militaires de la marine naviguante.

Grande-rue (*Wast*). C'était autrefois tout le milieu non ponté d'un grand bâtiment, où on plaçait les embarcations ; les chantiers (entre les deux grandes écoutilles) formaient la place de la drome tribord et bâbord.

Grand foc, s. m. (*Fore top stay sail*). Voile triangulaire qui se hisse sur une draille allant de la tête du petit mât de hune au bout dehors du beaupré.

Grand mât (*Main mast*) Le mât le plus élevé d'un navire ; il est ordinairement en plusieurs parties, et comprend sur les grands bâtiments: le bas mât ou mât majeur ; le grand mât de hune, le grand mât de perroquet, le grand mât de cacatois.

Grand panneau (*Main hatch*). Le panneau placé en avant du grand mât.

Grande vergue, s. f. (*Main yard*). La vergue la plus basse du grand mât et sur laquelle est enverguée la grand voile. Voir *Vergue*.

Grand voile, s. f. (*Main sail*). Voile carrée enverguée sur la grande vergue. Au plus près, son point d'amure est fixe au vent en abord près du dernier hauban de misaine ; son point d'écoute en abord sous le vent en arrière des grands haubans.

— La voile principale du grand mât des navires à voiles auriques ou latines ; à bord des goëlettes, la grand voile est celle portée par la corne du grand mât.

Grand voile d'étai (*Main stay sail*). Voile d'étai qu'on installe entre le mât de misaine et le grand mât.

Grappe de raisin (*Langrel*) Projectile formé de paquets de grosses balles de fer fixées sur un plateau également en fer.

— Herbe marine qu'on rencontre dans la mer de Sargasse. Voir *Raisin des tropiques*.

Grappin, s m. (*Grappling*). Verge ronde de fer ayant à un bout quatre ou cinq branches recourbées intérieurement portant chacune à leurs extrémités une oreille en pointe et à l'autre bout

un anneau ou boucle sur lequel on étalingue une aussière ou un câble.

Les grappins servent d'ancres aux embarcations.

Les grappins d'abordage ont la même forme, mais leurs branches sont terminées par une pointe ayant une barbe crochue ; on les suspend au bout des basses vergues et du beaupré par une chaîne étalinguée à un fort cordage retenu sur le pont et qu'on file au besoin. D'autres grappins plus légers sont suspendus aux bouts-dehors des basses vergues ou sont lancés à la main. Leur destination est

Grappin.

d'accrocher un bâtiment ennemi par quelque point de son gréement, de s'en rapprocher et de le retenir afin d'y effectuer un abordage.

— Les brûlots portaient aux extrémités de leurs vergues des ferrures identiques aux grappins.

— Nœud de grappin. Nœud servant à étalinguer un grappin ou une chatte ; il se compose d'un tour mort fait sur la cigale et de deux demi-clefs dont l'une embrasse le tour mort et le cablot, l'autre le cablot seulement.

Gras, adj. (*Foggy*). Temps gras. temps humide et pluvieux.

— Un bâtiment court à grasses boulines ou à franches boulines, lorsqu'il a un peu de largue.

Gras, s. m. Une pièce de bois a du gras, est en gras, quand il y a trop de bois sur une de ses faces ou que l'un de ses angles plans ou équerrage est trop obtus.

Gratte, s. f. (*Scraper*). Sorte de râcle ; petite plaque triangulaire en fer, peu épaisse et tranchante sur les trois côtés ; elle est garnie en son milieu d'une douille portant un manche. On s'en sert pour gratter les mâts, les ponts, les carènes des bâtiments, pour en détacher les ordures, brai. La gratte est le plus souvent une plaque de cuivre rectangulaire tranchante sur un de ses bords.

— Morceau de fer recourbé, emmanché à un bâton, et dont les calfats se servent pour détacher le vieil enduit d'une carène.

Grau, s. m. Petit lac d'eau saumâtre.

— Embouchure d'un canal conduisant de la mer à un étang voisin (Med.).

Grave, s. f. (*Strand*). Nom donné par les pêcheurs de Terre-Neuve à la place choisie près de leur échafaud pour y faire sécher la morue sortie du sel. La grave est un sol ferme, près d'un rivage qui s'étend en pente douce vers la mer et bien exposé au soleil.

Gréement, s. m. (*Rigging*). L'ensemble des cordages, manœuvres. poulies de toutes sortes et autres objets servant à l'établissement, à la tenue ou au jeu de la mâture, des vergues, et des voiles de ce navire. On dit de même le gréement ou la garniture d'un mât, d'une vergue, d'une voile ; le gréement d'une bouche à feu, d'une pompe.

Gréer, v. a. (*To rig*). Etablir à leur place toutes les parties composant le gréement d'un bâtiment.

On distingue les bâtiments d'après la disposition de leur gréement. Un navire est grée en carre, en latin, en brig, eu senau, etc. Voir ces mots.

— Gréer les perroquets. Mettre en croix les vergues de perroquet.

Gréeur, s. m. (*Rigging man*). Homme dont la profession est de gréer les navires.

Grégalade, s. f. Coup de vent de Nord-Est (Médit.).

Grelin, s. m. (*Wharp*). Les grelins sont composés de trois ou quatre aussières tordues ensemble dans le sens opposé à celui où elles sont tordues elles-mêmes ; ils sont donc commis de droite à gauche. Les aussières qui forment un grelin sont toujours en trois ; elles forment les cordons du grelin. Ainsi, suivant qu'on emploie trois ou quatre aussières, le grelin a neuf ou douze torons ; il prend alors le nom de grelin en neuf ou en douze. Les grelins en neuf servent au remorquage et à l'amarrage des bâtiments ; leur grosseur varie de de 130 à 360 millimètres de circonférence. Les grelins en douze ont de 90 à 400 millimètres d'épaisseur ; on les emploie pour étais de bas-mât, guinderesse, écoutes de basse voile, etc.

— Amarrage au grelin. Lorsque les canons sont à la serre et que l'on craint les mouvements de tangage et de roulis, on passe un grelin sous le bouton de culasse de la pièce et on le fixe raide aux deux extrémités de la batterie ; l'amarrage est ensuite serré entre chaque pièce par des aiguillettes passant dans des boucles fixées en abord.

Grenade, s. f. (*Grenade*). Petit boulet creux du poids d'un kilogramme et rempli de poudre et de capsules fulminantes ; sa surface est hérissée de clous. Les grenades sont lancées à la main par des matelots placés dans les hunes ou sur les basses vergues.

Grenier, s. m. (*Pebbles*). Couche de lest en galet ou en bois qu'on dispose au fond de la cale pour recevoir des ballots ou marchandises qu'on veut protéger contre l'humidité.

— Chargement en grenier. Voir *Charger*.

Grèsio, s. m. (*Silly fellow*). Terme de mépris, mauvais marin (Nantes).

Grève. s. f. (*Strand*). Sorte de plage où, au milieu du sable, dominent de petites pierres.

Gribane, s. f. Bateau de rivière à fond plat et à avant rond qui navigue près des côtes de la Manche sur la Seine et sur la Somme. Il porte un mât à bascule pouvant gréer une voile de fortune.

Gribou, adv. (*To overset*). Faire gribou, chavirer sur une barre à la côte d'Afrique, ce qui arrive fréquemment aux embarcations qui la traversent.

Grignon, s. m. (*Sea biscuits bits*). Petits morceaux de biscuits cassés qu'on distribue aux hommes.

Gril, s. m. (*Grounding place*). Chantier formé par une série de pièces de bois parallèles et sur lequel on échoue un navire de façon à pouvoir le réparer entre deux marées.

Grillage, s. m. (*Ducking hauling*). Assemblage de pièces de bois qui se croisent à angle droit et bâties solidement pour pouvoir porter un navire en construction.

Griolet (Machine). Appareil servant à démonter une bouche à feu, c'est-à-dire à l'enlever de son affût et à la poser sur le pont. Il se compose d'un burin de volée, à deux réas, qu'on introduit dans la bouche, et d'une poulie fixée à un piton placé sur le barrot au-dessus de la volée ; d'une poulie double en fer avec une estrope en filin capelée au burin de culasse et d'une poulie triple fixée à un piton placé sur le barrot au-dessus de la culasse. Avec ces quatre poulies, on forme deux palans qui permettent de soulever la pièce pour la sortir de son affût, puis de l'amener sur le pont.

Gros, adj. Gros temps (*Hard wea-ther*). Vent violent et mer élevée.

— Grosse mer (*High sea*). Mer haute qui déferle avec force.

Gros, s. m. Le gros d'un mât est l'endroit où son diamètre est le plus grand ; c'est un peu au-dessus du milieu de sa longueur en partant du pied.

— Le gros de l'eau (*High water*). La pleine mer les jours de nouvelles et pleines lunes.

Gros-bois, s. m. (*Flat*). Allège dont on se sert aux Antilles pour porter aux navires leurs approvisionnements.

Grossir, v. n. (*To heave*). La mer grossit lorsque les lames deviennent plus hautes et plus grosses.

Guérite, s. f. Planche en chêne placée autour des hunes où où elle forme un petit rebord et dans laquelle passent les lattes qui servent d'estropes aux caps de moutons inférieurs des haubans de hune.

— Guérite d'une manche à vent. La partie ouverte latéralement vers le haut et par laquelle le vent s'introduit.

— Autrefois, la guérite de fanal était un grillage entourant le pied du mât d'artimon et où se plaçait le fanal destiné à éclairer la soute à poudre de l'arrière.

Guet, s. m. (*Watch signal*). Mots qui, dans les ports et en rade, servent à faire reconnaître les rondes, et qui, à la mer, servent aux bâtiments à se reconnaître. Ils se composent d'un nom d'homme et de ville commençant tous deux par la même lettre et nommés le premier mot d'ordre et le second mot de ralliement.

Guetteur, s. m. (*Lookout man*). Employé qui se tient dans certains postes sur la côte et qui est chargé de signaler la nationalité, le nombre des voiles qu'il a en vue.

Gueulard, s. m. Le plus grand porte-voix du bord.

Gueule. s. f. Gueule d'une bouche à feu (*Mouth*). La partie de l'âme voisine de la tranche de la pièce.

— Gueule de loup (*Notch*). Le bout d'une pièce de bois est coupé en gueule de loup lorsqu'on y a pratiqué une entaille angulaire destinée à embrasser l'angle dièdre formé par deux faces adjacentes d'une autre pièce.

— Gueule de loup. Œil formé avec le double d'un filin pour y crocher un palan ou y passer un levier quelconque, cabillot, épissoir, destiné à raidir ce filin.

— Gueule de raie. Nœud qui sert à frapper le bout d'une manœuvre sur le croc d'un palan.

Gueuse, s. f. (*Pig for ballast*). Masse de fer coulée en forme de parallélipipède et qui sert a former le lest d'un navire. A l'une des extrémités est un trou permettant de manier la gueuse avec un croc.

Gui, s. m. Voir *Bôme*.

Guibre, s. f. (*Knee of the head*). L'assemblage de charpente faisant saillie sur l'avant de l'étrave ; elle sert à consolider le beaupré dont elle reçoit les sous-barbes et les liures et à porter la poulaine. Elle se compose de 4 pièces : 1° la gorgère ou taquet de taillemer, qui forme la partie inférieure du taillemer et est appliquée sur la branche verticale du brion ; 2° la mèche de la guibre qui, aboutée par un écart à croc avec la gorgère, remonte jusqu'au haut de l'étrave ; 3° le taillemer, qui a le pied contre la partie inférieure de la mèche et forme la limite avant de la guibre ; 4° la courbe de capucine qui lie la guibre à l'étrave.

Guide ou gui. Cordage qui sert à placer certains palans dans une direction voulue. Voir *Palan d'état*.

Guideau, s. m. Filet en forme de sac employé par les pêcheurs de la basse Seine.

Guidon, s. m. (*Broad pendant*). Pavillon en étamine, plus long que large, que l'on fixe sur une drisse. Le guidon, aux couleurs nationales, hissé en tête du grand mât, est la marque distinctive d'un capitaine de vaisseau commandant trois bâtiments au moins.

— Guidon de la mer. Code maritime qui parut vers la fin du XIV° siècle et perfectionna les jugements ou rôles d'Oléron.

Guignette, s. f. (*Chisel*). Ciseau employé par les calfats pour agrandir les coutures et les joints des bordages.

Guigue, s. f. (*Gig*). Canot très léger à fonds plats, à bouts effilés et bordant six avirons en pointe.

Guindage, s. m. (*Hoisting*). Action de guinder.

— Espace parcouru par le mât guindé.

— Action de charger et de décharger les objets d'une cargaison.

Guindant, s. m. (*Hoist*). La hauteur le long du mât d'une voile carrée ou aurique ; la longueur de la gaîne d'une voile latine.

— (*Hounding*). Le guindant d'un mât de hune ou de perroquet est la partie comprise entre sa noix et le chouque du mât inférieur.

Guindeau, s. m. (*Windlass*). Treuil a axe horizontal servant sur les navires de commerce à lever les ancres et faire les manœuvres de force. Le guindeau passe dans deux forts montants plats qui descendent dans la cale comme ceux des bittes ; sa surface cylindrique est garnie de nervures pour arrêter les cordages qu'on y enroule, et des trous y sont percés pour recevoir les barres qui servent à le faire tourner. Au lieu de cabestan a barres, on emploie maintenant le cabestan à pompe, ainsi nommé parce que les hommes agissent sur une bringuebale de pompe dont le mouvement circulaire alternatif est transformé en un mouvement circulaire continu.

Guinder, v. a. (*To sway up*). Elever au-dessus des élongis et suivant le ton des bas mâts d'un bâtiment ses mâts de hune ; passer le braguet (voir ce mot) ; virer la guinderesse en allégeant le gréement; lorsque la caisse du mât arrive à hauteur des jottereaux, capeler le braguet dans son engoujure sous la caisse et l'embraquer bien raide à mesure que le mât monte. Dès que le trou de la clef paraît au-dessus des élongis, y passer une pince sur laquelle est amarrée l'aiguillette de la clef et hâler sur la pince lorsque le mât est suffisamment guindé pour que la clef puisse être mise en place. Dévirer, faire reposer sur sa clef et dégarnir le cabestan.

Guinderesse, s. f. (*Top rope*). Cordage plus ou moins gros qui sert à guinder et caler les mâts d'hune, de perroquet.

Guipon, s. m. (*Mop*). Espèce de gros pinceau de calfat qui sert à étendre le brai chaud ou tout autre enduit sur la carène d'un bâtiment; il se compose d'un manche en bois portant une houpe faite avec des bandes d'étoffe de laine ou des morceaux de peau de mouton.

Guirlande, s. f. (*Breast-hook*). On nomme guirlandes des pièces de bois courbes reliant ensemble l'étrave et les extrémités des murailles de chaque côté du bâtiment.

Guiterne, s. f. Arc-boutant placé en arrière des machines à mâter dans les grands ports et dont un bout est rousté sur la bigue du milieu, tandis que l'autre l'est sur le mât principal ou à point fixe vers le pied.

H

Habiller, v. a. Enlever l'arête des morues, les aplatir et les disposer pour les faire sécher.

Habilleur. Habilleur ou trancheur; pêcheur du banc de Terre-Neuve chargé d'habiller les morues.

Habitacle, s. m. (*Bitacle*). Petite armoire placée sur le pont d'un bâtiment et contenant le compas de route sur lequel le timonier qui gouverne a l'œil fixé.

Hache, s. f. (*Axe*). Outil de charpentier.

— Hache d'armes ou d'abordage. Hache ordinaire dont la tête est une grosse pointe de fer qui permet de la piquer dans la muraille d'un navire ennemi pour pouvoir s'y fixer comme un échelon servant à monter à son bord dans un abordage.

Haha, s. m. (*Under jib*). Petite voile qu'on installait autrefois sous le bout dehors de beaupré; une ralingue s'élonge sous ce bout dehors, l'autre contre l'arc-boutant; l'écoute qui est au point opposé inférieur se fixe au bord du côté du vent.

Haie, s. f. (*Reefs*).—Haie d'écueils, de rochers; ligne de rochers, de récifs.

Halage, s. m. (*Tracking*). Opération de haler, en tirant sur des cordages, un bâtiment, une pièce de bois, un objet quelconque. Le halage d'un bâtiment se fait soit en faisant effort du bâtiment sur des cordages fixés sur un point fixe, ancre, corps mort, organeau de quai, etc., soit de terre en agissant sur un cordage fixé au bâtiment.

— Cheville de halage. Barre de fer ronde terminée d'un côté par un bouton et qu'on dispose pour servir d'axe de rotation aux rouets et aux dévidoirs dans une corderie.

Hale, s. f. Une laize de toile à voile a de la hâle lorsque après avoir servi, la trame n'est plus perpendiculaire à la chaîne.

Hale-à-bord, s. m. (*Conveying rope*). Petit cordage employé momentanément à haler dans un bâtiment tout objet extérieur un peu éloigné qu'on veut mettre à bord ou seulement faire accoster le bord.

Les bonnettes basses ont des hale-à-bord qui servent à les rentrer.

Hale-bas, s. m. (*Down-haul*) Manœuvre frappée sur le point de drisse des focs et voiles d'étai et qui passe le long de la draille dans les bagues d'envergure; on pèse dessus pour faire descendre la voile et l'amener.

— Hale-bas de pavillon, guidon, flamme; morceau de ligne blanche sortant de 1ᵐ,50 en dehors de leur gaîne et qui sert à réunir à cette distance différents pavillons hissés sur la même drisse.

Hale-bouline, s. m. (*Raw seaman*). Argot. Marin grossier et peu instruit.

Hale-breu, s. m. (*Down haul*). Petit cordage employé à faire monter les cargues de l'artimon ou de la brigantine jusqu'au bout de la corne en suivant la ralingue de l'arrière; ce qui les fait affaler et empêche la voile d'en être bridée lorsqu'on la largue.

Hale-dedans, s. m. (*In-hauler*). Cordage frappé sur le rocambeau d'un foc pour le haler en dedans.

Haler, v. a. (*To haul*). Tirer un cordage ou un objet quelconque au moyen d'un cordage sur lequel on fait effort.

— Haler les boulines. Les raidir en agissant dessus.

— Haler une embarcation au plein. La tirer de façon à l'amener à l'endroit de la pleine mer.

— Haler un navire. Le remorquer, le touer, ou le traîner à la cordelle.

— Haler s'applique plus particulièrement à un cordage qui vient horizontalement ou d'en bas; on dit peser si, au contraire, le cordage vient d'en haut.

— Le vent hale le Nord lorsqu'il change en s'approchant du Nord.

Hamac, s. m. (*Hammock*). Lit suspendu employé à bord pour l'équipage. Il se compose d'une double bande de toile à voile longue de 2 mètres au plus et large de 0ᵐ,90; elle est percée à ses extrémités d'œillets pour recevoir les branches d'une araignée garnie d'un raban. Ces rabans servent à fixer le hamac sous les ponts. Un matelas d'environ 6 centimètres d'épaisseur placé entre les doubles de la toile et une couverture de laine complètent le fourniment du hamac. Chaque homme a le sien.

Hampe, s. f. (*Handle*). Nom des manches d'écouvillons, refouloirs, etc.

Hanche, s. f. (*Quarter*). Parties des œuvres mortes d'un bâtiment, tribord et bâbord sur l'arrière des porte-haubans d'artimon.

Un objet qui est situé à 45 degrés de l'arrière du travers est dit par la hanche.

Hanet, s. m. (*Reef-line*). Bout de ligne ou de quarantenier qu'on passe dans les œils-de-pie des bandes de ris des voiles auriques et autres, qui s'amènent dans les petits bâtiments qui prennent les ris d'en bas; la toile est ployée et amarrée sur la ralingue du fond par les hanets.

— Bout de ligne servant à transfiler un hamac.

Hansar, s. m. (*Saw*). Scie à lame large et flexible.

Harengaison, s. f. (*Herring season*). Saison du passage des harengs dans la Manche.

Harpeau, s. m. (*Grappling iron*). Grappin d'abordage.

Harpoire, s. f. (*Harpoon line*). Filin fixé au harpon.

Harpon, s. m. (*Harpoon*). Fer tranchant, pointu et barbelé ayant une douelle pour recevoir un manche de deux ou trois mètres de longueur. Le bout qui pénètre dans la douille est plom-

bé. Une petite lame de fer couchée dans le harpon est maintenue par une bague qui glisse
lorsque le harpon pénètre dans
le poisson ; une ligne fixée au
harpon sert à le retirer à soi ; la
lame s'ouvre alors en travers
dans le poisson et y forme arrêt.

Harponner, v. a. (*To harpoon*).
Frapper un poisson d'un harpon.

Harponneur, s. m. (*Harpooner*).
Matelot chargé de manier le
harpon ; à la pêche de la baleine,
il se tient à l'avant de la baleinière.

Hater, v. a. (*To rise up*). Relever
une drague engagée au fond de
la mer de façon à arrêter l'embarcation qui la traîne.

Hauban, s. m. (*Shroud*). Les
haubans sont de fortes manœuvres dormantes qui servent à
maintenir les mâts d'un bâtiment tribord et bâbord. Ils sont
ordinairement distribués par
paires, c'est-à-dire qu'un seul
morceau de cordage, formant une
boucle ou un œillet à son milieu,
se capèle sur un mât par cette
boucle ; les deux branches de ce
cordage constituent ce qu'on appelle les haubans ; elles descendent et vont se raidir, celles des
haubans des bas mâts sur les
porte-haubans, celles des haubans des mâts de hune sur le
bord des hunes, celles des haubans des mâts de perroquet sur
les barres de perroquet. Les haubans du mât de beaupré sont
inclinés comme ce mât et fixés
sous les bossoirs ; ceux du bout
dehors sont écartés au moyen
des arc-boutants qui remplacent
la vergue de civadière et viennent se fixer aux joues du bâtiment.

Les haubans se raidissent au
moyen de caps de mouton ou de
ridoirs métalliques. Voir ces
mots.

Les anciens haubans en chanvre étaient commis en aussière
ou en grelin ; aujourd'hui, les
haubans des bas mâts, des mâts
de hune, de beaupré, grand foc
et clin-foc sont en fil de fer.

— Haubans de fortune. Haubans
supplémentaires qu'on aiguillette
provisoirement à la tête des
mâts par mauvais temps.
— Haubans de revers. Gambes.
— Haubans à colonnes. Haubans
composés d'une pantoire et d'un
palan ; cette disposition permet
de les mollir pour faciliter le
brasseyage des basses vergues.
— Haubans de cheminées ; chaînes
en fer fixées d'un bout en abord
et de l'autre au haut de la cheminée qu'elles servent à maintenir verticale.
— Nœud de hauban (*Shroud knot*).
Ce nœud sert à réunir très solidement les deux parties d'un
hauban ou toute autre manœuvre
qui a été coupée en perdant le
moins possible de la longueur
de cette manœuvre. Ce nœud
peut être simple ou double. Pour
faire le nœud simple, on détord
une longueur suffisante de chacun des deux bouts du hauban ;
on rapproche ces bouts en croisant leurs torons ; on replie ces
torons sur eux-mêmes en les
entrelaçant et après avoir souqué
les passes, on perd les bouts
entre les torons. Le nœud du
hauban s'amincit à la longue et
son diamètre finit par être à
peine supérieur à celui du cordage.

Le nœud double se fait avec
deux culs-de-porc adossés et terminés par des épissures ; il est
beaucoup plus solide, mais plus
gros que le dernier.

Hausse, s. f. (*Tangent scale*). La
hausse a pour but de changer à
volonté la ligne de mire d'une
pièce de façon que l'on puisse
toujours viser directement sur le
but. Elle se compose d'un curseur ou hausse proprement dite
mobile ou fixe dans un canal ou
dans une boîte de hausse ; d'une
traverse parallèle à l'axe des
tourillons située à la partie supérieure du curseur, ou mobile
sur ce curseur ; d'un chapeau
porte-cran de mire, mobile ou
fixe sur la traverse.

Le mouvement vertical de la

hausse permet de donner à la pièce des angles de tir de plus en plus grands et, par conséquent, d'envoyer le projectile de plus en plus loin. Ce mouvement vertical de la hausse permet, en portant la culasse plus ou moins sur la droite ou la gauche de corriger la dérivation latérale.

Ces deux mouvements verticaux et horizontaux sont souvent remplacés par un seul mouvement le long d'une tige inclinée permettant de corriger à la fois de la distance et de la dérivation.

Haut, adj. Un bâtiment est haut lorsque ses œuvres mortes sont élevées au-dessus de l'eau.

— Une terre haute est une terre qui s'élève beaucoup au-dessus du niveau de la mer.

— Voiles hautes. Huniers, perroquets, cacatois.

— Batterie haute d'un vaisseau, la batterie supérieure (*Upper deck*).

— La haute mer. La pleine mer. Le large.

— La haute mer, le moment où la mer est pleine.

— Bâtiment de haut bord. Navire ayant plusieurs batteries couvertes.

— En haut, adv. Une ancre est en haut (*Is a trip*) lorsqu'elle est au bossoir.

— En haut le monde (*All hands up*). Commandement pour faire monter tout le monde sur le pont.

Hauteur, s. f. Hauteur des étambots, de l'étrave, des lisses, des lignes d'eau, leur distance verticale à la surface supérieure de la quille.

— Hauteur de batterie ; la distance verticale du seuillet de sabord à l'eau.

— La hauteur d'un astre est l'arc du vertical passant par le centre de cet astre et qui est compris entre ce centre et l'horizon.

— Etre à la hauteur d'un cap, d'un port, c'est se trouver sur le même parallèle que ce cap ou ce port.

Haut-pendu, s. m. (*Squall*). Nuage noir, isolé, assez élevé,

présage d'un grain de peu de durée, mais assez fort.

Hauts, s. m. Les hauts d'un bâtiment sont les parties de la coque qui émergent.

Hauturier, adj. Pilote hauturier (*Sea pilot*). Capitaine hauturier (*Sea master*). Nom donné autrefois aux pilotes et capitaines qui naviguaient au large en déterminant leur position par la hauteur des astres.

Haveneau, s. m. Petit filet ayant une poche ouverte par un cercle et qu'on manœuvre au moyen d'un manche.

Havet, s. m. (*Cook's hook*). Grande fourchette du maître coq pour retirer les morceaux de viande de la marmite.

Hàvre, s. m. (*Harbour*). Petit port abrité du large par une jetée.

Heaume, s. m. (*Tiller*). Ancien nom de la barre de gouvernail des petits bâtiments.

Héler, v. a. Appeler (*To hail*). Héler quelqu'un, un bâtiment. Appeler à la voix ou au moyen d'un porte-voix.

Hélice, s. f. (*Screw*). L'hélice est une espèce de vis courte, mais très large fixée à l'arrière d'un bâtiment et destinée à le faire

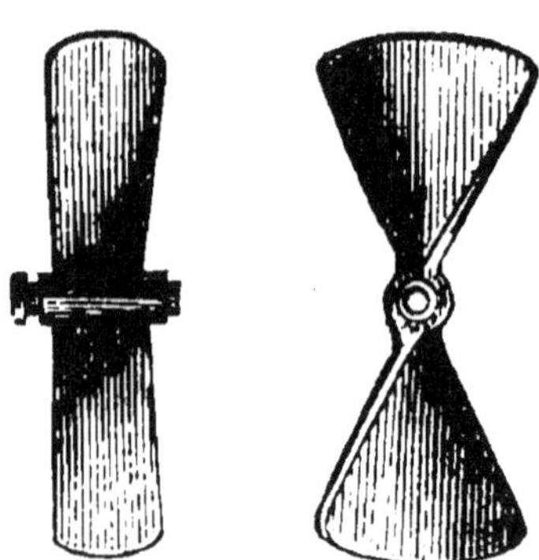

Hélice.

avancer. Le mouvement de la vis dans son écrou rend parfaitement compte de l'effet de l'hélice; lorsqu'on fait tourner dans un écrou fixe une vis, celle-ci s'avance; la mer remplace l'écrou fixe et l'hélice la vis. Les hélices sont installés dans un cadre ou cage pratiqué à l'arrière du bâtiment sous le couronnement et en avant du gouvernail; elles

Hélice.

tournent autour d'un axe horizontal mis en mouvement par la machine.

Les hélices ont ordinairement deux ailes; mais elles peuvent en avoir trois, quatre, cinq, six; elles sont en bronze.

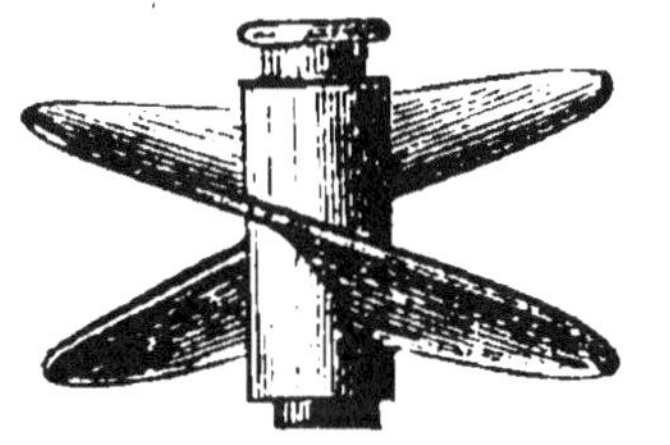

Hélice.

Les hélices ont permis d'obtenir des vitesses bien plus grandes que les roues; profondément immergées, il est rare même par mauvais temps qu'elles sortent de l'eau; leur action est donc continue; pour la même raison, elles sont à l'abri des projectiles. (Voir cage, puits, recul, pas amovible, inamovible, trépidations.)

Héméralope, s. m. Homme héméralope; homme qui ne voit plus du tout clair la nuit; on attribue cette affection à l'action du screin.

Hérisson, s. m. Grappin à quatre becs.

Herminette, s. f. (*Adze*). Outil de fer tranchant d'un bout et recourbé dans sa largeur, ayant une tête de marteau à l'autre bout et emmanché sur un manche d'environ un mètre de long. Les charpentiers s'en servent pour aplanir les faces des pièces de bois.

Hernier, s. m. Morceau de bois percé de trous dans lesquels passent des bouts de ligne qui forment les branches d'araignée d'une tente. Le hernier sert à soutenir la ralingue du milieu de la tente.

Herpes, s. f. (*Head rails*). Pièces de construction courbes partant du bossoir et allant s'appliquer sur la guibre qu'elles soutiennent.

— Herpes marines. Objets perdus à la mer que l'on trouve sur la plage; les coraux, l'ambre que la mer laisse à découvert.

Heu, s. f. (*Hoy*). Bâtiment caboteur de la Manche à fonds plats, il grée un mât portant une voile à livarde et un mât de tapecu.

Heuse, s. f. Voir *Chopine*.

Hiloire, s. f. (*Bending strake*). Hiloires de pont. Bordages en chêne, dans un pont fait de planches de sapin, cloués sur les baux d'un bâtiment; ces bordages, plus épais que les autres, renforcent les liaisons d'un bâtiment; deux hiloires sont le long des écoutilles et deux autres entre ces dernières et la muraille.

— Hiloires renversées. Forts bordages dans lesquels s'encastrent les têtes des épontilles qui supportent le premier pont.

Hisser, v. a. (*To hoist*). Elever, faire monter. Hisser une vergue, une voile, une embarcation, un pavillon; les élever, les faire monter en agissant sur un cordage nommé drisse.

— Hissez! (*Hoist away*). Commandement à des hommes rangés sur une drisse de faire effort pour hisser le corps auquel elle est fixée.

Hisson, s. f. Drisse de l'antenne de trinquet (Méd.).

Hivernage, s. m. (*Hurricane months*). Saison des pluies ou des ouragans dans les pays chauds et de l'hiver dans les pays du Nord.

Homme, s. m.
— de bois. Mât très court installé à l'arrière des bossoirs et qui sert à traverser les ancres.
— de mer (*Seafaring man*). Marin, officier ou matelot exerçant la profession de marin. -
— de quart (*Man of watch*). Voir *Quart*.

Honneur, s.m. (*Military-Honours*).
— (*Close to*). Ranger un bâtiment à honneur, passer aussi près que possible de lui sans le toucher ou l'aborder.
— Honneurs. Salute, salves, cérémonies que prescrivent les règlements pour rendre hommage aux officiers et fonctionnaires de différentes natures.

Hôpital, s. m. (*Hospital*).
— Infirmerie; local disposé à l'avant dans la batterie haute pour recevoir les malades.
— Bateau-hôpital. Bâtiment disposé pour servir d'hôpital.

Horizon (*Horizon*). Horizon sensible. Partie de la surface terrestre où se termine notre vue, où le ciel et la terre semblent se toucher.
— La partie du ciel qui avoisine l'horizon sensible. Horizon embrumé, clair.
— Horizon artificiel. Glace circulaire enchâssée dans une monture en cuivre soutenue par trois pieds à vis qui permettent de la

placer dans un plan horizontal ou tout simplement vase contenant du mercure. On se sert de cet appareil pour déterminer à terre la hauteur d'un astre audessus de l'horizon.

Horloge, s. f. (*Watch glass*). Sablier qui servait autrefois à déterminer l'heure à bord; il se retournait de demi-heure en demi-heure. L'horloge de combat ou de gros temps était un sablier marchant pendant quatre heures.

Houache, s. f. (*Wake*). Remous, agitation que laisse derrière lui un bâtiment faisant route.
— Morceau d'étamine (*Fore runner*) fixé sur la ligne de loch à une distance du bateau de loch égale à la longueur du navire. C'est à partir de ce point qu'on commence seulement à compter les nœuds; on admet qu'a cette distance, les remous du navire n'ont plus d'action sur le bateau de loch.

Houari, s. m. (*Wheery*). Bateau à deux mâts portant deux voiles triangulaires dont la partie inférieure de l'avant est garnie de cercles en bois pour glisser contre le mât; la partie supérieure est enverguée sur une petite vergue accolée au mât; elle s'élève dans la même direction que lui et est maintenue par des cercles en fer.
— Voiles à houari. Voiles installées comme celles d'un houari. Les baleinières des navires de l'Etat ont une voilure à houari.

Houle, s. f. (*Surge*). Longs mouvements d'ondulation que les eaux de la mer conservent après une tempête ou avant que celle-ci n'ait lieu; elles les agite sans bruit et sans écume.

Houleux, adj. (*Swelling*). La mer est houleuse, lorsque ses eaux se soulèvent sans bruit et sans écume.

Houpée, s. f. (*Surge*). Effet produit par le choc de lames se dirigeant en sens contraire.

Houra (*Together*) Cri des matelots pour agir ensemble.

— (*Huzza*). Cri anglais de réjouis-
sance.

Hourdi, s. m.

— Barre d'hourdi; la barre la
plus élevée de l'arcasse; elle
s'assemble en son milieu avec la

tête de l'étambot et à ses extrémités avec le couple d'estain.

Houri, s. m. (*Lugger*). Sorte de
chasse-marée des envivons de
Dieppe.

Hourque, s. m. (*Howker*). Bâti-

Voiles à houari.

ment de transport du Nord à varangues plates, à flancs renflés,
à arrière arrondi; il porte deux
mâts à pibles et est gréé dans le
genre des goëlettes.

Hourvari, s. m. Bourrasque ora-
geuse (Antilles).

Hublot, s. m. (*Light port*). Petite
ouverture percée dans la muraille d'un bâtiment ou dans les
mantelets de sabord, pour donner de l'air ou du jour. Les hu-
belots sont généralement circulaires et fermés au moyen d'une
épaisse lentille en verre.

Hulot, s. m. Ouverture circulaire
pratiquée tribord et bâbord dans
les panneaux d'une écoutille et
servant au passage des câbles
ou des chaînes dans la cale.

— Synonyme de Jaumière.

Hune, s. f. (*Top*). Plate-forme arrondie à sa partie avant pour faciliter le jeu des voiles; elle est
maintenue sur les barres traversières et les élongis par des
chevilles à écrous. Elle sert à
donner l'écartement convenable
aux haubans de hune; elle est
en même temps un lieu de repos pour les gabiers et sert de
dépôt pour les objets du service
courant de la mâture haute.

La hune est percée de plusieurs ouvertures; de chaque
côté, le trou du chat, qui donne
passage aux bas haubans et à
plusieurs manœuvres dormantes; les hommes qui se rendent
dans la hune ou au-dessus montent par le trou du chat; le trou
carré qui se trouve sur l'avant

du trou du bas mât et qui renferme la caisse du mât de hune, se nomme cheminée. Trois autres trous sur l'avant donnent passage à la suspente et aux estropes dés poulies de drisse de basse vergue. Enfin, tout autour des trous percés tribord et babord reçoivent les lattes des caps de mouton des haubans de hune.

La grande hune a pour largeur la moitié de la longueur du maître bau.

L'opération de mettre en place une hune se nomme capeler une hune.

Hunier, s. m. (*Top sail*). Voiles carrées fixées aux vergues des mâts qui surmontent les bas mâts d'un navire.

Les huniers sont envergués sur la vergue de hune; on les établit en hissant la vergue et en raidissant les écoutes qui partent des points inférieurs et passent dans des clans pratiqués aux extrémités de la basse vergue. Des boulines sont fixées tribord et babord sur les ralingues de chute. Les autres manœuvres frappées sur les huniers sont les cargue - points, cargue - fonds, cargue-boulines, les palanquins. La surface des huniers peut être réduite de moitié au moyen des bandes de ris. On distingue le petit hunier (*Fore top sail*) sur le mât de misaine, le grand hunier (*Main top sail*) et le perroquet de fougue (*Mizen top sail*) au mât d'artimon. Ces voiles sont les plus employées; leur élévation moyenne fait qu'elles ne sont jamais abritées par les lames et reçoivent bien le vent même par grosse mer, et que leur action n'est jamais assez grande pour exposer le navire à chavirer.

— Hunier à mi-mât. Hunier amené à peu près à la moitié de la longueur du guindant du mât de hune.

— Hunier au bas ris.

Hunier dont on a pris tous les ris.

— Hunier sur le ton.

Hunier amené aussi bas que possible sans porter sur le chouquet.

— Doubles huniers. On nomme ainsi l'ensemble des deux voiles obtenues par la section d'un hunier ordinaire à la hauteur de la quatrième bande de ris. La partie supérieure est munie d'une ralingue de bordure et la partie inférieure d'une ralingue d'envergure. La surface de la voile est donc la même dans le double hunier que dans le hunier ordinaire ; mais cette toile est rendue plus maniable pour une diminution plus rapide de voilure avec un équipage réduit comme celui des transports de l'État ou des navires de commerce. Chaque partie du hunier est portée par une vergue; la vergue inférieure, fixe comme une basse vergue, est dite vergue de hune ; la vergue supérieure, au contraire mobile, est dite vergue du volant. Cette disposition a de grands avantages. En amenant les volants, on réduit instantanément d'une façon considérable la surface de voilure. La prise des ris est plus facile, moins dangereuse et presque toujours inutile. Les huniers inférieurs peuvent se conserver presque par tous les temps.

Hupe, s. f. (*Rolling*). Foyer de pourriture à l'intérieur d'une pièce de bois.

Hydrographie, s. f. (*Hydrography*). Science qui a pour objet la solution de tous les problèmes relatifs à la position d'un navire sur le globe.

— Levé des plans ou des cartes, cours de pilotage et de navigation.

I

Ile, s. f. (*Island*). Portion de terre entourée d'eau.

Ilet, s. m. (*Little Island*). Petite île.

Ilot, s. m. (*Bare little Island*). Sorte de gros rocher sortant de la mer.

Impériale, s. f. (*Roof*). Partie supérieure d'une tente. — Tillac d'une galerie.

Inamovible, adj. Hélice inamovible (*Pined screw*). Hélice qu'on ne peut remonter. Voir *Amovible*.

Incendie, s. m. (*Fire*). L'incendie à bord est généralement un accident considérable ayant souvent des conséquences terribles ; aussi installe-t-on sur les bâtiments des pompes de toutes sortes mues à bras ou par la vapeur. L'incendie le plus dangereux est celui qui provient de la combustion spontanée, parce qu'on ne le découvre que lorsqu'il a déjà pris un développement assez considérable ; il se produit dans des substances renfermant de l'humidité et qui dans un espace fermé s'échauffent et prennent feu ; ces substances sont surtout le charbon de terre, le coton, le chanvre, le lin, la laine, le foin, le soufre, la chaux.

Inclinaison, s. f. (*Inclination*).
— Inclinaison des mâts. Angle que les mâts font avec la verticale ; on n'incline ordinairement que les mâts de l'arrière, afin de rendre le navire plus ardent en portant plus en arrière le centre de voilure.
— Inclinaison d'un navire. La quantité de bande qu'il donne sur un bord ou sur l'autre.
— Inclinaison de l'aiguille aimantée. Angle dont cette aiguille s'abaisse du côté du pôle de l'hémisphère où l'on est par rapport à un plan horizontal.

Incliner, v. a. (*To stive*). L'inclinaison des aiguilles des boussoles se corrige à l'aide d'un petit poids à coulisse, que l'on éloigne plus ou moins du pivot, selon la valeur de l'inclinaison,

Incommodé, part. Bâtiment dans un état momentané de détresse.

Incommodité, s. f. (*Distress*). Un navire est en état d'incommodité lorsqu'il commence à être en détresse.

Infanterie de marine (*Royal marine*).
L'infanterie de marine, organisée comme l'infanterie de ligne, mais dépendant du ministre de la marine, est affectée au service de la garnison des forts militaires et des colonies, et à la défense des côtes.

Infirmier, s. m. (*Nurse*). Homme chargé de soigner les malades dans les hôpitaux, à terre ou dans les infirmeries à bord.

Ingénieurs, s. m. (*Engineers*),
Les ingénieurs attachés au service de la marine, sont de trois espèces :
Les ingénieurs des constructions navales chargés de dresser les plans des navires, de les construire.
Les ingénieurs des ponts et chaussées, détachés au département de la marine et chargés de la construction et réparation des bâtiments civils des ports, côtes et arsenaux.
Les ingénieurs hydrographes, chargés du lever des cartes et plans de la marine.
Ces différents services sont recrutés à l'école polytechnique.

Inscription maritime, s. f. (*Division of seamen*). Substituée par Colbert en 1681 au régime de la presse, l'inscription maritime est la base du personnel des équipages de la flotte.

Elle comprend : tous les individus ayant exercé la profession de marin pendant un temps déterminé ; ceux qui naviguent sur les rivières jusqu'aux limites atteintes par la marée montante ; les charpentiers, les perceurs, les calfats, les voiliers exerçant leur industrie dans les ports et lieux maritimes.

Les marins sont à la disposition de l'État de 18 à 50 ans.

Inscrit, s. m. (*Levy seaman*). Marin inscrit ou classé. Tout homme porté sur les registres de l'inscription maritime.

Inspection, s. f. (*Comptrol*). Inspection de la marine ; corps créé le 7 floréal an VIII, afin d'agir dans les ports en dehors de l'autorité des préfets maritimes ; il fut supprimé à la restauration.

Insubmersible, adj. (*Insubmersible*). Lorsque des navires en fer éprouvent des avaries dans leur coque ; il se produit des déchirures plus ou moins considérables, difficiles à fermer et par lesquelles l'eau se précipite avec violence, en faisant bientôt couler le bâtiment. On a cherché à remédier à cet inconvénient, en rendant le navire insubmersible ; à cet effet on le divise en compartiments fermés, étanches, qui suffisent pour le maintenir au-dessus de l'eau ; malheureusement dans la plupart des sinistres, ces installations n'ont pas donné le résultat attendu, les compartiments n'étant pas fermés au moment de l'accident.

— Ce système réussit au contraire parfaitement, pour les canots de sauvetage qui portent à l'avant et à l'arrière deux compartiments parfaitement étanches.

Intendant, s. m.

Fonctionnaires de la marine, analogues aux intendants militaires créés en 1681 et supprimés en 1826.

Interlope, adj. (*Smuggling*). Navire interlope ; navire qui fait la fraude.

Invalides de la marine. Marins qui sont devenus pensionnaires de l'État par cause d'âge, de blessures, d'infirmités. Tous les marins inscrits, naviguant pour l'État, le commerce ou la pêche, ont droit à cette pension ; ces derniers versent chaque mois à cet effet une certaine somme à la Caisse des Invalides, chargée du service des pensions.

Inversion, s. f. (*Inverse order*). Tactique navale. Ordre dans lequel un vaisseau de tête devient vaisseau de queue et inversement.

Irlandais (Ris à l') (*Irish reef*). Prendre un ris à l'irlandaise ; crever à coups de couteau, une voile qui, sous l'effort du vent, fait coucher outre mesure un bâtiment.

Itague, s. f. (*Tye*). Cordage fixé à un objet et sur lequel on agit au moyen d'un palan.

L'itague est simple ou double.

Poulies d'itague ; poulies servant à former le palan qui sert à hisser les vergues d'hunes. On distingue les poulies d'itague de tête de mât et les poulies d'itague de sus-vergue. Les premières sont estropées en filin et capelées à la tête du mât de hune. Les poulies de sus-vergue, estropées en fer, sont maintenues par un boulon, sur le cercle à anse de la vergue.

J

Jaloux, adj. (*Crank*). Un navire jaloux est un navire qui roule et se fatigue beaucoup, ou donne une forte bande (Médit.).

Jambe de chien *Stem timber*). Montant qui dans les bâtiments d'ancienne construction servait d'appui aux herpes.

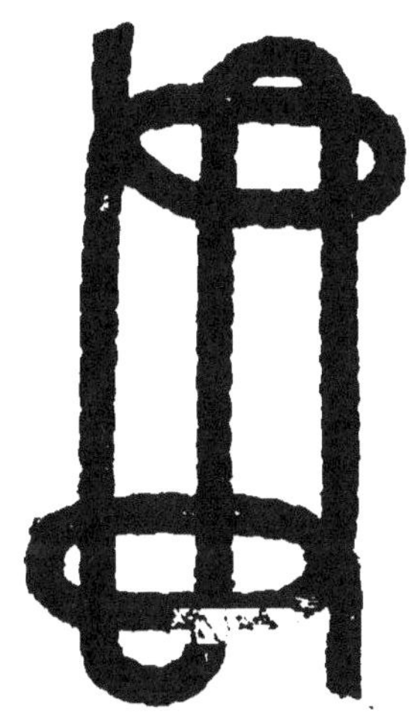

Jambe de chien.

— Nœud employé pour raccourcir sans le couper un cordage trop long.

On replie sur lui-même un certain nombre de fois le cordage et on fait sur chaque bout du paquet ainsi formé, une demi-clef à capeler.

— Plis qui se fait dans un câble ou en grelin par l'effet de la torsion.

Jambettes, s. f. (*Brakets*). Montants, bouts d'allonge qui excèdent le plat-bord d'un bâtiment et sur lesquels on tourne des manœuvres ou on prend un retour.

— Montants de la poulaine ou de la voûte.

Jardin, s. m. (*Quarter gallery*). Partie supérieure des bouteilles d'un grand bâtiment.

Jarretière, s. f. (*Sail gasket*). Tresses cousues sur l'arrière des voiles, le long de la têtière, et terminées à l'une de leurs extrémités par une boucle, à l'autre par une garcette ou un bout de ligne. Quand la voile est serrée, on l'entoure avec la jarretière, on passe le bout de ligne dans la boucle et on l'amarre sur lui-même.

Jas, s. m. (*Stock*). Traverse en bois, formée de deux pièces cerclées ensemble sur l'extrémité carrée de la vergue d'une ancre, en dedans de la cigale. Les jas et les pattes sont dans des plans rectangulaires et la présence du jas oblige toujours les pattes à mordre le fond.

Le jas est en fer pour les ancres plus petites; la verge n'a plus alors de carré, mais un renflement de métal percé d'un trou dans lequel passe le jas. Le jas est alors recourbé à l'une de ses extrémités pour pouvoir être élongé le long de la verge; il porte vers son milieu une collerette destinée à l'arrêter lorsqu'on le dispose pour le mouillage, et une mortaise pour recevoir la clavette; une rondelle est interposée entre la clavette et la verge. Voir *Ancre*.

— Cape. Syn. de jas (Médit.).

Jauge, s. f. (*Measurement*). Petite bande de parchemin employée dans les ateliers pour mesurer la circonférence des

cordages au-dessus de deux centimètres.

Jaugeage. s. m. (*Tonnage*).
Détermination de la capacité de
la cale d'un navire.

Jauger (*To admeasure*). Mesurer
la capacité d'un bâtiment.

Jaumière, s. f. (*Helm Port*). Ouverture pratiquée au-dessus de
l'étambot dans la voûte de l'ur-
casse, pour le passage de la tête
du gouvernail. La jaumière est
garnie extérieurement d'une
braie pour empêcher l'entrée de
l'eau à bord.

Jet, s. m. (*Jetson*). Action de jeter
hors d'un bâtiment des objets
trop lourds, soit pour fuir l'ennemi ou augmenter sa stabilité,
soit dans un échouage ou un
ouragan.
— Ancre à jet. Voir *Ancre*.

Jetée, s. f. (*Mole head*). Chaussée
ordinairement en pierres, qui
s'avance dans la mer et abrite
l'entrée d'un port ; elle sert souvent à faciliter l'entrée et la sortie des bâtiments en fournissant
un chemin pour le halage à la
cordelle.

Jeter, v. a.
— Jeter l'ancre (*To cast the anchor*).
Laisser tomber une ancre au
fond de la mer pour retenir le
navire en ce point.
— Jeter le loch (*To heave the log*).
Laisser tomber le bâteau de loch
à la mer et filer la ligne de loch
pour déterminer la vitesse du
bâtiment.
— Jeter à la mer (*To throw over
board*) des canons, des marchandises, pour soulager un navire.
— Un navire est jeté à la côte (*To
run a shore*), lorsque par une
cause quelconque, il vient s'y
échouer.

Jeu. s. m. (*Complète suit*). Un jeu
de voiles ; la collection de toutes
les voiles enverguées d'un navire.
— Jeu. Mou, vide de liaison. Les
haubans ont du jeu. Le gouvernail doit avoir du jeu.

Joindre. v. a. (*To reach*).
— Joindre un navire *To reache*).
L'atteindre.

— L'écoute de grand voile est à
joindre (*to close*), la haler le plus
possible, de façon à ce que le
point de la voile vienne à toucher
la poulie d'écoute.

Joint. s. m. (*Chink*). Intervalle
entre deux bordages du pont ou
du franc-bord.
— Un bâtiment est bordé à joints
carrés (*Right chink*), lorsque ses
bordages, sans se croiser, sont
fixés can à can, sans entaille ni
feuillure.

Jonction. s. f. (*Meeting*). Réunion
d'un ou plusieurs bâtiments,
d'une ou plusieurs escadres après
s'être cherchés.

Jonque. s. f. (*Junk*). Nom générique des bâtiments chinois. Généralement à fond plat, à avant
assez effilé et à arrière très renflé, les jonques se rapprochent
de la forme des oiseaux palmi-
pèdes. Elles portent généralement trois mâts avec des voiles
en nattes ; leur longueur peut
être de 35 mètres et leur largeur
de 8 mètres.

Jottereaux (*Cheeks*). Les jottereaux sont deux pièces en bois
supérieure de chêne, solidement
appliquées et chevillées de chaque côté du bas mât, à sa partie
carrée pour supporter les élongis ; en forme de console, leur
partie supérieure déborde sur
l'avant du mât.

Jouail. Voir *Jas*.

Joue. s. f. (*Bow*). La joue d'un navire est la partie du bordé de
l'avant qui s'étend tribord et bâbord depuis l'étrave jusqu'aux
épaules.
— Joues d'une poulie (*Cheeks*). Les
côtés de la caisse.
— Joue de vache (*Flat block*). Demi-caisse de poulie avec son
réa appliquée sur le côté d'un
mât, d'une vergue, ou sur la muraille du bâtiment.

Jouer. v. a. (*To fetch away*). Un mât,
une pièce de construction jouent,
lorsqu'ils ne restent pas immo-
biles dans l'encastrement, l'endroit où on les a placés.

Le vent joue, lorsqu'il varie
souvent et rapidement.

Jouet, s. m. *(Iron-plate).* Petite plaque de fer percée d'un trou destiné à recevoir un essieu afin de préserver le bois sur lequel on la cloue à l'endroit du portage.

Joug, s. m.

Morceau de bordage en chêne, qui est serré contre un mât d'assemblage pour servir de point d'appui à des coins que l'on enfonce de force, afin d'unir étroitement les pièces qui composent le mât.

Jour, s. m. *(Day).* En mer le jour commence à midi.

— Jours de planche *(Lay days).* Jours accordés pour le déchargement d'un navire .de commerce.

Journal, s. m. *(Logbook).* Voir *Casernet.*

Le journal du bord tenu par les officiers, fait foi pour la navigation du bâtiment ; il est admis comme preuve devant les tribunaux.

Le journal de la timonerie *(traverse book),* est tenu par les timoniers, il contient les mêmes indications.

Jugements d'Oléron. Code maritime.

Jumeler, v. a. *(To fesh).* Renforcer un mât, une vergue qui a éclaté ou consenti, c'est lui appliquer une jumelle qui y est solidement cerclée et roustée, pour fortifier la partie affaiblie.

Jumelle, s. f. *(Fish).* Pièce de bois travaillée de façon à s'appliquer exactement sur un mât, une vergue ou tout autre objet que l'on veut renforcer. On fixe les jumelles au moyen de cercles ou de roustures.

— Jumelle de brasseyage. Jumelle appliquée sur la face arrière d'une vergue afin de l'écarter de son mât ; on facilite ainsi le brasseyage et on protège du frottement le corps de la vergue.

— Jumelle de racage. Jumelle fixée sur l'avant d'un bas-mât depuis la naissance du ton jusqu'au quart de sa longueur et qui le préserve du frottement du mât d'hune pendant qu'on le guinde.

— Jumelles d'assemblage *(side pieces)* ; pièces latérales appliquées sur les faces de côté de la mèche d'un mât d'assemblage.

Jusant, s. m. *(Ebb).* Mer descendante.

Justice.

— Barre de justice. Voir *Barre.*

— Pavillon de justice. Pavillon rouge qu'on hisse en l'accompagnant d'un coup de canon, lorsqu'on inflige à bord une peine afflictive à un homme de l'équipage.

K

Kaïr, s. f. *(Coire).* Cordage fabriqué avec la bourre ligneuse qui entoure le coco.

Kayak, s. m.

Canot de pêche du Groenland, en forme de navette et fabriqué avec des peaux de phoques tendues sur une carcasse en bois.

Le pêcheur placé dans un trou pratiqué au milieu du canot, le manœuvre avec une pagaye à deux pelles.

Kiosque, s. m. *(House).* Sur les navires blindés on a dû installer sur le pont de petites tours également blindées pour abriter, pendant le combat, les hommes de barres et le capitaine; ces tours se nomment kiosques.

Kiosque de la barre (*Counning tower*).

Kiosque du capitaine (*Pilot house*).

Koff, s. m. (*Koff*). Caboteur hollandais à deux mâts, portant des voiles à livardes, des huniers et des focs.

L

Labeché, s. m. (*South west*). Vent du sud-ouest (Médit.).

Labourer, v. a. et n. (*To drag*).
— Une ancre laboure le fond lorsqu'elle est entraînée par le bâtiment sans mordre le fond.
— Un navire laboure le fond, lorsqu'il touche avec sa quille le fond en passant sur un banc, mais sans y être arrêté.
— Les canons labourent la mer lorsque par l'effet d'une bande très prononcée leur volée plonge dans l'eau.

Lacer, v. a. (*To lace on*). Réunir deux voiles ensemble au moyen d'un petit filin ou ruban qui passe alternativement dans des œils de pie pratiqués le long des ralingues que l'on doit joindre. Voir *Mailler*.

Lacet, s. m.
Nom du petit cordage qui sert à lacer une voile à une autre.
— Masse de gœmons enlacés, flottant à la surface de la mer.
— Ferrure à deux branches flexibles qui, repliées sur elles-mêmes, embrassent un anneau de fer et servent à le fixer en un point de la muraille.

Lâche, adj. Syn. de mou, en parlant d'un bâtiment.

Lâcher, v. a. (*To pour*). Lâcher une bordée; faire feu de toutes les pièces placées d'un même bord).

Lagon, s. m. (*Salted pool*). Petit lac voisin de la côte et où pénètre la mer, dans les grandes marées, ou lorsqu'elle est poussée par les vents du large.

Lagué, s. f. (*Track*). Le sillage, la houache d'un navire. Vieux.

Laguis, s. m. (*Seizing*). En faisant passer le double d'un filin dans la boucle d'un nœud d'agui fait sur le bout, on forme un nœud coulant qui prend le nom de laguis ; on le lance pour saisir un objet au passage, une bouée, par exemple.

Lagune, s. f. (*Lagoon*). Passage de peu de profondeur entre des flots, bancs ou hauts fonds.

Laisse, s. f. Partie de la plage couverte par la mer lorsqu'elle est pleine et laissée découverte à mer basse.
— Laisses ; les objets que la mer abandonne au plus haut du rivage dans les grandes marées ; les terrains autrefois couverts par la mer et maintenant a sec.

Laisser, v. a. (*To leave*). Abandonner. Laisser ses ancres.
Laisser arriver. Laisser courir. Manœuvrer de façon à faire arriver le navire ou lui permettre de continuer à aller de l'avant.

Laizes, s. f. (*Breadth*). Laizes; bandes de toile dont se compose une voile; la largeur est d'environ 0m,57. Les laizes d'une voile se recouvrent d'environ 0m,03, ce qui réduit à 0m,54 la largeur d'une laize cousue.

Lamanage, s. m. (*Load manage*). Pilotage sur les côtes, dans les ports, baies, goulets, rades et rivières.
— Salaire attribué à un pilote.

Lamaneur, s. m. (*Coasting pilot*). Lamaneur ou pilote lamaneur, marin qui, après avoir passé un examen, reçoit commission pour diriger les navires sur la côte, dans les rades, les bancs et les baies.

Lambis, s. m. Coquillage univalve en forme de cornet sinueux et dont les pêcheurs de Terre-Neuve se servaient en guise de cornet dans les temps de brume.

Lambourdes, s. f. (*Gratings*) Plateforme faite avec des croûtes au fond d'une fosse à mâts.

Lame, s. f. (*Wave*). Vague plus ou moins élevée au-dessus de la surface de la mer.

La lame est longue ou courte, suivant que deux lames consécutives sont plus ou moins rapprochées.

Une lame sourde est une lame qui s'élève sans bruit.

Une lame de fond est une lame qui semble s'élever sur elle-même après un vent qui a cessé d'exister ou pour toute autre cause particulière.

Les lames peuvent avoir jusqu'à 15 mètres de hauteur et un navire qui est entre deux lames de cette force peut avoir ses voiles complètement abritées.

Lan, s. m. (*Jaw*). Ecart momentané de la route que suit un bâtiment ; mouvement de rotation subit et répété qui a lieu par un grand sillage, vent arrière.

L'homme de barre doit porter toute son attention à éviter ces lans, tout en mettant le moins de barre possible.

Lance à feu (*Squib*). Artifice qui servait sur les brûlots et à amorcer les bouches à feu soumises à l'épreuve du tir.

Lance de sonde, s. f. (*Sounding spear*). Plomb de sonde ordinaire traversé dans sa longueur par une tige de fer ; la partie de cette tige supérieure au plomb porte un organeau sur lequel est frappée la ligne ; la partie inférieure est dentelée et terminée par une pointe. La tige s'enfonce dans le sol et ses dents rapportent des échantillons pris

au-dessous de la surface, tandis que le suif du plomb ne rapporte que ceux de la surface.

Lancement, s. m. (*Launching*). Action de lancer un navire à la mer.

Lancer, v. a. (*To launch*). Lancer un navire. Le faire descendre de la cale ou des chantiers sur lesquels il a été construit jusqu'à la mer.

— (*To yaw*). Un navire lance lorsqu'il fait des lans sur un bord ou sur l'autre.

Lanche, s. f. (*Launch*). Embarcation de l'Amérique du Sud naviguant dans les baies, rades et rivières.

Langard, s. m. Brigantins et senaux à deux mâts qui gréent une grande voile carrée; la brigantine est alors de dimensions plus faibles.

Langue, s. f. (*Wedge*). Espèce de coin très long et très mince du bout qu'on emploie en différentes circonstances.

— (*Silce*). Morceau triangulaire de toile que l'on place près des ralingues de côté d'une voile en guise de renfort.

Si une laize est coupée en sens diagonal, elle prend le nom de langue de chat (Voiles à éventail.)

Lanterne, s. f. Vide laissé sous les ferrures fixées au gouvernail et pour le passage de celles qui tiennent à l'étambot afin de faciliter le montage, le démontage et le jeu du gouvernail.

— Boîte cylindrique en fer blanc contenant des balles ; c'est une boîte à mitraille.

Laplot, s. m. Nègres employés sur la côte d'Afrique à bord des bâtiments.

Larder, v. a. (*To thrum*). Passer des bouts de fils de caret, dont on ouvre ensuite les deux bouts en étoupe, un sur chaque face d'une voile, d'un paillet, d'une sangle, ou seulement sur une seule face.

Une voile lardée peut servir à aveugler une voie d'eau.

Larderasse, s. f. Grosse corde

fabriquée avec des étoupes et servant dans les arsenaux à des usages communs.

Large. s. m. (*Open sea*). Le large. La pleine mer d'où l'on ne voit plus les côtes.

— Passer au large d'une île, d'un navire, c'est en passer à bonne distance.

— Au large (*Off. Off with you*). Ordre donné à une embarcation de s'éloigner du bord, d'un quai ou de ne pas s'en approcher.

Largeur. s. f. (*Breadth*). La largeur d'un bâtiment s'apprécie d'après l'ouverture du maître-couple mesurée en ligne droite, au niveau du premier pont de dehors en dehors.

Largue. s. m. (*Quarter. Large*). Lorsque le vent souffle sur l'arrière du travers d'un bâtiment à la voile, on dit qu'il est largue ou qu'on a du largue, et l'allure du bâtiment (voir allure) est le largue ou le grand largue, suivant que le vent vient plus ou moins de l'arrière.

Largue. adj. (*Slack*). Un cordage, une manœuvre qui n'est pas tourné, n'est pas raidi, est largue

Larguer. v. a. (*To let go*). Larguer un cordage, c'est le laisser aller; l'abandonner, le démarrer, le détourner.

— Larguer en bande (*To let free*). Larguer avec promptitude et complètement.

— Larguer en douceur, ou à retour. Larguer par degrés et petit à petit.

— Larguer un ris. Détacher les garcettes qui retiennent la toile de la bande d'un ris, afin de l'exposer à l'action du vent et d'augmenter la voilure.

— v. n. (*To bear up*). Un navire qui a beaucoup souffert ou qui est vieux a des parties de sa charpente qui jouent et se désunissent; on dit alors qu'il largue.

Lascar. s. m. (*Indian sailor*). Nom donné aux matelots indiens naviguant sur les navires européens.

Last. s. m. (*Last*). Poids de deux tonneaux ou de 2,000 kilos employé pour le jaugeage des navires en Hollande et dans le Nord.

Latin. adj. (*Lateen*). Bâtiment latin; bâtiment portant des voiles latines. Ces bâtiments ne se rencontrent que dans la Méditerranée.

— Voiles latines. Voiles triangulaires; il y en a de deux sortes : celles à antennes enverguées sur des antennes et celles à drailles enverguées sur des drailles comme les focs.

Latitudinal. adj. (*Latitudinal*). Plan latitudinal ou plan transversal; le plan vertical qui traverse le navire dans sa plus grande largeur à la hauteur du maître-bau.

Latte. s. f. (*Batten*). Tringles en bois employées pour faire les caillebotis, les planchers de hune et de poulaine.

— Pièces de plus fortes dimensions que l'on place entre les barrots et les barrotins des gaillards et des dunettes pour aider au clouage des bordages de ces ponts.

— Lattes en fer, bandes de fer longues et plates employées en différents endroits.

— Lattes de hune. Bandes de fer servant d'estrope aux caps de moutons des haubans de hune; leurs extrémités présentent un œil qui reçoit le croc de la gambe de revers.

Latter. v. a. Arrimage des planches qu'on empile dans les ports en laissant un petit intervalle entre chaque rangée, pour le passage de l'air.

Lavage. s. m. (*Washing*). Le lavage à bord est le nettoyage ordinaire du navire.

On lave les ponts supérieurs à grande eau en frottant avec des brosses ou en enlevant la saleté avec des raclettes en cuivre.

Pour les ponts inférieurs où l'on doit employer le moins d'eau possible, dans l'intérêt de la santé des hommes et de la conservation du bâtiment, on lave avec très peu d'eau en frottant avec une pierre plate de grès fin, ou encore on répand une légère couche de sable sur le pont et on frotte avec une pierre plate de grès.

Laver, v. a. (*To wash*).

— Laver. Faire le lavage d'un bâtiment.

— Laver le linge. Chaque matelot à bord lave son linge lui-même ; le lavage se fait à l'eau de mer et. lorsqu'il est possible, le rinçage se fait à l'eau douce. Le linge mouillé est accroché à des cartahus installés dans le gréement et qu'on amène lorsque tout est sec : les officiers en passent alors l'inspection, et des doubles rations sont accordées aux hommes qui ont le linge le plus propre. Grâce à ces récompenses, on obtient des matelots la plus grande propreté qu'ils conservent dans toutes les circonstances, comme on a pu le voir pendant la campagne de 1870. Il serait à souhaiter que l'armée de terre prît, en temps de paix, les mêmes habitudes.

Lazaret, s. m. (*Lazaretto*). Etablissement isolé dans une rade où l'on garde en quarantaine les hommes et les marchandises qui arrivent de contrées où règnent des maladies contagieuses.

Lé, s. f. Chemin d'environ 24 mètres de largeur qui longe les canaux et rivières navigables et sert aux halages à la cordelle des bâtiments.

— Syn. de laize.

Lège, adj. (*Walt*). Un bâtiment est lège , lorsqu'il est déchargé en partie ou complètement.

Léger, adj. (*Light. Sharp*). Bâtiment léger, bâtiment naviguant bien à la voile et à l'aviron.

— Bâtiments légers; bâtiments fins de rang inférieur à celui de frégate, tels que les canonnières-bricks, goelettes, côtres, etc.

— Escadre légère ; escadre composée de bâtiments légers et qui complète une escadre.

Lest, s. m. (*Ballast*). Matières pesantes qu'on arrime dans la par-

tie la plus basse de la cale et qui servent à donner de la stabilité à un bâtiment. Le lest des bâtiments de guerre est formé de gueuses en fer (voir ce mot) du poids de 25 à 50 kilos; celui des bâtiments de commerce de pierres, de cailloux.

Un navire est sur lest lorsqu'il n'a pas de cargaison et ne porte que son lest ; il fait son lest lorsqu'il l'embarque.

— Lest volant (*Shifting ballast*). Gueuses dont le poids est d'environ le dixième du poids du lest total d'un navire de guerre et qui servent à faire varier les lignes d'eau en les transportant en différents points du bâtiment.

Lestage, s. m. (*Lestage*). Action de charger et disposer à bord le lest d'un bâtiment.

Leste, adj. (*Sharp-fine*). Navire leste, navire gréé légèrement et bien dégagé dans ses batteries et entrepont.

Lester, v. a. (*To ballast*). Charger le fond d'un bâtiment de son lest.

— Au figuré, un homme est bien lesté lorsqu'il a fait un repas copieux.

Lesteur, s. m. (*Lighter man*). Officier marinier chargé autrefois dans les ports d'arrimer le lest à bord des bâtiments.

— Bateau lesteur. Barque employée à transporter le lest à bord des bâtiments.

Leth.

Les pêcheurs du Nord comptent le hareng par leth ; c'est un nombre de dix mille.

Lettre, s. f. (*Commission*).

— Lettre de mer. Patente délivrée par le gouvernement aux capitaines du commerce pour aller à la mer.

— Lettres de marque. Autorisation donnée à des bâtiments particuliers de s'armer en guerre et faire la course. Si ceux qui en sont pourvus, n'ont pas de marchandises, ce sont des corsaires; mais s'ils ont des marchandises, on leur donne le nom particulier de lettrés-de-marque.

Leurre, s. m. (*Bait*). Appât factice qu'on met aux bains pour attirer le poisson ; c'est un morceau d'écarlate coupé en langue de chat, pour les maquereaux : un poisson volant fait avec de la toile et deux petites plumes, pour les tons.

Levant.

— L'Est (*East*).

— La Méditerranée par rapport à l'Océan. Les ports du Levant.

Levantin, s. m.

Les matelots de toutes les côtes de la Méditerranée, et principalement de la Turquie et de l'Asie-Mineure. En France on appelle Levantins, les matelots levés sur les côtes de la Méditerranée par opposition à ceux de l'Océan ou ponantais.

Levée, s. f. (*Levy*). Rassemblement des hommes classés pour la marine et leur envoi dans les ports de guerre.

— Levée des couples. Opération de dresser les couples d'un bâtiment en construction et de les mettre en position sur la quille au moyen du balancement. Les couples de levée sont ceux qu'on assemble d'abord sur les chantiers et qu'on dresse les premiers pour guider dans l'établissement des couples intermédiaires.

— Levée (*swell-surge*). Il y a de la levée lorsque la mer n'est pas unie et que le bâtiment, la prenant par devant, éprouve de forts tangages ; on le dit surtout en rade, au mouillage et si la levée est considérable, elle peut faire déraper les ancres.

Lève-nez, s. m. (*Nave-line*).

— Lève-nez de la brigantine. Petit cordage qui sert à élever les cargues de la brigantine jusqu'au point supérieur de la corne à l'effet de les faire courir dans leurs poulies de conduite et les affaler.

— Le lève-nez de la bonnette basse est une sorte de cargue servant à relever la vergue inférieure et à ployer en deux la bonnette lorsqu'on veut la rentrer.

Lever, v. a. Lever l'ancre. Appareiller, partir.

— Lever une ancre, la déraper.

— Lever les lofs, Peser sur les cargue-points des basses voiles, pour en soulever les points inférieurs.

— Lever la chasse. Cesser de donner la chasse à un bâtiment.

— Lever un paillet, une fourrure ; les enlever de l'objet qu'ils garnissent.

— Lève-rames. Ordre aux rameurs d'une embarcation de relever leurs avirons hors de l'eau et de placer horizontalement les pelles à plat.

Ce commandement se fait lorsqu'on veut ralentir la marche d'une embarcation ou laisser passer devant soi un canot portant un supérieur.

Levier, s. m. (*Lever*).

— Clef à levier. (*Lever rd*). Clef employée en rade pour les mâts de perroquet, elle se compose de deux parties symétriques, qui ont leur point d'appui dans une crapaudine, fixée aux élongis des barres et qui pivotent autour de ce point. Une des extrémités, façonnée en pince, s'engage dans le trou de la caisse, dès qu'il paraît au-dessus des barres. L'autre extrémité est maintenue aux barres par un anneau ou une manille.

— Levier directeur (*Directing lever*). Tige en fer forgé, légèrement coudé à son petit bout-portant, à l'autre extrémité un essieu muni de deux roulettes en bronze et un pivot ou bec, qui fait avec la tige du levier un angle aigu. Ce levier sert à soulever l'arrière d'un affût à échantignolles et à le ramener en batterie.

Liaisons, s. f. (*Stringers*). Les pièces de construction qui relient entre elles et fortifient les parties principales d'un navire ; par exemple, les gouttières, préceintes, courbes, hiloires, etc.

Liane, s. f. (*Garnet*). Garcette que portait autrefois un maître et

qui était le signe du commandement.

Liban. s. m. Cordage formant la
ralingue supérieure et inférieure
d'un grand filet (Médit.).

Libouret. s. m. Ligne garnie de
plusieurs hameçons montés sur
des avançons et qui sert à prendre des maquereaux.

Lien. s. m. (*Hoop*). Bande de fer
entourant un objet formé par
l'assemblage de plusieurs pièces.

Lieue. s. f. (*League*). La lieue marine est la 20e partie du degré
d'un grand cercle de la terre.
Elle vaut 3 milles ou environ
5555 mètres.

Lieutenant. s. m. (*Lieutenant*).
Le lieutenant de vaisseau est
entre le capitaine de frégate et
l'enseigne de vaisseau ; il est assimilé au capitaine dans l'armée
de terre. Les marques distinctives sont deux épaulettes en or
mat avec ancre or brodée sur
le col et trois galons en or à la
casquette et aux manches.
— A bord des navires de commerce, le lieutenant est l'officier
en second.

Ligature. s. f. (*Lashing*). Long et
fort cordon de fil de caret, employé dans les ateliers de mâture, pour souquer et réunir
étroitement les pièces d'un mât
ou d'une vergue d'assemblage.

Ligne. s. f. (*Yarn*). En général,
petit cordage.
La ligne est formée de trois
lusins ; il y en a de trois grosseurs ; 15, 20 et 27 millimètres,
selon la grosseur du fil caret employé à la confection des lusins ;
on distingue donc des lignes
grosses, moyennes et fines. Elle
sert à faire des empointures d'envergure, des aiguilletages, des
amarrages serrés et solides, des
araignées de hamac ; des lignes
de sonde, de loch. La pièce de
ligne d'amarrage est de 100 mètres, celle de ligne de pêche est
de 30 mètres, celle de loch de
65 mètres et celle de sonde de
160 mètres.

Ligne. Tactique navale. Synon.
d'ordre.

Vaisseaux de ligne (*Ships of
the line*) ; vaisseaux destinés à
combattre en ligne.
Equipages de ligne ; les équipages qui les montent.
— La ligne. L'Equateur. Baptême
de la ligne.
— Ligne de foi. Ligne noire tracée
verticalement à l'intérieur d'un
compas de route et qui indique
le cap du navire.

Ligner. v. a. (*To line*). Ligner une
pièce de bois : tracer sur cette
pièce avec un cordeau blanchi
de craie la forme qu'elle doit
avoir.

Lignerolle. s. f. (*Twine*). Petite
ligne. Elle est ordinairement faite
à la main avec du fil de caret,
provenant de vieux cordages. On
partage un fil de caret en deux
petits faisceaux de chanvre, que
l'on tord de gauche à droite : on
les réunit ensuite en les tordant
de droite à gauche.
Elle sert à faire de très petits
amarrages, tels que les surliures
et queues de rat.

Limande. s. f. (*Parcel*). Bande
de toile goudronnée que l'on
place entre un cordage et sa
fourrure.

Limander. v. a. (*To parcel*). Recouvrir un cordage de bandes de
toile goudronnée, appelées limandes, destinées à le garantir
du frottement et de l'humidité.
Ces bandes, larges de 8 à 12 centimètres, entourent le cordage en
hélice, de manière à se recouvrir
elles-mêmes de la moitié de leur
largeur. Si le cordage ne doit
pas être fourré par-dessus la
limande, on la maintient par un
transfilage bien serré en bitord

Lime. s. f.
Lime de mer. Trace que la mer
laisse sur le rivage, la limite où
elle est montée.

Limon. s. m. (*Horse*). Bouts de
cordage bien raides qui servent
de bras d'échelle pour monter
des gaillards dans les haubans.

Linguet. s. m. (*Pawl*). Stoppeur
destiné à arrêter la chaîne d'une
ancre à intervalles rapprochés.
Le plus employé est le linguet

Le Goff; il se compose d'un massif en bois portant un chemin de fer en dos d'âne, dans lequel on a pratiqué une cavité ayant la forme d'une maille horizontale de chaîne. Le pied de biche est une pièce en fer qui se meut dans l'intérieur du massif, de manière à venir remplir cette cavité; un levier placé sur le côté du stoppeur, sert à lui donner le mouvement. Lorsque le pied de biche est soulevé, la chaîne glisse sur le chemin de fer; lorsqu'il est abaissé, chaque maillon horizontal vient tomber dans la cavité. Par suite de cette disposition, le pied de biche étant abaissé, lorsqu'on vire au cabestan, la chaîne se trouve retenue à chaque maille horizontale et le cabestan n'a pas à souffrir des efforts exercés sur la chaîne par les mouvements de tangage.

Lion. s. m. (*Prop's piece*). Pièce de bois courbe, servant à maintenir la tête des épontilles de la cale contre le pont.

Lioube. s. f. (*Angular notch*). Entaille angulaire faite à l'extrémité d'une pièce de bois, de façon à l'assembler avec une autre pièce taillée en conséquence.

Lissage. s. m.
Préparation et mise en place des lisses d'un navire.
— L'ensemble des lisses.

Lisse. s. f. (*Rail*). Sections faites dans le corps d'un navire suivant des plans diversement inclinés à l'horizon, mais perpendiculaires à celui du maître-couple; elles servent à faire connaître les équerrages des couples, de levée, de remplissage, etc.

— Lisses d'exécutions. Fortes tringles en bois que l'on cloue sur les couples pour les maintenir en leur donnant la forme déterminée pour les lisses sur les plans de construction; elles indiquent ainsi la forme à donner aux couples intermédiaires; on ne les enlève qu'au moment de clouer le bordage.
On distingue:

— La lisse des façons (*Rising line of the floor*) qui passe par les extrémités supérieures des varangues.

— La lisse d'ouverture (*Extrême breadh's line*) correspondant aux plus grandes largeurs du navire.

— La lisse d'accastillage (*Rail of the upper works*) placée au-dessus de la flottaison.

— Préceintes ou bordages plus épais que les autres qui augmentent les liaisons longitudinales du navire.

— Fortes et longues tringles en bois maintenues par des montants verticaux et formant garde-fou.

— Fortes pièces de bois formant coulisse qu'on cloue de chaque côté du ber de lancement d'un navire.

Lisser. v. a. (*To set the rails*). Mettre en place les lisses d'exécution.

Listeau. Petite lisse; bout de lisse.

— File de tringles de 5 à 8 centimètres d'équarrissage qu'on place sur la muraille intérieure d'un bâtiment en construction à la hauteur où doivent être fixés les baux.

— Morceaux de bois de remplissage dont on se sert pour corriger de légers défauts dans une vergue ou un mât d'assemblage.

Listoir. s. m. (*Little rail*). Petit morceau de bois employé en menuiserie pour former encadrement, moulure ou rebord.

Lit. s. m. (*Channel*). Le lit d'une rivière, l'endroit où elle coule.

— Lit de la marée, du courant, le lieu où la marée, le courant ont le plus de vitesse.

— Lit du vent; direction suivant laquelle souffle le vent; point de l'horizon d'où il arrive.

Liure. s. f. (*Gammonings*). Amarrage formé par la réunion de plusieurs tours de gros cordages qui souquent deux objets ensemble.

La liure de beaupré a pour objet d'unir étroitement ce mât à l'éperon du navire; elle se fait soit au moyen d'un fort filin ayant déjà servi ou d'une chaîne qui fait plusieurs tours dans la mortaise de la guibre, en allant de l'avant à l'arrière, et sur le beaupré, en allant de l'arrière vers l'avant. Tous les tours sont ensuite bridés avec le bout par. des demi-clefs au point de croisure. Le tout est recouvert de basane.

On fait ordinairement deux liures ; l'une, la liure, passe dans la mortaise inférieure ; l'autre, la fausse liure, passe dans la mortaise supérieure.

Livarde. s. f. Perche longue et légère servant à élever le point supérieur d'une voile aurique portant le nom de voile à livarde ; ces voiles s'enverguent sur le mât et se bordent au bout d'un

* Voile à livarde.

arc-boutant inférieur. Les youyous des navires de l'Etat portent une voile à livarde.

Dans la Méditerranée, la livarde se nomme baleston.

— Corderie. Bout de cordage mou avec lequel on frotte ou presse un fil ou cordage qui vient d'être commis pour en rendre la surface unie.

Livet. s. m. Livet du pont. Ligne que l'on trace longitudinalement sur la membrure d'un navire pour indiquer la position d'un pont, de ses banquières et serre-banquières.

Loch. s. m. (*Log*). Le loch est un instrument servant à mesurer la vitesse d'un navire ; il se compose du bateau et de son aiguil-

lot, de la ligne, du tour et de la baille.

Le bateau est un petit secteur en bois, plombé sur son arc pour qu'il puisse flotter verticalement ; à ses trois angles sont fixés trois bouts de ligne se réunissant en patte d'oie sur la ligne de loch ; l'une des branches porte une cheville de bois ou aiguillot qui pénètre à frottement dans un trou pratiqué dans le bateau de loch.

A partir du bateau de loch, on marque sur la ligne avec un morceau d'étamine appelé houache, une longueur égale à celle du bâtiment pour les navires à voiles et égale à une fois et demie, au minimum, pour les navires à vapeur. A partir de la houache, la ligne est divisée en nœuds et demi-nœuds; les nœuds sont indiqués par de petits bouts de cordage épissés et garnis de nœuds dont le nombre caractérise les divisions. Les demi-nœuds sont marqués par un nœud de cuir. La ligne de loch s'enroule sur un tour ou cylindre horizontal qui tourne autour d'un axe porté par deux montants verticaux au-dessus d'une baille destinée à recevoir l'eau qui sort de la ligne.

Pour jeter le loch, on enfonce l'aiguillot dans le femelot du bateau de loch de façon à pouvoir en être retiré par une secousse; le bateau est jeté sous le vent, et on file lentement d'abord la ligne pour ne pas noyer le bateau de loch, puis d'un mouvement uniforme à la demande du bateau.

Un peu avant que la houache lui arrive à la main, le timonier qui jette le loch dit: «Attention!» Au moment où il lâche la houache, il crie: « Tourne! » et l'ampoulette est tournée brusquement. A l'instant où l'ampoulette finit, celui qui la tient à la main crie: « Stop! ». Alors le timonier arrête brusquement la ligne et donne une secousse pour démâter le bateau de loch.

Il ne reste plus alors qu'à rentrer la ligne à bord en comptant les nœuds filés.

Le loch peut s'employer au mouillage pour apprécier le courant.

— Loch de fond. Loch ordinaire dans lequel le bateau est remplacé par un plomb de sonde. Ce loch peut être employé dans les eaux peu profondes où règnent de forts courants. La direction de la ligne au moment du *stop* donne la direction réelle de la route du bâtiment.

Loeman. Syn. de lamaneur.

Loffer, v. n. (*To luff*). Rapprocher l'avant du navire du lit du vent, soit en mettant la barre un peu sous le vent, soit en augmentant la voilure de l'arrière.

Loge, s. f. (*Factory*). Établissement commercial à l'étranger.

Logement, s. m. (*Accomodation*). Chambre à bord d'un bâtiment.

Long-cours, s. m. La navigation au long cours est celle qui se fait sur toute la surface des mers.

Longer, v. a. (*To coast*) Longer une côte, un bâtiment, c'est naviguer près et le long d'une côte ou d'un bâtiment.

Longis, s. m. Pièces de construction qui vont d'un gaillard à l'autre et supportent le plancher des passavants.

Longitudinal, adj. (*Longitudinal*). Plan longitudinal ou diamétral ; plan vertical passant par l'axe de la quille, de l'étrave et de l'étambot.

Longrine, s. f. Longues pièces de bois placées dans le sens de la longueur d'une cale de construction.

Longueur, s. f. (*Length*). La longueur d'un navire se mesure de l'étrave à l'étambot à la hauteur du fort et de dedans en dedans.

Longue-vue, s. f. (*Spying glass*). Instrument d'optique destiné à faire voir les objets éloignés d'une manière plus distincte.

Lougre, s. m. (*Lugger*). Petit bâtiment renflé de l'avant, fin dans ses formes de l'arrière et portant un mât de misaine, un grand mât, un tapecu inclinés sur l'arrière ; ses voiles sont à bourcet c'est un chasse-marée de grandes dimensions. Voir *Chasse-marée*.

Loup, s. m. (*Defect*). Défaut capital dans une pièce de bois.

— (*Fault*). Pièce de bois travaillée sur un mauvais plan.

— Grosse pince en fer peu crochue destinée à arracher les gros clous d'une pièce de bois.

— (*Jack tar*). Loup de mer. Marin habile aimant et ne connaissant que sa profession.

Louvoyage, s. m. Action de louvoyer.

On dit que dans un endroit il y a du louvoyage, lorsqu'il y a de la place pour louvoyer.

Louvoyer, v. n. (*To beat againtt wind*). Courir des bordées en portant les amures successivement à tribord et à bâbord, de façon à se rapprocher d'un point qui est au vent. On passe d'une amure à l'autre en virant de bord, soit vent devant, soit vent arrière.

Lover, v. a. (*To coil*). Lover un cordage, c'est le ployer en rond de façon à former une glène.

On love ordinairement de gauche à droite.

— Lover à contre; lover de droite à gauche.

— Lover sur le double. Lover une manœuvre sur elle-même pour

Lougre.

retourner la glène sens dessus dessous.

Loxodromie, s. f. (*Loxodromy*). Ligne décrite sur la sphère terrestre et coupant tous les méridiens sous le même angle; c'est la ligne que suivent les navires sur la mer; sur les cartes marines, elle est représentée par une ligne droite.

Lumière, s. f. (*Limber hole*). Lumière ou canal des anguillers; petite entaille faite au talon des varangues pour l'écoulement des eaux au fond de la cale.

— Lumière d'une pompe (*Pump hole*). Trou pratiqué au haut d'une pompe et par lequel l'eau s'échappe.

— Lumière d'une bouche à feu (*Touch hole*). Canal percé à la partie postérieure de l'âme d'une pièce et destiné à recevoir l'étoupille.

— Lumière d'une bombe (*Bomb hole*). Ouverture par laquelle on introduit la charge et où l'on place la fusée d'une bombe.

Lunette, s. f. Cercle en métal permettant de vérifier le calibre d'un projectile.

Lusin, s. m. (*House line*). Petit cordage formé de deux fils de caret en chanvre de premier brin. On se sert de lusin pour de petits amarrages que l'on veut soigner.

M

Macaron, s. m. (*Boat's braket*). Petites jambettes établies sur le plat-bord d'une embarcation et qui en soutiennent les fargues (Médit.).

Maché, part. (*Damaged*). Une pièce de bois, un cordage sont mâchés lorsqu'ils sont écrasés, détériorés par un choc ou un frottement considérable ou prolongé.

Machemoure, s. f. (*Bread dust*). Fragments, miettes de biscuit qui servent à bord à la nourriture des volailles.

Machine à vapeur (*Steam engine*).

Les machines marines ont suivi les progrès des machines à vapeur installées à terre, et les détails de leur construction ne rentre pas dans le plan de cet ouvrage.

Depuis quelques années, les perfectionnements qu'on a cherché à y apporter, ont eu surtout pour but de diminuer la consommation du combustible ; on peut ainsi rester plus longtemps à la mer sans relâcher et diminuer les frais de chauffage ; on est arrivé à ce résultat par l'emploi de la vapeur surchauffée, la condensation par surface, un emploi meilleur de la détente dans les machines Compound.

Mâchoire, s. f. (*Throat chop*). Croissant en bois, tel que celui par lequel le gui, la corne embrassent le mât d'artimon.

Madrague, s. f.

Petite portion de mer qu'on entoure et ferme avec un filet pour la pêche du thon dans la Méditerranée. — Le filet lui-même.

Magasin général, s. m. (*Store house*). Établissement dans les ports où se renferme la plus grande partie des objets prêts pour l'armement des navires.

— Magasin à bord, renfermant les différents objets de chaque détail.

Magasinier, s. m. (*Store keeper*). Maître chargé à bord du service et du soin du magasin général.

Maie, s. f.

Grande caisse à caillebotis sur laquelle on met égoutter les cordages qu'on vient de goudronner.

— Auge ou pétrin des boulangers.

Maigre, adj.

— (*Thin*). Bâtiment maigre, bâtiment très fin de l'avant et exposé à tanguer beaucoup.

— (*Law*). L'eau est maigre en un endroit, lorsque la profondeur est trop juste pour y faire passer un bâtiment.

— Un équerrage est en maigre lorsqu'il a moins de 90°.

Maigrir, v. a. (*To lessen*). Oter d'une pièce de bois tout ce qu'il faut pour lui donner l'équerrage qu'elle doit avoir.

Maille, s. f. (*Room*). Intervalle

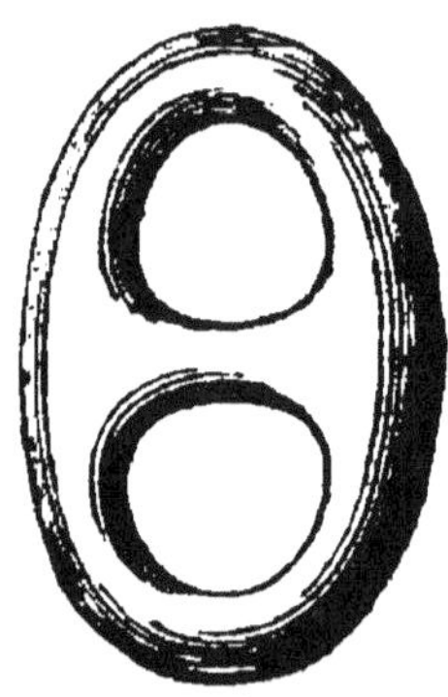

Maille.

qui se trouve entre deux couples

voisins d'un navire, ou entre deux varangues. Le navire est à mailles pleines, s'il n'y a pas d'intervalles, cette disposition est plus avantageuse, tant pour la solidité que pour la résistance aux projectiles, abordages ou échouages.

— (*Meshes*). Ouverture laissée entre les fils des filets de pêche.

— Œillets de têtière des voiles.

Maille, s. f. (*Link*). Anneau d'un câble chaîne.

On distingue trois espèces de mailles :

La maille à étai porte en son milieu une entretoise ou étai qui a pour but d'empêcher les mailles de s'aplatir et d'éviter les coques dans les chaînes.

L'étai est en fonte et appliqué sans soudure, entre les deux côtés de la maille.

La maille sans étai reçoit le collet de la manille et est un peu plus forte que la maille avec étai.

La maille à renfort est celle dans laquelle passe le boulon de la manille ; elle est plus grosse que la maille ordinaire et porte un étai, mais cet étai n'est pas placé au milieu de la maille.

Mailler, v. a. (*To lace on*). Fixer au bas d'une voile une voile supplémentaire ou bonnette qu'on lace avec un petit filin, passant alternativement dans des œillets pratiqués dans les deux voiles près de leurs ralingues.

Maillet, s. m. (*Maul, Mallet*). Marteau en bois mortaisé à jour et garni de quatre cercles en fer, pour l'empêcher de se fendre ; il sert aux calfats pour frapper sur leurs fers et enfoncer les cordons d'étoupe dans les coutures.

— Maillet à épisser (*Splicingmaul*). Maillet analogue à celui des charpentiers et qui sert à faire pénétrer un épissoir entre les torons d'un cordage.

Mailleter, v. a. (*To sheat with nails*). Mailleter un navire ; placer sur sa carène un doublage en bois et le couvrir de clous à maugère, dont les têtes très

rapprochées, se rouillant avec le temps, forment une barrière contre les vers ; on n'emploie plus du tout ce procédé qui diminuait beaucoup la vitesse des bâtiments.

Mailloche, s. f. (*Serving maul*). Maillet cylindrique, portant une engoujure longitudinale qui s'ap-

Mailloche.

plique sur un cordage à fourrer. Voir ce mot.

Maillon, s. m. (*Rolling hitch*). Nœud coulant ouvert en forme de cercle plus ou moins grand, qu'on fait au bout d'un cordage.

— Couler un maillon. Faire descendre ce nœud ouvert au fond de l'eau, lui faire embrasser un objet noyé, et tirer à soi ; le nœud se serre et on peut ramener à la surface l'objet ainsi saisi. On coule souvent un maillon sur une ancre en le faisant descendre le long de l'orin.

On se sert également d'un maillon pour hisser à bord un gros poisson pris à l'hameçon.

Maillon (*Link*).

— Maillon, synon. de maille d'une chaîne.

— Les câbles-chaînes se divisent en bout de 30 mètres ou 18 brasses, que l'on nomme maillons ; chaque maillon se termine d'un bout par une maille sans étai et de l'autre par une maille de renfort ; deux maillons consécutifs sont réunis par une manille.

Main, s. f. (*Grapple*). Fourche en

fer, employée dans une corderie pour faire plonger le fil de caret dans l'auge à goudron.

— Haler sur un cordage main sur sur main (*Hand over hand*). Agir d'une main sur un cordage pendant que l'autre s'étend à longueur de bras pour ressaisir le cordage et agir sur lui à son tour.

— Main sur main. Promptement. Vite.

— Gagner un navire main sur main ; s'en rapprocher très vite.

Maistrance, s. f. (*Masters*). L'ensemble des maîtres, second-maîtres et quartiers-maîtres dans les arsenaux ou à bord des navires de l'Etat.

Manille, s. f. (*Shackle*). Pièce de fer, servant à relier entre elles deux parties d'une chaîne ; arrondie, recourbée sur elle-même, elle est terminée à ses deux extrémités par des renforts de mé-

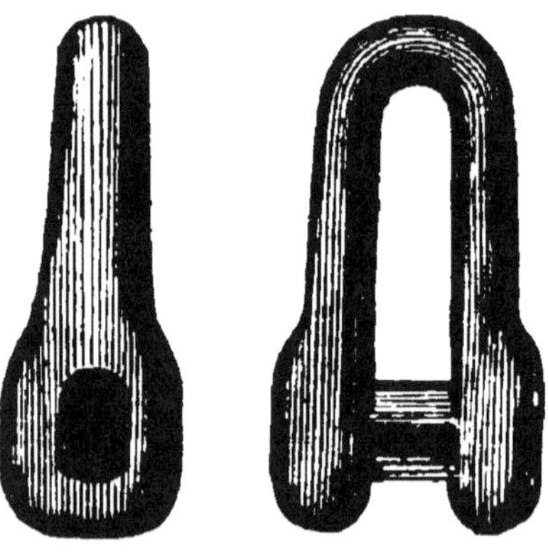

Manille.

tal appelés oreille, percés d'un trou pour le passage d'un boulon. Ce boulon est retenu en place par une goupille tronc-conique en métal. La partie recourbée de la manille s'appelle collet.

Maître, s. m. (*Master*). Dans la marine, tous les sous-officiers prennent le nom de maître et,

suivant le degré hiérarchique, se nomment quartiers-maîtres, second-maîtres, maîtres, premiers maîtres, ces grades sont assimilés à ceux de caporaux, sergents, sergents-majors, adjudants sous-officiers ; il y a de premiers maîtres pour la manœuvre, le canonnage, la timonerie, les machines, la police du bord ; la voilerie, le calfatage, le charpentage, n'ont que des maîtres.

Dans les ports et arsenaux, il y a des maîtres d'équipage, voiliers, charpentiers, poulieurs, calfats, perceurs, peintres, canonniers, artificiers, armuriers, fondeurs.

Le maître de manœuvre à bord ou maître d'équipage est chargé de tout ce qui concerne le gréement et les opérations de halage.

Le capitaine d'armes est un premier maître chargé de la police du bord et qui, dans la compagnie de débarquement, remplit le rôle d'adjudant.

Maître, maîtresse, s. (*Main, chief*). Le maître-bau, le bau le plus long d'un bâtiment. Le maître couple, le couple correspondant.

La maîtresse-varangue, la varangue du maître-couple.

La maîtresse-ancre, la plus grande ancre d'un bâtiment, autrefois, ancre de miséricorde.

Majeur, adj. (*Main*). Les mâts majeurs d'un bâtiment sont le grand mât, le mât de misaine, le grand et le petit mât de hune. — Les voiles majeures sont les voiles correspondantes.

Major, s. m. (*Major*). Major général, officier sous les ordres du préfet maritime, chargé du service militaire d'un port de guerre.

Majorité, s. f. (*Flag officers*). Les divers officiers, commis et secrétaires qui sont sous les ordres d'un major général.

— Les bureaux du major général.

Mal de mer. (*Sea sickness*). Malaise causé par le roulis et le tangage ; il est ordinairement accompagné de vomissements et parfois d'une prostration complète. On a essayé divers moyens pour remédier à cet inconvénient des voyages en mer, et on a installé un paquebot dont le salon, suspendu pour ainsi dire à la cardan, n'éprouve aucun mouvement.

Mâle. adj. La mer est mâle (*Rough, hard*) lorsque les vagues sont fortes et brisent.

— Un bâtiment mâle (*Bearing well*). Un navire qui se comporte bien.

Mâle. s. m. (*Googing*). Nom donné parfois aux aiguillots du gouvernail.

Maline. s. f. (*Spring tide*). Grandes marées. Marées de nouvelle et de pleine lune.

Mamelon. s. m. (*Nipple*). Extrémité arrondie des gonds du gouvernail.

Manche. s. f. (*Pump-hose*). Tube en cuir ou en toile double qui sert à conduire le liquide donné par une pompe; on s'en sert pour vider à la mer l'eau des pompes, pour transvaser le vin, l'eau potable.

— (*Channel*). Détroit. Bras de mer. La Manche. La manche de Bristol.

— Manche à vent. Long tuyau en toile maintenu ouvert par des cercles en bois placés de distance en distance et terminé à sa partie supérieure par une sorte d'entonnoir.

La manche à vent suspendue au-dessus du pont, descend par des panneaux ou des trous percés à cet effet dans l'entrepont, la cale, et y amène de l'air frais. L'entonnoir supérieur s'oriente au moyen de deux bras de façon à recevoir le plus de vent possible.

On fait aussi de grandes manches à vent en tôle terminées par un vaste pavillon qu'on peut faire tourner suivant la direction du vent.

Manche. s. m. (*Handle*). Le manche d'un écouvillon, d'une gaffe est le bâton qui tient la tête de l'écouvillon, le fer de la gaffe.

— Le manche d'un aviron est l'extrémité de l'aviron du côté de la poignée à partir du point d'appui sur le tolet.

Manchette. s. f. (*Span*). Bout de cordage employé comme guide ou soutien d'un autre cordage.

La manchette du grand bras est fixée à un bas hauban de l'arrière et porte à son extrémité une cosse où passe ce bras.

Manchon. s. m. Manchon d'écubier. Conduit en fer dont on garnit un écubier pour préserver la membrure du frottement des câbles-chaînes; ce manchon déborde extérieurement et intérieurement par de fortes oreilles, et est fixé par des boulons qui traversent ces dernières.

Manchon de bitte. Enveloppe en fonte qui garnit la tête des montants des bittes; elle porte un collet en forme d'hélice pour que les câbles-chaînes puissent y faire deux tours sans mordre l'un sur l'autre.

— Manchons de puits. Manchons qui garnissent les écoutillons des puits destinés à recevoir les câbles-chaînes.

Mandrin. s. m. (*Mold*). Cylindre en bois poli qui sert de patron; par exemple pour les sacs des gargousses.

Manéage. s. m. Travaux que, dans certains ports de commerce, un armateur peut exiger des matelots d'un de ses navires quand ils sont inoccupés.

Manet. s. m. Filet simple à mailles plus ou moins étroites suivant la grosseur du poisson que l'on veut pêcher; la tête doit pouvoir s'y engager et le poisson rester pris par les ouïes.

Manger. v. a. Un navire mange le vent à un autre lorsqu'étant placé au vent, il l'abrite et empêche le vent de lui arriver.

— Un timonier mange du sable lorsqu'il retourne l'ampoulette avant qu'elle ne soit vide.

— La lune mange les nuages, lorsque ceux-ci disparaissent au lever de la lune.

— La mer mange un navire lorsqu'il est très fatigué et tourmenté par le choc des lames.

— Un bordage, un cordage sont mangés par le frottement, lorsque celui-ci les a usés, détériorés.

Maniable, adj. (*Moderate*). Vent maniable, vent modéré.

— Temps maniable. Belle mer, brise modérée.

Manier, v. a. (*To manœuvre*). Un navire est bien manié lorsqu'il est bien manœuvré.

— Se manier (*To make haste*). Se dépêcher.

Maniller, v. a. (*To set shackles*). Maniller un câble-chaîne, réunir ses différentes parties par ses manilles.

Manielle, s. f. Espèce de truble dont on se sert à Brest, à Bayonne, pour prendre des petits poissons qui se tiennent près des bâtiments ou des quais.

Manœuvre.

— Manœuvre. Evolution, mouvement nécessitant un changement de direction dans le cap. Virement de bord, appareillage, mouillage.

— Opération n'exigeant pas de changement de cap, mais se rapportant à la voilure ou aux ancres. Larguer une voile, prendre un ris, gréer les perroquets, mouiller une ancre à jet.

— Tout cordage, en chanvre ou en fil de fer, toute chaîne faisant partie du gréement d'un bâtiment.

Les manœuvres dormantes sont celles qui ne bougent pas et sont installées à poste fixe, telles que les haubans, galhaubans, étais. Les manœuvres courantes sont celles qui sont mobiles et permettent de tourner plus ou moins les vergues comme les bras, d'établir ou de serrer les voiles comme les drisses, les écoutes, les cargues.

— Manœuvres basses. Celles des bas mâts et des basses voiles.

— Manœuvres hautes. Celles des huniers, perroquets, cacatois.

— Fausses manœuvres. Manœuvres supplémentaires qu'on ins-

talle par mauvais temps ou avant le combat.

Manœuvrer, v. a. (*To manœuvre*). Manœuvrer une escadre, c'est lui faire exécuter les différentes évolutions de la tactique navale.

— Manœuvrer un navire, le faire évoluer.

— Un bâtiment manœuvre bien, lorsque les manœuvres sont bien conçues par son commandant, bien exécutées par l'équipage, et que le navire lui-même obéit promptement et sûrement aux actions du gouvernail et de la voilure.

Manœuvrier, s. m. Bon manœuvrier. Marin concevant bien les manœuvres et les faisant exécuter avec précision et rapidité par son équipage.

— Ouvrage traitant de la manœuvre des navires.

Manoque, s. f. (*Bundle*). Grosse pelote de bitord, de ligne, de lusin ou de merlin.

Manquer.

— Manquer le mouillage. (*To miss the anchorage*). Ne pas atteindre le point où l'on voulait laisser tomber l'ancre.

— Manquer son bâtiment. (*To be left behind*). Etre absent du bord au moment de l'appareillage.

— Le vent manque (*The wind fails*), lorsqu'il tombe.

— Un cordage manque (*A rope gives way*) lorsqu'il casse.

Mantelet, s. m. (*Port lid*). Sorte de volet plein en bois qui tourne autour de deux gonds placés à sa partie supérieure et qui sert à fermer les sabords.

— Mantelet brisé (*Half-port*). Mantelet formé de deux parties, l'une se relevant vers le haut et l'autre s'abaissant vers le bas.

Maquilleur, s. m. (*Mackerel boat*). Bateau qui fait la pêche du maquereau.

Marbre, s. m. Cylindre en bois garni d'un axe en cuivre autour duquel il est mis en mouvement par la roue du gouvernail; c'est sur le marbre que s'enroule la drosse.

Marchand, adj. (*Merchant*). Capitaine, matelot, bâtiment marchands; capitaine, matelot, bâtiment de la marine du commerce.

Marche, s. f. (*Sealing*). Vitesse progressive qu'un bâtiment est susceptible de prendre suivant la force du vent, la voilure qu'il porte, la force de sa machine s'il est à vapeur.

— Marche d'une montre marine. La quantité dont elle retarde ou avance chaque jour.

Marche avec ! Ordre donné à des matelots d'agir des deux mains sur un cordage et en marchant ensemble au pas.

Marchepied, s. m. (*Horse, foot-rope*). Cordage tendu au-dessous des vergues pour servir d'appui aux pieds des matelots qui vont enverguer des voiles, les serrer, les déverguer, prendre des ris.

Les marchepieds capelés aux extrémités des vergues sont maintenus, de distance en distance par des étriers ou cordages, fixés sur la vergue; à chaque bout de vergue est un petit étrier sans marchepied servant aux hommes qui prennent les empointures d'envergure ou de ris.

Marcher, v. n. (*To sail*). Un navire marche bien lorsqu'il avance vite.

Marcheur, s. m. (*Sailor*). Ce navire est bon marcheur, mauvais marcheur; il avance vite, ou doucement.

Marée, s. f. (*Tide*). Mouvement périodique et régulier de la mer par lequel ses eaux s'élèvent et s'abaissent dans un même lieu deux fois entre deux passages consécutifs de la lune au même méridien.

On nomme le flux de la mer, c'est-à-dire son mouvement ascensionnel vers les côtes, flot ou marée montante; le reflux, c'est-à-dire son mouvement de retraite, jusant ou marée descendante. A la fin du flot, la mer est haute ou pleine, et elle demeure environ dix minutes dans cet état qu'on nomme la pleine mer, la haute mer, le plein de l'eau,

On dit aussi que la mer est étale; après quoi elle commence à descendre; à la fin du jusant, la mer est basse; elle reste ainsi environ dix minutes dans cet état qu'on nomme basse mer, bas de l'eau, étale de la basse mer.

L'intervalle entre deux pleines mers ou entre deux basses mers est d'un peu plus de douze heures; il résulte d'un grand nombre d'observations que, d'un jour à l'autre, la pleine mer ou la basse mer retarde de 50 minutes 28 secondes; dans la pratique, on prend trois quarts d'heure.

La pleine mer d'un lieu, au jour des nouvelles et pleines lunes, ou l'établissement de la marée en ce lieu est, pour ainsi dire, invariable, et, pour connaître l'heure de la pleine mer un jour quelconque, il suffit donc d'ajouter à l'établissement du port autant de fois trois quarts d'heure qu'il y a de jours écoulés depuis la dernière nouvelle ou pleine lune.

On attribue les marées aux attractions exercées par la lune sur la terre.

Aux syzigies, la lune et le soleil étant du même côté par rapport à la terre, leurs attractions agissent dans le même sens et les marées sont très prononcées : la mer descend et monte beaucoup. Ce sont les grandes marées, les reverdies, les vives eaux, les grandes eaux. Aux quadratures, au contraire, la lune et le soleil étant de part et d'autre de la terre, leurs attractions se neutralisent en partie; la mer descend et monte peu : ce sont les petites marées, les mortes-eaux, les eaux bâtardes. Enfin, dans le cours d'une année, les marées les plus fortes sont celles des équinoxes. Des marées de syzigies aux marées de quadratures, on dit que l'on est dans le mort de l'eau, dans le perdant des marées; des quadratures aux syzigies, on est dans le revif de l'eau.

Le courant de flot est celui qui

se produit pendant que la mer monte et courant de jusant celui pendant qu'elle descend.

Marée s'emploie souvent dans le sens de courant dû à la marée. On dit qu'il y a grand'marée en un endroit pour dire qu'il s'y produit un fort courant de flot ou de jusant.

— Résultat d'une pêche pendant une marée

Margouillet, s. m. (*Bull's eye*). Anneau en bois cannelé sur son pourtour pour recevoir une estrope ; il sert à conduire des cordages.

Marguerite, s. f. (*Messenger*).

— (*To clap a messenger*). Faire marguerite, c'est disposer sur une chaîne un appareil destiné à augmenter la force lorsque le cabestan est insuffisant. A cet effet, on forme un fort palan avec une quinderesse de mât de hune ; l'on frappe l'une de ses poulies sur la chaîne à l'avant des bittes et on croche l'autre sur le pont, à l'arrière du grand panneau ; le garant est garni au cabestan.

Si cet appareil est insuffisant, on fait une marguerite double en doublant le nombre des poulies sur la chaîne et sur les boucles du pont.

Mariage, s. m. (*Lashing*). Réunion au moyen d'amarrages à plat de deux bouts de cordage placés l'un contre l'autre.

Marier, v. a. (*To lash*). Réunir deux cordages par un mariage.

Marie-salope, s. f. (*Mudboat*). Bateau destiné à transporter hors des ports et des rades les boues, vases, sables, extraits par des bateaux dragueurs ; une trappe pratiquée dans le fond permet de faire tomber le chargement dans la mer.

Marigot, s. m. Affluent navigable d'un fleuve.

Marin, s. m. (*Seaman*). Homme dont la profession est de naviguer sur les navires de l'Etat, de commerce ou les bateaux de pêche.

— Marin d'eau douce (*Fresch water jack*). Mauvais marin, aimant mieux la terre que la mer.

Marin, adj. Qui appartient à la marine ou à la mer.

— Vent marin. Vent qui vient de la mer.

— Avoir le pied marin (*To have sea legs*). Etre habitué à la navigation.

Marine, s. f. (*Marine*). Art, état, profession de marine.

— La marine ; la partie de la population d'un pays s'adonnant aux travaux de la mer par opposition à celle qui s'occupe des travaux de terre.

Marinette, s. f. Ancien nom de la boussole dans les ports de l'Océan.

Marinier, s. m. (*Boat man*). Homme conduisant les bateaux sur les rivières.

Marionnettes, s. f. (*Swivel hook block*). Ensemble de plusieurs poulies de pieds de mât maintenues droites au moyen de pivots en fer qui prolongent leurs estropes également en fer et s'appuient sur deux traverses horizontales entre lesquelles les poulies peuvent prendre toutes les directions.

Maritime, adj. (*Maritime*). Ce qui a rapport à la mer.

Marmotte, s. m. (*Tinder barrel*). Petit baril à mèche portatif.

— Coffre pour les outils de calfat.

Marner, v. n. (*To marl*). La mer marne beaucoup lorsque, dans les grandes marées, elle descend beaucoup.

Maronner, v. n. Faire le métier de pirate. (Vieux.)

— Grogner, être de mauvaise humeur.

Maroquin, s. m. (*Triatic stay*). Fort cordage qu'on tend de la tête du grand mât à celle du mât de misaine et sur lequel on fouette plusieurs palans servant à embarquer des fardeaux.

Marque, s. f. (*Sea-marck*). Tout objet qui, vu de la mer, peut servir à fixer la position qu'occupe un bâtiment.

— Bout de fil à voile fixée sur une manœuvre courante et qui, pendant la nuit, permet de reconnaître au toucher si elle est assez tendue.

— Marques distinctives, signes extérieurs faisant connaître le grade des officiers, le nom des bâtiments, le grade de l'officier qui les commande.

— Marque de l'Etat. Fil goudronné laissé dans un cordage blanc ou inversement pour indiquer qu'il appartient à l'Etat.

Marquer. v. a. (*To mark*). Marquer une ligne de sonde, de loch ; y faire des nœuds permettant de savoir la profondeur de l'eau ou la vitesse du bâtiment.

Marsouin. s. m. (*Stemson*). Forte pièce de construction courbe qui se fixe intérieurement dans l'angle de l'étrave avec la quille et sert à les réunir fortement ; à cause de ses grandes dimensions, cette pièce, souvent difficile à trouver, est remplacée par un massif d'assemblage.

— (*Fore awning*). Petite tente établie à l'avant du mât de misaine au-dessus du gaillard d'avant.

Martelage. s. m. (*Hammering*). Opération qui consistait autrefois à marquer dans les forêts les bois propres au service de la marine au moyen d'un marteau portant l'empreinte d'une ancre surmontée d'une abeille ou d'une couronne.

Martinet. s. m. (*Peek-halyards*). Cordage servant de balancine à la corne d'artimon et qui sert à la maintenir apiquée.

Frappé sur la corne en patte d'oie, il va faire dormant au chouque du mât d'artimon.

— Bout de corde garni de nœuds, qu'on fixe à l'extrémité d'une bringuebale de pompe et sur lequel plusieurs hommes peuvent agir à la fois.

Martingale. s. m. (*Martingale*). On nomme martingale, deux cordages partant l'un de l'extrémité du bout dehors de clin foc, l'autre de l'extrémité du bout dehors de grand foc, et qui, après avoir passé dans deux clans de l'arc-boutant de martingale, qui saille

en dessous du chouque de beaupré, vont se rider au gaillard d'avant.

Mascaret. s. m. (*Eddy tide*). Elévation de la mer parfois assez considérable, qui se produit à l'embouchure d'une rivière au moment où le courant de la mer montante vient heurter celui de la rivière.

Masque. s. m.

Bonnette qu'on installe sur le gaillard d'avant, lorsqu'on est debout au vent pour empêcher la fumée des cuisines de se rabattre sur le bâtiment.

Masquer. v. n. (*To be aback*). Un navire masque lorsque le vent, au lieu de frapper les voiles par derrière, les frappe par devant. Un navire masque soit par une saute de vent, soit par la faute de l'homme de barre, soit volontairement en brassant, lorsqu'on veut casser l'aire d'un bâtiment ou l'arrêter.

Par forte brise il est dangereux de masquer les mâts n'étant pas tenus pour résister à un effort les poussant en arrière.

Masquer. v. a. (*To becalm*). Une voile en masque une autre lorsqu'elle empêche le vent de lui arriver.

Mât. s. m. (*Mast*). Longue pièce de bois qu'on dresse sur un navire pour porter les voiles et tous les agrès servant à les manœuvrer et à les établir.

Les mâts sont toujours en plusieurs pièces, la partie inférieure nommée bas mât, traverse les ponts dans des ouvertures ovales, nommées étambrais, et son pied va se loger dans son emplanture, encaissement en bois solidement établi sur la carlingue.

Les bas mâts sont le plus souvent en plusieurs pièces maintenues, réunies par des cercles en fer. A sa partie supérieure, le mât se termine par un tenon destiné à recevoir la chouque; au bas du ton sont cloués les élongis que portent la hune.

Les mâts de hune d'une seule pièce, sont tenus en l'air par le chouquet et par la clef qui traverse la caisse et porte sur les élongis ; à leur partie supérieure ils présentent un renflement destiné à porter les barres de perroquet. Le mât de perroquet est maintenu par sa clef qui porte sur les barres et par le chouquet.

Les mâts sont :

Le beaupré comprenant le beaupré proprement dit, le bout dehors de grand foc et le bout dehors de clin foc.

Le mât de misaine, comprenant le bas mât, le petit mât de hune, le petit mât de perroquet avec flèche, tenant lieu de petit mât de cacatois.

Le grand mât comprenant le bas mât le grand mât de hune, le grand mât de perroquet avec sa flèche.

L'artimon, comprenant le bas mât, le mât de perroquet de fougue et le mât de perruche avec sa flèche.

Les bâtiments sont distingués d'après le nombre des mâts qu'ils portent, le beaupré ne compte jamais ; un trois mâts est un bâtiment portant les trois mâts verticaux, indiqués ci-dessus ; les vaisseaux, frégates, corvettes, la plupart des grands bâtiments de commerce sont des trois mâts; les bricks, les goëlettes, sont à deux mâts ; les cotres, les sloops sont à un mât.

Mât de barque, de senau, à pible, à calcet. Voir ces mots.

— Mât de charge (Fort espars). Maintenu sur le pont par des espèces de haubans ; il est garni de palans et sert à débarquer ou embarquer de lourds fardeaux.

Mât-pilote.

Mât établi sur le bord de la mer et qui sert à indiquer aux navires sans pilotes, la route qu'ils doivent faire pour rentrer dans un port ou dans une passe. Ces signaux se font au moyen de ballons et pavillons, qu'on place dans différentes positions.

Mat, adj. (*Hollow*). Une mer mate est une grosse mer houleuse, retombant pesamment sur elle-même sans se briser.

Matage, s. m.

Opération qui consiste à mettre en place les mâts d'un bâtiment au moyen de bigues installées sur le bâtiment lui-même, ou d'une machine à mâter fixe.

Matelot, s m. (*Seaman*). Homme embarqué à bord des navires de l'État et en composant l'équipage.

Les matelots sont divisés en plusieurs catégories, suivant leur emploi à bord ; matelots canoniers, employés au service des pièces ; matelots fusiliers, armés de fusils et destinés principalement à former les compagnies de débarquement ; les gabiers, chargés du service du gréement ; les matelots de ponts, employés pour ainsi dire comme homme de peine dans les manœuvres exigeant certains efforts. On trouve en outre à bord, des matelots appartenant à différents métiers, calfats, voiliers, charpentiers, armuriers, etc.

— Autrefois on nommait matelots deux hommes qui couchaient dans le même hamac, l'un après l'autre.

— Le matelot d'avant d'un vaisseau est le vaisseau qui le précède dans l'ordre de bataille établi par l'amiral. Le matelot d'arrière d'un bâtiment est le vaisseau qui suit dans l'ordre de bataille établi par l'amiral.

— On dit qu'un officier est bon matelot quand il est marin consommé, au point de vue de la pratique.

Matelotage, s. m. (*Sailor's duty*) L'ensemble des connaissances théoriques et surtout pratiques que doit posséder un bon matelot.

Mâter, v. a. (*To mast*). Mâter un navire, c'est mettre ses mâts en place au moyen de bigues installées à bord ou d'une machine à mâter.

— Mâter une pièce de construction,

une barique, des avirons, c'est les dresser et les tenir dans une position presque verticale.

Mâtereau, s. m. *(Small mast).* Petit mât court, ou assez long, mais de faible diamètre.

Mâture, s. f. *(Masts).* L'ensemble des mâts et des vergues d'un bâtiment.

— Atelier de mâture. Atelier où l'on prépare les mâts destinés aux navires.

— Machine à mâter.

Matte, s. f.

Qualité particulière d'un fond couvert d'herbages entrelacés.

Maugère, s. f. *(Cow-hide).* Cuir employé à bord pour faire des manches, des garnitures de vergues, des placards que l'on cloue extérieurement sur les dalots de façon à former clapet, et empêcher l'eau de rentrer à bord sans l'empêcher de sortir.

Mauvais, adj.

Mer mauvaise. Mer haute et qui déferle avec force.

— Mauvaise tenue. Fond sur lequel les ancres ne s'accrochent pas solidement.

Mèche, s. f. *(Spindle).* La partie centrale d'un mât d'assemblage, d'un cabestan.

— *(Spindle).* La mèche d'un gouvernail en est la partie la plus rapprochée du navire, auquelle elle est liée par les ferrures dites aiguillots et femelots.

— *Heart.*

Lorsque les cordages sont commis en 4, c'est-à-dire, composés de 4 torons, ceux-ci sont enroulés autour d'un toron central qu'on nomme âme ou mèche. Cette mèche est en chanvre de troisième brin, son diamètre est les 2/3 du diamètre d'un des torons ; elle n'ajoute rien à la force du filin ; mais elle l'empêche de se déformer.

— Morceau de filin blanc, bien sec, peu commis, bouilli dans un mélange de chaux vive, de cendre et d'eau. Cette mèche brûle lentement; employée autrefois à enflammer la charge des bouches à feu ; elle ne sert maintenant qu'à

conserver du feu pour l'usage des matelots, dans un baril nommé marmotte.

Médecin, s. m. *(Doctor).* Le service de santé est assuré à bord des bâtiments de l'Etat, et dans les casernes de la marine, par des médecins assimilés aux officiers. Leur uniforme ne se distingue de celui de ces derniers que par des parements de velours grenat aux manches.

Méfier (se) *(To mind).* Se méfier de la marée qui porte au vent. Faire attention au courant produit par la marée.

Méjeanne, s. f. *(Fore sail).* Ancien nom de la voile de misaine.

Mélis, s. m. *(Sail-cloth).* Nom des toiles à voile de France ; le mélis double sert à faire les huniers des grands bâtiments : le mélis simple est moins fort.

Membre, s. m. *(Rib, frame).* Couples d'un petit bâtiment.

Membrure, s. f. *(Ribs frames).* L'ensemble des bois courbes ou droits qui forment les côtés d'un bâtiment et sur lesquels sont appliqués les bordages et les vaigres.

Ménille, s. f. *(Handclamp).* Espèce d'anse, qu'on fixe à la poignée des avirons de galère, et au piston des petites pompes pour les saisir avec les mains et les mettre en mouvement.

Menu, adj.

— Menues voiles *(Uppersails).* Les perroquets, cacatois et autres voiles de toile fine.

— Menus cordages *(Little ropes),* Cordages employés pour bras, drisses, cargues.

— Menue mâture *(Light masts).* Les mâts de perroquet, de cacatois, et leurs vergues.

Mer, s. f. *(Sea).* L'ensemble des eaux qui couvrent une partie de la surface de la terre.

— Marée *(Tide).* La mer monte, la mer descend.

— Vague, lame *(Surge).* Il y a de la mer; c'est-à-dire que les lames sont hautes et rapides.

Un coup de mer est une lame

élevée qui vient se briser avec force contre un navire.

— Un homme à la mer ! Cri pour indiquer qu'un homme vient de tomber à l'eau.

Un navire prend la mer, lorsqu'il appareille ; il tient la mer, lorsque par un mauvais temps il ne relâche pas.

Méridien, s. m. (*Meridian*). Grand cercle de la terre, passant par l'axe de rotation terrestre.

Le premier méridien est celui à partir duquel on compte les longitudes.

Pour la France, le premier méridien est celui de Paris, pour l'Angleterre, celui de Greenwich, pour l'Espagne, celui de l'île de Fer.

— Méridien d'un lieu ; le grand cercle passant par ce lieu est l'axe terrestre. Lorsque le soleil passe dans le méridien d'un lieu, il est midi en ce lieu.

Mérite, s. f. (*Good note*). Apostille favorable que le capitaine d'un bâtiment portait sur le congé d'un marin, ou sur les registres matricules.

Merlin, s. m. (*Marline*). Petit cordage formé de trois fils de caret et dont on se sert pour faire de petits amarrages soignés. Les voiliers emploient le merlin pour coudre solidement la toile sur les ralingues vers les points et le milieu des fonds.

Merliner, v. a. (*To marl*). Merliner une voile ; la coudre à sa ralingue avec du merlin.

Merrain, s. m. (*Timber for casks*). Le bois servant à faire des futailles.

Le merrain de longailles comprend les douves ou douelles ; le merrain d'enfonçailles, le bois des fonds.

Mestre, s. m. (*Main mast*). Nom du grand mât dans certains bâtiments du Levant et dans les anciennes galères.

Métacentre, s. m. (*Metacenter*). Point d'application de la résultante de toutes les poussées de l'eau sur la carène d'un bâtiment. Les positions respectives du centre de gravité et du métacentre, leur distance, sont des éléments importants pour l'étude de la stabilité d'un bâtiment.

Mettre, v. a.

— Mettre à la voile. Appareiller. (*To put to sea*).

— Mettre le cap au Nord. (*To lay the head to North*). Diriger un navire vers le Nord.

— Mettre à la cape (*To lye to*). Prendre la position de la cape.

— Mettre un bâtiment à l'eau (*To launch a ship*). Le faire sortir du chantier et le lancer.

Midi, s. m.

— (*Midday*). Midi se détermine à bord en prenant la hauteur maxima du soleil, c'est-a-dire lorsqu'il passe au méridien.

La journée à bord se compte de midi à midi.

— (*South*). Le sud. Peu employé dans la marine.

Mille, s. m. (*Mile*). Mesure de longueur. Le mille est le tiers de la lieue marine et vaut 1851 m. 85.

Minahouet, s. m.

— (*Burton*). Planche mince percée d'un bout, et qui pour un petit filin remplace la mailloche à fourrer.

— (*Heaver*). Petit appareil. Frappé sur les rides des haubans de hune et de perroquet et dont on se sert pour les raidir.

Mineures, adj.

On nomme lieues mineures, celles parcourues Est et Ouest sur un petit cercle. Les lieues mineures se réduisent en lieues majeures au moyen du quartier de réduction.

Minot, s. m. (*Bumkin*). Arc-boutant saillant à l'avant de chaque bord en dehors de la poulaine sans une angle de 40° avec le plan diamétral du bâtiment ; c'est au minot, nommé aussi portelof, pistolet que s'amure la misaine au plus près.

Minute, s. f.

— (*Watch glass*). Sablier passant en une minute.

— (*Minute*). La minute de degré ou soixantième partie d'un degré, équivaut à un mille marin.

Mire, s. f. (*Sight*).

— Points de mire. Points apparents qui servent à déterminer la direction d'un objet lorsqu'on le vise.

— Ligne de mire. (*Line of metal*). On nomme ligne de mire dans une bouche à feu, une ligne droite qui passe par deux points choisis sur la pièce, comme points de mire et placés l'un vers la culasse et l'autre vers la volée.

On distingue : la ligne de mire naturelle passant par le point le plus élevé de la culasse et le point le plus élevé de la volée ; ligne de mire artificielle, une ligne de mire obtenue en faisant varier la position du point de mire de la culasse, le second point de mire restant fixe ; la ligne de mire médiane, qui est une ligne de mire naturelle ou artificielle, située dans le plan de tir ; la ligne de mire latérale, dont les deux points de mire sont placés sur l'un des côtés de la pièce ; cette dernière a l'avantage de pointer à toutes les distances sans être gêné par la volée de la pièce.

Misaine, s. f. (*Fore-sail*). Voile basse du mât de misaine ; cette voile carrée, contrairement aux voiles semblables, a moins de bordure que d'envergure ; cette forme tient à la disposition rétrécie de l'avant ; au plus près on est même obligé d'amurer la misaine sur un arc-boutant extérieur, le minot ; la misaine est une voile majeure et est presque toujours établie.

A bord des bâtiments à voiles auriques ou latines, la misaine est la voile principale du mât de misaine ; sur une goëlette, la misaine est la voile aurique enverguée sur la corne de misaine.

Misaine (mât de). (*Fore mast*). Le premier mât vertical d'un bâtiment vers l'avant, et plus spécialement le bas mât. Vergue de misaine, la basse vergue du mât de misaine.

Mise, s. f. Mise à l'eau. (*Launching*). La mise à l'eau d'un navire est son lancement.

Miséricorde, s. m. Ancre de miséricorde. On nommait ainsi autrefois la maîtresse ancre d'un bâtiment.

Mistique, s. m. Espèce de chasse-marée portant des antennes, et en usage sur les côtes d'Espagne et de Portugal.

Mistral, Mistraou, s. m. (*North-west wind*). Vents soufflant de la partie du Nord-Ouest, dans la Méditerranée.

Mitraille, s. f. (*Grape*). Réunion de balles ou de biscayens.

On n'emploie plus dans la marine que des obus à mitraille ou des boîtes à mitraille qui sont des boîtes en tôle remplies de balles.

On employait autrefois de la grosse mitraille, qui se composait de grosses balles fixées avec une toile et du fil de fer autour d'une tige en fonte, portant au milieu d'un plateau également en fonte ; ce projectile s'appelait grappe de raisin.

Mixte, adj. Navire mixte. (*Sailing and steaming vessel*). Navire allant à la voile et à la vapeur.

Moine, s. m. (*Monk*). Petite pyramide de poudre humectée avec du vinaigre, que l'on porte sur un plateau et à laquelle on met le feu pour fumiger l'intérieur des bâtiments.

— (*Rocket*) Espèce de feu de bengale employé pour faire les signaux de nuit.

Moises, s. f. (*Cross-beam*). Pièces de bois transversales, destinées à maintenir l'écartement d'autres pièces ordinairement plus longues ; dans une machine à mâter, les traverses horizontales qui réunissent les bigues sont des moises.

Mole, s. m. (*Breakwater*). Ouvrage avancé dans la mer à l'entrée d'un port ou d'un havre ; c'est ordinairement une forte digue destinée à briser les lames venant du large.

Moler, v. n.
Muler en poupe. (*To sail large*). Faire vent arrière (Médit.).

Molette, s. f.
— (*Whirl*) (corderie). Petit cylindre en buis armé d'un crochet, auquel on accroche le bout du fil de caret qu'on commence; c'est en imprimant aux molettes un mouvement de rotation, qu'on donne le tors au fil de caret.

Molle-mer (*Slack water*). Mer étale, c'est-à-dire le moment où la mer pleine ne monte ni ne descend.

Mollir, v. n. (*To becalm*). Le vent, la mer mollissent, lorsque leur force ou leur agitation diminuent.
— V. a. (*To slacken*). Mollir un cordage, une manœuvre quelconque, c'est diminuer sa raideur.
— Mollir la barre du gouvernail; c'est, étant au plus près du vent et ayant la barre au vent, la rapprocher du plan diamétral; on mollit ordinairement la barre pour que le gouvernail présente moins de surface au choc d'une lame que l'on voit arriver.

Monde, s. m. (*Crew*).
L'équipage ou une partie de l'équipage.
— Tout le monde en haut. (*All hands up*). Commandement pour faire monter tout l'équipage sur le pont.
— Tout le monde à la bande à tribord. Ordre à tous les hommes de se porter à tribord pour faire pencher le bâtiment de ce côté.

Mondrain, s, m. (*Little hill*). Monticule, plis de terrain sur une côte généralement plate.

Montante, s. m. (*Rising water*).
— Le temps que dure le flot, que la mer monte.

Monter.
— V. a. Assembler, réunir. Un bâtiment monté en bois tors est un bâtiment dont la quille, les couples sont en place.
— Mettre en place, prêt à servir; monter un gouvernail, le suspendre par ses ferrures; monter un canon, le mettre sur son affût.
— Monter un bâtiment. Etre embarqué à bord de ce bâtiment.
— V. n. La mer monte quand il y a flot.
Le vent monte quand son lit se rapproche du Nord.

Montre marine (*Time keeper*). Chronomètre. Espèce de grosse montre à secondes, d'une marche très régulière et servant à indiquer le temps moyen de Paris. Les montres marines sont suspendues à la cardan et soustraites autant que possible aux chocs, aux secousses, aux changements trop brusques de température.
Malgré leur grande perfection, les montres marines éprouvent cependant chaque jour une certaine avance ou un certain retard, qu'on nomme marche.
La différence entre l'heure donnée par une montre marine et l'heure exacte de Paris est ce qu'on nomme son état absolu.
L'officier chargé de remonter les montres, de surveiller leur marche, de déterminer chaque jour le point, se nomme officier des montres.

Moque, s. f. (*Dead block*). Bloc en bois d'orme de forme lenticulaire, cannelé sur l'épaisseur de son contour pour recevoir une estrope, et évidé à jour dans sa partie centrale; on s'en sert pour rider les sous-barbes et les étais de bas mât; le côté de l'ouverture sur lequel doit s'appliquer la ride, reçoit des engoujures pour les premiers tours.
— Moque à rouet. De même forme que la moque de sous barbe, elle porte à l'intérieur un épais réa en bronze mobile autour d'un essieu en fer. Les moques se placent sur les points des huniers pour le passage des écoutes.
— Moque à sabot. Poulie dont la caisse a été coupée à l'une de ses extrémités jusqu'auprès du pourtour du réa; le canal est couvert et les deux courants du cordage sortent par des trous pratiqués

sur le côté carré de la caisse. Cette moque était employée autrefois pour les grands palanquins.

Mordre, v. a. (*To hold*). Une ancre mord le fond lorsqu'une de ses pattes y pénètre et s'y fixe solidement.

— Lorsqu'un garant de palan se trouve serré, pris entre un des courants et une des poulies de ce palan, on dit qu'il est mordu. Un cordage est encore mordu lorsqu'il se trouve serré entre le réa et la caisse de la poulie.

Morfondu, s. m. (*Coarse yarn*). Petit cordage refait avec du fil de caret qui a déjà servi et qu'on a décommis pour en faire, à bord du bâtiment, des menus cordages de qualité inférieure.

Morne, s. m. (*Steep hill*). Nom donné dans les colonies à une montagne escarpée voisine de la côte.

Mornet, s. m. Petit morne.

Mort de l'eau (*Dead neap*). Voir marée.

Mort, adj.

— Un tour mort (*Clove hitch*) est le tour simple d'un cordage quelconque autour d'une bitte, d'un taquet, d'une pièce de bois quelconque. Lorsqu'on a à filer en douceur un cordage faisant effort, on fait un tour mort et on maintient le bout avec la main ; le frottement exercé par le tour mort permet de lâcher à volonté.

— Œuvres mortes ; mortes-eaux ; corps morts. (Voir ces mots.)

— Un navire est chargé à morte-charge (*Over laden*), lorsqu'il a reçu tout le chargement qu'il peut porter.

Mortaise, s. f. (*Mortise*). Ouverture rectangulaire pratiquée dans une pièce de bois.

— La mortaise d'une poulie est le trou où se loge le réa.

— La mortaise d'une caisse de mât est le trou où se place la clef.

Mortier, s. m. (*Sea mortar*). Pièce d'artillerie très courte reposant sur une plate-forme nommée crapaud et servant à lancer des bombes. Les bâtiments armés de mortiers se nommaient bombardes.

Mot d'ordre (*Watch word*). Un des mots du guet qui servent dans les ports et en rade à faire reconnaître les rondes et qui, à la mer, servent aux bâtiments à se reconnaître.

Le mot d'ordre est le premier mot du guet et est toujours un nom d'homme.

Mou, s. m. Une manœuvre, un cordage quelconque a du mou lorsqu'il n'est pas assez tendu.

— Donner du mou. Détendre un cordage.

— Embraquer le mou. Raidir un cordage ayant du mou.

Mou, adj.

— Vent mou (*Slack wind*). Vent faible et de force très inégale.

— Molle mer. Mer étale.

— Un navire est mou (*Leewar dily*) lorsqu'il tend toujours à arriver, c'est-à-dire à tourner de façon à présenter l'arrière au vent ; au plus près, lorsqu'un navire est mou, il faut avoir constamment un peu de barre dessous. Par faible brise, presque tous les navires sont mous ; on corrige ce défaut en halant bas un ou plusieurs focs ou en bordant le gui presque au milieu.

Mouche, s. f. (*Advice boat*). Bâtiment de guerre léger et rapide, destiné à observer la marche, les manœuvres de l'ennemi, et à porter les ordres de l'amiral.

Moucher, v. a. (*To freshen*). Moucher le chanvre, un cordage, une pièce de bois, en couper les extrémités pour enlever les parties détériorées ou trop longues.

Mouchoir, s. m. Grands bordages de tour qui se placent à la fesse d'un navire.

— Mouchoirs d'étambrai. Grains d'orge qui servent à remplir les angles des étambrais de mâts ayant la forme d'un octogone.

— Mouchoirs de cabestans ; grains d'orge remplaçant les intervalles entre les taquets des cabestans.

— **Mouillage**, s. m. (*Anchorage*). Place, lieu où un bâtiment peut être retenu à l'ancre, à l'abri de la mer et des vents. Un mouillage est bon, mauvais, sûr, suivant la nature du fond, de la côte, l'abri.

— Le mouillage d'une ancre est l'action de la mouiller ou laisser tomber au fond.

— Manœuvre ayant pour but d'atteindre l'endroit où on doit mouiller ou laisser tomber l'ancre.

— Un navire au mouillage est un navire amarré sur ses ancres.

— Une ancre en mouillage est une ancre débarrassée des cordages avec lesquels on la saisit à la mer et disposée sous le bossoir pour tomber à la mer.

Mouiller, v. a. et n. (*To anchor*). Manœuvrer pour se rendre au mouillage et laisser tomber au fond une ou plusieurs ancres.

— Mouiller une ancre (*To drop the anchor*). La laisser tomber au fond. A cet effet, ouvrir l'étrangloir et disposer du monde sur le palan qui sert à le manœuvrer; prendre le tour de bitte et lever le pied de biche. L'aiguillette du mouilleur est coupée au commandement: « Mouillez ! » On laisse filer le nombre de maillons indiqués, et un peu avant d'y arriver, on fait riper la chaîne, c'est-à-dire que l'on commence à l'étrangler doucement de façon à pouvoir la stopper sans secousse au moment voulu. On frappe les bosses, l'étrangloir est fermé et sa clef mise en place.

— Mouiller en s'embossant, en affourchant, en patte d'oie, en créance, en pagaie. Voir ces mots.

Mouilleur, s. m. (*Tumbler*). Appareil destiné à faciliter l'opération de laisser tomber l'ancre. Il se compose d'une tige en fer supportée par deux pitons dans lesquels elle tourne librement; les chaînes qui suspendent l'ancre en mouillage sont capelées sur deux doigts aux extrémités de cette tige; la tige est maintenue en place au moyen d'un levier amarré par un aiguilletage; il suffit de couper celui-ci pour que les chaînes se dégagent in-

stantanément et que l'ancre tombe au fond.

Mourgon, s. m. (*Diver*). Plongeur de profession qui visite les carènes et travaille au sauvetage des objets submergés. (Médit.)

Mousqueton, s. m. (*Musketoon*). Fusil court de faible portée dont on armait autrefois les hommes des hunes et les canotiers.

Moussaillon, s. m. (*Wrecked sailor boy*). Mousse petit, faible, d'un mauvais service.

Mousse, s. m. (*Sailor boy*). Enfants au-dessous de seize ans embarqués pour se former au métier de la mer et rendre à bord les services en rapport avec leurs forces.

Sur les navires de commerce et les bateaux de pêche, on les emploie à préparer les aliments, faire le service des cabines; sur les navires de guerre, ils sont embarqués par groupes plus ou moins nombreux et reçoivent à bord, sous la direction d'un second-maître ou d'un quartier-maître, l'instruction primaire et l'instruction maritime. Ils ne prennent point part aux manœuvres, sont complètement séparés de l'équipage et à l'abri de tout mauvais traitement. Une école des mousses est, du reste, établie à Brest.

Mousson, s. f. (*Mousoon*). Vents périodiques de la mer des Indes qui soufflent pendant six mois du S.-O. et six mois du N.-E. Le changement de direction du vent se nomme renversement de la mousson; il est ordinairement accompagné de tempêtes et d'ouragans. Il faut chercher la cause des moussons dans la disposition du massif central de l'Asie. Pendant l'été, le versant méridional de l'Himalaya s'échauffe, et avec lui l'air environnant. Cet air va donc s'élever en produisant un appel d'air; pendant l'été, le vent viendra donc de la mer vers la terre; c'est la mousson du S.-O. qui règne du 15 avril au 15 octobre. Pendant l'hiver, la mer se refroidit moins vite que la terre, et l'air chaud qui est au-dessus de l'Océan indien tend à s'élever en produisant un appel d'air du continent vers la mer ; c'est la mousson qui dure du 15 octobre au 15 avril.

Moustaches, s. f. (*Sanding lifts*). Espèces de suspentes ou fausses balancines qui portaient autrefois la vergue de civadière et la vergue barrée.

Moutons, s. m. (*Foam*). Vagues dont la crête est couverte d'écume blanche.

— Moutons du Cap (Albatros). Gros oiseaux qu'on rencontre ordinairement dans les parages du cap de Bonne-Espérance et à des distances considérables de la terre ; quelques-uns ont plus de quatre mètres d'envergure ; on les prend avec une ligne flottante.

Moutonner, v. n. (*To foam*). La mer moutonne lorsque, agitée par le commencement d'un vent frais, elle se couvre de lames peu élevées, mais couronnées d'écume.

Mouvements (du port), s. m. La direction des mouvements du port est le service des opérations relatives à l'armement, au désarmement, au soin et à l'entretien des navires dans un port militaire.

Muder, v. a. (*To gybe*). Syn. de gambier. Muder s'emploie dans la Méditerranée pour changer les voiles à antennes.

Mulet, s. m. Bâtiment portugais, très tonturé, portant deux ou trois mâts inclinés sur l'avant et gréant des voiles latines.

Mulette, s. f. Bateau plat portugais employé pour la pêche à la drague.

Munitionnaire, s. m. (*Contractor of victualling*). La fourniture des vivres de la marine se faisait autrefois par entreprise. L'entrepreneur, appelé munitionnaire, avait alors à bord des bâtiments, des commis chargés de la distribution des vivres et nommés munitionnaires.

Muraille, s. f. (*Side*). On nomme ainsi l'épaisseur du bord du navire, membres, bordages, vaigrage compris depuis la flottaison jusqu'au plat bord.

N

Nable, s. m. (*Boat's dale*). Trou percé de part en part dans les fonds d'une embarcation et qui permet de faire écouler l'eau qu'elle contient lorsqu'elle est à sec sur la plage ou hissée à bord. Ce trou se ferme avec un bouchon nommé tampon de nable lorsqu'on remet l'embarcation à la mer.

Nacelle, s. f. (*Little skiff*). Petit esquif.

Nage, s. f. (*Rowing*). Action sur les avirons des hommes placés dans une embarcation.

— Les bancs de nage sont les bancs sur lesquels sont assis les nageurs ou canotiers.

— Tente de nage. Tente tendue dans une embarcation au-dessus des canotiers. Il y a deux sortes de nage : la nage à couple et la nage en pointe. (Voir ces mots.)

Nager, v. n. (*To row*). Agir sur les avirons d'une embarcation de façon à la faire avancer ; lorsqu'on se sert d'un seul aviron placé derrière, cette action s'appelle godiller. (Voir ce mot.)

Nage partout !

Nageur, s. m. (*Rower*). Syn. de rameur.

Nasse, s. f. (*Fishing basket*). Sorte de panier ayant dans l'intérieur un goulet et une poche faits avec du fil à voiles et d'où le poisson, après y avoir pénétré, ne peut plus sortir.

Natte, s. f. (*Mat*). Nom donné aux paillets et sangles qu'on met en différents endroits du gréement pour les protéger du frottement.

— Tissu formé par l'entrelacement de joncs, de roseaux; les voiles des jonques chinoises sont faites avec des nattes.

Naturel, adj. (*Direct*. Une escadre marche en ordre naturel lorsque chaque navire suit le navire désigné par l'amiral pour son matelot d'avant.

Naufrage, s. m. (*Skip wreck*). Perte d'un bâtiment.

Les naufrages les plus fréquents ont lieu sur la côte ou sur un danger quelconque; les naufrages en pleine mer sont très rares, et un bon bâtiment, bien monté, bien commandé et au large, n'a pour ainsi dire rien à craindre des vents et de la tempête.

Naufragé, s. m. (*Shipwrecked man*). Homme qui a fait naufrage.

Naufrager, v. n. (*To ship wreck*). Faire naufrage.

Nautilus, s. m. (*Nautilus*). Cloche de plongeur perfectionnée se composant d'une capacité plus ou moins grande dans laquelle se placent les ouvriers, et entourée d'autres capacités plus petites dans lesquelles on peut faire pénétrer à volonté de l'eau ou de l'air. Un tuyau fait communiquer l'appareil avec un réservoir d'air comprimé placé à bord d'un ponton. Le nautilus descend et remonte seul suivant qu'on introduit de l'eau dans les caisses ou qu'on l'extrait au moyen d'une petite pompe à main et peut même servir pour descendre ou remonter des objets.

Nautique, adj. (*Nautical*), Qualificatif des sciences ayant trait à la marine.

— Astronomie nautique, instrument nautique.

Naval, adj. (*Naval*). Sert à qualifier tout ce qui a rapport à la marine.

Forces navales, tactique navale, Ecole navale.

Navette, s. f. (*Long block*). Poulie simple, longue, sans avoir tout le corps estropé et qui servait autrefois principalement pour les balancines de la vergue barrée.

Navigable, adj. (*Navigable*). On dit qu'une mer, un fleuve sont navigables, lorsqu'un bâtiment, un bateau peut y naviguer; ce terme est tout à fait relatif à la force du bâtiment.

Navigateur, s. m. (*Navigator*). Tout homme voyageant sur mer. En particulier, un marin ayant fait des voyages de découvertes ou ayant rapporté de grands résultats scientifiques de ses voyages.

Navigation (*Sailing*). Voyage sur mer. Navigation heureuse.

— Temps passé à la mer. Avoir tant d'années de navigation.

— (*Hydrographia*). Traités de navigation. Traité sur l'hydrographie, la façon de faire le point et les observations astronomiques.

Naviguer, v. n. (*To navigate*). Voyager sur mer.

Un capitaine navigue bien, lorsque ses voyages sont courts, sans avaries et qu'il sait profiter de toutes les circonstances favorables.

— Un navire navigue bien lorsqu'il se comporte bien à la mer, sous toutes les allures et par tous les temps.

— Naviguer à la sonde. N'avancer qu'en sondant.

Navire, s. f. (*Vessel*). Toute construction flottante de dimensions suffisantes pour naviguer en pleine mer.

Navire de guerre (*Man of war*).
— à voiles (*Sailing ship*).
— en bois (*Wooden ship*).
— à vapeur (*Steam vessel*).

Navire mixte.
— (*Sailing and steaming vessel*).
Navire allant à la voile et à la
vapeur.

Négrier, s. m. (*Slaver*). Bâtiment
qui fait la traite ou commerce
des esclaves sur la côte d'Afrique.

Neptune, s. m. (*Sea charts*). Atlas
ou recueil des cartes marines.

Neurre, s. m.
Petit bâtiment hollandais, employé surtout à la pêche du hareng.

Nez, s. m.
— (*Head*). Un bâtiment est sur le
nez, tombe sur le nez, a le nez
dans l'eau, lorsqu'il est trop
chargé de l'avant.
— Les marins du Nord désignent
un cap sous le nom de nez.

Nielle, s. f. (*Gith*). Espèce de fermentation qui se produit dans
les toiles à voiles et les détériore.

Nocher, s. m. (*Master*). Maître,
patron (Médit.),

Nocturlabe, s. m. (*Nocturnal*).
Ancien instrument d'astronomie
qui permettait par l'observation
de l'étoile polaire de trouver la
latitude.

Nœud, s. m, (*Knot*). Enlacement
d'un ou plusieurs cordages destiné à les réunir ou à les fixer à
certains objets. Par le moyen
des nœuds, l'effort, qui a lieu sur
un cordage, détermine sur les
parties convenablement entrela-
cées un frottement croissant en
même temps que cette pression,
et qui empêche le nœud de se
défaire et par suite la séparation.
Dans les gros cordages, c'est
moins le frottement que la raideur des cordes qui empêche le
cordage enroulé de se développer.

Le nombre des nœuds est pour
ainsi dire infini; les principaux
sont: le nœud plat qui sert à réunir deux bouts filins ne devant pas
faire une grande force et à terminer un amarrage; les nœuds de
bouline simple et double; les
nœuds d'écoute; le nœud de
vache ou d'ajust; le nœud d'anguille ou de bois; les nœuds de

chaise, de calfat, le nœud d'agui;
le laguis, le demi-nœud, qui sert
à fixer momentanément sur un
objet quelconque une corde qui
ne force pas; il se fait aussi sur
le bout d'une manœuvre pour
l'empêcher de se dépasser d'une
poulie ou d'un margouillet; le
nœud jambe de chien, le nœud à
plein poing; la demi-clef, le nœud
de griffe, le nœud de croc de palan; les gueules de raie et de loup;
le nœud de cravate, le nœud de
capelage; les demi-clefs à cape-

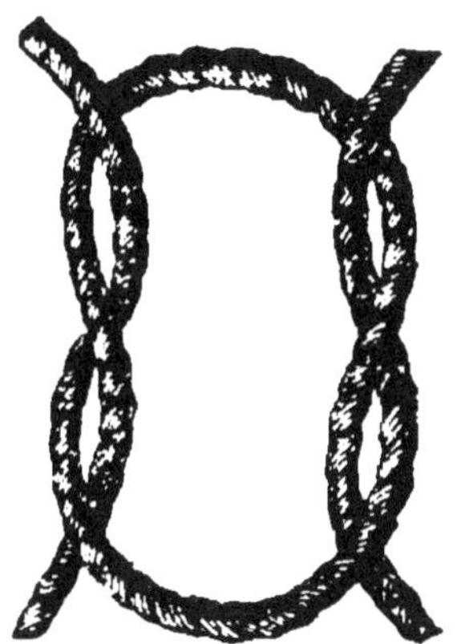

Nœud de vache.

ler, les demi-clefs renversées, le
nœud de drisse ou de batelier, le
nœud de filet ou de pêcheur, le
nœud de drisse de bonnette; les
culs-de-porc simple et double,
les têtes de more et d'allouette,
les nœuds de hauban, les nœuds
de ride, d'étalingure de câble,
d'orin, d'empennelage et de grappin. Voir ces différents mots.
— La longueur comprise entre
deux nœuds de la ligne de loch
devrait être, la cent vingtième
partie du mille; c'est-à-dire
15 m. 42; mais à cause de l'allongement des lignes, on ne met ordinairement que 14 m. 77.

Lorsqu'on dit qu'un navire file
un nœud, cela veut dire qu'en
30 secondes on a filé une longueur
de la ligne de loch égale à la

cent vingtième partie d'un mille;
en une heure on aurait donc filé
120 nœuds ou une mille. Uu navire qui file 5 nœuds fait donc
5 milles à l'heure.
— Argot maritime.
Filer son nœud. Partir. Mourir.

Noix, s. f. (*Hound*). La noix d'un
mât est la partie renflée qui se
trouve au-dessus du ton, pour
servir de support aux barres, ou
pour arrêter le capelage.

Nolisement, s. m. (*Chartering*.)
Le louage d'un navire, son affrètement.

Noliser, v. a. (*To charter*). Noliser
un navire, c'est le prendre à
loyer.

Nonius, s. m. Syn. de Vernier.

Nord, s. m.
— (*North*). Le pôle boréal.
Le vent est au nord, lorsqu'il
vient du Nord.
Faire le nord. Se diriger vers
le Nord.

Nostr'homme, s. m. (*Boatswain*).
Maître d'équipage.
Patron (Médit.).

Nourri, part.
Le temps est nourri ou a de la
nourriture, lorsque le ciel et
l'horizon sont garnis de nuages
détachés qui s'élèvent et passent
sans opposition.

Novice, s. m. (*Jounker*). Jeune
homme compris entre matelot et
mousse et apprenant le métier de
marin.

Noyé, part. (*Dropped*).
La batterie basse d'un bâtiment
est noyée lorsqu'elle est trop près
du niveau de l'eau.
— Un bâtiment a son fort noyé,
lorsqu'il est trop chargé et s'immerge trop.
— A la mer, on dit qu'un bâtiment
est noyé lorsqu'on s'en éloigne
et qu'il disparaît peu à peu caché
par la courbure de la mer.
— Noyer les poudres. Introduire
de l'eau de mer dans les soutes
à poudre.

Nuaison, s. f. (*Steady wind*). Durée pendant plusieurs semaines
d'un vent fixé dans une direction.

Numéro, s. m. (*Number*).
— Numéro officiel. Chaque bâtiment, outre son nom, a un numéro qu'il conserve toujours,
même quand il change d'escadre,
de station ou qu'il désarme. Ce
numéro est dit officiel; les numéros de tous les bâtiments de
l'Etat sont contenus dans le
1er volume de la Tactique.
— Numéro d'escadre. Numéro donné par l'amiral à chaque bâtiment de l'escadre ou tout autre
bâtiment qui se trouve sur la
même rade que lui.
Le numéro officiel et d'escadre
servent aux bâtiments à se faire
reconnaître aux moyens de signaux.

O

Oblique, adj. (*Slant*). Un bâtiment fait une route oblique lorsqu'il a le vent contraire, pour
suivre sa route directe et qu'il
est obligé de courir des bordées.

Observation, s. f.
— Observation. Faire une observation. Prendre la hauteur d'un
astre.

— (*Surveying*). Action de surveiller, d'observer. Une escadre d'observation est celle qui croise en
un point déterminé pour surveiller le passage des bâtiments,
ou l'entrée d'un port.
— Quarantaine d'observation. Quarantaine ne dépassant pas cinq
jours et ayant pour but de s'as-

surer que l'état sanitaire d'un bâtiment continue à être satisfaisant.

Observé, part. (*Observed*). Le point observé est celui obtenu à l'aide de l'observation des astres et du calcul par opposition au point estimé.

Observer, v. a. (*To observe*) Prendre la hauteur d'un astre.

— (*To survey*). Surveiller un point, un port, une côte.

Obus, s. m. (*Shell*). Projectile creux qu'on remplit d'artifice et de mitraille. Autrefois sphériques, les obus employés aujourd'hui sont tous oblongs, et se composent d'une partie cylindrique surmontée d'une ogive tronquée à la pointe. Ces obus sont en fonte; l'intérieur est une chambre ayant à peu près la même forme que l'extérieur du projectile, et surmontée d'un canal cylindrique ou lumière venant déboucher dans la partie tronquée de l'ogive; cette lumière est destinée à recevoir la fusée. La chambre intérieure est remplie de poudre qu'enflamme la fusée au moment voulu en produisant une explosion du projectile,

Obusier, s. m. (*Howitzer*). Canon qui ne lançait que des obus; il n'y en a plus en service dans la marine.

Occase, adj. (*Westerley*). L'amplitude occase d'un astre est son amplitude au moment de son coucher.

Occident, s. m. (*West*). L'Ouest.

Océan, s. m. (*Océan*). L'étendue d'eau salée qui couvre plus de la moitié de la surface terrestre.

En France, les ports de l'Océan sont ceux qui sont baignés par l'Océan atlantique; on dit l'Océan tout seul par opposition à la Manche et à la Méditerranée.

Octant, s. m. (*Octant*). Instrument à réflexion analogue au sextant, mais dont l'arc divisé ne contient qu'un huitième de circonférence, c'est-à-dire 90 degrés.

Œil, s. m. (*Eye. Hope. Gap*). Trou, bague, boucle, ganse, anneau.

— Œil de pie (*Eyelet hole*). Trous percés dans les bandes de toile d'une voile près de la ralingue de têtière pour y passer les rabans d'envergure et dans les bandes de ris pour les garcettes.

— Œil d'une ancre. Le trou au bout de la vergue dans lequel est passée la cigale.

— Œil d'un projectile creux. L'ouverture de ce projectile opposée au culot par où l'on introduit la charge et où on place la fusée.

— Œil de perdrix. Pavillon de signaux dont le milieu est un petit carré bleu entouré de bandes blanches et celles-ci de bandes aurore.

— Œil de bœuf.
Grain qui se forme dans un petit nuage rougeâtre et de peu d'apparence, bien que parfois dangereux à son passage.

— Pavillon à carré central rouge, entouré de bandes blanches et bleues.

— Œil de civadière.
Trous qu'on pratiquait aux deux points de cette voile pour laisser écouler l'eau qu'elle ramassait dans les tangages ou par l'effet des lames.

Œillet, s. m. (*Eye*). Ouverture à peu près circulaire donnant passage à un cordage. Sorte de ganse, bague, boucle qu'on fait à l'estrope d'une poulie, au bout d'un étai, de différents cordages.

Œuf d'autruche, s. m. (*Plug*). Bouchon en fil de caret, garni de suif, de la grosseur et de la forme d'un œuf d'autruche; les calfats s'en servent dans le combat, pour boucher les trous de boulet vers la flottaison.

Œuvre, s. f.

— Œuvres mortes (*Dead work*). La partie de la coque qui émerge au-dessus de l'eau.
Œuvres vives (*Quick work*). La carène d'un navire ou la partie immergée.

— Œuvre de marée. Ouvrage qu'on peut faire à la carène d'un bâtiment, à un quai, depuis le moment où la mer abandonne l'objet à travailler, jusqu'au moment où de flot, elle vienne le baigner de nouveau.

— Ateliers de grosses œuvres. Ateliers où l'on fait les cabestans, roues de gouvernail et autres gros objets.

Officier, s. m. (*Officer*). On distingue trois rangs d'officiers :

Les officiers amiraux ou généraux, amiral, vice-amiral, contre-amiral.

Les officiers supérieurs ; capitaine de vaisseau, capitaine de frégate.

Les officiers subalternes ; lieutenant de vaisseau, enseigne de vaisseau, aspirant de 1re classe. Les aspirants de 2e classe, bien que n'ayant pas rang d'officier, sont cependant compris dans les officiers d'un bâtiment.

Les capitaines au long cours embarqués sur les navires de l'Etat prennent le titre d'officiers auxiliaires.

— Les officiers mariniers, sont les maîtres de manœuvre, de canonnage, de timonerie, de métiers.

— Officier commandant. Officier chargé de commander un ou plusieurs bâtiments.

— Officier en second ou second. Officier chargé de suppléer au commandant, de le remplacer au besoin et de veiller au service du détail.

Officier de quart, officier de manœuvre, de batterie. Officier chargé du quart ou spécialement de la manœuvre, de l'artillerie.

Oloffée, s. f. (*Coming to*). Mouvement d'un navire autour de son axe vertical, pour rapprocher son avant du lit du vent.

— Défier l'auloffée, c'est empêcher l'avant d'un bâtiment de se rapprocher d'avantage du lit du vent, on dresse la barre si elle est dessous, et on la met au vent, s'il y a lieu pour contrarier l'embardée du bâtiment.

Onglet, s. m.

Nom donné à la coupe et à l'assemblage de deux pièces de bois qui se touchent par deux angles aigus.

Assemblage à onglet.

Ordre, s.m. (*Order, Line*). Tactique

Angle de chasse.

navale. Disposition des vaisseaux d'une escadre réunis sous le même commandement. L'ordre est naturel toutes les fois que

A ngle de retraite.

chaque vaisseau suit son matelot

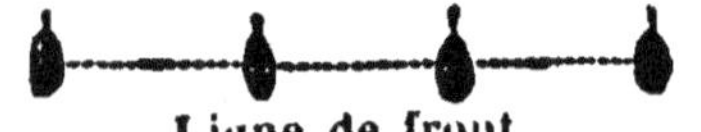

Ligne de front.

d'avant ; il est renversé toutes les fois que le matelot d'avant devient matelot d'arrière. On distingue les ordres simples dans lesquels l'armée est rangée sur une ligne droite ou brisée ; les ordres composés, dans lesquels les escadres ou divisions, considérés comme unités et rangées chacune suivant un ordre simple, occupent les unes par rapport aux autres, des dispositions relatives, déterminées

Ligne de file.

au gré de l'amiral en chef. Il y a cinq ordres simples. La ligne de file. La ligne de front.

Ligne de relèvement.

La ligne de relèvement. L'angle

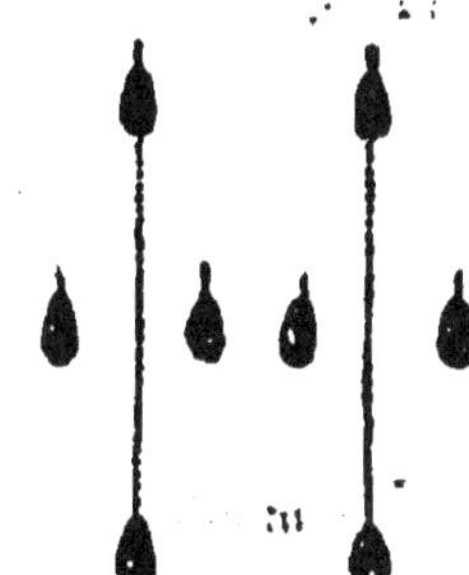

Ordre de front par peloton.

de chasse. L'angle de retraite, et quatre ordres composés. L'ordre

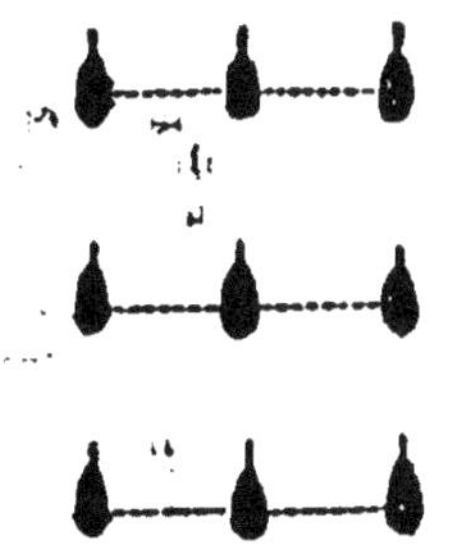

Ordre de file par escadre.

en colonne. L'ordre de file par escadre ou par division. L'ordre de front par peloton. L'ordre de file par peloton.
— Appeler à l'ordre. Signal en

vertu duquel les bâtiments dont l'amiral hisse les numéros doi-

Ordre en colonne.

vent envoyer à bord de l'amiral quelqu'un prendre les ordres.

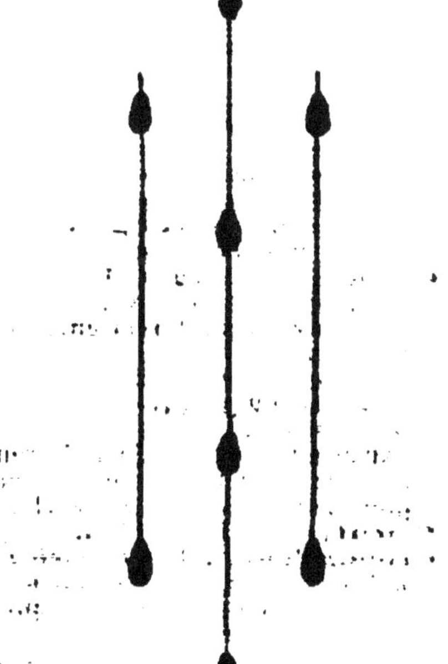

Ordre de file par peloton.

Oreille, s. f.
— Oreille d'une ancre (*Palm*). La partie saillante de chaque patte.

— Oreille d'âne (*Kevel*). Fort taquet à double tête appliqué en dedans de la muraille d'un bâtiment pour tourner les écoutes des basses voiles, les grands bras.

— Oreille d'un bordage. Les bouts rétrécis des bordages de l'arrière placés babord et tribord sous les fesses d'un bâtiment.

— Oreille de lièvre. Voile triangulaire se plaçant au mât ou s'y fixant par des bagues.

— Voiles en oreilles de lièvre, voiles en ciseaux.

Oreiller, s. m.

— (*Cross chok.*). Forte pièce de bois qui croise les varangues et les fourcats à leur talon pour les consolider.

Organeau, s. m. (*Ring*). Fort anneau en fer fixé sur les quais, les coffres d'amarrage et servant de point d'attache aux amarres des bâtiments pour se haler ou rester en place.

Dans une ancre, l'organeau ou cigale est le gros anneau qui traverse l'œil percé à l'extrémité de la verge et sur lequel on étabingue les câbles ou les chaînes.

Sur les nouvelles ancres la cigale est une forte manille en fer.

Orgue, s. m. (*Tub*). Tuyau de plomb qui conduit l'eau du pont supérieur au pont inférieur, puis à la mer.

Les orgues sont appliqués intérieurement contre la muraille du bâtiment.

— Arme à feu, composée de la réunion de plusieurs canons et employée autrefois sur les négriers.

Orient, s. m. (*East*). L'est.

Orientation, s. f. (*Trimming*). Action de disposer les voiles et les vergues de la façon la plus favorable pour la route que l'on veut faire et la direction du vent.

Orienter.

— (*To trim*). Disposer les voiles de façon qu'elles reçoivent le vent en faisant suivre au bâtiment la route qu'il doit suivre.

Orienter au plus près, larguer, disposer les voiles pour ces allures.

Une voile oriente bien ou mal, suivant qu'elle est bien ou mal taillée et qu'elle se tend convenablement ou non.

— Un navire oriente bien lorsque la disposition de son gréement permet de brasser les vergues sous un angle très ouvert de façon à faire route le plus près possible du lit du vent.

Orienter (s') v. n. Reconnaître sa position par rapport aux objets environnant.

Orin, s. fm. (*Buoy rope*). Petite aussière rappée par l'un de ses bouts au coude de l'ancre et aiguilleté sur une bouée par l'autre bout. La bouée est un corps flottant en tôle, en liège ou en bois; elle sert avec l'orin, à indiquer la place qu'occupe l'ancre, et parfois à relever l'ancre au moyen de son orin et d'une embarcation lorsque la chaîne est brisée ou que l'on a été obligé de la filer par le bout.

— Orin de galère. Orin très long qui passe dans une poulie placée sous le beaupré et qui permet de lever et de mouiller très facilement l'ancre. Voir galère.

Nœud d'orin. L'orin est fixé sur une ancre au moyen de deux demi-clefs à capeler faites sur le diamant, chacune de ces demi-clefs embrassant une des pattes de l'ancre. Le bout est ensuite élongé le long de la vergue et bridé plusieurs fois avec elle. Quelquefois le bout vient se brider sur le double de l'orin; ces demi-clefs sont alors renversées au lieu d'être à capeler. Les orins s'attachent aux bouées au moyen d'un aiguilletage, d'un nœud d'écoute, ou par une bridure à la cosse inférieure avec dormant à la cosse supérieure.

— Orin de ber. Filin qui sert à relever le ber d'un bâtiment lancé.

— Tout filin destiné à empêcher un objet de se perdre, de tomber.

L'orin de couteau est le bout de ligne avec lequel les matelots amarrent leur couteau à la ceinture.

**Oringuer, v. a. (*To haul the buoy*)

rope). S'assurer, après avoir laissé tomber l'ancre sur le fond qu'elle est bien mouillée en halant sur l'orin , de façon à la faire cabaner si elle ne mordait pas.

Ortive, adj. (*Easterly*). L'amplitude ortive est l'amplitude d'un astre à son lever.

Oste, s. f. (*Brace*). Manœuvres qui servent à brasser les antennes sur les bâtiments qui en portent.

Ouest, s. m. (*West*). Point de l'horizon qu'a à sa droite un observateur tournant le dos au nord et regardant vers le sud.

Faire l'ouest. Vent d'ouest, avoir le cap à l'ouest. Voir Nord.

Ourdir, v. a. (*To warp*). Corderie. Etendre, élonger tous les fils de caret qui doivent composer un cordage.

Ourdissage, s. m. (*Warping*). Action d'étendre les fils de caret qui doivent composer un cordage.

Ourdissoir, s. m. (*Warping stanchions*). Charpente placée au bout d'une corderie et portant des dévidoirs garnis de fils de caret.

Ourse, s. f. (*Wang*). Cordage qui sert à manœuvrer l'extrémité inférieure d'une antenne ; il y a une ourse de chaque bord (*mizen boom*).

— Vergue qui remplaçait la corne d'artimon et dont le bout inférieur descendait sur l'avant de ce mât jusqu'à environ deux mètres du pont.

Ousseau, s. m.
Petit réservoir où l'eau que fait une embarcation, se rend et d'où on l'extrait au moyen d'un seau a main.

Ouvert, s. m. (*Mouth*). L'ouvert d'un port, d'un fleuve, en est l'entrée, l'embouchure.

Etre à l'ouvert d'un port (*Open with the harbour*). Se dit d'un bâtiment qui se présente devant un port.

Ouvert, adj. (*Open*).
— Rade ouverte, rade qui n'est pas protégée des vents et de la mer venant du large.
— Navire ouvert. Navire dont les bastingages ne sont pas suffisamment élevés et sur le pont duquel les lames et le vent arrivent facilement.
— Navire délié, dont les coutures sont ouvertes et dégarnies d'étoupe.
— Voile ouverte. Voile brassée sous le vent.

Ouverture, s. f. (*Inlet*).
— Ouverture d'un port ; coupure, espace entre deux terres qui forme l'entrée du port.
— Planches d'ouverture. Planches qui servent à maintenir dans un bâtiment en construction l'ouverture des branches d'un couple.

Ouvrir.
— Ouvrir une batterie. Lever les mantelets de sabord.
— Ouvrir un port. (*To take away the embargo*). Permettre l'entrée d'un port après un embargo, ou dégager l'entrée des estacades, bâclages installées pour la fermer.
— Ouvrir deux amers, deux objets ; c'est, après les avoir vu sur le même alignement ou rapprochés s'avancer de façon, à ce qu'ils paraissent de plus en plus éloignés.
— Ouvrir une voile, une vergue ; la brasser sous le vent, de façon à ce que le point sous le vent se rapproche du plan diamétral.

P

Pacotille, s. f. (*Private goods*). Marchandises de peu de volume, qu'un matelot ou un passager embarque pour faire le commerce pour son compte.

Pagaie, en. (*Quick*). Locution

adverbiale qui signifie précipitamment, en désordre.

Amener un hunier en pagaie.
Larguer la drisse en bande.

Jeter des objets en pagaie. Les jeter pêle-mêle, sans ordre.

Mouiller en pagaie. Laisser tomber l'ancre sans que l'erre soit amortie et sous voiles dans un cas pressant.

Pagaye, s. f. (*Paddle*). Petit aviron court, à large pelle ovale, dont on se sert pour manœuvrer les pirogues. Les pagayes ont souvent une pelle de chaque bout.

Pagayer, v. n. (*To paddle*). Manœuvrer une pagaye pour faire avancer une pirogue. Les pagayeurs sont assis contre les bords de l'embarcation, et tournés vers l'avant; une des mains en dehors tient la pagaye par le milieu du manche; l'autre main la maintient par le haut: ils plongent dans l'eau toute la pelle de la pagaye, appuyant et tirant dessus de l'avant à l'arrière.

Un pagayeur seul dans une pirogue se tient à l'arrière, et il se sert ordinairement d'une pagaye à deux pelles dont il donne un coup alternativement à tribord et à babord.

Paille, s. f. (*Longbolt*). Longue cheville en fer à tête.

— Paille de bitte (*Bitt-bolt*). Tige de fer traversant la tête d'une bitte et qui s'oppose à ce que la chaîne puisse décapeler quand on mouille.

— Paille de garniture. Tige de fer employée comme levier pour souquer les estropes de poulies, les amarrages et les bridures.

— Pailles d'arrimage. Bûches longues et droites servant à caler les pièces à eau dans la cale d'un navire.

Paille-en-queue, s. m. (*Ringtail*). Oiseau blanc des tropiques de la grosseur d'un pigeon et dont la queue est formée par une longue plume blanche et très droite.

Paillet, s. m. (*Mat*). Sorte de natte confectionnée avec du bitord ou des torons, qui sert surtout à garnir les vergues, les manœuvres dormantes ou les amarres en filin pour les préserver des ragages. Pour faire un paillet, on prend un certain nombre de bouts de bitord qu'on place à côté les uns des autres et à cheval sur un cordage tendu appelé têtière. On tresse ensuite tous les brins de manière à former un tissu assez lâche.

— Paillet lardé (*Thrumbed mat*). Paillet garni de petits bouts de bitord passés dans l'intérieur du paillet et qu'on laisse dépasser sur la face supérieure où ils forment une espèce de peluche qui le rend plus épais, plus mous et plus durables.

— Paillet de brasseyage (*Paunch mat*).

— Paillet de portage (*Chafing paunch*). Paillet que l'on place sur les haubans aux endroits où vient toucher une vergue brassée au plus près ou en tout autre endroit exposé à des frottements.

Palan, s. m. (*Tackle*). Appareil composé de deux poulies, simples ou doubles, et d'un garant ou cordage qui passe dans les réas et fait dormant sur l'une des deux poulies. Les palans servent à multiplier la force exercée par les hommes sur le garant; ils permettent de raidir sans secousse et de retenir plus aisément un cordage qui a déjà reçu une certaine tension.

On emploie à bord un nombre considérable de palans dont le nom varie avec leur force, leur forme, leur usage.

— Palan de charge. Palan à fouet, à croc. Palan de dimanche, palan de poulie, à violon, caliorne, palan de bout de vergue. Palan d'étai. Palan de côté, de retraite, de bouline, de roulis, de retenue. (Voir ces mots.)

Chaque poulie d'un palan peut avoir un, deux ou trois réas.

Palancre, s. f. (*Fishing line*). Longue et grosse ligne de pêche sur laquelle sont fixés de distance en distance des bouts de ligne égaux et portant chacun un hain ; une palanque peut porter jusqu'à cinquante hains ;

alan.

on l'élonge pour la mouiller avec un poids à chaque bout, et on la soutient au niveau de l'eau avec de petites bouées.

— Nasse entourée de lignes garnies d'hameçons. (Médit.)

Palanquer, v. a. (*To bow se*).

— Palanquer une manœuvre. La raidir au moyen de palans frappés sur le bout.

— Palanquer un objet. Le soulever au moyen de palans.

Palanquin, s. m. Petit palan ; mais on désigne généralement sous ce nom : 1° les palanquins (*Reeftackles*) qui, frappés au bout des vergues et sur la cosse d'empointure de chaque bande de ris, servent à soulever celle-ci et à la rapprocher de la vergue pour permettre de prendre plus facilement le ris et surtout l'empointure ; 2° les palanquins d'itague, de mantelet de sabord qui servent à soulever les sabords ; ils agissent sur une itaque qui traverse la muraille du bâtiment et va se frapper en patte d'oie sur le mantelet de sabord.

Pale, s. f. (*Blade*). La pelle d'un aviron, d'une pagaye.

Palmage, s. m. (*Palming*). Mesurage en palmes du diamètre d'un mât.

— Travail ayant pour but de donner à une pièce de mâture ébauchée les dimensions et la forme qu'elle doit avoir.

Palme, s. f. (*Palm*). Longueur d'environ 30 millimètres servant à mesurer les divers diamètres d'un mât.

Un mât de 10 palmes est un mât dont le plus grand diamètre est de 30 centimètres.

Palmer, v. a. (*To palm*). Mesurer le diamètre d'un mât en palmes.

— Lui donner la forme circulaire ; à cet effet, on donne d'abord à sa section la forme d'un octogone, puis celle d'un polygone de 16, de 32 côtés, et l'on arrive ainsi facilement à la circonférence.

Palonne, s. f. (*Strop*). Cordage d'étoupe employé dans les corderies et qui, par sa disposition, permet d'obtenir un commettage plus ou moins lâche ou pressé.

Pamperos, s. m. (*Pampero*). Vents violents soufflant de l'O. et du

S.-O., à l'embouchure du Rio de la Plata. Ces vents viennent des Pampas, plaines immenses qui s'étendent depuis le pied des Cordillères jusqu'aux bords de l'Océan, aux environs de Monte-video et Buenos-Ayres.

Pan, s. m. (*Flat front*). On nomme pans les faces de contour d'une pièce de bois, d'une vergue qui n'est pas ronde.

Panne, s. f. (*Bringing to*). Situation d'un bâtiment dont les voiles sont orientées les unes au plus près, les autres brassées à culer pour le maintenir sans faire de sillage et en dérivant le moins possible.

Pour prendre la panne ou mettre en panne, on commence par rentrer les bonnettes, on cargue les basses voiles, on serre les petites voiles, si la brise est fraîche; on peut alors prendre la panne sous le grand hunier ou sous le petit hunier. Dans le premier cas, on met la barre dessous en douceur et on brasse au plus près devant et carré derrière, de façon à masquer le grand hunier; dans le second cas, on brasse, au contraire, carré devant et au plus près derrière.

On met en panne pour attendre un navire, une embarcation, hisser un canot, ne pas dépasser le point d'atterrissage.

La panne sous le grand ou le petit hunier se nomme panne courante, par opposition à la panne sèche qui se prend sans voile et où on se tient en travers au vent par le seul effet de la barre, mise dessous.

Un navire roule panne sur panne, lorsque ses mouvements de roulis sont considérables.

Panneau, s. m. (*Hatch*). Couverture en planches posée horizontalement et qui sert à fermer les écoutilles. Les panneaux reposent sur des feuillures pratiquées au bord des écoutilles.

Le grand panneau est celui qui ferme la grande écoutille placée sur l'avant du grand mât.

Pantenne (en) (*Disorderly*). En désordre.

Après un coup de vent, un échouage, un bâtiment est en pantenne lorsque ses voiles sont défoncées, ses vergues apiquées, brassées en différents sens.

— Mettre les vergues en pantenne. Les apiquer en signe de deuil l'une sur un bord, l'autre sur l'autre.

Pantoire, s. f. (*Pendant*). Bout de fort cordage fixé à une de ses extrémités et portant de l'autre une cosse où l'on peut crocher la poulie d'un palan.

Des pantoires sont capelées en tête des bas mâts et servent à crocher les caliornes, les candelettes, etc.

Le palan de bout de vergue est croché dans une pantoire assez longue pour venir du bout de la basse vergue au capelage du bas mât, du côté opposé, en passant par-dessus le chouque; elle se fixe par un croc sur une estrope à cosse faisant partie de ce capelage.

— Les poulies des bras de basse vergue sont souvent fixées à des pantoires capelées au bout de la vergue.

— Pantoires de redresse. Pantoires capelées aux mâts d'un ponton d'abattage et où se crochent les palans qui servent à redresser un navire abattu en carène.

Pantoquières, s. f. (*Crosstackles*). Assemblage de palans simples employés sous les trelingages pour brider ensemble les haubans des deux bords qui ont pris du mou et que le mauvais temps empêche de rider.

Papillon, s. m. (*Sky-scraper*). Petite voile carrée qu'on établit au-dessus des cacatois. N'est pas employée dans la marine de l'État.

Paquet, s. m.

— Paquet de mer (*Sea*). Grosse vague qui embarque par-dessus le bord.

— Paquet de mitraille (*Langrel*). Grappe de raisin. (Voir *Mitraille*).

— En paquet (*Quick*). Vite, sans

précaution, en désordre. Cette locution est employée comme en pagaie.

Par, prép. (*By*). Voir un objet par l'avant, par le bossoir, par l'arrière ; le voir dans la direction de l'avant, du bossoir, de l'arrière.

Voir deux amers l'un par l'autre, les voir sur le même alignement.

— Par six brasses d'eau. En un point où il y a six brasses de profondeur.

Paracel, s. m. (*Rocky shoal*). Récif madréporique s'élevant presque jusqu'à la surface de la mer. Les paracels forment ordinairement une sorte de digue qui laisse entre elle et la côte un espace profond où la mer est calme et qui peut servir de port. Les paracels se rencontrent sur les côtes de la mer Rouge et dans presque toutes les îles de l'Océanie.

Paracloses, s. f. (*Limber boards*). Vaigres volantes placées au-dessus du canal des anguillers et qu'on peut soulever pour visiter et nettoyer ces derniers.

Paradis, s. m. Fond d'un port où les bâtiments sont en sûreté par tous les temps. Syn. de darse.

Parage, s. m. Partie de mer qui avoisine un point déterminé.

Les parages du cap Horn. La mer dans les environs de ce cap.

Paraglaces, s. m. (*Fender for ices*). Espèce d'éperon que l'on établit à l'avant d'un navire à l'ancre pour le préserver du choc des glaces, ainsi que les câbles.

Paratonnerre, s. m. (*Conductor*). Tige métallique terminée par une pointe en platine qu'on place au bout des mâts et destinée à protéger le bâtiment contre les effets du tonnerre. Une corde en fil de cuivre établit la communication entre le paratonnerre et la mer pendant les orages ; elle est frappée sur un piton placé soit sur la tige du paratonnerre, soit sur le chapeau du mât de perroquet, descend le long des galhau-

bans de flèche et est lovée dans les porte-haubans, quand il ne fait pas d'orage ; en cas d'orage, on la met à l'eau, en ayant soin de l'écarter du bord au moyen d'un arc-boutant en bois et en fixant à l'extrémité un plomb de sonde pour qu'elle soit le plus possible immergée.

Sur quelques bâtiments, on applique le système Snow-Harris. La chaîne est remplacée par une bande en cuivre encastrée sur l'arrière des mâts, contournant les chouques et traversant la quille. Le paratonnerre est ainsi toujours disposé pour les temps d'orage.

Parc, s. m. (*Pen*). Espace compris entre le mât de misaine, le grand mât et les passe-avant ; on y installe ordinairement la chaloupe, d'autres embarcations et, tout autour, des espèces de cloisons où l'on enferme des porcs, des moutons embarqués pour les tables des officiers.

— Parc à boulets. Espèce de caisse établie autrefois auprès de chaque pièce dans une batterie et contenant un certain nombre de projectiles.

— Enceinte que l'on établit dans l'eau pour prendre du poisson ou le conserver.

Cette enceinte peut être faite avec des pierres, avec des perches enfoncées dans le sol et garnies de filets.

Parer. Va, vn.

— Parer un cap. Le doubler.

— Parer un abordage. L'éviter.

— Parer une manœuvre, un objet quelconque. Le préparer pour l'usage qu'on veut en faire.

— Faire parer un cordage. Dégager une manœuvre engagée ou l'empêcher de s'engager, de s'accrocher, de se mordre.

— Se parer, être paré. Se disposer ou être prêt à faire quelque chose.

— Pare à virer ! Commandement de l'officier de quart pour que tout le monde se mette à son poste et dispose tout pour virer de bord.

— Pare manœuvres ! (*Clear off the ropes !*) Commandement pour remettre en ordre tous les cordages, les lover après une manœuvre.

Parfum, s. m. Composition qu'on fait brûler dans la cale, l'entrepont, pour en chasser ou purger l'air vicié. C'est un mélange de goudron, de genièvre, poudre à canon, vinaigre, ou un mélange de sel marin et d'oxyde de manganèse sur lequel on verse de l'acide sulfurique.

Paria, s. m. (*Paria*). Indien de la plus basse classe.

— Bateau paria. Bateau grossier des Indes monté par des parias.

— Bateau mal tenu et mal commandé.

Parlementaire, s. m. (*Cartel ship*). Bâtiment envoyé vers l'ennemi pour s'entendre sur une affaire. Le parlementaire porte à sa corne le pavillon national et celui de l'ennemi au mât de misaine.

Parquet, s. m. (*Manger board*). Compartiments que l'on installe dans la cale d'un bâtiment qui charge plusieurs sortes de grains.

— Parquets de carène. Compartiments que l'on installe près de la muraille d'un bâtiment et qu'on remplit de lest pour faciliter l'abattage en carène.

Parcelate, s. f. (*Parcelling*). Limande de toile trempée dans du brai bouillant pour être appliquée sur une large couture et y maintenir l'étoupe; on la recouvre d'une bande de plomb clouée des deux côtés.

Part, s. f.

— Part de prise (*Prise money*). Part qui revient à chacun sur le produit d'une prise, d'un bâtiment capturé.

— Naviguer à la part (*Share*). Des matelots naviguent à la part sur des bâtiments corsaires, de pêche ou de commerce, lorsqu'ils ne reçoivent pas de solde fixe, mais seulement une part des bénéfices résultant de la pêche, des prises, des marchandises.

Partance, s. f. (*Setting to sail*). Départ.

— Navire en partance. Navire sur le point de partir.

— Coup de canon de partance (*Sailing gun*). Coup de canon tiré à poudre pour prévenir les personnes de l'équipage encore à terre qu'on va partir.

— Point de partance. Point marqué sur la carte d'après des relèvements pris avant d'avoir perdu la terre de vue; c'est de ce point qu'on commence à estimer la route.

Partie, s. f. (*Quarter*). Les vents sont de la partie de la terre, c'est-à-dire viennent de cette direction.

Pas, s. m.

— (*Strait*). Détroit. Le pas de Calais.

— (*Scoring*). Entailles faites dans la carlingue pour recevoir le pied des longues époutilles établies dans la cale.

Pas, s. m. (*Pitch*). Le pas d'une hélice est la distance entre deux points de deux spires consécutives placées sur une même génératrice.

Passage, s. m. (*Passage*). Position et transport d'un passager à bord.

— Le prix de ce transport.

— Bateau de passage; bateau servant à porter d'un bord, d'une rade, d'une rivière à l'autre, les passagers.

— Passage des poudres, des projectiles. Service organisé de façon à faire arriver pendant le combat des soutes aux pièces, les cartouches et les projectiles.

— Passage de la ligne. Moment où un navire coupe l'équateur et passe d'un hémisphère dans l'autre.

Passe, s. f. (*Streight. Inlet. Outlet. Channel*). Passage étroit entre deux terres, deux dangers, deux objets quelconques, mais où un navire peut passer.

Donner dans une passe. Y entrer.

— Les passes d'un cordage sont les bouts de toron de ce cordage qui sont décommis et destinés à s'entrelacer pour une épissure.

— Chaque tour d'un amarrage, de la liure de beaupré, par exemple, s'appelle une passe.

Passe-appareil, s. m. (*Leading rope*). Petit cordage qui sert à soulever et à introduire les garants des caliornes dans leurs réas.

Passe-avant, s. m. (*Gang-way*). Partie du pont située tribord et babord, entre le grand mât et le mât de misaine.

C'est entre les passavants qu'est le parc ; souvent, le pont, en cet endroit, n'est pas plein, et la chaloupe repose sur le pont inférieur.

Passer, v. a.

— Passer les manœuvres d'un navire. Mettre en place les différentes manœuvres courantes d'un navire ; les passer dans leurs poulies. Une manœuvre est passée à contre, lorsqu'elle est passée en sens inverse du vrai sens.

— Passer une tournevire. L'élonger tribord et babord sur le pont, le double passant sur l'avant du mât de misaine, après qu'un des bouts a été garni au cabestan et que les deux bouts ont été réunis ensemble.

— Passe du monde sur le bord ! Commandement à des matelots de se porter à la coupée d'un bâtiment pour rendre les honneurs à un officier qui monte à bord.

Passerelle, s. f. (*Bridge*). Petit pont léger jeté d'un plat bord à l'autre dans la partie centrale d'un bâtiment à vapeur et où se place l'officier de quart.

Passeresse, s. f. (*Brail*). Moyen ou petit cordage servant de supplément aux cargues d'artimon, de brigantine et de certaines voiles d'étai.

— Cordage servant à prendre le ris d'une basse voile, lorsque cette bande de ris n'a pas de garcettes.

Pastèque, s. f. Galoche. Poulie coupée. (Médit.)

Patache, s. f. (*Custom house surveying vessel*). Petit bâtiment armé par la douane et chargé de visiter les navires à l'entrée des rades et des ports.

Pataras, s. m. (*Swifter*). Gros cordages ou grelins ayant déjà servi qui s'ajoutent, en les tendant fortement, aux haubans des bas mâts, lorsqu'on craint un coup de vent, que les haubans sont vieux, ou lors de l'abattage en carène.

Patarasse, s. f. (*Horsing iron*). Espèce de hache à marteau sur laquelle on frappe à coups de masse pour ouvrir convenablement les joints d'un bâtiment neuf.

— Patarasse cannelée. Patarasse dont le tranchant est remplacé par une cannelure longitudinale et qui sert à introduire l'étoupe dans les joints sans la couper.

Patarasser, v. a. (*To caulk*). Enfoncer des cordons d'étoupe dans les joints d'un navire à l'aide d'une patarasse.

Patente, s. f. (*Bill of health*). Pièce constatant l'état sanitaire d'un bâtiment au moment de son départ et qu'il doit présenter à son entrée dans un autre port. La patente est brute si le navire arrive d'un endroit où régnaient des maladies contagieuses ; suspecte, s'il a communiqué avec des navires ou des terres dont l'état sanitaire n'est pas bien connu ; nette, si le navire est à l'abri de tout soupçon.

Patiner, v. a. (*To work*). Familier. Patiner un navire. Le manœuvrer vite et bien.

— Se patiner (*To make haste*). Se dépêcher.

Patins, s. m. (*Kevel-heads*). Bouts d'alonges de revers prolongées au-dessus du plat bord pour servir à tourner différents cordages. On les nomme aussi apotureaux ou jambettes.

Patron, s. m. (*Cockswain, master*).

— Patron d'une embarcation. Le maître ou matelot qui la commande.

— Les marins qui commandent au

cabotage n'ont que le titre de patron.

Patte, s. f.

— Pattes d'une ancre (*Flukes*). Surfaces plates de forme triangulaire qui terminent les bras de l'ancre.

— (*Cringle*). Pattes de boulines, de cargues, de ris; boucles en filin épissées sur les ralingues d'une voile et où l'on frappe les branches de bouline, les cargues, les palanquins.

— Pattes d'élingue. Gros crochets en fer plats et fixés à chaque bout d'une élingue; ils servent à prendre des futailles sous les douves pour les hisser.

— Patte d'oie. Un cordage est en patte d'oie lorsqu'il se termine par plusieurs branches que l'on frappe en différents points de l'objet sur lequel on veut agir.

— Mouiller en patte d'oie (*To moor with three anchors a head*). S'amarrer sur trois câbles venant de l'avant.

— Patte d'anspect. Garniture en fer qui en protège le gros bout.

— Pattes d'embarcation. Bouts de filin forts et courts sur lesquels on croche les palans pour hisser l'embarcation; on épisse un croc à cosse sur chaque bout de la patte et dans le milieu par un amarrage en étrive, une cosse où s'accroche le palan.

Paucrin, s. m. (*Porter*). Homme employé sur les quais au chargement et au déchargement des navires.

— Argot : Avare.

Paume, s. f. Forme quadrangulaire qu'on donne à l'extrémité d'une pièce, d'un mât d'assemblage, lorsque cette pièce n'a pas toute la longueur du mât et doit s'assembler bout à bout avec une autre.

Paumelle, s. f. (*Palm*). Espèce de gros gant.

La paumelle des cordiers est en cuir et leur sert à tenir les fils de caret à la main pendant leur torsion.

Celle des voiliers est en cuir; elle est garnie d'une plaque en métal quadrillée et sert à pousser les aiguilles.

Paumoyer, v. a. (*To overrun*). Paumoyer un câble d'une ancre mouillée, c'est placer ce câble sur le davier d'une embarcation et se haler dessus de façon à faire sortir de l'eau successivement toutes les parties du câble pour le visiter.

— Se paumoyer. Se hisser à la force des poignets le long d'un cordage.

Pavillon, s. m. (*Flag ensign*). Drapeau.

Les pavillons sont ordinairement en étamine et garnis sur un de leurs côtés d'une gaine en toile sur laquelle on frappe la drisse.

— Pavillon national. Pavillon dont le dessin et les couleurs particuliers à chaque peuple servent à faire reconnaître la nationalité d'un bâtiment.

Le pavillon se hisse à la corne ou à un petit mât placé sur le couronnement.

Le grand pavillon ou enseigne a pour longueur (battant) celle du maître bau et pour largeur (guindant) les deux tiers du maître bau.

La grande enseigne et le pavillon de beaupré qui se place sur un bâton fixé au beaupré, se hissent les dimanches et jours de fête; en temps ordinaire, on emploie des pavillons plus petits.

Un pavillon national carré orné de bâtons de commandement ou d'étoiles indique la présence à bord d'un amiral ou de contre et vice-amiraux.

Un pavillon jaune est un signe de maladies à bord. Un pavillon rouge indique qu'un bâtiment transporte des poudres.

Le pavillon blanc est le pavillon des parlementaires.

On trouve en outre à bord un grand nombre de pavillons de différentes couleurs employés, avec les trapèzes et les flammes, pour faire des signaux.

Beaucoup de nations ont un

pavillon national de guerre et un pavillon de commerce.

Pavillonnerie. s. f. (*Flag's loft*). Atelier d'un arsenal où l'on fabrique les pavillons de toutes sortes.

Pavois. s. m. Bordages cloués sur les jambettes ou plus haut que le plat bord.

— Pavois de poulaine. Bordages qui ferment la poulaine et empêchent les lames d'y pénétrer.

— Bandes de drap bleu, de 1 mètre de large environ, avec bordure rouge ou jaune, et qu'on plaçait à certains jours comme ornement sur les côtés extérieurs d'un bâtiment, les fronteaux, les hunes, les embarcations.

— Ensemble de pavillons qu'on hisse à chaque mât; on distingue le petit et le grand pavois.

Le petit pavois se compose des pavillons nationaux hissés en tête de chaque mât; si on pavoise en l'honneur d'une nation étrangère, le pavillon national du grand mât est remplacé par celui de cette nation.

Le grand pavois se compose de pavillons de signaux hissés sur des drisses fixées au bout des vergues.

Les pavillons du mât de misaine sont bleus et blancs; ceux du grand mât, rouges et blancs; ceux de l'artimon, jaunes et bleus.

Pavoisement. s. m. (*Dressing*). Action de pavoiser un bâtiment.

Pavoiser. v. a. (*To dress*). Installer le grand ou le petit pavois.

Payer. v. n. Une pièce de bois paye pour une autre, avec laquelle elle est assemblée bout à bout, lorsqu'elle a un excédent de longueur égal à ce qui manque à la seconde.

Payol. s. m. Plafond d'une embarcation. (Médit.)

Pêche. s. f. (*Fishing*). L'action de prendre du poisson et le résultat de cette opération.

La pêche maritime comprend:

1º Les grandes pêches qui se font dans des parages éloignés comme celle de la morue en Islande ou à Terre-Neuve, celle de la baleine, à laquelle la France ne prend pour ainsi dire plus part; celle du hareng, sur les côtes d'Ecosse et dans la mer du Nord.

2º Les petites pêches qui se font sur les côtes par des bateaux armés de filets de toutes sortes, de lignes, ou sur le rivage même au moyen de filets que l'on fixe au fond de la mer.

— Bateau de pêche (*Smack*).

Pêcherie. s. f. (*Fishing place*). Lieu, point de la mer où se trouvent en abondance certains poissons et où se rendent tous les bateaux pêcheurs.

Pêcheur. s. m. (*Fisher-man*). Homme naviguant pour la pêche.

— (*Fishing boat*). Bateau affecté à la pêche.

Les bateaux pêcheurs qui vont à Terre-Neuve pour la morue et ceux qui se livrent à la pêche de la baleine ont des dimensions assez considérables.

Pélardeau. s. m. (*Wooden plugs*). Sorte de placard fait d'un bout de planche ou d'un morceau de fort plomb et que l'on cloue sur un trou de boulet vers la flottaison. Pour rendre la fermeture plus étanche, le pélardeau est garni intérieurement d'étoupe bien suivée.

Pélican. s. m. (*Hook*). Crochet pointu en fer qui mord dans les bois que l'on scie ou travaille pour les assujettir.

Pelle. s. f. (*Wash blade*). La pelle d'un aviron en est la partie large et plate par l'intermédiaire de laquelle les nageurs agissent sur l'eau.

Peloton. s. m. Tactique navale.
Ordre de front par peloton.
Ordre de file par peloton.
Ordres composés que prend une escadre.

Pelotte. s. f. Grosse pelotte de matières inflammables qu'on plaçait de distance en distance sur les brûlots pour communiquer partout le feu.

Pelta. s. m. Espèce d'homme de peine embarqué sur les terre-neuviers pour y faire les gros ouvrages.

— Terme de mépris. Mauvais matelot.

Pène, s. f. (*Mop*). Bouchon d'étoffe de laine fixé par un clou au bout d'un long manche et constituant ainsi le guipon de calfat.

Peneau, s. m. (*Backing of an anchor*).

— Faire peneau. Larguer la serre-bosse d'une ancre en mouillage, de façon à ce qu'elle ne soit suspendue que sur sa bosse debout et soit prête à être mouillée. Avec les mouilleurs, on ne fait plus peneau.

Péniche, s. f. (*Sharpbottomed boat*). Canot fin, léger, plus propre à aller à l'aviron qu'à la voile.

Dans la flottille de Boulogne préparée par Napoléon, les péniches étaient lourdes à franc-bord et pouvaient armer jusqu'à 40 avirons.

Penne, s. f. (*Peek*). Le petit bout supérieur d'une antenne.

— Faire la penne. Apiquer une antenne contre son mât; la penne est alors bien plus élevée que le mât, et on peut y mettre un homme en vigie.

Penon, s. m. (*Dog vane*). Petite girouette qui, pour avoir la plus grande légèreté, est faite au moyen d'un fil à voile traversant en leur centre des plaques de liège espacées de 8 à 10 centimètres et garnies sur leur circonférence de petites plumes légères. Le penon se fixe à un galhauban du côté du vent et permet à l'officier de quart de se rendre bien compte de la direction de la brise.

— Sur les bâtiments ayant des mâts à pible, la vergue qui porte le tréou.

Pentes, s. f. (*Side of an awning*). Les pentes d'une tente sont les parties de cette tente qui pendent de chaque côté pour en cacher les drailles.

Pentures, s. f. (*Gudgeons*). Les gonds, charnières ou ferrures autour desquels tournent le gou-

vernail, les mantelets de sabord.

Perçage, s. f. (*Boring*). Action de percer en différents points de la membrure d'un bâtiment les trous destinés à recevoir les longues chevilles en bois, en fer galvanisé, ou en cuivre, qui doivent assurer la liaison de toutes les parties.

Percer, v. a. (*To bore*). Faire le perçage d'un bâtiment.

Un bâtiment est percé pour tant de pièces de canon lorsqu'il présente le nombre de sabords nécessaire pour les mettre en batterie.

Perceur, s. m. (*Borer*). Ouvrier qui ne fait que percer les bâtiments.

Percuteur, s. m. Marteau en métal qui, en frappant sur l'étoupille, l'enflammait et communiquait le feu à la charge d'une bouche à feu.

Le percuteur était mobile autour d'un axe, un cordon fixé à l'extrémité opposée à la tête du marteau permettait de le faire tomber brusquement sur l'étoupille.

Perdant, s. m. Le perdant de l'eau est la période pendant laquelle les marées deviennent de plus en plus faibles.

Perdition, s. f. (*Danger of ship wreck*). Un bâtiment est en perdition lorsqu'il est dans des conditions telles que sa perte est à peu près certaine.

Perdre, v. n. (*To ebb*). La mer perd lorsqu'elle descend pendant le jusant.

— (*To fall*). La marée perd lorsqu'elle est de plus en plus faible.

Un navire perd lorsque, au lieu d'avancer, il cule sous l'influence des courants.

— Un navire perd au vent, lorsqu'il tombe sous le vent de la perpendiculaire au lit du vent, sous l'influence de la dérive ou des courants.

— Un navire perd en virant, lorsque, après cette manœuvre, il se trouve sous le vent du point où il a commencé son virement de bord.

— v. a. Un officier, un pilote perdent un navire, lorsque ce navire fait naufrage pendant qu'ils en ont la direction.

— Perdre le fond. Cesser de trouver le fond avec la sonde.

Perdre (se). (*To ship wreck*). Faire naufrage.

— Se perdre corps et biens. Se dit du navire qui s'est perdu avec tout son équipage.

Perdue, part.

— Cheville à tête perdue (*Brad*). Cheville chassée de façon à ce que sa tête soit en dedans du bordage.

Périr, v. n. (*To be lost*). Se perdre.

— Périr corps et biens.

Perpendiculaire, s. f. (*Perpendicular line*).

— Perpendiculaire du vent (*Line right across the wind*). Ligne perpendiculaire à la direction du vent.

— Les perpendiculaires de l'étrave et de l'étambot sont les perpendiculaires abaissées de la tête de ces pièces sur la face supérieure de la quille.

Perpignage, s. f. (*Setting of the frames*). Opération qui consiste à placer perpendiculairement à l'axe de la quille le plan de chaque couple.

Perpigner, v. a. (*To set the frames*). Faire le perpignage.

Perroquet, s. m. (*Top gallant sail*). Voile carrée de toile légère qui est placée au-dessus des huniers.

Le petit perroquet (*Fore top gallant sail*) au mât de misaine.

Le grand perroquet (*Main top gallant sail*) au grand mât.

Au mât d'artimon, la voile qui devrait porter le nom de perroquet d'artimon se nomme perruche (*Mizen top gallant sail*).

Les mâts, les vergues, les barres, les manœuvres qui correspondent à ces voiles prennent leur nom. Chaque perroquet a pour la vergue une drisse, deux balancines, deux bras ; pour la voile deux écoutes, deux cargue-points, une cargue-fond, deux boulines.

Les perroquets volants sont des perroquets qu'on installe, par beau temps, sur certains bâtiments qui n'en portent pas ordinairement.

— Perroquet de fougue. Le hunier du mât d'artimon. (Voir *Hunier, Fougue.*)

Perruche, s. f. (*Mizen top gallant sail*). Voile placée sur le mât d'artimon comme les perroquets sur les autres mâts.

Pertuis, s. m. (*Straits*). Passage étroit entre des îles, des dangers. Le Pertuis breton.

Pesant, adj. (*Heavy, Hard*). Grain pesant, vent pesant. Grain, vent qui font fortement incliner un bâtiment et peuvent faire craindre pour sa mâture.

Peser, v. n. (*To hang upon*). Faire effort sur un cordage de haut en bas.

Petit, adj.

— Petit vent. Vent faible.

— S'applique aux mâts, vergues, voiles du mât de misaine. Petit mât de hune, petit hunier, etc.

— Navire construit en petit bois. Navire dont les pièces principales sont faites d'assemblage faute de bois de dimensions suffisantes.

— Petit fond. Endroit où la mer a peu de profondeur.

Phare, s. m. (*Light house*). Appareil d'éclairage puissant destiné à indiquer pendant la nuit les points remarquables des côtes. Suivant leur puissance, les phares sont de 1er, 2e, 3e ou 4e ordre.

La portée d'un phare est la distance à laquelle, par un temps clair, un observateur placé à 4m.50 au-dessus de la pleine mer, peut apercevoir sa clarté.

Les phares se distinguent entre eux par leur éclairage et leur couleur.

Suivant l'éclairage, on distingue les feux fixes et les feux tournants.

Les feux fixes (*Fixed lights*) comprennent : les feux fixes (*Fixed lights*) dont la lumière blanche ou de couleur est constante ; les feux fixes à éclats (*Flashing lights*) ou feux à courtes éclipses dont les éclats, généralement espacés de deux, trois ou quatre minutes, sont suivis ou précédés d'une courte éclipse; les feux alternatifs (*Fixed and flashing lights*) alternativement blancs et rouges, à intervalles égaux, mais sans éclipse.

Les feux tournants ou à éclipse (*Revolving lights*) ont des éclipses se succédant régulièrement à des intervalles de une minute ou une demi-minute et alternant avec des éclats qui, d'abord très brillants, s'éteignent peu à peu et disparaissent.

Ces feux se distinguent entre eux par la durée des intervalles des éclipses et la couleur des éclats.

On emploie aussi des feux scintillants dont les éclipses successives sont à intervalles réguliers et très rapprochés.

Ces différents appareils d'éclairage sont portés par des espèces de tours qu'on reconnaît le jour à leur forme ou à la couleur dont elles sont peintes.

On emploie pour les phares l'éclairage à l'huile, au pétrole, ou la lumière électrique ; le service des phares est confié, en France, aux ingénieurs des ponts et chaussées.

Phare, s. m.
— Phare de l'avant. Le mât de misaine avec ses vergues, ses voiles, son gréement.
— Phare de l'arrière. Le grand mât et le mât d'artimon avec leur gréement.

Pharillon, s.m. (*Fishermen's fire*). Feu à grande flamme que les pêcheurs font dans un réchaud, pendant la nuit, pour attirer le poisson.

Phosphorescence, s. f. (*Phosphorus*). La mer est phosphorescente lorsque, la nuit, elle présente par places une apparence lumineuse; très fréquent dans les mers tropicales, ce phénomène s'observe l'été dans nos contrées ; il paraît dû à une infinité de mollusques produisant de l'électricité et une lumière analogue à celle du ver luisant. L'agitation de l'eau est nécessaire à la production du phénomène, et il est surtout remarquable à la crête des lames qui brisent; les bâtiments, par leur sillage, produisent le même effet, et ils semblent s'avancer sur une mer de feu.

Pible, s. f.
— Mâts à pible (*Pole masts*). Ces mâts sont ou paraissent être d'un seul brin, grâce aux assemblages particuliers qui réunissent leurs parties bout à bout. Ils n'ont ni hune, ni barres, mais seulement des renforts carrés destinés à servir de points d'arrêts aux capelages. Cette disposition permet d'amener vivement les voiles hautes sur l'avant des voiles inférieures sans les serrer.

Ces mâts ne sont employés que dans le Levant et sur de petits bâtiments.

Pic, s. m. (*Peek*) Le petit bout de la corne d'artimon en dehors de l'empointure de la brigantine. Au bout du pic sont frappées de petites poulies destinées à recevoir les drisses pour pavillon, fanaux ou signaux.

On désigne parfois à tort sous le nom de pic la corne d'artimon tout entière.

Pic. a. Locut. adv. Lorsqu'un navire mouillé est placé au-dessus de son ancre, de façon que son câble descende verticalement de l'écubier à l'organeau, on dit :

Qu'on est à pic de son ancre;

Qu'on est à pic, ou que l'ancre est à pic (*To be short stay*).
— Virer à pic (*To heave apeak*). Tourner un câble au cabestan jusqu'à ce qu'on soit à pic.
— Virer à long pic (*To heave short*). Virer au cabestan en s'arrêtant avant d'être à pic.
— Le vent est à pic, lorsqu'il ne fait pas le moindre souffle de vent et que le penon tombe verticalement.

Picois, s. m. (*Pick-ax*). Pic en fer

dont on se sert à bord de quelques navires marchands pour fouiller les terres dures et rocailleuses où l'on peut faire du lest.

Picot, s. m. Filet analogue à une demi-folle et qui sert à prendre des poissons de fond, raies, soles, carrelets.

Picoteux, s. m. Canot de pêche des côtes de la Manche.

Pie, s. f.

— Œil de pie. (Voir *Œil.*)

— Nid de pie. Petit sac que portent les hommes suspendus dans des chaises pour travailler dans le gréement et qui contient tout ce dont ils ont besoin.

Pièce, s. f.

— Canon (*Gun*). Bouche à feu. On ajoute ordinairement à ce mot la valeur du diamètre de son âme en centimètres. Une pièce de 27, de 24, de 19.

Depuis l'introduction des pièces se chargeant par la culasse, on dit par abréviation : pièce-bouche, pour les pièces se chargeant par la bouche, et pièce-culasse, pour celles se chargeant par la culasse.

— Chef de pièce. Canonnier, ordinairement quartier-maître chargé de diriger la manœuvre d'une bouche à feu.

— (*Cask, Pipe*). Pièce à eau, pièce à vin, fûts destinés à contenir de l'eau, du vin.

— Pièce de cordage. Cordage neuf lové, amarré et dont la longueur varie avec la nature.

La pièce de ligne d'amarrage est de 100 mètres, celle de la ligne de pêche de 30 mètres, celle de la ligne de loch de 65 mètres, celle de la ligne de sonde de 160 mètres.

La pièce de quarantenier varie de 100 à 200 mètres.

— Pièces de mâture, de quille, d'étrave ; les différentes pièces de bois destinées à ces usages.

— Pièces de liaisons (*Strengthening pieces*). Gouttières, préceintes, courbes, hiloires et en général les pièces destinées à fortifier les liaisons du bâtiment.

— Pièces de tour (*Winding butts*). Les bordages qui revêtent les parties arrondies de l'avant et de l'arrière.

Pied (*Forefoot*). La partie inférieure. Le pied d'un mât, d'une épontille.

— Pied de vent. Point du ciel où les nuages s'éclaircissent comme écartés par un vent qui paraît devoir venir de cette direction.

— Pied droit. Épontille placée sous les baux des écoutilles et garnie de coches qui permettent de s'en servir comme d'une échelle.

— Pied marin. Avoir le pied marin. Être habitué aux mouvements de roulis et de tangage, être bon marin.

— Avoir les pieds ronds. Ne pas être habitué à la mer.

Pied-de-biche, s. m. (Voir *Stoppeur* ou *Linguet.*)

— Galhauban de hune qui ne part que de la hune ; il s'emploie rarement.

Pied-de-chat, s. m. Instrument qui sert à visiter et sonder les bouches à feu pour s'assurer s'il y a des chambres.

Pierrier, s. m. (*Swivelgun*). Petit canon en bronze monté sur une fourchette en fer et qu'on plaçait sur les montants de la dunette, des gaillards et des hunes, ou dans les embarcations.

Piétage, s. m. (*Marks*). Action de marquer sur les deux faces de l'étrave et de l'étambot d'un bâtiment des échelles divisées en mètre et fractions de mètre pour déterminer le tirant d'eau.

Pieu, s. m. (*Stake*). Forte pièce de bois ou vieux canon enfoncés profondément dans le sol d'un quai et qui servent à tourner les amarres des bâtiments.

Cet amarrage est dit aurail.

Pigou, s. m. (*Wooden candlestick*). Sorte de chandelier en fer à deux pointes dont on se sert pour éclairer les travaux de la cale ; ces deux pointes sont l'une verticale, l'autre horizontale, et permettent de fixer solidement le pigou.

Pigoullère, s. f. (*Pitch boat*)

Embarcation à fonds plats portant des chaudières où l'on fait chauffer le goudron destiné au calfatage extérieur d'un navire.
— Bâtiment en maçonnerie installé à terre pour le même usage.

Pile. s. f. Petite alonge en crin, fil ou laiton, qu'on ajoute au bout d'une ligne de pêche et qui porte l'hameçon.

Pilotage. s. m. (*Pilotage*). Action d'un pilote qui conduit un navire dans un port ou à travers des passes plus ou moins difficiles.
— (*Pilotage fee*). Somme d'argent due au pilote pour avoir conduit un bâtiment.

Pilote. s. m. (*Pilot*). Marin chargé de diriger et conduire un navire.

Autrefois on distinguait les pilotes hauturiers ou de long cours, et les pilotes de cabotage qui étaient chargés de diriger les bâtiments dans la navigation au long cours ou au cabotage, le commandement restant au patron sur les bateaux de commerce, et sur les navires de guerre aux officiers plus ou moins nobles, mais généralement complètement ignorants des choses de la mer.

Aujourd'hui, il n'y a plus que des pilotes lamaneurs, ou simplement pilotes, qui sont chargés de diriger les navires pour rentrer dans une rade, un port, ou pour traverser certains détroits ou passages dangereux. Les pilotes reçoivent un brevet après examen; ils doivent avoir une connaissance parfaite des localités où ils naviguent, des courants, des marées, des signaux, des dangers de toutes sortes. Le pilote est responsable du navire qu'il dirige.
— Pilote (*Sea charts*). Recueil de cartes maritimes accompagnées de vues et de renseignements de toute nature sur les différents atterrissages.

Pilote-bot. s. m. (*Pilot-boat*). Un pilote-bot ou bateau pilote est un bateau monté par des pilotes et destiné à les conduire à bord des bâtiments qui veulent rentrer dans un port. Ce sont géné-

ralement des bateaux, bons marcheurs, tenant parfaitement la mer et s'éloignant parfois beaucoup de leur port d'attache. Les pilotes de la Manche vont jusque dans la mer du Nord chercher les navires. Dans chaque pays, un pavillon spécial est affecté aux bateaux-pilotes ; en France, c'est un carré blanc entouré d'une bordure bleue. Lorsqu'un navire demande un pilote, il doit hisser le même pavillon en tête de mât.

Piloter. v. a. (*To pilot*). Piloter un navire, c'est le diriger à travers les passes et les dangers pour le conduire dans un port ou l'en faire sortir.

Pilotin. s. m. (*Apprentice*). Jeune marin attaché autrefois au détail du service des pilotes hauturiers. On désigne encore parfois sous le nom de pilotin un jeune timonier.

Dans la marine marchande, on embarque sous le nom de pilotins des jeunes gens qui veulent devenir plus tard capitaines au long cours et apprennent ainsi la partie pratique du métier.

Pinasse. s. f. (*Pinnace*). Embarcation longue, étroite, légère, allant à la voile et à l'aviron. On construisait autrefois de petits bâtiments de ce nom gréés en sloops ou en goëlettes.

Pince. s. f. (*Sharpness*). La partie aiguë et très pincée du bas de l'étrave, bien au-dessous de la flottaison.
— Pièce ajoutée sous le brion, en remontant jusque sous la gorgère, pour corriger le défaut des bâtiments mous ou tenant mal le vent.
— (*Gripe*). Levier de fer pointu d'un bout et en forme de pied-de-chèvre à l'autre employé pour soulever les objets pesants. Elle servait autrefois à mouvoir les affûts de canon pour le pointage et caler les roues; on a supprimé son usage parce qu'elle dégradait les ponts.
— On dit qu'un cordage est raide

comme une pince lorsqu'il est fortement tendu.

Pincé, part. (*Sharp*). Un bâtiment est pincé lorsque ses formes de l'avant et de l'arrière, surtout au-dessous de la flottaison, sont très fines.

Pince-balle, s. m. (*Logger-head*). Grande tenaille avec laquelle on retire les boulets rouges du feu. Les calfats s'en servaient pour porter de tels boulets dans un baquet de brai qu'on veut liqué-fier.

Pincer, v. a. (*To sail clue*).

— Pincer le vent. Gouverner au plus près du vent, le plus pos-sible.

— Pincer un bâtiment (*To sharpen*). Lui donner dans sa construction des formes très fines à l'arrière et à l'avant, au-dessous de la flottaison.

Pingre, s. m. (*Pingre*). Bâtiment à gréement variable, mais se distinguant par la forme de sa coque. Son arrière est rond, mais le haut est ordinairement carré; l'avant, également rond, n'a pas de poulaine, mais seulement une courbe saillante sous le beaupré et où se fait la liure de ce mât.

Pinque, s. f. (*Pink ship*). Bâtiment à voiles latines, portant trois mâts à calcet et à antennes; l'arrière est très élevé, les fonds très plats. Ce bâtiment naviguait dans la Méditerranée.

Pipris, s. f. Pirogue de la côte de Gorée.

Pique, s. f. (*Pike*).

— Pique d'abordage. Long manche armé d'un fer pointu et servant comme arme d'abordage. Les premiers servants de chaque pièce étaient armés de piques pour défendre l'entrée des sa-bords.

Piqué, part. (*Wormeaten*). Une pièce de bois est piquée lorsque les vers y ont fait des trous plus ou moins nombreux.

— Une voile est piquée (*Rotten*), lorsqu'elle présente une suite de points noirs indiquant une dé-térioration des fibres de la toile. Les voiles enfermées humides

dans les soutes ou magasins, se piquent facilement.

Piquer, v. a. (*To strike*).

— Piquer l'heure. Frapper, sur la cloche du bord avec son battant, autant de coups qu'il y a de demi-heures écoulées depuis le commencement d'un quart. Cha-que quart étant de quatre heu-res, on frappe successivement un, deux, trois, quatre, ou huit coups, puis on recommence.

— Piquer un homme. Le frapper avec un bout de corde. Vieux.

— Les vers piquent un navire, lorsqu'ils pénètrent dans ses bordages, sa membrure, en y perçant une infinité de trous plus ou moins profonds.

— v. n. Piquer au vent (*To sail clue*). Un navire pique au vent, lorsqu'il gouverne de façon à s'élever le plus possible au vent.

Piquet, s. m.

— Tracé au piquet (*Sail cutting*). Tracé d'une voile sur le terrain.

Piqueter, v. a. Se servir de petits bouts de bois nommés brochettes ou piquettes pour marquer sur un mât ou une pièce de con-struction les différentes largeurs qu'ils doivent avoir.

Piqûre, s. f. (*Sopoiling*). Dégra-dation d'une voile piquée.

— (*Wormeating*). Trou produit par un ver dans la carène d'un bâti-ment.

— Rangée de points de couture.

Pirate, s. m. (*Pirate*). Nom donné aux bâtiments et aux hommes qui pillent sur mer les bâtiments qu'ils peuvent atteindre.

Les pirates sont excessivement rares maintenant, grâce à la surveillance exercée par les ma-rins de guerre de toutes les nations civilisées ; pendant long-temps, les pirates les plus à craindre étaient les pirates chi-nois et malais.

Piraterie, s. f. (*Robbing at sea*). Métier du pirate.

Pirogue, s. f. (*Periagua*). Petite embarcation creusée ordinaire-ment dans un tronc d'arbre et qui se manœuvre avec une ou plusieurs pagayes ou à la voile.

Les pirogues se rencontrent chez tous les peuples peu civilisés ; ce sont des embarcations très volages, mais généralement marchant très bien.

On supplée à leur manque de stabilité au moyen des balanciers.

Pironneau, s. m. (*Small boat*). Petit canot fort solide destiné à aller à la recherche des coquillages sur les plages, entre les rochers.

Pissotière, s. f. (*Dale*). Trou oblique, percé dans la muraille du bâtiment, au milieu des seuillets de sabords et des hublots, pour l'écoulement des eaux qui peuvent s'introduire par les joints des mantelets.

Pistolet d'amure. Voir *Minot*.

Pistolets de galerie. Pièces de bois saillant à l'arrière du plancher de la dunette d'un vaisseau et sur lesquelles on cloue les planches servant à recouvrir la galerie d'un vaisseau lorsqu'elle est extérieure.

Piton, s. m. (*Ring bolt*). Cheville en fer dont la tête est un anneau. Les chouques portent des pitons pour crocher les poulies de guinderesse et de balancines de basses vergues.

Certains pitons ont tantôt une cosse, tantôt un croc fixés dans leur anneau ; on les nomme alors pitons à cosse, pitons à croc.

Pitte, s. m. Filament d'une espèce d'aloès dont on fait des lignes de pêche.

Placage, s. m. (*Tumkin*). Plaque de bois ou de métal qu'on place sous le pied des pompes pour qu'elles n'aspirent pas l'étoupe de la carène qui se trouve au-dessous.

— Réunion de deux pièces de bois placées à plat l'une sur l'autre, au moyen de clous, chevilles, roustures, sans entailles ni adents.

— Sorte de doublage en bois que l'on cloue sur les joues d'un bâtiment au portage des oreilles des ancres lorsqu'elles sont traversées.

Placard, s. m.

— (*Flat block*). Espèce de poulie plate composée d'un réa et d'une demi-caisse qu'on cloue sur les élongis ou dans des endroits où l'on dispose de peu de place.

— (*Lining*). Pièces de renfort cousues aux endroits les moins solides d'une voile qui s'use.

— (*Tumkin*). Placard de dalot. Morceau de cuir ou de toile peinte cloué sur l'orifice extérieure d'un dalot et qui permet à l'eau de s'échapper sans que l'eau extérieure puisse y pénétrer.

Placarder, v. a. (*To line*).

— Placarder une voile. Y appliquer des placards.

Plafonds, s. m.

— (*Bed*). Plate-forme recouvrant la partie à peu près plate du fond d'un bâtiment.

— (*Gratings*). Plate-forme ou caillebotis couvrant le fond de la chambre d'un canot.

Plage, s. f. (*Sea beach*). Rivage de la mer, plus ou moins étendu et plat, que couvre et découvre le flot et le jusant.

Plan, s. m. (*Plan*). Surface plane sur laquelle est projetée la carcasse d'un bâtiment qu'on veut construire et d'où on tire les gabaris. On projette ordinairement sur trois plans : le longitudinal, l'horizontal, le vertical. (Voir *Construction des navires*.)

— Plan de barriques, de gueuses. Rangée de barriques ou de gueuses placées les unes auprès des autres dans un plan horizontal.

— Dessin graphique représentant la projection d'un objet.

Plan d'une rade, d'un port, de la voilure.

— Plan incliné.

Planche, s. f. (*Plank*). Pièce de bois ayant moins de 54 millimètres d'épaisseur si elle est en sapin et moins de 27 millimètres si elle est en chêne ou tout autre bois dur ; toute planche plus épaisse est appelée bordage.

— Planche d'embarcation (*Gang board*). Planche garnie de tringles transversales et qui sert à embarquer dans un canot ou à en débarquer.

— Jours de planche (*Laydays*). Jours accordés à un bâtiment pour faire son chargement ou le débarquer.

— Planches de charge (*Fencing boards*). Planches qu'on accroche le long d'un bâtiment pendant le chargement ou le déchargement pour préserver le bordage des chocs ou des frottements.

— Planche de roulis. Planchette qu'on fixe sur le côté d'un hamac ou d'une cabane pour empêcher de tomber par l'effet des mouvements de roulis.

— Planches d'ouverture. Planches qu'on cloue à différentes hauteurs sur les deux branches d'un couple pour maintenir leur écartement pendant la construction.

— Planche du coq. Planche employée autrefois au service de la cuisine pour faire glisser la chaudière du fourneau sur le pont.

Elle servait aussi à faire glisser à la mer les corps des hommes morts au large.

Plancher, s. m. Plateforme des soutes, des chambres, etc.

— Fig. Le plancher des vaches, la terre ferme.

Plançon, s. m. (*Plank-timber*). Madrier en chêne que l'on scie en pièces de différentes épaisseurs pour avoir des planches ou des bordages.

Plantage, s. m. Charpente montée à l'extrémité d'une corderie et dont une traverse reçoit le bout des manivelles qui servent à tordre les cordages.

Plaque, s. f. (*Plate*). Feuille de plomb garnie d'étoupe suivée et qu'on cloue sur un bordage percé par un boulet ou pour toute autre cause.

Plastrons, s. m. (*Knight heads*). Pièces de bois gabariées qui sont appliquées sur les bas côtés de l'étrave intérieurement et sur lesquelles se clouent les bouts des bordages inférieurs.

Plat, s. m. (*Flat part*). Le plat d'un aviron en est la pelle.

— Le plat d'une varangue en est la partie la plus droite, la plus plate qui repose par son milieu sur la quille. Si le plat des varangues est très prononcé sur presque toute la longueur d'un bâtiment, on dit qu'il est construit à varangues plates.

— (*Mess*). Plat de matelots. Réunion d'un certain nombre de matelots, sept ordinairement, désignés pour manger ensemble.

Plat, adj. (*Flat*).

— Bâtiment à fond plat. Bâtiment dont les varangues ont beaucoup de plat. (Voir ce mot.)

— Calme plat. Etat de l'air et du vent dans lequel aucun souffle ne se fait sentir et où la mer ne présente aucune agitation.

— Nœud plat (*Reef knot*). Ce nœud sert à réunir deux bouts de filin qui ne doivent pas faire une grande force (hanets de tentes, ris de voiles d'embarcations); il sert également à terminer un amarrage. Quand il a forcé ce nœud, est souvent difficile à défaire.

— Amarrage plat (*Plat seizing*). Amarrage destiné à lier ensemble côte à côte deux cordages ou deux branches d'un même cordage. Il s'emploie surtout comme deuxième et troisième amarrages sur les bouts des manœuvres dormantes, telles que haubans, galhaubans.

L'amarrage plat peut être simple ou double.

Pour le premier, on prend un bout de ligne ou de quarantenier terminé par un œil, et à l'aide duquel on bague la ligne sur les deux doubles du cordage, après les avoir trésillonés, si c'est nécessaire; on fait ensuite autour d'eux un certain nombre de tours à se toucher et bien souqués; on arrête l'amarrage en introduisant le bout de la ligne dans l'intérieur des tours et en le souquant fortement.

Pour l'amarrage double, on fait d'abord un amarrage simple, puis au lieu d'arrêter la ligne, on fait une deuxième couche de tours par-dessus ceux déjà faits, et on arrête comme pour l'amarrage simple.

— Tout plat, adv. Arriver tout plat (*To let her go off*). Arriver en mettant la barre toute au vent et en s'aidant des voiles.

— Border tout plat. Tendre le plus possible les ralingues d'une voile en agissant sur ses écoutes.

Plat-bord, s. m. (*Gunwale*). Bordage large et épais fixé horizontalement sur le sommet de la muraille d'un bâtiment et qui recouvre les têtes des alonges de tous les membres.

Plate, s. f. (*Flat punt*). Petite embarcation à fond plat employée à la pêche dans la Manche et sur les navires de guerre pour le service des calfats.

Plateau correcteur. Plateau en fer que l'on place dans le voisinage des habitacles, de façon à corriger l'action magnétique des différentes masses de fer du bâtiment sur les boussoles et à ce que l'aiguille aimantée se tourne toujours vers le Nord magnétique, quel que soit le cap.

Plates-bandes, s. f. Bordages de la poupe d'un grand bâtiment sur lesquels on applique les corniches.

— Larges bandes de fer recourbées qui recouvrent et maintiennent les tourillons d'une bouche à feu sur son affût.

— Plates-bandes de culasse, de renfort; saillies plates et plus larges que hautes qui entourent la pièce en avant du cul-de-lampe ou vers le milieu du renfort.

Plate-forme, s. f. Sorte de plancher recouvrant la soute aux poudres, la poulaine, la fosse aux câbles.

— Charpente sur laquelle repose un mortier.

Platin, s. m. (*Shoal*). Petit banc uni qui découvre à basse mer.

Plein, s. m. (*Shore*). Toute la partie du rivage baignée par la mer depuis la ligne de basse jusqu'à celle de pleine mer.

— Un navire est au plein, lorsqu'il est échoué sur cette partie du rivage.

— Le plein de l'eau (*Hight water*) La pleine mer.

Plein, adj. (*Full-hight*).

— Un bâtiment court à pleines voiles, lorsque toutes ses voiles portent et qu'elles reçoivent toutes l'impulsion du vent.

— La mer est pleine lorsqu'elle est haute.

— La pleine mer (*Hight sea*). Le large d'où l'on ne voit plus les côtes.

— Un navire à mailles pleines est un navire dont les intervalles entre les couples sont remplis par des pièces de bois dites couples de remplissage.

— Viser en plein bois. Diriger les projectiles sur un bâtiment au-dessus de la flottaison et vers le grand mât.

— Nœud à plein poing. Amarrage fait très promptement.

— Plein bois (*Dead work*). Les œuvres mortes d'un bâtiment.

— Plein fouet (*Direct way*). On nomme tir de plein fouet, celui dans lequel les projectiles viennent atteindre le but directement sans avoir fait de ricochets.

— Faire le plein des chaudières (*To fill the boilers*). Remplir d'eau les chaudières d'une machine à vapeur.

Plein, adv. (*Full*).

— Porter plein. Gouverner de façon à ce que les voiles soient toujours pleines, ne faseyent pas dans les flans du bâtiment.

— Gouverner près et plein (*Full and by*). Gouverner au plus près, mais en faisant en sorte que les voiles ne fasevent jamais.

— Porter bon plein (*To keep the sails full*).

Deux bâtiments s'abordent en plein, lorsqu'ils viennent se frapper coque contre coque, sans que rien ait atténué le choc.

Plet, s. m. (*Flake*). Le pli en rond d'un gros cordage.

Pli, s. m. (*Flake*). Chaque tour d'un petit cordage lové, en glène.

Plier, v. n. Un navire plie, lorsque

sous l'effort du vent de côté, il s'incline trop.

— Plier un bordage. Le courber sous l'action du feu.

Ploc, s. m. (*Sheating air*). Composition de goudron chaud, de poil de bœuf, de chien, qu'on appliquait entre le franc bord et le doublage en bois d'un navire.

Plomb, s. m. (*Lead*). Plomb de sonde ; masse de plomb de forme conique amarrée à la ligne de sonde.

Lorsqu'on veut connaître la profondeur de l'eau, le poids de ces plombs varie avec la profondeur à laquelle on veut sonder. Pour les petites sondes, les plombs (*Hand leads*) sont de 3 à 4 kilogrammes, et pour les grandes sondes, les plombs (*Deep sea leads*), sont de 15, 30 et 45 kilogrammes.

La base des plombs de sonde est creusée, et avant de sonder, on remplit ce creux de suif ; ce suif rapporte généralement du fond des échantillons des matières sur lesquelles il a porté.

— Plomb à lance. (Voir *Lance à plomb*.)

— Nom donné aux divers tuyaux de dalots, bouteilles, etc.

Plomber, v. a.

— Plomber un bordage. Le doubler en plomb.

— Un navire est bien plombé quand il est bien chargé.

— Plomber un couple. L'établir dans la position qu'il doit occuper sur la quille au moyen du fil à plomb. (Balancement, perpignage.)

Ploquer, v. a. (*To sheat with hair*). Ploquer un navire. Y étendre le ploc.

Plus près, s. m. (*Close hauled trim*). Allure sous laquelle navigue un bâtiment lorsque ayant le vent contraire pour gagner un point, il se dirige de la façon qui lui permet de se rapprocher le plus possible de sa route. Etre au plus près, sous l'allure du plus près. (Voir *Allure*.)

— Tactique navale. La ligne du plus près (*Close hauled line*) est un ordre dans lequel les navires se relèvent sur une ligne faisant un angle de 6 quarts avec la direction du vent. Cet ordre avec les navires à voiles était celui qu'on adoptait le plus souvent pour se former en bataille ; aussi l'appelait-on ligne de bataille ; aujourd'hui on le nomme ligne de relèvement.

Poils, s. m. Une ancre est levée par les poils ou les cheveux, lorsqu'on la lève au moyen de son orin.

Poinçon, s. m. (*Bodkin*). Instrument employé : par les charpentiers pour ouvrir les têtes des gournables ; par les calfats, pour percer les trous des clous de doublages ; par les voiliers, pour ouvrir les œils-de-pie des voiles.

Point, s. m. La place qu'occupe chaque jour un bâtiment à midi.

— Faire le point. Déterminer la latitude et la longitude d'un bâtiment et marquer sur la carte le point correspondant.

Le point estimé est celui obtenu par l'estime ; le point observé, celui obtenu au moyen des observations d'astres et de chronomètres.

Le point où l'on est chaque jour à midi se nomme le point d'arrivée, et par rapport au lendemain, il se nomme point de départ.

— Point d'une voile (*Clew*). Point de réunion de deux ralingues d'une voile ; les voiles carrées, auriques, ont quatre points, les focs trois.

Pour les voiles auriques et carrées, les points supérieurs se nomment empointures ; les points inférieurs, points du vent ou sous le vent pour les huniers et les voiles hautes, et points d'amure et d'écoute pour les basses voiles carrées et les voiles auriques.

Pour les focs, le point supérieur est le point de drisse (*Throat*) ; celui fixé sur le beaupré, au capelage de la draille, est le point d'amure (*Tack*) ; le troisième, le point d'écoute.

— Bordages de point. Tous les

bordages d'un bâtiment ayant la même épaisseur par opposition aux bordages de flottaison et de tours qui sont plus épais.

Pointage, s. m. (*Aim*). Le pointage d'une bouche à feu est l'opération qui a pour but de la disposer de telle façon que le projectile aille atteindre l'objet à battre. On distingue le pointage en hauteur et le pointage en direction.

Pour pointer en hauteur, le chef de pièce fait élever ou abaisser la culasse jusqu'à ce que la ligne de mire se trouve, autant que possible, dans la direction du but à battre.

A la mer, le roulis vient compliquer l'opération du pointage en hauteur qui consiste alors à déplacer la culasse de telle sorte que la ligne de mire soit à peu près à hauteur du but quand le bâtiment est dans une position moyenne à ses balancements de roulis.

Les canonniers, au lieu de craindre le roulis, doivent apprendre à s'en servir, et l'adresse du pointeur consiste à faire partir le coup au moment où la ligne de mire se trouve dans la direction favorable.

Pour pointer en direction, on fait porter la pièce à droite ou à gauche jusqu'à ce que la ligne de mire se trouve dirigée sur le but.

— Pointage en belle (*Quite straight*). Pointage dans lequel la pièce est placée droit au milieu du sabord, son axe étant dirigé perpendiculairement à la quille.

— Pointage en chasse ou en retraite (*Pointage before the beam*).

— (*Ab of the beam*). Pointage obtenu en portant la culasse sur l'arrière ou sur l'avant pour pointer sur un but placé sur l'avant ou sur l'arrière du travers.

— Pointage en mortier. Pointage spécial employé dans les batteries barbettes et dans lequel on donne à la pièce de grands angles de projection; on s'en sert pour atteindre un but abrité derrière un parapet ou le pont d'un bâtiment blindé.

— Pointage intérieur. Ce pointage a pour but de préparer le pointage direct des canons lorsque le but est invisible au chef de pièce; de faciliter le pointage en hauteur lorsque le but devient visible; de pouvoir concentrer avec certitude en un point placé à petite distance le feu de toute l'artillerie du même bord; de permettre de reconnaître facilement l'objet à atteindre au milieu d'autres objets semblables.

La direction et l'inclinaison convenables sont données à chaque pièce, suivant les indications fournies par le commandant au moyen de repères intérieurs.

— Pointage d'une carte. Action de porter le point d'un bâtiment sur la carte.

Pointe, s. f. (*Head land*). Caps, rochers, qui s'avancent dans la mer.

Synon. de *Quarts*.

Gouverner à trois quarts ou à trois pointes.

— Les vergues sont brassées en pointe, lorsqu'elles sont orientées pour l'allure du plus près.

— Voiles en pointe. Toutes les voiles non carrées.

— Les avirons d'une embarcation sont armés en pointe, lorsqu'il n'y a sur chaque banc qu'un seul homme placé du bord opposé à celui où se trouve la dame ou toletière de son aviron.

— Pointe de bordage. Morceau de bordage qui s'applique dans les façons de la carène pour en remplir les vides.

— Familier : Chapeau brassé en pointe. Chapeau d'uniforme placé de façon à ce qu'une corne soit en avant et l'autre en arrière.

— Pointe d'alène. Coquillage en forme d'alène de cordonnier et dont le nom sert à indiquer la nature du fond de certains parages où il foisonne.

Pointer, v. a.

— Pointer une bouche à feu (*To train a gun*). Exécuter le pointage.

— Pointer une carte. Porter le point.

Pointes, s. f. (*Gores*). Laizes de toile taillées pour être placées dans les côtés d'une voile.

Polacre, s. f. (*Polacca*). Petit bâtiment de la Méditerranée portant des mâts à pible et des voiles carrées ; les uns sont gréés en chebée, les autres ont des antennes et des voiles auriques.

— Voile latine, gréée à l'avant d'un bâtiment et tenant lieu de trinquette.

Police, s. f. (*Policy*).

— Police d'assurance d'un bâtiment. Contrat par lequel un assureur s'engage, moyennant une somme convenue d'avance, à payer la valeur d'un bâtiment, d'un chargement, en cas d'avaries ou de naufrage.

Pomme, s. f.

— Pommes de mâts (*Trucks*). Petits blocs de bois ronds et de forme lenticulaire, cerclés en cuivre. Ils portent à leur centre un trou carré, pour pouvoir être capelés sur la tête du mât ; trois trous percés sur les bords servent au passage des drisses de flamme.

— Pommes de racage. Boules en bois d'orme traversées par le

Pommes de racage.

cordage appelé bâtard. Par leur roulement sur le mât, elles facilitent le glissement du racage. (Voir *Racage, Bâtard, Bigots*.)

— Pommes de tournevire, d'étais, de tire-veilles. Bourrelets formés sur ces différents cordages, soit au moyen de cordages entrelacés, soit au moyen de pelotes d'étoupe qu'on fixe avec du bitord.

— Pommes de conduite. Sorte de margouillets portant une engoujure, pour s'appliquer sur les

manœuvres dormantes ; ils sont percés d'un ou de plusieurs trous pour le passage des manœuvres.

Ponant, s. m. (*West*). Le couchant, l'ouest. (Médit.)

— Les ports du ponant. Les ports de l'Océan atlantique et de la Manche.

Ponantais (*Western seaman*). Nom par lequel les marins de la Méditerranée désignent ceux de l'Océan.

Ponne, s. f. Petit bâtiment gréant un mât avec une voile à corne et des focs ; il sert au transport sur les côtes et dans les rivières de la Hollande et des Flandres.

Pont, s. m. (*Deck*).

— Les ponts d'un bâtiment sont les planchers en bordage de chêne et de sapin des différents étages d'un bâtiment.

— Le pont est le pont supérieur, celui qui est à découvert.

— (*Stage*). Pont signifie souvent étage. Un navire à deux ponts, à trois ponts, est un navire ayant deux, trois étages garnis chacun de canons ; dans ce cas, on ne compte jamais parmi les ponts le faux-pont et l'entrepont.

Le pont le plus bas se nomme *Lowerdeck ;* puis viennent le second pont (*Middledeck*) et le troisième pont (*Upperdeck*).

— Ligne de pont. Ligne marquant sur un plan la courbure du pont d'un bâtiment de l'arrière à l'avant.

— Pont de cordier. Marchepied incliné devant la roue des fileurs dans une corderie.

Pontade, s. f. Entailles faites à coups de hache en différents points de la longueur d'une pièce de bois brute, pour y placer la fausse équerre et voir le bois qui doit être enlevé pour donner à la pièce la forme voulue.

Ponté, part. (*Decked*). Bateau ponté ; bateau dont la cale est recouverte au moins par un pont ; dans le cas contraire, on dit que le bateau est non ponté.

Ponter, v. a. (*To deck*).

— Ponter un navire. Mettre ses ponts en place.

Ponton. s. m. (*Pontoon*). Grand chaland ponté, très solide, à fonds plats, à murailles droites et servant aux manœuvres de force, comme l'abatage en carène, le renflouage d'un bâtiment coulé, etc. Les pontons portent en leur milieu un fort mât garni de caliornes, des cabestans, etc.

— (*Prison-ship*). Vieux vaisseau de guerre installé pour recevoir des prisonniers. C'est sur des pontons que les Anglais enfermaient les prisonniers français faits dans les guerres maritimes.

Porque. s. f. (*Floor rider*). Forte pièce de construction de la forme d'un couple et qui se fixe à l'intérieur d'un navire sur la carlingue et les vaigres pour consolider les liaisons. Les porques sont au nombre de huit ou dix dans la cale d'un vaisseau de ligne et s'élèvent jusqu'à la hauteur du premier pont.

Porquer. v. a. (*To set the riders*).
— Porquer un navire. Mettre ses porques en place.

Port. s. m. (*Harbour*). Enfoncement dans les terres procurant aux navires un abri sûr contre la mer et les vents du large.

Le mot de port entraîne avec lui l'idée d'un ensemble de constructions et d'installations de toutes sortes destinées à compléter les abris naturels, à faciliter les manœuvres des bâtiments, leur chargement, leur déchargement, leur réparation.

On distingue : les *ports militaires* : Cherbourg, Brest, Lorient, Rochefort, Toulon, où l'Etat construit ses flottes et les arme pour entrer en campagne ; on y trouve donc des ateliers considérables, des arsenaux et un personnel d'ouvriers destinés à la construction, l'entretien et la réparation de tout ce qui constitue l'armement des vaisseaux.

Les grands ports d'armement et d'embarquement sont Cherbourg, Brest et Toulon qui ont en avant du port même de vastes rades bien abritées et permettant de recevoir plusieurs flottes.

Lorient, Rochefort sont d'un accès difficile, manquent d'eau pour recevoir les grands cuirassés et sont surtout des ports de construction.

Les *ports marchands*, qui doivent présenter un grand développement de quai, des grues, des chemins de fer, pour faciliter le chargement et le déchargement des navires.

Les principaux ports sont : Marseille, Bordeaux, Nantes, Le Havre, Dunkerque, Calais, Boulogne, etc.

Les *ports de pêche*, qui sont surtout fréquentés par des bateaux se livrant à la pêche : Dunkerque, Boulogne, Dieppe, Fécamp, Saint-Valery-en-Caux, Saint-Malo, Douarnenez, etc.

— Port de refuge. Port où un navire peut s'abriter par mauvais temps, mais où rien n'est installé pour le chargement, la réparation des bâtiments.

— Port de marée. Port où le flux et le reflux se font sentir.

— Port d'un bâtiment (*Tunnage*). Le nombre de tonneaux qu'il peut porter.

— Officiers de ports. Fonctionnaires chargés dans les ports de commerce de diriger les mouvements des bâtiments, de leur indiquer la place qu'ils doivent occuper et de veiller à la conservation de tous les établissements du port.

Ce sont généralement des capitaines au long cours, des maîtres au cabotage ou d'anciens maîtres de l'Etat. Il y avait autrefois parmi eux d'anciens officiers de la marine militaire.

Portage. s. m. (*Rubing*). Le portage d'un cordage, d'une vergue, d'un objet quelconque, est l'endroit où il est touché par un autre ; le portage des haubans est l'endroit où ils sont touchés par les vergues brassées au plus près. A tout portage, il y a frottement et, par suite, détérioration ; on la prévient au moyen de paillets, cuirs, fourrures, garnitures de toutes sortes.

— Portage. Le portage de marchandises est l'action de les transporter de terre à bord d'un bâtiment ou inversement.

Portant, s. m. (*Bearing*). Le portant d'une pièce de bois, de la quille, est la longueur de la partie par laquelle elle porte sur le terrain.

Porte-bossoirs, s. m. Courbes placées sous les bossoirs pour les consolider.

Porte-collier. Fourrure, coussin rousté, de chaque côté d'un bas-mât, à la hauteur des colliers à étai.

Portée, s. f. (*Range*). La portée d'une bouche à feu est la distance comprise entre la pièce et le point où le projectile rencontre le plan horizontal passant par la bouche de la pièce. La portée dépend de la vitesse initiale du projectile, de l'angle de projection, du poids du projectile, de sa forme.

Elle augmente avec la vitesse initiale, avec l'angle de projection jusqu'à 45°; de deux projectiles ayant même vitesse initiale, le plus lourd va le plus loin ; la forme pointue ou ogivale augmente aussi la portée.

Vitesses initiales et portées dans le tir à obus des canons modèle 1870, sous un angle de 45° :

Calibres.	Vitesse initiale.	Portée.
14	455	7.300 m.
19	526	8.800 m.
24	474	10,000 m.
27	470	11,000 m.

— Corderie. Une portée de fils est le faisceau de fils qu'on peut étendre dans toute la longueur d'un atelier.

Porte-hauban, s. m. (*Chain-wales*). Plateformes extérieures placées sur le bordage des bâtiments un peu en arrière de chaque mât et destinées à donner de l'épatement aux haubans des bas-mâts.

Les porte-haubans présentent sur leur can extérieur des entailles destinées à recevoir les chaînes de hauban et galhauban qui se fixent en dessous à la muraille du bâtiment. Un liston qui entoure le can du porte-hauban recouvre ces entailles.

Porte-lof, s. m. (*Bumkin*). Syn. de minot

La grande vergue est sur ses porte-lofs lorsqu'elle est amenée tout bas de façon à reposer carrément sur le plat-bord.

Porte-manteau, s. m. (*Poop-boat*). Canot que l'on hisse à l'arrière du bâtiment sur deux bossoirs faisant saillie de chaque côté du tableau de poupe.

Porter, v. a.

— Porter de la toile (*To carry many sails*). Avoir beaucoup de voiles dehors.

— Un navire porte bien la toile (*Is stiff*), lorsque, par un vent de côté et toutes voiles dehors, il a peu de bande.

— v. n. Une voile porte bien, lorsqu'elle est bien gonflée par le vent.

— Porter au nord, au sud, à terre, au large. Gouverner vers le nord, la terre, etc.

— Porter bon plein. Gouverner de manière à avoir du largue dans les voiles.

— Porter en route (*To stand upon the course*). Avoir un vent qui permet de mettre le cap dans la direction où l'on veut aller.

— Laisser porter (*To bear away*). Laisser arriver.

— Le courant porte à terre, au large, lorsqu'il se dirige vers la terre, vers le large.

Porte-vergue, s. m. (*Main rail*). (Voir *Porte-lof.*)

Porte-voix, s. m. (*Speaking-trumpet*). Sorte de trompette droite en ferblanc peint ou vernis servant à grossir la voix et étendre sa portée.

— Braillard. Petit porte-voix servant à l'officier de quart pour se faire entendre de l'équipage.

— Gueulard. Grand porte-voix servant à communiquer avec un autre bâtiment.

On ne trouve plus maintenant à bord que des porte-voix servant à transmettre les commandements dans les différentes parties de l'intérieur du bâtiment. Ce sont de longs tuyaux partant de la dunette et aboutissant dans les batteries, les soutes, la machine ; à chaque extrémité du tuyau est un timonier destiné à transmettre ou recevoir les ordres.

Portugaise, s. f. (*Lashing and crossing*).

— Amarrage en portugaise. Amarrage destiné a lier solidement entre eux, de manière à éviter le glissement, deux cordages, ou bien deux espars, vergues ou matereaux devant servir de bigues. Le filin d'amarrage fait autour des cordages une série de tours alternativement croisés et pleins ; le bout sert ensuite à brider le tout.

Portulan, s. m. (*Sea-coasts book*). Livre contenant les cartes détaillées d'une côte, tous les renseignements nécessaires pour y naviguer et rentrer dans les ports.

Poste, s. m. Tactique navale.

Le poste d'un bâtiment est la place qu'il doit occuper dans les différents ordres.

— En rade ou dans un port, on nomme postes une série de points présentant tout ce qui est nécessaire à l'amarrage des bâtiments.

— Le poste des élèves, des chirurgiens, des maîtres est, à bord d'un navire, l'emplacement destiné au repas ou au couchage des aspirants, chirurgiens, etc.

— Mettre une ancre à poste. La caponner, la traverser et la saisir fortement pour la mer.

— Un objet est à son poste, lorsqu'il est à sa place.

— Un objet est à poste, lorsqu'il ne doit pas bouger de l'endroit où on l'a placó.

— A vos postes ! Commandement fait aux canonniers pour reprendre les places qu'ils occupaient avant de commencer la manœuvre d'une pièce.

Poste-aux-choux, s. f. (*Shore-boat*). Canot envoyé chaque matin à terre pour faire les provisions pour les tables des officiers et l'équipage.

Pot à feu et à grenade (*Pot grenado*). Artifice employé dans les brûlots et composé d'un vase en terre rempli de grenades chargées de morceaux de roche à feu et de poudre.

Potence, s. f. (*Fulcrom*). Epouille fourchue qu'on place sous le faux-pont d'un navire, à l'endroit où porte le pied de mât d'artimon, lorsqu'il ne repose pas sur la quille.

Potera, s. m. Nom de plusieurs hains sans appât, ajustés autour d'un leurre de plomb pour prendre des sèches ; on le nomme aussi *Turlutte*.

Potiche, s. f. (*Scoring*). Entaille faite dans une pièce de bois pour la sonder, la visiter.

Poudrin, s. m. (Voir *Embrnn*.)

Pouillouse, s. f. (*Main stay sail*). Voile aurique en très forte toile que l'on hisse par mauvais temps sur une draille parallèle au grand étai. Cette voile est maintenant peu employée.

Poulaine, s. f. (*Beak head*). Saillie de chaque côté de l'étrave en dehors d'un bâtiment ; elle se compose d'un plancher triangulaire reposant sur les lisses des herpes, et d'un pavoi servant de garde-fou. C'est sur la poulaine que sont installées les latrines de l'équipage.

Poulevrin, s. m. Corne d'amorce.

Poullage, s. m. (*Blocks*). L'ensemble de toutes les poulies d'un bâtiment.

Poulie, s. f. (*Block*). On distingue dans une poulie trois parties principales : la caisse, le réa ou rouet, l'essieu. (Voir ces mots.)

Dans la confection d'une poulie, l'épaisseur du réa est la dimension qui sert à déterminer toutes les autres.

On emploie à bord un grand nombre de poulies de grosseurs différentes et dont le nom varie avec l'usage auquel on les destine.

— Poulie simple, double, triple. Poulies ayant un, deux ou trois réas.

— Poulies à croc, à fouet, à émerillon, à violon, baraquette, de
guinderesse, d'itague, de capon,
de traversière.
— Poulie à talon. Le talon d'une
poulie est un excédent de bois,
laissé à sa partie inférieure, pour
l'obliger à se tenir dans une position déterminée.

Poulie coupée.

Les poulies à talon s'emploient
pour amures de misaine, sur le
minot.
— Poulies de pied de mât. Poulies
portant un estrope à cosse ; elles
sont réunies au pied du mât, sur
une barre de fer qui est fixée au
pont et le long de laquelle les
cosses peuvent glisser. Ces poulies servent de retour aux manœuvres courantes.
Poulier, s. m. (*Shelves*). Banc de
galets et de sable formé à l'entrée
des havres, des rivières. (Manche.)
Poullerie, s. f. (*Block shed*). Atelier où l'on fabrique les poulies,
les corps de pompe en bois, les
roues de gouvernail, les objets
en bois qui se font au tour.
Poulieur, s. m. (*Block maker*).

Ouvrier employé à la fabrication
des poulies.
Poulin, s. m. (*Stern branchion*).
Forte étance qui arcboute l'é-

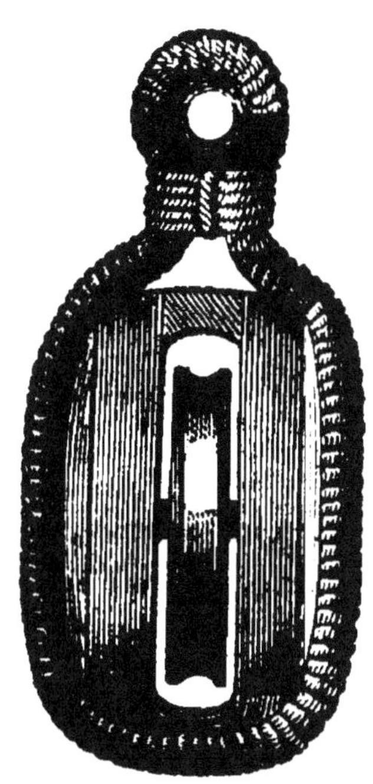

Poulie simple.

tambot d'un bâtiment en construction ; c'est la dernière pièce
qu'on enlève au moment du lancement.
Poullot, s. m. (*Chess tree*). Rouet
placé obliquement dans un chaumard et enchâssé dans la muraille d'un bâtiment.
Poupe, s. f. (*Stern*). La poupe est
la partie d'un bâtiment située
sur l'arrière d'un plan rasant les
faces arrières de l'estain et des
allonges de cornière ; elle comprend trois parties : l'arcasse, la
voûte, le tableau. Le mot *poupe*
est peu employé maintenant et
remplacé par le mot *arrière*, sauf
cependant dans les expressions :
Avoir le vent en poupe. Avoir
le vent arrière ;
Naviguer beaupré sur poupe.

Suivre très près un navire qui est devant soi.

Pourriture sèche, s. f. (*Dryrot*). (Voir *Carie*.)

Pourvoyeur, s. m. (*Purveyor*). Servant d'une bouche à feu chargé d'aller chercher les gargousses à la soute aux poudres et de les porter aux chargeurs.

Pousse-pied, s. m. (*Flat*). Embarcation très petite ayant la forme d'une caisse rectangulaire à fond plat et qui sert à aller sur les vases; à cet effet, on pousse d'un pied au dehors et l'on s'appuie dans le bateau sur le genou de l'autre jambe.

Pousser, v. a. (*To shove off*). Étant dans une embarcation, on pousse au large lorsqu'on déborde d'un bâtiment, d'une côte pour s'en écarter.

— Pousser de fond. C'est faire avancer une embarcation en faisant effort contre le fond avec des gaffes, perches ou avirons.

— Pousser une bordée. La prolonger.

Pousser, v. a. (*To urge*).

— Pousser les feux. Activer la combustion des fourneaux d'une machine à vapeur pour obtenir plus rapidement de la vapeur.

— La mer pousse du fond, lorsque, par son agitation, elle remue le fond mobile et se trouble.

Prame, s. f. (*Pram*). Grand et fort bâtiment à fonds plats servant autrefois de batterie flottante pour la défense des côtes.

La flottille de Boulogne comprenait un certain nombre de prames.

Prao, s. m. (*Prao*). Bateau malais.

Pratique, s. m. (*Pilot*). Pilote côtier.

Pratique, s. f. Accès. Communication.

Donner pratique à un bâtiment, c'est lui permettre de communiquer avec la terre.

Pratiquer, v. a. Pratiquer un port, une rade, une mer, c'est y naviguer souvent.

Préceintes, s. f. (*Wales*). Bordages épais formant ceinture autour d'un bâtiment et qu'on place au-dessus de chaque rangée de sabords.

La grande préceinte (*Main wale*) correspond à la hauteur du premier pont.

La seconde préceinte (*Channel wale*), au second pont;

La troisième, nommée vibord ou lisse de plat-bord (*Upper channel wale*), au pont des gaillards; la quatrième ou lisse de rabattue (*Sheer rail*), au pont de la dunette.

Les préceintes ont deux ou trois rangs, ou virures de bordages.

Préfecture maritime, s. f. (*Maritime prefecture*). Chef-lieu d'un arrondissement maritime où réside le préfet maritime.

Les préfectures maritimes sont: Cherbourg, Brest, Lorient, Rochefort, Toulon.

Préfet maritime (*Maritime prefect*). Chef d'un arrondissement maritime; c'est ordinairement un officier général de la marine investi de l'autorité supérieure militaire et administrative sur les établissements et les navires qui se trouvent dans l'arrondissement. Il a sous ses ordres le major général, le commissaire général, le directeur des constructions navales, le directeur de l'artillerie, le directeur des travaux hydrauliques.

Le préfet maritime a rang de vice-amiral commandant.

Prélart, s. m. (*Tarpawling*). Grosse toile rendue imperméable par plusieurs couches de peinture ou de goudron, et qui sert à couvrir les bastingages, drômes, écoutilles, embarcations, marchandises, pour les protéger de la pluie ou de l'eau de mer.

Premier, adj. (*Lower deck*). Le premier pont est celui de la batterie basse; celui qui est au-dessus de l'entrepont.

— Premier maître. Voir *Maître*.

Prendre. Prendre la mer debout. Avoir le cap debout à la lame, de façon à ce qu'elle vienne frapper directement l'avant.

— Prendre la bordée du large.

Orienter les voiles et mettre le cap de façon à s'éloigner de terre sous l'allure du plus près.

— Prendre les amures à babord. Orienter et mettre le cap de façon à amurer les voiles à babord.

— Prendre vent devant. C'est, dans un virement de bord vent devant, avoir tourné suffisamment, de façon à ce que le vent venant de l'avant vienne frapper les voiles sur la face opposée à celle qu'il frappait précédemment.

— Prendre un ris, les empointures. Voir *Ris, Empointures*.

— Prendre le quart. Se dit d'un officier qui, à son tour, est chargé du service du quart.

— Prendre un tour de bitte, une bitture, une remorque, un corps mort. *Voir* ces mots.

— Prendre la mer. Appareiller.

— Prendre le large. Faire route vers la pleine mer.

— Prendre chasse. Fuir devant un bâtiment qui vous donne la chasse.

— Prendre un bâtiment. Le capturer.

Preneur, s. m. (*Captor*). Le bâtiment qui a capturé un autre navire.

Préparer (se), v. r. Faire les préparatifs, prendre les dispositions pour l'appareillage ou le combat.

Dans les autres cas, on emploie ordinairement *Parer*.

Près. Au plus près. Voir *Allure*.

— Près et plein. Voir *Plein*.

— Le vent est près lorsqu'on peut tout juste gouverner dans la direction prescrite.

Présenter, v. a. (*To stem*). Présenter une voile, un bordage, un objet quelconque, c'est les mettre provisoirement à la place qu'ils doivent occuper, pour voir s'ils ont la forme et les dimensions voulues.

— Présenter le côté, l'avant, l'arrière à un bâtiment, à un fort, c'est tourner un bâtiment de façon que son côté, son avant ou son arrière soient tournés vers le fort ou l'autre bâtiment.

— Présenter le cap à tel air de vent (*to look to*). C'est gouverner à cet air de vent.

— Présenter en route. C'est gouverner au cap prescrit.

— Un navire présente bien (*Lies*) au vent lorsque la disposition du gréement permet de bien ouvrir les voiles et les vergues pour serrer le vent.

Presse, s. f. (*Impress service*). Levée forcée de gens de mer, que l'on contraint par la ruse ou la violence à s'embarquer sur les navires de l'Etat. Ce système, encore usité en Angleterre, a été supprimé en France par Colbert, qui a institué l'inscription maritime.

Presser, v. a. (*To impress*). Exercer la presse ; faire embarquer de force les gens de mer.

Prêter, v. a. (*To lay*). Présenter, prêter le côté au vent, à la lame, à un fort.

Prévot, s. m. Prévot de la marine. Officier de justice qui connaissait autrefois des délits commis dans les arsenaux.

— Homme embarqué autrefois pour infliger les punitions, puis pour soigner les malades.

Prime d'assurance, s. f. (*Bounty*). Somme payée à un assureur en raison de la valeur et de la nature des objets que l'on veut assurer.

Primer, v. a. Primer la marée. Appareiller un bâtiment, faire partir une embarcation avant le commencement du flot ou du jusant, de façon à profiter entièrement de la marée.

— Primer un navire, une escadre. Commencer une manœuvre avant eux ou l'exécuter plus promptement.

Pris, part. Un navire est pris (*Captured*) lorsqu'il amène son pavillon et se rend à l'ennemi.

— (*Beeing becalmed*). Pris de calme. Rester à la mer sans vent, par un calme plat.

— Etre pris de mauvais temps. Etre assailli par un coup de vent de plus ou moins de durée.

— Etre pris dans les glaces. Y être

enfermé sans pouvoir avancer, ni reculer,

— Un bâtiment virant de bord vent devant est pris lorsque, venant du vent, son petit hunier commence à masquer et continue à le faire abattre, de façon à prendre les amures de l'autre bord.

Prise, s. f. (*Prize*). Bâtiment pris sur l'ennemi.

— Part de prise (*Prize money*). Somme qui revient de la vente d'une prise à chacun de ceux qui l'ont capturée.

Les prises faites par les bâtiments de l'État appartiennent tout entières aux capteurs ; le gouvernement les prend ordinairement pour son compte contre une certaine somme d'argent. Si la prise est un corsaire ou un bâtiment marchand, un tiers de sa valeur revient à la caisse des invalides de la marine, le second tiers, à l'état-major et l'autre tiers à l'équipage.

Prises (Caisse des). Caisse contribuant, avec celle des invalides et des gens de mer, à recueillir les deniers des marins et à assurer le service des pensions. La caisse des prises est alimentée par le produit des bâtiments capturés dans toutes les parties du globe, les amendes provenant de condamnations pour infractions à la loi sur la traite des noirs, pour introduction de contrebande de guerre.

Prison, s. f. (*Imprisonment*). La prison, lorsqu'elle n'excède pas trois jours, est une peine de discipline ; si elle excède trois jours, elle devient une peine infamante et ne peut être prononcée que par un conseil de guerre.

Procès-verbal, s. m. (*Verbal-process*). Acte dressé suivant les formes et servant à constater la perte, la détérioration ou le prêt de tout objet faisant partie de l'armement d'un bâtiment.

Projectiles, s. m. (*Shots*). Les projectiles lancés par les canons de la marine sont de trois sortes :

1° Les projectiles massifs ou de rupture (*Rupture shot*), destinés à percer les murailles cuirassées.

2° Les obus oblongs (*Elongated shell*).

3° Les boîtes à mitrailles ou boîtes à balles (*Shrapnell*), servent à balayer le pont de l'ennemi et à se défendre contre les embarcations.

Les boulets de rupture, cylindriques ou ogivaux, sont en acier.

Les obus oblongs en fonte ordinaire présentent à l'intérieur une chambre destinée à recevoir la poudre et débouchent à leur partie supérieure par un canal destiné à recevoir une fusée percutante.

Les canons du modèle 1870 lancent des projectiles dont le poids varie de 350 à 75 kilogrammes pour les boulets cylindriques et de 286 à 62 kilogrammes pour les obus.

Propulseur, s. m. (*Propeller*) Appareil mis en mouvement par une machine à vapeur, et destiné, par son action sur l'eau, à faire avancer un bâtiment. Les propulseurs employés jusqu'à ce jour sont les roues à aubes et l'hélice. *Voir* ces mots.

Prolonger, v. a. (*To range*). Prolonger une côte, un bâtiment, naviguer parallèlement à eux et à petite distance.

— Prolonger un bâtiment ennemi. L'aborder de long en long en se mettant flanc à flanc, les vergues croisées.

Proue, s. f. (*Prow*). D'une façon générale, l'avant d'un bâtiment, mais plus particulièrement la partie située sur l'avant du collis, et limitée à l'avant par l'étrave ; elle est formée par les alonges d'écubier, les apôtres et la partie du bordé qui les recouvre.

Proui, s. m. Amarre à terre d'un bâtiment mouillé dans une rivière ou près d'un quai (Médit.).

Prusse, s. m. (*Prussian fir plank*). Bordages en bois de sapin de Prusse employés pour le borde à la hauteur de la deuxième batterie et au-dessus.

Puits, s. m. (*Pit*). Soute où on loge les objets lourds, comme les câbles chaînes, les boulets, et où on ne pénètre que par la partie supérieure.

Un puits en mer est un point où la sonde indique une profondeur beaucoup plus grande que pour les points voisins environnant.

— L'archipompe d'un bâtiment.

— Puits de marée. Puits pratiqué dans un port et mis en communication souterraine avec la mer, de façon à ce que l'eau s'y élève pendant le flot et s'y abaisse pendant le jusant. On rend ainsi insensible l'agitation des vagues extérieures, et on peut connaître à tout moment la hauteur de la marée.

Puits, s. m. (*Trunk*). Cavité pratiquée dans l'intérieur du bâtiment, au-dessus de la cage d'une hélice amovible et destinée à la recevoir lorsqu'on la remonte.

Pulo, s. f. (*Island*). Désignation des moyennes et petites îles dans les mers de la Chine et de la Sonde. Pulo Condor. Pulo Sapalle.

Pulverin, s. m. Poudre de guerre pulvérisée et passée au tamis, et qui sert à la préparation de certains artifices et autrefois à amorcer les bouches à feu lorsqu'on ne pouvait employer d'étoupilles.

Purger, v. a. (*To chipp off*). Purger une pièce de bois. Enlever l'aubier.

— Purger une quarantaine. Rester en quarantaine le temps fixé par les officiers de la santé.

Q

Quai, s. m. (*Wharf*). Muraille bâtie sur les bords d'une rivière, d'un bras de mer et qui entoure un port, un bassin. Les navires s'amarrent le long des quais pour le chargement et le déchargement des marchandises.

Quaiage, s. m. (*Wharf duty*). Droit payé autrefois par les navires marchands qui s'amarraient le long d'un quai pour charger ou décharger leurs marchandises.

Quaiche, s. m. (*Ketch*). (Voir Ketch).

Qualité, s. f. (*Nautical properties*).

Qualités nautiques. *Nautical properties*. On dit qu'un navire possède les qualités nautiques; lorsqu'il marche bien sous toutes les allures, serre le vent, roule et tangue peu, que ses mouvements sont doux.

Quarantaine, s. f. (*Quarantine*). Isolement imposé pendant un temps plus ou moins long à un navire portant des individus ou des marchandises suspectées, d'après leur provenance, d'apporter le germe de maladies contagieuses.

Lorsqu'un navire demande à entrer dans un port et communiquer avec la terre, les officiers chargés du service de santé viennent, dans une embarcation portant pavillon jaune, à petite distance du bord et s'informent de la provenance du bâtiment; puis ils se font remettre la patente (Voir ce mot), et suivant sa nature donnent la libre pratique (Voir ce mot), ou ordonnent une quarantaine plus ou moins longue. Le bâtiment en quarantaine arbore le pavillon jaune et est mouillé à l'écart des autres navires; il ne peut rien envoyer à terre, sauf cependant les lettres qui subissent une désinfection; mais il reçoit des vivres, des provisions de toutes sortes par l'intermédiaire des agents de la santé en observant certaines précautions; si il existe un lazaret, les malades y sont débarqués.

Quarantenier, s. m. (*Ratling line*). Cordage composé de trois ou quatre torons, renfermant chacun de trois à neuf fils de caret; sa grosseur varie de 27 à 45 millimètres. La longueur de la pièce est ordinairement de 100 mètres, elle va jusqu'à 200 mètres pour le gros quarantenier. Il sert à faire des forts amarrages, des aiguilletages, des rabans d'empointure de ris, des enfléchures, etc.

Quart, s. m. (*Watch*). L'officier de quart, les gens de quart sont ceux qui sont de service et sont chargés de veiller à la sûreté du bâtiment et d'exécuter toutes les manœuvres nécessaires.

L'équipage est ordinairement partagé pour faire le quart en deux bordées; babordais, tribordais (Voir ces mots), qui se relèvent alternativement.

Les officiers se partagent le service entre eux; ils sont ordinairement cinq se succédant, mais parfois quatre, trois, rarement deux.

L'officier de quart après avoir pris connaissance des ordres portés par le commandant sur le journal de bord veille à ce que l'on gouverne bien en route, commande les manœuvres et prend toutes les dispositions de sûreté, de police qu'exigent les circonstances. A la fin du quart, il consigne sur le journal de bord ce qui s'est passé et signe.

Le quart du jour (*The day break watch*), est le quart de quatre heures à huit heures du matin. Celui de minuit à quatre heures le quart de nuit (*The night watch*).

Bon quart, devant! Bon quart derrière. Cris que font entendre, la nuit, chaque fois qu'on pique l'heure, les hommes de faction, pour faire voir qu'ils sont bien éveillés.

— N'avoir ni quart, ni gamelle (Fam.), se dit d'un passager, d'une personne n'ayant rien à bord.

Quart, s. m. (*Point*). La circonférence se divise en trente-deux angles égaux ou quarts, valant chacun 11°,15', et cette division sert à désigner les aires de vent. Ainsi le N. 1/4 N. E. indique une direction faisant avec le Nord vers l'Est un angle de 11°,15'. Le mot quart s'emploie surtout pour dire qu'on doit gouverner de tant de quarts sur un bord ou sur l'autre.

Quart, s. m. (*Cask*). Petit baril contenant 90 à 100 kilos de farine.

— Petit vase en fer blanc, contenant environ un quart de litre et qui sert à mesurer la ration de vin de chaque homme.

Quart de minute, s. m. (*Half a minute glass*). Sablier durant un quart de minute, et servant à apprécier le temps pendant lequel on file le loch.

Quart de Nonante, s. m. (*Back quadrant*). Instrument servant autrefois à mesurer la hauteur du soleil.

Quartier, s. m. (*Quarter*). Subdivision des sous-arrondissements maritimes; on compte soixante quartiers. L'autorité maritime y est exercée par les commissaires ou les syndics.

Le quartier d'un marin est le lieu de sa résidence où l'endroit où il est porté sur les registres de l'inscription.

Quartier de réduction, s. m. (*Scisical quadrant*). Carton de forme rectangulaire servant à résoudre graphiquement les problèmes de réduction des routes d'un navire.

Quartier-maître, s. m. (*Quarter master*). Le premier grade dans la hiérarchie ; il correspond à celui de caporal ; le quartier-maître porte sur la manche deux galons de laine.

Quenouillettes, s. f. (*Futtock staffs*). Barres en fer rond, limandées, bridées transversalement sur les bas haubans à la hauteur du trelingage. Les gambes de hune s'appuyent sur les quenouillettes.

— Morceaux de bois ou de fer servant à écarter les étais des faux étais des bas mâts, et à les maintenir parallèles.

— Montants de poupe formant la séparation des fenêtres d'un bâtiment.

Quérat, s. m. Ancienne désignation des bordages de la carène d'un bâtiment.

— (*Shares*). Parts revenant aux hommes de l'équipage et aux armateurs d'un bâtiment après une campagne (Médit.).

Quête, s. f. (*Rake of the sternpost*). Angle de la quille d'un bâtiment avec l'étambot. Cet angle, autrefois très obtus, est maintenant presque droit. La quête augmente beaucoup l'emplacement à bord, surtout dans les ponts supérieurs ; mais en chargeant l'arrière elle tend à accroître l'arc.

Queue, s. f Tactique navale. La queue d'une armée, d'une escadre, d'une ligne, en est le dernier ou les derniers vaisseaux.

— La queue d'un banc est l'extrémité de ce banc

— La queue d'un pavillon, d'une flamme en est la partie flottante.

— Queue de rat. (*Point*) Faire une queue de rat, c'est terminer un cordage en pointe, afin de pouvoir l'introduire plus facilement dans les poulies. Les brins du cordage sont effilés en pointe et recouverts par une sorte de tissu, fait avec de la petite ligne ou du fil à voile et les fils extérieurs de ce cordage.

— La queue de chat était le cordage avec lequel on infligeait les peines corporelles.

— Queue d'aronde, queue de grain. Voir ces mots.

— Aviron de queue. Voir *Aviron de gouverne*.

— Queue des flasques. La partie de l'affût d'un canon en arrière de la culasse.

— Queue de capon. La poulie triple du capon qui est destinée à se crocher dans la cigale d'une ancre qu'on veut traverser, se manœuvre au moyen de deux bouts de filin qu'on nomme queues de capon.

Quille, s. f. (*Keel*). Longue pièce de bois régnant sur toute la longueur d'un bâtiment et en formant la partie inférieure (Voir *Construction navale*); c'est sur elle que s'assemblent les couples. La quille est consolidée par la contre-quille, la carlingue, et elle est protégée à sa partie inférieure par une forte planche, nommée fausse quille, qui la garantit des échouements.

Quilloir, s. m. (*Cross-stick*). Long bâton servant dans les corderies à faire tourner un dévidoir ou touret.

Quintelage, s. m. (*Ballast Lest*). (vieux).

— Ce qu'il était permis aux matelots bretons d'emporter à bord, pour leur usage particulier.

R

Raban, s. m. (*Knittle*). Les rabans sont des tresses ou des sangles de 8 à 9 mètres de long, formées d'un nombre impair de brins de bitord.

— Rabans de ferlage. Tresses longues servant à saisir contre sa vergue une voile que l'on serre, lorsqu'on ne veut pas employer les jarretières ou qu'on veut les renforcer.

Pour les focs et les voiles, goélettes, les jarretières sont remplacées par des rabans.

— Rabans d'empointure. Bouts de quarantenier épissés sur eux-mêmes, en forme d'aiguillette double et bagués dans les cosses d'empointure. Ils servent à prendre les empointures d'une voile ou d'un ris.

— Raban de barres de cabestan. Cordage passant dans des trous pratiqués à l'extrémité des barres de cabestan et servant à les relier toutes ensemble.

— Rabans de hamac; tresses servant à suspendre le hamac.

— Raban de sabord; raban servant à maintenir fermé un mantelet de sabord au moyen de tours passant dans des boucles fixées sur le mantelet et autour d'une barre de bois fixée à la muraille.

Rabanter. v. a. (*To make fast*). Fixer ou saisir un objet à son poste avec les rabans destinés à cet usage.

— Rabanter une voile. La relever pli par pli sur la vergue et l'entourer ainsi que la vergue avec les rabans, en les passant de manière à relever la toile à partir du bout de la vergue en allant vers le milieu.

Rabattre. v. a. (*To flatten*). Rabattre une couture de voile.

Rabattue. s. f. (*Drift rail*). La partie de la muraille d'un bâtiment qui forme l'enceinte des gaillards et de la dunette.

La lisse de rabattue ou quatrième préceinte, est à hauteur du pont de la dunette.

Rabiau. s. m. (*Remainder*). Reste. Résidu. Tout ce qu'on a en sus du règlement; qui reste au fond d'un bidon de vin ou d'eau-de-vie, lorsque chacun a pris sa ration.

Fig. Faire du rabiau. Rester au service au delà du temps ré-

glementaire, lorsqu'on est embarqué sur un navire en cours de campagne.

Rabiauter. v. a. Ramasser les restes; faire son profit des petites choses abandonnées.

Rabiauteur. s. m. Matelot ayant l'habitude de faire du rabiau.

Rable. s. m. (*Frames*). Pièces de bois droites transversales formant le fond des bateaux plats, chalans, pontons carrés et sur lesquelles on cloue les bordages du fond.

Rablure. s. f. (*Rabbet*). Rainure triangulaire pratiquée de chaque côté de l'étrave, de la quille et de l'étambot d'un bâtiment et dans laquelle s'engagent les extrémités des bordages.

— Excédent de bois que présente sur ses bords une des pièces principales d'un mât d'assemblage.

Racage. s. m. (*Parrel-Truss*). Espèce de collier qui lie une vergue à un mât le long duquel elle doit glisser et qui permet d'orienter la vergue. Pour une vergue de hune, le racage est un chapelet de pommes et de bigots, traversée et retenu par plusieurs tours d'un cordage nommé racage. Pour une vergue de perroquet et de cacatois le racage est un collier de filin garni de basane.

Les basses vergues au lieu de racage ont des drosses.

Racastillage. s. m. Réparation de l'acastillage, des œuvres mortes d'un bâtiment.

Racastiller. v. a. (*To repair the dead work*). Réparer les œuvres mortes d'un bâtiment.

Rache. s. f. (*Mark*). Nom donné par les charpentiers à un trait fait à l'aide d'une pointe de fer sur une pièce de bois pour indiquer le travail à exécuter.

— Lie d'huile de poisson, lie de mauvais goudron.

Racher. v. a. (*To mark*). Marquer le travail à faire sur une pièce de bois au moyen d'une rache.

Radasse. s. f. (*Swab*). Faubert.

Rade. s. f. (*Road*). Grand bassin

naturel présentant une entrée plus ou moins large du côté de la mer et offrant généralement un bon mouillage. Les plus belles rades de France sont : la rade de Toulon, la rade de Brest dans laquelle on pénètre par le goulet ; la rade de Cherbourg a été fermée du côté du large par une digue.

Radeau, s. m. (*Raft*). Plate-forme flottante faite avec les pièces de bois dont on dispose à bord et qui dans un naufrage ou un échouage reçoit les hommes de l'équipage qui n'ont pu trouver place dans les embarcations. Le radeau de la Méduse.

Radier, s. m.

— *Apron*. Maçonnerie sur laquelle on établit les portes d'un bassin et d'une forme.

— Plancher de l'avenue de la forme d'un bassin en construction.

Radiomètre, s. m. Instrument servant autrefois à prendre la hauteur méridienne du soleil.

Radoub, s. m. (*Repairing*). Réparation de la coque d'un bâtiment dont on remplace les pièces mauvaises et dont on refait le calfatage.

— Réparation d'une voile.

— Fig. Radoub s'applique aux personnes malades, aux vêtements en mauvais état.

Radouber, v. a. (*To repair*). Faire un radoub.

Rafale, s. f. (*Squall of wind*). Augmentation soudaine et de peu de durée du vent. Les rafales se font souvent sentir près de terre en passant devant les gorges des montagnes.

— Fig. Pénurie.

Rafalé, adj. (*Wretched*). Argot maritime. Misérable, dénué de tout ; affaibli.

Rafiau, s. m. (*Passage boat*). Petite embarcation à rames et gréant une voile à antenne et un foc. (Médit.).

— Terme de mépris. Mauvais bateau.

Raflouage, s. m. (*Getting a float*).

Action de raflouer un navire ou une embarcation.

Raflouement, s. m. Résultat du raflouage.

Raflouer, v. a. (*To bring a float*). Remettre à flot un navire ou une embarcation échoués surtout en profitant de la marée.

Rafraîchir, v. a. Rafraîchir un câble, une amarre ; en filer une certaine longueur de manière que le portage sur l'écubier ou le bord ne soit plus à la même place.

— Rafraîchir une manœuvre, un cordage c'est en changer le portage.

— Rafraîchir une bouche à feu c'est passer un faubert mouillé dans l'âme échauffée par un tir prolongé.

Rafraîchissements, s. m. (*Fresh provisions*). Vivres frais qu'on embarque au départ ou dans une relâche.

Ragréage, s. m. (*Dubbing*). Action de ragréer.

Ragréer, v. a. (*To dub*). Polir avec des herminettes, des varlopes, les bordages des hauts, les ponts d'un bâtiment terminé.

— Se ragréer, v. n. (*To refit*). Se réparer.

Rague, s. f. (*Truck*). pomme de racage.

— Rague gougée ; pomme de bois se fixant sur une manœuvre dormante et servant de guide à une manœuvre courante.

Raguer, v. n. (*To chafe*). Un cordage rague ; lorsqu'il s'use, se détériore en frottant sur un objet dur ou présentant des aspérités.

Raide, adj. (*Tight*). Un cordage est raide lorsqu'on ne peut le tendre davantage sans craindre de le casser.

— Raide comme une pince. Se dit d'un cordage tellement tendu qu'on dirait une barre de fer.

Raidir, v. a. (*To haul taught*). Agir avec force sur une manœuvre pour la tendre.

Raisin, s. m. (*Gulf-weeds*). Raisin des tropiques ; petit goémon en forme de grappe qui flotte à la surface de l'eau dans la mer de Sargasse.

— Raisin de mer. Œufs de sèches ou de coquillages affectant la forme d'une grappe de raisin.

— Projectile. (Voir *Grappe de raisin*).

Raisonner, v. a. (*To hail*). Faire raisonner un bâtiment ; c'est le héler, l'interpeller pour connaître sa nationalité, sa route, son chargement ou tout autre renseignement.

Ralingue, s. m. (*Bolt rope*). Cordage en trois, commis au quart, cousu autour des bords d'une voile pour la consolider et servir de point d'attache aux manœuvres fixées sur elles ; écoutes, boulines, cargues, etc. La ralingue de tetière, ou d'envergure, maintient la voile sur sa vergue ou sa draille, les ralingues de chute sont sur les côtés de la voile, la ralingue de bordure est comprise entre le point d'amure et le point d'écoute.

— Une voile est en ralingue lorsque le vent souffle dans la direction de la ralingue de chute et qu'elle ne reçoit le vent ni dessus, ni dedans.

Ralinguer, v. a. Ralinguer une voile (*To set on the bolt-ropes*). Coudre ses ralingues.

— Une voile ralingue lorsqu'elle est en ralingue.

— Avoir froid, grelotter.

Ralliement, s. m. (*Rallying*). Action des bâtiments d'une escadre qui, après avoir été séparés pour une cause quelconque se rapprochent les uns des autres et reprennent un ordre signalé par le commandant en chef.

Rallier, v. n. (*To rally*). Un bâtiment rallié lorsqu'il se rapproche de l'escadre à laquelle il appartient.

— v. a. se rapprocher ; gagner. Rallier la terre, faire route vers la terre.

— Rallier le vent. Gouverner aussi près que possible.

Ramarder, v. a. (*To repair*). Réparer un filet de pêche.

Rambade, s. f. (*Horse*). Gardes corps de la dunette et des gaillards.

— Cloisons construites dans les bâtiments négriers pour séparer l'équipage des nègres.

— Château d'avant des galéres.

Ramberge, s. f. (*Discovery ship*). Bâtiment employé autrefois par les Anglais pour les voyages de découverte.

Rame, s. f. (*Oar*). Aviron. Voir ce mot.

— Lève - rames. Commandement d'un patron d'embarcation à ses canotiers pour retirer de l'eau leurs avirons et les maintenir horizontalement sur le bord.

Ramer, v. n. (*To row*). Voir *Nager*.

Ramecon, s. f. (*Kevels*). Pièces de bois ajustées sur les côtés d'un vieux bâtiment depuis le platbord jusqu'à la première préceinte, pour le consolider.

— Pièces de bois servant de chantier pour canons et futailles.

Rang, s. m. (*Rate*). On distinguait autrefois les vaisseaux par rang, celui de premier rang portait plus de 100 bouches à feu, celui de second rang au moins 80 ; celui de troisième rang était le vaisseau de 74.

Ranger, v. a. (*To man*). Ranger du monde sur une manœuvre, disposer des hommes pour qu'ils soient prês à agir dessus.

— Ranger à hisser les huniers, au cabestan, etc. Commandement qu'on faisait autrefois pour préparer les hommes à agir sur les drisses de hunier ou les barres de cabestan.

— Ranger un objet à honneur en passer le plus près possible sans le toucher.

— Ranger la terre. Passer près d'elle.

— Le vent range le Nord, c'est-a-dire se rapproche du Nord.

Rapatriement, s. m. Renvoi dans sa patrie d'un marin naufragé ou resté en pays étranger par les soins des agents consulaires. Les marins du commerce sont rapatriés comme ceux de l'état.

Rapiquer, v. n. (*To bring again*). Rapiquer au vent. Reprendre l'allure du plus près en serrant le vent le plus possible.

Rapport de marée, s. m. (*Putting up of the tide*). Différence entre les quantités d'eau apportées dans un port ou une rade par deux marées consécutives.

Rapporter, v. n. (*To put up*). La mer rapporte, les marées rapportent, lorsqu'elles sont dans leur période croissante, et que la hauteur des pleines mers va en augmentant.

Rapprocher, v. n.. (*To haul forward*). Un navire rapproche du vent, lorsqu'il le serre davantage.

— Le vent rapproche, lorsqu'il refuse.

Ras, s. m. (*Punt*). Espèce de plate-forme flottante sur laquelle se placent les ouvriers et les matériaux nécessaires aux réparations à faire à un bâtiment près de la flottaison.

— (*Reefs*). Ecueils, rochers s'élevant jusqu'à fleur d'eau.

Ras, adj. Un bâtiment est ras (*Low built*), lorsqu'il est peu élevé au-dessus de l'eau.

— Un bâtiment est ras comme un ponton, lorsque à la suite d'un accident, coup de vent, échouage, combat, il a perdu tous ses mâts.

Ras, adv. Une embarcation est à ras de l'eau, lorsque son plat-bord est presque au niveau de l'eau, soit par suite d'un trop fort chargement ou à cause de la bande.

Rasant, adj. (*Horizontal*). Un tir rasant est un tir dans lequel le projectile suit une trajectoire presque horizontale.

Ras de courant, s. m. (*Race of currents*). Remous formés par plusieurs courants violents qui se rencontrent.

Rasé, part. (*Dismasted*). Se dit d'un bâtiment qui a perdu tous ses mâts.

Raser, v. a. (*To cut down*). Raser un bâtiment, c'est réduire le bois de sa coque à une moindre hauteur au-dessus de la flottaison.

Un vaisseau rasé jusqu'au premier pont est un ponton.

Rassade, s. f. (*Glass-ware*). Verroterie.

Rateau, s. m. Bloc de bois long et étroit, percé de mortaises garnies de réas, et qu'on place tribord et bâbord des liures de beaupré pour conduire les manœuvres qui viennent de la tête de ce mât au gaillard d'avant.

— Planche percée de plusieurs trous qu'on fixait sur l'avant des basses vergues pour le passage de quelques rabans de faix.

Râtelier, s. m. (*Range*). Planche étroite et épaisse chevillée horizontalement dans le sens de sa largeur, sur la muraille intérieure d'un bâtiment au-dessous des bastingages et à l'aplomb des haubans ; elle est garnie de cabillots de tournage pour les manœuvres courantes qui descendent le long de ces haubans.

— Râtelier d'armes : Espèce d'étagère servant à ranger les armes portatives.

— Dans les corderies : traverses scellées dans le mur et sur lesquelles on élonge les cordages nouvellement commis

Ration, s. f. (*Allowance*). Portion de vivres et de liquides délivrée chaque jour à chaque homme d'un bâtiment.

— Double ration. Gratification d'un quart de vin ou d'un boujaron d'eau-de-vie accordée à un homme comme récompense, à la suite de fatigues prolongées, ou les jours de grande fête.

Rave, s. f. (Voir *Rogue*).

Ravet, s. m. (Voir *Cancrelas*).

Rayons, s. m (*Beams spokes*). Poignées qui débordent sur toute la circonférence de la roue du gouvernail et sur lesquelles on agit pour le manœuvrer.

— Tringles de liaison des hunes.

— Rayon astronomique. Arbalète.

Réa, s. m. (*Sheave*) Roulette en bois de gaïac ou en bronze, creusée sur sa circonférence pour recevoir un cordage. Elle est percée d'un trou central pour donner passage à l'essieu qui sert à la fixer dans la mortaise d'une poulie ou le clan d'un mât ou d'un chaumard.

Les réas en bronze ne portent pas ordinairement de dé, mais ils sont percés suivant un rayon d'une lumière destinée à conduire l'huile de graissage à l'essieu.

Réale, s. f. (*General's galley*). La principale des galères du roi; elle était montée par le général des galères et portait le pavillon de commandement.

Rebander, v. a. (*To tack about*) Mettre un bâtiment à l'autre bande; virer de bord.

Recaler, v. a. (*To strike*). (Voir *Caler.*)

Recette, s. f. (*Admittance*). Acceptation pour le compte du gouvernement des divers objets présentés par les fournisseurs après avoir examiné s'ils sont conformes au cahier des charges.

Rechange, s. m. (*Spare store*). Tout ce qui s'embarque pour remplacer au besoin des objets en service. Ainsi, on a des mâts et vergues de hune et de perroquet de rechange, une barre de gouvernail, des voiles, des cordages, un gouvernail de rechange.

Réchiné, s. m. Grand bateau pointu à ses deux extrémités et faisant le commerce dans le Bosphore.

Récif, s. m. (*Ridge*). Danger formé par une chaîne de rochers ou des amas de sable découvrant rarement et sur lesquels la mer brise avec plus ou moins de force.

Reclare, s. f. Filet à une seule nappe lestée par le bas et flotté dans le haut afin de se tenir verticalement dans l'eau; il sert à la pêche du hareng.

Reconnaissance, s. f. (*Sea mark*). Toute marque ou amer indiquant une passe, des dangers, l'entrée d'un port.

— Signaux de reconnaissance. Signaux particuliers servant aux navires à se faire reconnaître des navires ou des ports amis.

Reconnaître, v. a. Reconnaître un objet quelconque, c'est s'en approcher assez près pour avoir sur lui tous les renseignements qui peuvent intéresser.

— Reconnaître la terre. S'en approcher pour être certain du lieu près duquel on se trouve.

— Reconnaître un danger. S'en approcher, fixer exactement sa position sur la carte; sonder tout autour.

— Reconnaître la force d'une escadre. S'en approcher pour savoir le nombre des navires qui la composent et l'armement de chacun d'eux.

Recourir, v. a. (*To run over*). Battre de nouveau l'étoupe dans les joints des bordages d'un bâtiment.

— Recourir un cordage. Le visiter dans toute sa longueur.

Recousse, s. f. (*Recapture*). Reprise sur l'ennemi d'un bâtiment, dans les vingt-quatre heures qui suivent l'instant où il a été amariné.

Il est rendu à l'armateur qui paie comme droit de recousse (*Salvage*) le tiers de sa valeur.

Recran, s. m. (*Creek*). Crique de relâche pour les caboteurs et les pêcheurs.

Recrutement, s. m. (*Recruiting*). Le recrutement, en France, fournit à la marine un certain nombre d'hommes pris dans les premiers numéros tirés à la conscription.

Recul, s. m. (*Recoil*). Mouvement en arrière d'une bouche à feu au moment de l'explosion de la charge. Les bragues courantes ont pour but de limiter ce recul.

— Vents de recul. Vents qui, après avoir varié du S. au N., en passant par l'O, reviennent au S., en passant encore par l'O. Sur les côtes de la Manche et de l'Océan, les vents tournent ordinairement dans le sens des aiguilles d'une montre, et les vents de recul sont généralement accompagnés de mauvais temps.

— (*Ship*). Lorsqu'une vis tourne dans un écrou solide, elle avance à chaque tour d'une longueur égale au pas de la vis; pour l'hélice, l'écrou est l'eau qui cède

sous l'effort de celle-ci. La différence entre l'avancement de l'hélice dans un écrou solide et son
avancement réel dans l'eau est
ce qu'on nomme le recul.

Redent, s. m. (*Notch*). Adents,
entailles servant à relier les différentes pièces d'une vergue ou
d'un mât d'assemblage.

Redescendre, v. n. Le vent redescend, lorsqu'il varie en passant du N. au S.

Redresse, s. f. (*Righting tackle*).
Fort cordage, appareil servant à
redresser un bâtiment abattu en
carène ou fortement penché.

Redresser, v. a. (*To bring
upright*). Ramener à sa position
naturelle un navire abattu en
carène ; on y parvient en embra-
quant les caliornes de redresse
et mollissant à la demande les
caliornes d'abattage.

Réduction, s. f. (*Plane sailing*).
Détermination au moyen du
quartier de réduction de la
route faite par un navire en longitude et en latitude, d'après les
divers chemins qu'il a parcourus
dans un intervalle de vingt-
quatre heures.

— Réduction des couples. Détermination d'après la forme du
maître-couple de celle des autres
couples du bâtiment.

Réduit, s. m. (*Redoubt*).

— Réduit central (*Central redoubt*).
Compartiment placé au milieu
d'un bâtiment, armé d'une forte
artillerie et protégé par d'épaisses
plaques de blindage.

Refait, adj.

— Cordage refait. Cordage commis
deux fois (*Twice laid*).

— Pièce de construction refaite,
pièce bien équarrie.

Reflux, s. m. (*Ebb-tide*). Jusant.

Refondre, v. a. (*To rebuild*).

— Refondre un navire. Le recon-
struire presque totalement.

Refonte, s. f. (*Thoroug repair*).
Reconstruction presque totale
d'un bâtiment.

Refouler (*To stem*). Un navire
refoule le courant, la marée,
lorsqu'il s'avance contre le courant.

— (*To ram*). Enfoncer à poste avec
le refouloir la charge d'une
bouche à feu.

Refouloir, s. m. (*Rammer*). Instrument servant à enfoncer au
fond de l'âme la charge d'une
bouche à feu.

Il se compose d'une hampe
portant une tête cylindrique.
Pour les pièces-bouche, la tête
du refouloir est évidée pour recevoir l'ogive du boulet et garantir la fusée des obus. Pour
les pièces-culasse, la hampe porte
un arrêtoir en fer destiné à empêcher de forcer sur le boulet,
lorsqu'il a atteint la position de
chargement.

— Refouloir à tête brisée. Refouloir
ordinaire dont la tête est partagée en deux par un plan oblique.
Ces deux parties glissent à coulisse l'une sur l'autre.

Refuite, s. f. Un trou de tarière
a de la refuite, lorsqu'il a plus
de longueur que la cheville qu'il
doit recevoir.

Refuser, v. n. (*To scant*).

— Le vent refuse, lorsque sa direction change en devenant de
plus en plus contraire à la route
que suit un bâtiment.

— Un navire refuse à virer bord,
vent devant, lorsque, par suite
de l'état de la mer, il n'a pas
pris sur l'autre bord, bien qu'on
ait fait toutes les manœuvres
nécessaires.

Regard, s. m. (*Surveying*). Le
maître - charpentier chargé de
surveiller la construction d'un
bâtiment, est dit en avoir le regard.

Régates, s. f. (*Regatta*) Courses
entre des embarcations à la voile
ou à l'aviron.

Régnant, adj. (*Prevailing*). Vents
régnants ; vents qui soufflent le
plus souvent dans un parage
donné ; dans la Manche et l'Atlantique. ce sont les vents d'Ouest.

Regréer, v. a. (*To refit*). Réparer
au moyen des rechanges le gréement avarié par un combat ou
un gros temps.

Relâcher, s. f. (*To stay*). Action
d'interrompre sa navigation en

mouillant dans un port ou dans une rade.

— (*Refreshing harbour*). Lieu où l'on relâche.

Relâcher, v. n. (*To stop and stay*). Interrompre sa navigation en mouillant dans un port ou une rade pour réparer des avaries, faire des vivres, fuir le mauvais temps.

Relais, s. m. Terrain découvert sur une rive par l'eau qui se porte sur une autre.

Relèvement, s. m. (*Bearing*). Action de déterminer, au moyen du compas de relèvement, la direction d'un objet quelconque, navire, amer.

— Quantité de tonture que présente un bâtiment.

Relever, v. a. (*To set*).

— Relever un navire, un cap, un objet. Déterminer l'angle que fait leur direction avec la ligne N.-S.

— (*To draw*). Relever une côte. Dessiner l'aspect qu'elle présente.

— Relever une ancre. Retirer de l'eau une ancre dont le câble et l'orin sont cassés en la draguant.

— Relever le quart. Remplacer les hommes de quart d'une bordée par ceux de l'autre bordée.

— Se relever d'une côte. S'éloigner d'une côte sur laquelle on était affalé par le vent ou le courant.

Rembarquer, v. n. (*To embark again*). Retourner à bord après un séjour plus ou moins long à terre. Passer d'un bâtiment sur un autre.

Rembraquer, v. a. (*To take in*). Embraquer.

Rémolat, s. m. (*Oar*). Aviron. (Médit.)

— Ouvrier qui fait les avirons.

Remonter, v. a. (*To work up*).

— Remonter au vent. Louvoyer.

— Remonter à contre-mousson.

— Remonter le courant, un fleuve. Naviguer en sens contraire du courant, du fleuve.

— Le vent remonte, lorsqu'il varie en allant du S. au N.

Remorquage, s. m. (*Towing*). Action de remorquer.

-**Remorque**, s. f. (*Towing*). Manœuvre qui consiste à faire traîner un navire par d'autres embarcations ou par un autre bâtiment, ordinairement à vapeur.

— Le cordage qui sert à relier le bâtiment remorqué à ceux qui le traînent.

Remorquer, v. n. (*To tow*). Traîner un bâtiment à l'aide d'une remorque.

— Un navire en remorque un autre à couple, lorsque le remorqueur et le remorqué sont amarrés bord à bord.

Remorqueur, s. m. (*Tug*). Bâtiment qui en remorque un autre.

Il y a dans presque tous les ports de petits bâtiments à vapeur qui remorquent en dehors des ports ou des rades les navires à voiles que le vent empêche de sortir.

Remous, s. m. (*Dead water*). Espèce de tourbillon, agitation de l'eau qui se produit à l'arrière d'un bâtiment en marche, près des rochers et, en général, de tout obstacle.

Remplir, v. a. (*To fill*).

— Remplir une voile. Faire en sorte qu'elle soit bien gonflée par le vent en l'orientant convenablement ou en laissant un peu arriver.

— v. n. Syn. d'Emplir. Une embarcation remplit.

Remplissage, s. m. (*Filling*). Pièce de bois destinée à remplir un vide.

— Couples de remplissage (*Filling timbers*). Couples faits pièce à pièce et qu'on place entre les couples de levée pour remplir les vides qu'ils laissent entre eux.

Renard, s. m. (*Traverse board*). Plateau en bois sur lequel on note à chaque demi-heure la route, la dérive, les nœuds pour les reporter ensuite sur le journal de bord à la fin du quart. Il se compose d'une feuille en cuivre percée de trous et fixée sur un plateau en bois. Les trous forment : quatre demi-circonférences concentriques représentant les heures du quart et les degrés de dérive ; huit circonférences concentriques représentant les huit demi-heures du quart et les trente-deux principaux airs de dent : deux carrés destinés à marquer les mille et les dixièmes de mille.

— (*Doghook*). Fort crochet garni d'un cordage et servant dans les ports à traîner les bois.

— Grande tenaille en fer employée dans les ateliers de mâture.

Renarder, v. a. (*To back*). Renarder une ancre, l'empenneler.

— v. n. (*Argot*). Avoir peur, reculer.

Rencontre, s. f. (*Meeting*). Lorsque des navires de guerre se rencontrent à la mer ; ils naviguent sous le commandement de l'officier le plus élevé en grade, tant qu'ils doivent faire la même route.

Rencontrer, v. n. (*To shift the helm*). Dresser ou changer la barre pour modérer un mouvement d'auloffée ou d'arrivée imprimé à un bâtiment.

Rendez-vous, s. m. (*Rendez-vous*). Lieu où doivent se rallier les bâtiments d'une force navale s'ils sont séparés à la suite d'un combat, d'un gros temps, de l'accomplissement de missions différentes.

Rendre, v. n. (*To stretch*). Un cordage rend lorsqu'il s'allonge.

— Une manœuvre est rendue (*To be close to*) ; quand on l'a amenée à son poste en halant dessus.

— v. a. Rendre le mou d'un cordage. Tenir le cordage à retour d'un bout tandis qu'on hale sur l'autre bout.

— Rendre un salut. Saluer suivant les règles prescrites, un navire, un fort qui vous ont salué.

— Rendre le quart. — Remettre le service du quart à l'officier qui doit le prendre ensuite.

Renflé, part. (*Bluffed*). Un navire est renflé de l'avant ou de l'arrière lorsque les couples dans ces parties sont plus larges qu'à l'ordinaire.

Renflouer, v. a. Voir *Raflouer*.

Renfort, s. m. (*Lining*). Bande de toile qu'on place en différents points d'une voile pour la fortifier.

— (*Tabling*). Bois qu'on laisse aux parties les plus fortes d'un mât, d'une vergue.

— (*Bound*). Garniture en bois que l'on cloue sur les joues d'un bâtiment pour les garantir du portage des becs des ancres.

Rentrée, s. f. (*Housing*). Rétrécissement de la largeur du navire depuis la batterie basse jusqu'à la hauteur des gaillards.

Inventée pour rendre les abordages difficiles, la rentrée diminue l'espace à bord et l'épatement des haubans par suite la tenue des mâts. Exagérée autrefois, la rentrée n'existe plus sur les navires qu'on construit aujourd'hui.

Renverguer, v. a. (*To bend again*). Reprendre les rabans de faix d'une voile déjà enverguée pour bien serrer la ralingue de têtière contre la vergue.

Renversé, part. (*Inverse*). Voir *compas, ordre, hiloire, gouttière*.

Renversement, s. m. (*Reversing*). Le renversement des courants, des marées, des vents, des moussons est le moment où ceux-ci après avoir eu une certaine direction prennent la direction contraire.

Renvoyer de bord. (*To tack about*). Virer de bord.

Répandre (se), v. r. (*To come in direction*). Se répandre sur une ancre, venir à l'appel de cette ancre.

Réparer, v. a. (*To refit*). Remettre en état un gréement, une voile, une vergue, un mât.

Repasser, v. a. (*To look at*). Repasser le gréement. Le visiter et y faire toutes les réparations nécessaires.

Répéter, v. a. (*To repeat*). Lorsque plusieurs bâtiments naviguent en escadre et sont trop éloignés pour voir les signaux faits par l'amiral ; l'un d'eux les reproduit, les répète pour qu'ils soient visibles pour tous.

Répétiteur, s. m. (*Repeater ship*). Bâtiment chargé de répéter les signaux faits par le commandant en chef.

Répondre, v. n. (*To answer*). Indiquer par un signal qu'on a compris un signal précédent ou exprimer par plusieurs signaux les renseignements demandés.

Repousse, s. f. (*Starting bolt*). Cheville de fer servant à repousser les chevilles de construction des trous où elles sont enfoncées.

Repoussoir, s. m. (*Drive bolt*). Sorte de cheville en fer servant à repousser les chevilles ou les clous des trous qu'ils occupent.

Reprendre, v. a. (*To over haul*). Reprendre le gréement d'un bâtiment : défaire les amarrages des haubans, galhaubans, etc., et les raidir de nouveau.

— Reprendre un palan. Le frapper plus haut sur un dormant quelconque.

Reprise, s. f. (*Recapture*). Bâtiment pris par l'ennemi, puis repris par un bâtiment ami.

Réserve, s. f. (*Store-ship*). Vieux vaisseau rasé servant de magasin.

— Cadre de réserve. (*Body of reserve*). Les vices-amiraux et contre-amiraux ne sont mis en retraite que sur leur demande ; ils passent de l'activité dans le cadre de réserve où ils reçoivent les trois-cinquièmes de leur solde ; ils ne sont rappelés qu'en temps de guerre.

Résident, s. m. (*Resident*). Agent remplissant à peu près les fonctions de consul dans les petites localités.

Résiné, part. (*Pitched with resin*) Un navire est résiné lorsqu'on a enduit sa carène au-dessus des préceintes de résine.

Résistance, s. m. (*Resistance*). La résistance de l'eau est l'obstacle qu'elle oppose au mouvement de progression du bâtiment. Des expériences nombreuses semblent établir que cette résistance varie proportionnellement au carré de la vitesse

du bâtiment, elle est de la forme K V², k étant une quantité variable pour chaque bâtiment et dépendant de la largeur du maître bau et des façons de la carène.

Ressac, s. m. (*Surf*). Retour des lames vers le large après avoir frappé un rocher, une côte ou tout autre obstacle.

— Grand bateau servant à faire la pêche sur le banc de Terre-Neuve et sur lequel on renvoie au commencement de l'hiver les hommes devenus inutiles et une partie de la pêche.

Ressaut, s. m. (*Sweet net*). Espèce d'épervier.

Restaur, s. m. (*Indemnity*). Recours que les assureurs ont les uns contre les autres ou contre le capitaine si le dommage vient de sa faute.

Rester, v. n. (*To lye*). Un objet, un bâtiment reste à tel air de vent, lorsqu'on le relève dans cette direction.

Rétablir, v. a. *To reforme* (*Tactique navale*). Rétablir un ordre ; c'est dans une armée navale, manœuvrer de façon à ce que chaque bâtiment reprenne son poste.

— Rétablir les branles. Se disait autrefois pour retirer les hamacs des bastingages et les suspendre aux postes de couchage.

Retardement, s. m. (*Delay*). Nombre de jours excédant le terme convenu pour le déchargement d'un navire.

— Retardement des marées, quantité dont retarde la marée d'un jour sur la marée correspondante de la veille ; ce retardement est en moyenne de 48 minutes.

Retenue, s. f. (*Relieving-tackle*). Cordage plus ou moins fort servant à contre-tenir un objet qu'on hisse ou qu'on met en mouvement.

— Gros cordage servant à empêcher un bâtiment abattu en carène de s'incliner d'avantage.

— Palans de retenue ; palans frappés tribord et bâbord sur le gui et servant à le porter et le main-

tenir sur un bord ou sur l'autre.
— Prélèvement fait dans certains cas prévus sur la solde d'un officier ou matelot.

Retour, s. m. (*Fall*). Le retour d'une manœuvre est la partie de cette manœuvre sur laquelle on doit haler pour faire effort : souvent pour que les hommes puissent agir plus commodément, le retour passe dans une poulie fixée en un point et qu'on nomme poulie de retour et appelle ensuite dans une autre direction.

— Prendre à retour. (*To take hold*). Faire plusieurs tours autour d'un taquet d'une bitte avec un cordage pour contre-tenir le bout et filer à retour, c'est-à-dire doucement et à la demande.

— Vivres, marchandises de retours, vivres et marchandises qu'un navire de commerce rapporte au port où il les a embarqués.

— Retour de marée. (*Eddy*). Changement de direction du courant de marée après avoir rencontré un obstacle quelconque.

— Retour de la marée, moment où la mer recommence à monter.

Retrait, s. m. Tendance graduelle de la mer à abandonner certaines côtes, à s'en retirer.

Retraite, s. f. (*Retreat*). Manœuvre de guerre consistant à s'éloigner de l'ennemi par lequel on est poursuivi.

— Sabords de retraite, sabords percés à l'arrière dans le tableau de poupe et permettant lorsqu'on est en retraite, de faire feu sur le bâtiment qui donne la chasse.

— La retraite d'une bouche à feu en est le recul.

— Palan de retraite; palan dont une poulie est crochée à l'arrière de l'affût et l'autre à une boucle du pont fixée à peu près dans l'axe de la batterie ; il sert à éloigner une pièce du sabord et à la porter en arrière à longueur de brague.

— Abri pour les embarcations.

— Batterie de tambour. (*Evening drum*) annonçant sur un navire le commencement du service de nuit.

— Coup de canon de retraite.

— (*Evening gun*). Coup de canon que tire la terre ou le bâtiment amiral pour annoncer le commencement du service de nuit dans le port et sur la rade. Les canots ne peuvent plus alors naviguer sans être hélés par les navires près desquels ils passent.

Retranchement, s. m. (*Suppression of wine*). Peine de discipline consistant à enlever à un matelot un certain nombre de rations de vin ou d'eau-de-vie, mais sans jamais l'en priver pendant plus de trois jours consécutifs.

Retrancher, v. a. (*To shorten the daily allowance*.) Retrancher un homme, lui infliger un retranchement. Lui diminuer sa ration de vin ou d'eau-de-vie.

Reûn, s. m. (*Entent of the hold*). On disait autrefois que la cale d'un navire était de grand reûn lorsqu'elle avait beaucoup de capacité.

Réveiller, v. a. (*To shake*). Réveiller la rose des vents ; c'est la frapper légèrement du doigt lorsqu'elle dort ou s'arrête.

Reventer, v. a. (*To fill again*). Remettre le vent qui était dessus une voile, dedans.

Reverdies, s. m. (*Spring tide*). Grandes marées des nouvelles et pleines lunes. Les grandes reverdies sont les marées des équinoxes.

Revers, s. m. En construction navale on nomme pièces de revers les pièces courbes dont la convexité est dirigée vers l'intérieur du bâtiment. Dans les navires qui ont de la rentrée, l'alonge de revers est la partie supérieure du couple qui forme cette rentrée. Le couple de coltis est celui qui a le plus de revers.

— Amures, boulines de revers, celles sous le vent et qui ne sont pas tendues lorsque le bâtiment est au plus près.

— Palan de revers. Gambes de revers. Voir ces mots.

Reverser, v. n. (*To reverse*). Agir sur une manœuvre de revers.

Revirement, s. m. (*Reserve*). Renversement de la marée; moment où le flot succède au jusant et inversement.

Revirer, v. n. (*To tack about again*). Virer de nouveau de bord après avoir déjà viré de bord une ou plusieurs fois.

Revolin, s. m. (*Eddy wind*). Déviation du vent par l'effet d'un corps qu'il rencontre.

Revue, s. f. Inspection des marins d'un équipage passée par leurs officiers pour constater l'état des effets et examiner la tenue des hommes.

— Constatation de la présence des officiers dans un port ou sur un navire par un commissaire de la marine et servant à dresser les états de solde et autres pièces de comptabilité.

— Dans les ports un commissaire est chargé du détail des revues, des armements et des prises.

Ribord, s. m. (*Garboard strake*). Bordages de carène compris entre la flottaison et les bordages nommés gabords qui touchent la quille. Les ribords forment avec les gabords la coulée du bâtiment, les petits fonds de l'avant à l'arrière.

Ribordage, s. m. Indemnité due à un navire abordé par le navire abordeur, lorsqu'il est prouvé que l'accident est la faute de ce dernier.

Ricochet, s. m. (*Duck and drake*). Ressaut plus ou moins élevé que fait un boulet lorsqu'il frappe une surface plane ou la mer sous un angle de 8° et au-dessous.

Ridage, s. m. (*Taughtening*). Action de tendre pour les raidir les étais, les haubans, les galhaubans.

— Vis de ridage. (*Frapping screw*). Appareil servant à rider les dormants d'un bâtiment et se composant d'une tige filetée fixée d'un bout aux porte-haubans et pénétrant de l'autre dans un étui fileté fixé sur le cordage à raidir; en tournant plus ou moins la tige filetée on obtient la tension convenable.

Ride, s. f. (*Laniard*). Filin passant alternativement dans les trous des deux caps de mouton d'un hauban ou d'un galhauban et formant ainsi une sorte de palan destiné à les raidir.

Rideau, s. m. (*Curtain*). Pièce de toile à voile pendant verticalement le long des filières d'une tente pour intercepter les rayons du soleil qui arrivent de chaque côté.

Rider, v. a. (*To frap*). Rider une manœuvre dormante; la raidir fortement; on ride les haubans, les galhaubans, les étais pour assurer la tenue des mâts et résister aux efforts du vent et aux effets des mouvements de roulis et de tangage. On ride au moyen des caps de moutons et des rides, des vis de ridage, des ridoirs à crémaillère.

Ridoir, s. m. (*Stretcher*). Tout appareil servant à rider les manœuvres dormantes d'un bâtiment.

— Ridoir à crémaillère. Tige de fer plate à crémaillère fixée d'un bout sur les porte-haubans et dans les dents de laquelle s'engage une sorte d'étrier fixé au hauban; en engageant cet étrier dans une dent ou dans l'autre, on raidit plus ou moins le hauban.

Rigole, s. f. (*Gut*). Engoujure pratiquée de chaque côté de la caisse d'un mât de hune et dans laquelle se loge la guinderesse pendant le guindage ou le calage.

Ringot, s. m. (*Strop*). Bague en ligne double, passée entre l'estrope et le talon d'une poulie pour recevoir le dormant d'un garant de palan.

Ripage, s. m. (*Slipping*). Action de riper. Usure produite en ripant.

Riper, v. n. (*To slip*). Glisser. Un cordage, une pièce de bois, un câble ripent l'un sur l'autre.

Ris, s. m. (*Reef*). Portion d'une

voile, dans le sens de sa largeur, comprise entre deux bandes ou renforts de toile nommés bandes de ris. Ces renforts sont percés d'œils de pie dans lesquels on passe des garcettes. Les huniers peuvent avoir quatre ris. Le premier le plus élevé contre la ralingue est le ris de chasse (*first reef*), puis viennent le premier le second ris et enfin le quatrième ou bas ris (*lower reef*).

Les basses voiles ont deux ris. Les perroquets en ont parfois un. Les voiles auriques et à bourset peuvent avoir plusieurs ris, mais alors dans le bas.

Prendre un ris. (*To reef in*). Soustraire à l'action du vent la partie de la voile constituant un ris. Amener un peu la vergue et en rapprocher, au moyen des palanquins, les deux extrémités de la bande de ris ; les hommes se placent alors le long de la vergue, les pieds appuyés sur le marchepied ; ils ramènent la toile contre la vergue et la fixent au moyen des garcettes ; deux hommes prennent les empointures. Cette opération étant toujours dangereuse par grand vent, on a cherché à la simplifier au moyen des systèmes Beleguic, Consolin, Bonnegrace ; le cadre de ce dictionnaire ne permet pas d'en donner le détail : et enfin des doubles huniers. Pour les voiles auriques ou replie la toile sur elle-même et on la fixe en amarrant ensemble les deux bouts de chaque garcette.

— Un bâtiment est au bas ris (*close reefed*), lorsque tous les ris sont pris dans ses huniers.

Rixe, s. f. (*Puff of wind*) Augmentation subite et de peu de durée du vent.

Rivage, s. m. (*Shore*). Les marins disent plutôt plage, grève, plein, bord de la mer.

Rivière, s. f. (*River*). Cours d'eau se jetant dans un autre cours d'eau et non dans la mer comme un fleuve. Les marins l'emploient souvent cependant dans ce dernier sens et ils disent la rivière de Bordeaux, de Bayonne pour la Gironde, l'Adour.

Rocambeau, s. m. (*Traveller*). Cercle en fer portant un anneau et une manille, et entourant un mât ou un bout dehors le long duquel il se meut librement ; sur le bout dehors de grand foc, il sert à faire varier la position du point d'amure du foc ; sur un mât d'embarcation il tient lieu de racage.

Roche, s. f. (*Rock*). Monticule de pierre dont la base est dans l'eau et dont le sommet est tantôt découvert, tantôt couvert par l'eau.

Roche à feu, Composition incendiaire formée de soufre, de poussier, de salpêtre, de camphre, de poudre en grain. Elle donne un feu lumineux et brûle lentement.

Rocher, s. m. (*Rock*). Roche dont le sommet est toujours découvert.

— Rocher qui veille. Rocher isolé.

Roder, v. n. (*To sheer*). Roder sur son ancre ; faire au mouillage de fortes embardées sur tribord et sur babord, par l'effet du vent ou du courant.

Rogue, s. f. (*Bait*). Œufs de morue, maquereau, hareng servant d'appât pour la pêche à la sardine.

Rôle, s. m. Rôle d'équipage. (*Crew's book*). Registre contenant les noms, prénoms, le domicile, la qualité, le grade de chaque homme composant l'équipage et les passagers.

— Rôle de combat (*Quarter bill*). Registre indiquant le poste que chaque homme doit occuper pendant le combat.

Le commandement en second établit également les rôles de plat, de quart, de manœuvre, de couchage.

Romaillet, s. m. (*Furring*). Morceau de bois remplaçant dans un bordage le vide produit par un nœud pourri ou tout autre défaut.

— Famil. Pièce mise à un effet de linge ou d'habillement.

Rompre, v. a. (*To break*). Rompre une ligne de vaisseaux ennemis ; la couper en plusieurs points, la mettre en désordre.

— Bâtiment rompu, (*brocken backed*) ; bâtiment ayant beaucoup d'arc.

Ronce (à la), adj. (*Adrift*). En derive (Méd.).

Roncer, v. a. Roncer une pièce de bois, placée sur un plan, c'est la pousser dans une direction perpendiculaire à sa longueur.

Rond, s. m. (*Roach*). Le rond d'une voile est la courbure extérieure que l'on donne à la bordure de certaines voiles auriques et des focs des petits bâtiments.

Rond, adj. Vent rond (*even, steady*), Vent assez fort et bien établi.

— Arrière rond. Voir *Arrière*.

Ronde, s. f. (*Round*). Visite de nuit faite à bord pour s'assurer que tout est en ordre et que chacun est à son poste.

Rose des vents, s. f. (*Fly of the sea-compass*). Cercle en papier, collé sur une feuille de tôle, sur lequel sont inscrits les aires de vent ; elle est fixée sur l'aiguille aimantée du compas et entraînée par ses mouvements. La ligne Nord et Sud de la rose correspond à l'aiguille. La rose des vents se divise en 360 degrés ou en 32 quarts ou 64 demi-quarts ; elle est partagée en quatre parties égales, par les quatre points cardinaux, Nord, Sud, Est, Ouest. Un quart est la huitième partie d'un angle droit et vaut 11o,15. Les marins prononcent :

Nord-Ouest, Noroi.
Sud-Ouest, Suroi.
Nord-Est, Nordai.
Sud-Est, Suai.

Rosettes, s. f. Les ferrures du gouvernail.

Rossignol, s. m. (*Whistle*). Petit sifflet à l'usage des maîtres d'équipage.

Roubine, s. f. Petit canal communiquant de la mer à un étang salé.

Roue, s. f. (*Steering-wheel*). Roue garnie sur sa circonférence de manettes ou poignées et fixée en son centre sur un axe autour duquel s'enroulent les drisses du gouvernail. Cet axe porte une, deux, ou trois roues suivant la grandeur du bâtiment ; on peut ainsi faire agir un plus grand nombre d'hommes sur les manettes ou poignées.

— Roue de cordage, assemblage de plusieurs tours circulaires de cordages très pressés pour lui faire tenir moins de place.

Rouer, v. a. (*To coil*). Rouer un cordage, le lover.

Rouet, s. m. (*Sheaf*). Syn. de Réa.

Roues, s. f. (*Wheels*). Les roues des bâtiments à vapeur sont des roues à aubes ordinaires garnies sur leur circonférence de bordages en bois nommés pales ou aubes ; placées tribord et babord du bâtiment vers le milieu, elles sont réunies par un axe recevant de la machine un mouvement de rotation. Pour corriger le défaut des roues à aubes d'entrer et de sortir de l'eau sous des inclinaisons nuisibles, on a installé des roues à aubes articulées. (*Feathering paddle-wheel*) ; celles-ci mobiles autour d'un axe horizontal prennent la position verticale à leur entrée dans l'eau et à leur sortie.

Par mauvais temps, avec du roulis, les machines à roues fatiguent beaucoup car les roues sortent alternativement de l'eau et il en résulte un accroissement subit et considérable de la vitesse de la machine ; les roues exposées aux lames sont facilement démolies. Dans un combat, elles sont complètement exposées aux projectiles et empêchent de mettre en batterie des pièces dans la partie centrale du bâtiment. Pour ces raisons, les roues ne sont plus employées sur les navires de guerre, et on les remplace par l'hélice.

Rouf, s. m. (*Break*). Logement établi sur le pont et vers l'arrière.

Roulage, s. m. (*Rolling*). Mouvement des vergues occasionné par le roulis et qu'on empêche au moyen des palans de roulis.

Rouleau, s. m. (*Winding clam*) cylindre de bois dur mobile autour d'un axe en fer et sur lequel on fait passer certains cordages pour diminuer le frottement.

Rouler, s. m. (*To roll*). Un navire roule lorsque par l'action des lames, il s'incline alternativement sur un bord et sur l'autre.

A la voile c'est surtout vent arrière qu'un navire roule, parce qu'alors il n'est pas appuyé par ses voiles.

Rouleur, s. m. (*Seeler*). Navire qui roule beaucoup.

Roulis, s. m. (*Rolling*). Inclination successive et alternative d'un bâtiment sur un bord et sur l'autre.

Roulure, s. f. Vice dans le bois de chêne dont l'effet est de détacher le cœur du bois de sa circonférence.

Roussi, part. (*Whitened*). Une toile est roussie après son exposition au soleil et à la pluie, elle se cendre de blanc.

Rouster, v. a. (*To woold*). Rouster deux pièces de bois, les réunir étroitement par des roustures.

Rousture, s. f. (*woolding*). Amarrage servant à maintenir les unes contre les autres et à lier ensemble deux ou plusieurs pièces de bois ; on maintient

ainsi une jumelle sur un mât ou sur une vergue.

Elle consiste en une succession de demi-clefs faites dans le même sens, trésillonnées et placées à se toucher. On l'arrête en faisant un nœud sur la dernière demi-clef.

Route, s. f. (*Ship's way*). Ligne que suit un navire en marche.

— Longueur du chemin parcouru par le navire dans une certaine direction.

— Donner la route. Prescrire à quelle aire de vent on doit gouverner.

— Porter en route. Avoir un vent qui permet de faire la route prescrite.

— En route. (*Steer the course*). Ordre au timonier de gouverner à l'air de vent prescrit.

Routier, s. m. (*Sailing directions*). Livre et recueil de cartes marines, d'instructions nautiques.

Royaux, s. m. (*Royal sails*). Nom donné parfois aux cacatois ou aux papillons.

Ruelle, s. f. Bordages courbes placés à l'avant et à l'arrière d'un navire.

Rhumb, s. m. (*Rhumb-line*). Angle compris entre deux des trente-deux aires de vent de la rose et qui vaut 11°, 15'.

Rusé, adj. Ancre rusée ; ancre dont les pattes mal disposées ne s'enfoncent pas assez pour retenir le navire au mouillage.

S

Sabaye, s. f. (*Boat rope*). Cordage avec lequel on hâle à terre un canot mouillé près de la côte.

Sable, s. m. (*Sand*). Silex très fin, en poussière formant en certains endroits le fond de la mer et à l'embouchure des fleuves, des bancs parfois considérables.

— Sable est souvent synonyme d'horloge à sable.

Sablier, s. m. (*Watch glass*). Petit instrument formé d'un cylindre de verre étranglé en son milieu, monté dans une armature en bois et contenant une certaine quantité de sable calculée, de manière à ce qu'elle mette un temps déterminé à passer d'un côté à l'autre de l'instrument.

Sablières, s. f. Bordages sur lesquels s'établissent les ventrières et les chevalets d'un bâtiment qu'on lance avec un ber.

Sabord, s. m. (*Gun-port*). Ouverture quadrangulaire pratiquée dans la muraille d'un bâtiment, pour donner passage à la volée des bouches à feu et faire entrer l'air et la lumière dans les batteries.

— Sabords de chasse (*Chace ports*). sabords percés de l'avant.

— Sabords de retraite (*Sternports*). Sabords percés dans le tableau de poupe.

Les sabords des différentes batteries sont ordinairement de même grandeur, et disposés de façon à ce que les sabords de deux batteries successives, ne soient pas l'un au-dessus de l'autre pour ne pas affaiblir trop les liaisons.

Sabords de charge, s. m. (*Raftports*). Ouvertures pratiquées près de la flottaison à l'avant et à l'arrière d'un navire marchand, et permettant de charger les pièces d'une grande longueur, qui ne pourraient entrer par les écoutilles.

Saborder, v. a. Saborder un navire; percer son fond d'ouvertures plus ou moins grandes pour y faire pénétrer l'eau et le couler.

Sabot, s. m. Poulie employée pour le passage des écoutes de huniers et qui se fixe dans chaque point entre les deux ralingues qui lui servent d'estrope.

— Bloc de bois fixé à l'arrière d'un projectile creux, qui sert à l'empêcher de tourner dans l'âme de la pièce et garantir la fusée des chocs contre les parois.

Sac, s. m. syn. de hamac (*Hammock*). Sac en toile contenant les effets d'un matelot.

— Sacs d'écubiers.

Poches en toile remplies d'étoupe et servant à boucher les trous d'écubier à la mer.

— Une voile fait le sac, lorsque son fond est trop grand et se creuse trop.

— En sac. Un navire revient en sac du banc de terre neuve ou ramène des hommes en sac, lorsqu'il ramène comme passagers des hommes qui étaient allés à faire la pêche sur d'autres bâtiments.

Fig. Un mât de perroquet, une vergue viennent dans le sac lorsqu'ils cassent.

Sacolève, s. m. Navire du levant très élevé de l'arrière, portant trois mâts à pible, gréé de voiles auriques.

Safran, s. m. (*Main piece*). Assemblage de pièces de bois ajouté sur l'arrière de la mèche du gouvernail pour en augmenter la puissance ; sur les bateaux de rivière, le safran a une largeur considérable et est souvent en plusieurs parties se repliant l'une sur l'autre.

— Safran de l'étrave; pièce de construction allant du brion à la gorgère.

Saigner, v. n. Un objet saigne, saigne du nez lorsqu'il s'incline sur l'avant. Lorsque le chouquet d'un mât saigne, on maintient son avant par une épontille.

— Saigner une gargousse, retirer un peu de la poudre qu'elle contient.

Saille! Saille! (*Oh Rouze away*). Cri autrefois en usage pour exciter les hommes et les faire agir ensemble lorsqu'ils avaient à faire un effort, surtout sur les boulines.

Sailler, v. a. Sailler les boulines ; les haler.

— **v. n.** Un navire saille de l'avant, lorsqu'il marche bien.

— Un tangon, saille par le travers, lorsqu'il sort du bâtiment dans cette direction.

Sain, adj. (*clear*). Côte saine, côte ne présentant pas de dangers.

Sainte-Barbe, s. f. (*Gun-room*). Local fermé dans l'entrepont près du mât de misaine et ou le maître canonnier dépose les ustensiles d'un usage fréquent, dont il est chargé.

— Autrefois c'était une grande chambre à l'avant où logeait le maître canonnier, le chirurgien major, etc.

Saïque, s. f. (*Saick*). Bâtiment du Levant portant deux mâts.

Saisine, s. f. (*Gripe*). Filins volants servant sur les navires à amarrer ou tenir en place un objet. Les saisines d'embarcation portent un croc d'un bout et de l'autre un cap de mouton.

Saisir, v. a. (*To gripe*). Saisir un objet, l'amarrer fortement au moyen de rabans, de saisines. Par mauvais temps on est obligé à bord de saisir un grand nombre d'objets pour qu'ils ne tombent pas dans les grands mouvements du bâtiment.

Sale, adj. (*Foul*). Une carène est sale, lorsqu'elle est couverte d'herbes et de coquillages.

Saleur, s. m. (*Salter*) Homme chargé, à bord des bâtiments terre-neuviers, de saler la morue ; c'est de son habileté que dépend la conservation de la pêche.

Saluer, v. a. (*To salute*). Saluer un bâtiment, un fort, c'est conformément aux règlements et usage, faire certaines démonstrations en leur honneur.

On salue en tirant des coups de canon à blanc, en abaissant et relevant plusieurs fois le pavillon national hissé à la corne, si on est à la voile, en amenant une ou plusieurs voiles ; parfois aussi les hommes montent sur les vergues et accompagnent le saluts de cris variant avec la nature du gouvernement ou la qualité du personnage que l'on salue.

Salut, s. m. (*Salute*). Action de saluer un fort, un bâtiment, un pavillon, un personnage.

Salvanos, s. m. Bouée de sauvetage.

Salve, s. m. (*Platoon of fired guns*). Décharge simultanée de toutes les bouches à feu d'un bâtiment.

Sansequin, s. m. Petite embarcation turque.

Samoreux, s. m. Long bateau plat en usage sur les canaux de la Hollande pour le transport du bois.

Sancir, v. n. (*To sink*). Couler au fond de l'eau, l'avant du bâtiment plongeant le premier. On sancit sous voile, lorsque par l'effet du tangage ou des lames l'avant se remplit d'eau ; il ne peut plus alors se relever et de nouvelles lames pénétrant à bord, il s'enfonce ; on sancit à l'ancre par l'effet d'un fort courant, de fortes lames.

Sandale, s. f. Bateau de transport des côtes de Barbarie.

Sangle, s. f. (*mat*). Tissu en bitord qui se fait soit au métier, soit à la main et qui sert à garantir du frottement certaines parties du navire ou du gréement. On l'emploie aussi comme rabans, jarretières, saisines d'embarcation.

Sangris, s. m. Infusion de thé dans du vin.

— Boisson des Antilles, composée de madère et de muscade rapée.

Sans, prép. Sans venir au vent, sans arriver. Recommandation faite au timonier de ne pas lofer ou de ne pas arriver.

Santé, s. f. L'ensemble des officiers et matelots chargés de surveiller l'état sanitaire des bâtiments qui entrent dans un port.

— L'embarcation portant les officiers qui viennent à bord se rendre compte de l'état sanitaire.

— Lazaret.

Sap, s. m. (*North fir wood*). Bois de sapin du Nord.

Sapinette, s. f. (*Canadian fir wood*). Bois de sapin du Canada.

—Boisson faite avec des bourgeons de sapin et de la mélasse.

Saquer, v. a. (*To rouse*). Retirer un objet de la place qu'il occupe.

Saragousti, s. m. Mastic employé aux Indes orientales pour couvrir les coutures des bordages. Il se compose de chaux en poudre, brai gras et d'huile végétale.

Sart, s. m. (*Sea weed*). Varech ou goémon sur les côtes de l'Océan et de la Manche.

Sasse, s. f. (*Scoop*). Escope à poignée servant à jeter l'eau hors des embarcations.

Saucier, s. m. (*Saucer*). Plaque de fer ou pièce de bois sur laquelle porte et tourne la mèche d'un cabestan.

Sauf-conduit, s. m. (*Pass*). Laissez-passer délivré par une puissance à un bâtiment ennemi pour qu'il ne soit pas arrêté par ceux de cette même puissance, pendant l'espace de temps accordé.

Saugue, s. f. Embarcation de pêche de la Méditerranée.

Saumâtre, adj. (*Brackish*). Mélange d'eau douce et d'eau salée. Pour que l'eau saumâtre soit potable, il faut qu'elle contienne au moins cinq sixièmes d'eau douce.

Saurer, v. a. (*To dry insmoke*). Saurer des harengs, les saler et les faire sécher à la fumée.

Saute de vent, s. f. (*Shift of wind*). Changement subit de plusieurs quarts dans la direction du vent.

Sauter, v. n. (*To chop about*). Le vent saute lorsque sa direction change subitement et d'un angle assez grand pour obliger à prendre une autre allure.

Sautoir (en). Amarrage en sautoir. On l'emploie pour fixer un orin à la croisée d'une ancre.

Sauve-gardes, s. f. (*Rudder-pendents*). Gros cordages fourrés qui servent à empêcher le gouvernail d'être emporté s'il vient à être démonté. Elles sont fixées d'un bout sur le gouvernail et de l'autre sur les flancs du bâtiment.

Sauve qui peut. Expression d'un signal fait par le commandant d'une escadre, aux navires sous ses ordres, lorsqu'on est forcé par les circonstances ou un ennemi supérieur en nombre, de se disperser et d'échapper par tous les moyens possibles.

Sauver, v. a. (*To save*). Sauver un homme à la mer, un navire, un objet quelconque; les empêcher d'être engloutis par la mer.

Sauvetage, s. f. (*Salvage*). Opération ayant pour but de sauver des hommes, des objets de toutes sortes tombés à la mer.

En France, s'est formée la société centrale des naufragés qui a pour but d'installer dans les ports, sur les côtes, les engins propres à faciliter le sauvetage des hommes et de récompenser le dévouement des sauveteurs.

Les canots de sauvetage (*Life-boat*), de la société sont de fortes embarcations de 7 à 8 mètres de long, rendues insubmersibles par deux grandes caisses étanches placées à l'avant et à l'arrière; elles se manœuvrent à la voile et à l'aviron; toujours munies de leurs apparaux, ces embarcations montées sur des charriots, et renfermées dans des hangars placés près de la côte, peuvent être mises rapidement à la mer.

Outre leur insubmersibilité, ces bateaux ont la propriété, lorsqu'ils sont chavirés, de se redresser d'eux-mêmes.

— Bouée de sauvetage. Voir *Bouée.*

Savate, s. f. (*Shoe*). Savate ou semelle; morceau de bois dur et plat servant de base au bec d'une ancre au repos sur un quai, sur le pont d'un bâtiment ou l'on veut la traîner.

— Jumelle placée à la tête des mâts au portage des aiguilles d'un bâtiment abattu en carène.

Sbire. s. m. (*Selvage*). Espèce d'estrope.

Scaphandre, s. m. Vêtement dont se recouvre un homme qui veut descendre dans l'eau. Il se compose d'un maillot en étoffe imperméable, s'adaptant exactement au cou, au bord d'un casque métallique. Ce casque présente à la partie antérieure, une glace correspondant aux yeux; au sommet il porte un tuyau par lequel une pompe permet d'envoyer constamment de l'air au plongeur.

Schooner, s. m. (*Schooner*) Goëlette.

Science (Ligne de). Ligne courbe qu'on trace sur la carène d'un bâtiment et marquant la limite supérieure du doublage en cuivre de la carène d'un bâtiment.

Scier, v. n. (*To hold water*). Faire agir les avirons d'une embarcation de façon à la faire rétrograder.

— Scie partout (*Back all atern*). Ordre aux canotiers des deux bords de scier pour faire reculer l'embarcation.

Scie tribord. Ordre de scier tribord tandis qu'on continue à nager à babord, le canot tourne alors sur tribord.

Scorbut, s. m. (*Scurvy*). Maladie autrefois fort répandue sur les bâtiments mal installés et ou les hommes recevaient une mauvaise nourriture. Elle se manifeste par le saignement des gencives, des taches violettes sur les mains, les jambes, et est accompagnée de la corruption de la masse du sang.

Scute, s. m. Espèce de chasse-marée flamand, à fonds plats.

Seau, s. f. (*Bucket*). Vase en bois en forme de cône tronqué et présentant deux oreilles qui portent une anse en cordage. On fait aussi des seaux en toile.

Sec, adj. Vergue sèche (*Crossjack yard*). Vergue sur laquelle une voile n'est pas enverguée comme la vergue barrée.

— Panne sèche.

— Cap sèche.

— Panne et cap qu'on tient en travers au vent, sans avoir aucune voile établie et en se servant seulement du gouvernail.

— Grain sec.

— Grain sans pluie.

Sec (à), adv. Etre à sec de toile (*Under bare poles*). Naviguer sans avoir aucune voile établie.

— Un navire est échoué à sec (*High and dry*), lorsque la mer se retirant, il est complètement à sec.

Sèche, s. f. (*Bock sand*) Ecueil qui est à sec à la basse mer.

Second, s. m. Lieutenant officier qui vient à bord immédiatement après le commandant et qui est chargé de le seconder et de le remplacer au besoin ; il est chargé du service du détail.

Second, adj. Second - maître. Sous-officier venant immédiatement après le premier maître ; ce grade correspond à celui de sergent.

Secret, s. m. C'était autrefois dans les brûlots, l'endroit où on mettait le feu, où était le secret pour les faire sauter.

— Signaux, ordres secrets. Signaux, ordres particuliers renfermés sous plis cachetés remis au commandant.

Seilleau, Seillot, s. m. Seau.

Seille, s. f. Seau.

Seine, s. f. (*Seine*). Filet de pêche fort long, plombé dans le bas et liégé dans le haut, il présente en son milieu un filet en forme de sac.

Selle, s. f. (*Caulking box*). Boîte à outils servant d'escabeau aux calfats.

— Garniture en bois placée sur les chouquets des bas mâts et recevant dans des engoujures les balancines des basses vergues.

Sémaphore, s. m. (*Semaphore*). Appareils de télégraphie aérienne installés à l'approche des ports, sur des îles ou des points élevés de la côte, au-dessus de constructions, nommés postes électro-sémaphoriques. Les sémaphores ont pour but de mettre en communication l'autorité maritime de l'arrondissement et les divers bâtiments de guerre ou de commerce qui passent en vue, à l'aide de signaux spéciaux et d'une ligne de télégraphie électrique reliant chaque poste à la préfecture de l'arrondissement. Le sémaphore se compose d'un mât en tôle creux et mobile autour d'un pivot ; il porte trois ailes et un disque d'orientation qui se meuvent dans le même plan. A côté d'un poste sémaphorique est placé un mât en bois gréé d'une vergue et de deux cornes munies de drisses, qui permettent de hisser des signaux de convention ou de faire les signaux du code international avec ses pavillons.

Le disque d'orientation sert : à déterminer la face parlante du sémaphore, qui doit toujours être perpendiculaire au relèvement du navire, lequel doit voir le disque à sa droite ; à indiquer, dans le courant des communications, dans quelle partie du code on doit lire les signaux ; à servir d'aperçu. Le disque peut prendre cinq positions différentes : les ailes peuvent en prendre sept. L'aile supérieure indique les centaines, l'aile intermédiaire, les dizaines, l'aile inférieure, les unités.

**Semelle, s. f. (*Shoe*). Voir *Savate*.

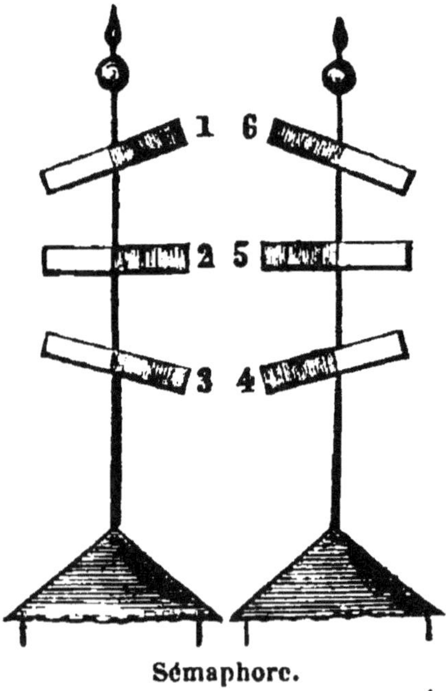

Sémaphore.

— Semelle de dérive. Voir *Aile de dérive*.

— Semelles de lancement (*Lee board*). Bordages placés sous la quille d'un bâtiment lancé sans ber et qui portent presque tout le poids du bâtiment.

— Plateforme faisant partie de l'affût d'une caronade.

Semoncer, v. a. Exiger d'un bâtiment qu'on rencontre à la mer qu'il hisse ses couleurs et même mette en panne pour qu'on puisse le visiter.

Senau, s. m. (*Snow*). Bâtiment à deux mâts gréés comme un carré, et ayant, en outre, un mât de tapecu. Ce qui distingue les senaus, c'est le mâtereau ou baguette de senau, qu'ils portent derrière leurs bas mâts. Voir *Baguette*.

Sentine, s. f. (*Well room*). Endroit de la cale d'un bâtiment où se réunissent toutes les eaux ; on les en extrait au moyen des pompes.

Sentir, v. a. (*To answer*). Un navire sent bien sa barre, son gouvernail lorsqu'il obéit vivement à ses mouvements.

Sep, s. m. (*Knight head*). Petit

chaumard appliqué contre la muraille intérieure d'un bâtiment.

Séparer (se), v. r. (*To part company*). Lorsqu'un bâtiment d'une escadre s'éloigne des autres, il se sépare, il est séparé.

Sereine, s. f. Quarantaine.

— Être en sereine (*To be sequestrated*).

Sergent, s. m. (*Holdfats*). Boulon en fer tenu en son milieu à un petit cordage ; on le met en travers dans la bonde d'une pièce vide, et on peut alors crocher sur ce cordage un palan pour hisser ou amener la barrique.

— Sergent d'armes. Second maître fusilier et remplissant les fonctions de capitaine d'armes sur les petits bâtiments.

Série, s. f. (*Series*). Collection de pavillons, flammes et guidons servant à faire des signaux et ayant chacun un numéro.

— Les équipages à bord sont divisés en groupes ou séries. Les séries impaires forment la bordée de tribord, les séries paires, la bordée de babord.

Serpenteau, s. m. (*Snaking rope*). Petit cordage qui, au moment d'un engagement, se place d'un galhauban à l'autre en serpentant du haut en bas ; il empêche ainsi de tomber les bouts d'un galhauban coupé par un projectile.

Serpenter, v. a. (*To snake*). Serpenter deux cordages, les réunir par un serpenteau.

Serper, v. a. (*To weigh up*). Serper une ancre, la lever à force de bras, sans cabestan (Médit.).

Serrage, s. m. (*Imboard planks*). L'ensemble des pièces de construction nommées serres.

— La mise en place de ces pièces.

Serre, s. f. Ancien nom des vaigres.

— Terme générique désignant des pièces longitudinales qui croisent intérieurement les couples et en assurent la liaison. Les serre-bauquières (*Thick stuff*) règnent sous le bout des baux.

Les serres d'empâture croisent les varangues à leur point de jonction avec les genoux.

— Boucle de serre. Anneau en fer fixé dans la muraille du bâtiment, au-dessus de chaque sabord, et qui sert à amarrer les pièces. L'amarrage à la serre se fait par un mauvais temps.

Serre-bosse, s. f. (*Shank painter*). Fort cordage ou chaîne qui tient une ancre soulevée en travers par l'une de ces pattes, entre le bossoir où cette ancre est suspendue et le porte-hauban de misaine.

Serre-file, s. m. (*Sternmostship*). Tactique navale. Navire placé à la queue d'une ligne ou d'une colonne.

Serrer, v. a. (*To furl*). Serrer une voile, c'est, lorsqu'elle est carguée, la ramasser pli par pli contre sa vergue ou son mât et l'y amarrer au moyen de rabans ou de jarretières.

— Serrer en perroquet. La voile est bien retroussée, bien relevée au milieu de la vergue, de façon à laisser le moins de toile possible vers les bouts.

— Serrer en chapeau. Le milieu de la voile présente sur la vergue la forme d'un claque.

— Serrer en chemise. Le fond est soigneusement roulé le long du mât et forme une sorte de colonne.

— Serrer en paquet. Serrer sans précaution, le plus vite possible.

Serrer le vent. Gouverner le plus près possible du lit du vent.

— Serrer la terre. La prolonger en s'en tenant le plus près possible.

Servant, s. m. (*Assistant*). Nom donné aux hommes attachés au service d'une bouche à feu. Les premiers servants sont ceux qui sont à la bouche de la pièce.

Servir, v. a. (*To fill*). Faire servir. Manœuvrer pour quitter la panne.

Servitude, s. f. Bateaux de servitude (*Tender*). Bateaux destinés au service des ports, des rades, tels que réserves, pontons, marie-salopes, citernes.

Seuillet, s. m. (*Port sill*). Pièce de bois qui forme la partie inférieure d'un sabord.

Sextant, s. m. (*Sextant*). Instrument à réflexion servant à mesurer la hauteur des astres à la mer. Il est monté sur un arc de cercle en métal de 60°, c'est-à-dire le sixième de la circonférence.

Sifflet, s. m. (*Whistle*). Petit instrument en cuivre ou en argent dont se servent les maîtres, seconds maîtres et quartiers-maîtres pour donner des ordres, faire agir les hommes ensemble sur les manœuvres.

Signal, s. m. (*Signal*). Moyen de correspondre entre des bâtiments ou entre ceux-ci et la terre, de transmettre des ordres, des avertissements.

La tactique comprend le moyen de faire les différents signaux.

On distingue : 1° Les signaux de jour qui se font avec des pavillons de différentes formes et de différentes couleurs ; 2° les signaux de grande distance, au moyen de boules, de pavillons et de flammes, leur couleur est indifférente ; 3° les signaux de nuit qui se font au moyen de fanaux hissés sur une ou deux drisses appartenant à deux mâts, et de fusées, feux de bengale et étoiles. On peut aussi se servir de coups de canon et des feux Coston. *Voir* ce mot.

4° Les signaux de brume ne se font qu'à coups de canon.

Les signaux de conserve sont des signaux faits en temps de brume, pour permettre à des navires en escadre de se reconnaître ; ils se font à l'aide du clairon, du tambour, de la cloche.

— Mâts de signaux. Mâts installés sur les côtes et servant à communiquer avec des navires au mouillage ou naviguant le long des côtes.

— Code international des signaux. Livre de signaux qui permet aux navires de toutes les nations de communiquer entre eux et avec les sémaphores.

Signaler, v. a. (*To make signal*). Signaler des ordres, instructions, les transmettre au moyen de signaux.

— Signaler un navire, la terre. Annoncer qu'on voit un navire, la terre.

Sillage, s. m. (*Ship's way*). Agitation de la mer que laisse derrière lui un bâtiment en marche.

Plus la vitesse est grande, plus le sillage est rapide ; aussi on entend souvent par sillage la vitesse d'un bâtiment.

Sillomètre, s. m. Désignation sous laquelle on comprend tous les instruments propres à mesurer le sillage ou la vitesse d'un bâtiment. Le sillomètre le plus simple et le plus employé est le loch.

Sillonner, v. a. (*To plough with the heel*). Sillonner le fond, le labourer avec sa quille.

— (*To travel by sea*). Sillonner les mers. Parcourir les mers dans de nombreux voyages.

Simple, adj. (*Simple*). Tactique navale. Ordre simple. Disposition dans laquelle les navires d'une armée navale sont sur une seule ligne.

Simple (en). Une manœuvre est en simple lorsqu'elle, va directement au point sur lequel elle fait effort, sans passer sur une poulie qui augmente sa puissance.

Singe, s. m. (*Windlass*). Petit cabestan horizontal.

Sinistre, s. m. (*Ship wreck*). Naufrage, perte d'un bâtiment.

Sirocco, s. m. Vent du Sud-Est (Médit.).

Sloop, s. m. (*Sloop*). Bateau caboteur portant un seul mât avec une brigantine, deux ou trois focs et parfois un tapecu. Ce bateau, ressemblant beaucoup au côtre, tient très bien le plus près.

Smack, s. m. (*Smack*). Grand sloop des côtes d'Écosse, gréant une voile de fortune et même un hunier.

Smogleur, s. m. (*Smuggler*). Petit navire contrebandier des côtes d'Angleterre.

Sole, s. f. (*Sole*). On nomme ainsi généralement les pièces de bois mises à plat qui servent de liaison d'empâtement. Le plancher et le plafond des bouteilles, le bout de planche que l'on met à plat sous le pied des bigues, la pièce du fond d'un affût, qui porte sur les deux essieux sont des soles.

Solidité, s. f. La solidité d'une carène est le volume d'eau qu'elle déplace.

Sombrer, v. n. (*To sink*). Couler à fond.

Sommail, s. m. (*Flat*). Petite basse qui se trouve dans une passe.

Somme, s. f. (*Twart*). Banc de gravier, sable ou vase qui traverse en dehors le chenal d'un port, d'une rivière.

Sondage, s. m. (*Sounding*). Action de sonder.

Sonde (*Sounding lead*). Appareil destiné à faire connaître la profondeur de l'eau et la nature du fond. Il se compose d'un plomb fixé à l'extrémité d'une ligne divisée en mètres par des languettes de cuir, des petits bouts de ligne ou des morceaux d'étamine de diverses couleurs; on distingue la grande et la petite sonde qui diffèrent par les dimensions des plombs (Voir ce mot), des lignes et leurs graduations.

On emploie aussi pour sonder le plomb à lance et la bouée de sonde. Voir ces mots.

— Sondes. Sur une carte, on entend par sondes les chiffres qui y sont portés pour indiquer la profondeur de l'eau en chaque endroit.

— Parages où l'on navigue en sondant constamment, les sondes du Bengale.

— Sonde de pompe (*Gauge rod*). Verge de fer plate tenue avec une menue ligne pour la filer le long du corps extérieur d'une pompe en suivant un conduit ménagé sous une petite jumelle. Cette sonde descend ainsi jusqu'au vaigrage et permet de connaître la quantité d'eau qui est dans la cale.

Sonder, v. n. (*To sound*). Déterminer à l'aide de la sonde la profondeur de l'eau et la nature du fond.

Pour jeter la sonde, un homme se tient à l'arrière des grands porte-haubans, balance, plusieurs fois à la main le plomb de sonde et le lance le plus loin possible en avant; le plomb coule et avec une vitesse de 4 à 5 nœuds et des fonds de 10 à 15 brasses on obtient ainsi exactement le fond. Le sondeur voit sur la ligne la quantité d'eau trouvée et l'indique en chantant: tant de mètres, babord.

Lorsque l'eau est profonde, on se sert de la grande sonde. A cet effet des hommes sont échelonnés de distance en distance, sur les bastingages du vent; le plomb est envoyé sur le bossoir du même bord, et on amarre dessus la ligne, on l'élonge de l'arrière à l'avant en dehors des galhaubans, en donnant à chaque homme une petite glène de cette ligne.

Au commandement; mouillez, le plomb est jeté à la mer, les hommes filent successivement leur glène à la demande en criant: veille. Celui qui trouve le fond crie: fond; et fait au même instant une boucle sur la ligne.

— v. a. Sonder une pompe. S'assurer de la quantité d'eau que contient la cale.

— Sonder une pièce de bois, un mât, vérifier avec des tarières si le bois est sain.

Sondeur, s. m. (*Sounding man*). Matelots, ordinairement des timoniers, chargés de jeter le plomb de sonde et de lire le fond.

— (*Sounding lead*). On comprend sous ce nom une grande quantité d'appareils très divers employés pour déterminer la profondeur de l'eau surtout dans les mers très profondes et où la sonde ordinaire ne donne aucun résultat.

Sonner, v. a. (*To ring*). Autrefois sur les navires de guerre, on sonnait la cloche en branle aux changements de quart, pour les manœuvres générales. Aujourd'hui on se sert du sifflet.

Sortie, s. f. (*Putting out*). Action de faire sortir un bâtiment d'un bassin, d'un port, d'une rade.

— Voyage. Courte campagne près des côtes.

Sortir, v. n. (*To sail out*). Quitter un port, une rade, un mouillage, prendre le large. On peut sortir à la voile, à la touline, en se touant, à la remorque. Voir ces mots.

Soufflage, s. m. (*Sheating board*). Revêtement en planches qu'on cloue, tribord et babord à la flottaison d'un navire pour renfler sa carène trop étroite et qui manque de stabilité. L'augmentation de largeur donnée par le soufflage va, dans la partie centrale, parfois jusqu'à un mètre.

Souffler, v. a. (*To fur*). Souffler un navire, lui appliquer un soufflage.

Souille, s. f. (*Bed*). Enfoncement que forme, dans la vase ou sable mou, un bâtiment échoué.

Soulager, v. a. (*To ease*). Soulager une voile, un mât; c'est diminuer les efforts qu'ils ont à supporter en diminuant de toile ou en orientant autrement.

— (*To light*). Soulager un fardeau, un objet quelconque. Le soulever.

Souquer, v. a. (*To pull away*). Raidir, serrer fortement un cordage, des tours de cordage autour d'un objet, un amarrage.

— Souque. Espèce d'ordre d'encouragement qu'on donne à des matelots faisant effort sur un cordage pour qu'ils agissent ensemble et avec force.

Sourde, adj. Lame sourde. Vague en pleine mer qui agit en dessous, sans déferler; elle précède dans certains temps, une grosse mer, un coup de vent et est or-

dinairement le résultat d'un coup de vent dans d'autres parages.

Sous, prép.

—Etre sous le vent (*To the leeward*). d'un bâtiment, d'un objet quelconque; être plus éloigné de l'origine du vent, que cet objet qui est alors au vent par rapport à vous

— Etre sous voiles (*Under sail*). Avoir ses voiles établies.

— Etre sous les huniers au bas ris; naviguer en n'ayant comme voiles que le grand et le petit hunier aux bas ris.

Sous-barbe, s. f. (*Bob stay*). Cordage ou chaîne partant du taillemer près de la flottaison et se ridant à l'extrémité du beaupré sous les violons. Les sous-barbes avec les liures ont pour but d'empêcher le beaupré de se relever sous l'influence de l'action des étais.

— Bigue, pièce du milieu d'une machine à mâter.

Sous-berme, s. f. (*Freshes*). Gonflement des eaux d'un port, d'une rade par l'apport extraordinaire de cours d'eau.

Sous-fréter, v. a. (*To under freight*). Fréter à un autre le bâtiment qu'on avait frété pour soi.

Sous-marin, adj. (*Sub marine*). Bateau sous-marin. Bateau destiné à naviguer sous l'eau.

Sous-sombrer, (*To be overset*). Un bâtiment sous-sombré est celui qui a disparu sous l'eau, après avoir sombré.

Sous-venté, part. (*To the lee ward*). Un navire sous-venté est un navire qui, par l'effet des courants, de la dérive se trouve sous le vent de l'endroit où il pensait être.

Sous-vergue (vent). (*Wind blowing from abaft*). Vent arrière.

Soute, s. f. (*Store room*). Désignation générique des magasins établis dans l'entrepont et la cale d'un bâtiment et où l'on range différentes provisions. Soute à voiles, à poudre, à biscuits, etc.

Soutenir, v. a. (*To maintain*). Soutenir un combat, une chasse, combattre ou fuir devant des forces supérieures sans perdre de ses avantages.

— Se soutenir en louvoyant contre vent et marée; c'est ne perdre, ni gagner sur sa route.

Spalme, s. f. Nom générique de toute espèce d'enduit employé à espalmer.

Sparterie, s. f. Voir *Bastin.* Filin fait avec du genêt d'Espagne.

Speronare, s. m. Bateau maltais, d'une marche remarquable, non ponté, et portant un mât à l'avant avec une voile à livarde; ses fonds plats permettent de le haler facilement à terre.

Stabilité, s. f. (*Stability*). Qualité d'un bâtiment de rester dans son assiette et de tendre à y revenir lorsqu'il en est écarté par le vent, les lames, ou toute autre cause.

Station, s. f. (*Station*). Séjour des bâtiments de guerre en pays étrangers ou dans les colonies, dont la mission est de faire respecter le pavillon national, d'exercer la police maritime, de protéger les nationaux.

— L'ensemble des bâtiments chargés en un point de ce service.

Stationnaire, s. m. (*Guard ship*). Petit bâtiment de guerre mouillé en tête d'une rade pour exercer une police sévère sur les navires qui entrent et qui sortent.

Steamer, s. m. (*Steamer*). Bâtiment à vapeur.

Stop ou Top. Le timonnier qui tient l'ampoulette lorsqu'on jette le loch crie : stop! pour prévenir que tout le sable est passé.

— Dans les observations nautiques, on prévient aussi par ce mot, celui qui tient le compteur, de lire l'heure.

Stoppeur, s. m. Voir *Linguet, Legoff.*

Strock, s. m. Barque russe de la mer Caspienne.

Subrécargue, s. m. (*Supercargo*). Agent fondé de pouvoirs par l'armateur et embarqué sur son navire pour en administrer et régir la comptabilité.

Sud, s. m. (*South*). La direction que l'on a devant soi en regardant le soleil lorsqu'il est midi.

Gouverner vers le sud, faire le sud; se diriger vers le sud.

Sud, ad. (*Southward*). Diriger vers le sud.

Sud-Ouest, s. m. (Prononcer suroi). Espèce de chapeau en toile peinte à bords ovales qu'on porte par mauvais temps.

Suiver, v. a. (*To allow*). Frotter ou garnir de suif un objet pour rendre ses mouvements plus faciles et plus doux.

Sultane, s. f. Bâtiment turc.

Supérieur, adj. (*Higher*). Les mâts supérieurs; ceux qui sont au-dessus des bas mâts.

— (*Of higher rank*). Officiers supérieurs; les capitaines de frégate et les capitaines de vaisseau.

Sur, prép. Un bâtiment est sur l'avant, sur tribord, sur l'arrière; lorsqu'il penche vers une de ces parties.

— Une ancre est sur le fond (*ahead*), lorsqu'elle est mouillée et qu'elle a mordu le fond.

— Une voile est sur le mât (*aback*), quand elle est coiffée ou masquée.

— Une voile sur ses cargues (*brailed up*) est une voile larguée, mais maintenue par ses cargues.

— Un navire est sur plusieurs ancres, lorsqu'il a plusieurs ancres mouillées.

— Mettre des hommes sur le bord. Les envoyer le long de l'échelle du bord pour rendre les honneurs à une personne qui embarque.

Surbaux, s. m. (*Frames*). Pièces de bois formant l'encadrement des écoutilles et en saillie sur le pont pour empêcher les eaux de tomber dans les batteries.

Surcharger, v. a. (*To overload*). Charger un navire de façon à lui faire excéder son tirant d'eau normal; il n'est plus alors dans ses lignes d'eaux naturelles.

Surjaler, v. n. (*To foul*). Une ancre est surjalée lorsque son câble passe par-dessous le jas au moment du mouillage ou d'un évitage. L'ancre est alors soulevée et cabane facilement.

Surlier, v. a. (*To whip*). Faire une surliure.

Surliure, s. f. (*Whipping*). Amarrage qui sert à empêcher le bout d'un filin de se décommettre. Elle se fait avec du fil à voile ou du fil de caret, soit par une suite de tours morts à se toucher, soit par une série de demi-clefs.

Survente, s. f. Augmentation plus ou moins considérable du vent.

Surventer, v. n. (*To overblow*). Il survente, lorsqu'il se produit une survente, c'est-à-dire une augmentation plus ou moins considérable du vent.

Susbande, s. f. Plates-bandes en fer qui recouvrent les tourillons d'une bouche à feu et les empêchent de sortir de leurs encastrements.

Suspect, adj. Navire suspect. Navire qu'on soupçonne infesté d'une maladie contagieuse.

Suspensoir, s. m. (*Lifter up*). Sorte d'araignée en sangle fixée eu arrière d'un hunier et accrochée à un palan de dimanche sur l'itague de drisse ; en pesant sur le garant les branches de l'araignée, embrassent et relèvent la toile qui forme le chapeau d'un hunier serré.

Suspente, s. f. (*Slings*). Forts cordages ou chaînes qui entourent le ton du bas mât et servent à supporter la basse-vergue par son milieu, lorsque les drisses sont dépassées.

Syndic, s. m. (*Maritime syndick*). Employé qui, dans les quartiers maritimes, assiste les commissaires des classes ou les remplace quand il y a lieu, et qui exerce les mêmes fonctions que ces commissaires dans les sous-quartiers ou syndicats.

Syzigie, s. f. Marée des syzigies (*Spring tide*). Marées correspondant à la nouvelle ou à la pleine lune.

T

Table, s. f. (*Messing*). Table des officiers. Réunion des personnes qui mangent à une même table.

Tableau, s. m. (*Counter*). La partie de la poupe d'un vaisseau au-dessus de l'arcasse. C'est une large surface plane inclinée, sur laquelle est inscrit le nom du bâtiment.

Tablette, s. f. (*Rising staff*). Petit bout de planche polie, sur lequel les charpentiers tracent les équerrages des pièces à travailler, après les avoir relevées sur le plan.

Tablier, s. m. (*Tabling in the bunt of a sail*). Doublage, en toile à voile, que l'on coud vers le bas et sur l'arrière de chaque hunier et perroquet, pour garantir le fond de ces voiles contre le frottement du bord des hunes et des barres.

Tactique, s. f. (*Tacticks*). La tactique navale est l'art de disposer les vaisseaux réunis en armée, escadre, de les faire évoluer pour arriver en position de combattre.

Ces différentes manœuvres sont indiquées par les signaux de l'amiral. Aussi nomme-t-on tactique un livre contenant ces différents signaux et la manière de les faire.

La tactique se compose de trois volumes comprenant les signaux de jour, de grande distance, de nuit, le répertoire des évolutions.

Tailler, v. a. (*To build so as to*

go fast). Un navire bien taillé, est un navire bien construit, dont les formes sont disposées de façon à lui donner une bonne marche.

— *(To cut).* Tailler des voiles ; couper les différentes laizes qui par leur réunion doivent former ces voiles.

Taille-mer, s. m. *(Cut water).* Partie de l'avant, de la guibre d'un navire, en forme de console et qui fend l'eau lorsque le navire avance.

Taille-mer, s. m. *(Cut water).* Une des pièces qui composent la guibre, elle est en forme de console et coupe l'eau.

Taille-vent, s. m. *(Main sail of a lugger).* Voiles à bourcet de faibles dimensions qui par grand vent remplace la grande voile des lougres, des chasses-marées.

Taligau, s. m. Bordé dont on ferme l'ouverture des sabords d'un bâtiment de guerre qu'on veut armer en flûte.

Talon, s. m. *(Heel).* Talon de la quille. Extrémité postérieure de la quille sur laquelle repose l'étambot. Donner un coup de talon, frapper un écueil, un banc du talon de la quille.

— Talon d'une varangue, la partie qui repose sur la contre-quille.

— Talon d'une poulie. Excédent de bois laissé au cul d'une poulie pour la forcer à se tenir dans une direction voulue.

Talonner, v. n. *(To strand).* Toucher le fond de la mer avec le talon de la quille, ce qui occasionne des secousses plus ou moins fortes selon l'état de la mer, la vitesse du bâtiment. Les bâtiments tirent ordinairement plus d'eau de l'arrière que de l'avant, aussi peuvent-ils talonner sans échouer.

Talonnier, s. m. *(Heel of a floor timber).* Pièce de bois qu'on applique sous le milieu d'une varangue qui ne fournit pas de quoi former son talon.

Talonnière, s. f. *(Heel of the rudder).* Partie basse de la mèche du gouvernail, coupée en onglet,

pour ne pas porter sur le talon de la quille qui dépasse toujours un peu en arrière de la perpendiculaire de l'étambot.

Taluser, v. a. Tailler le bord d'une planche en talus, biseau ou sifflet.

Tambour, s. m. *(Drummer).* Homme chargé de battre le tambour à bord.

—*(Wash-board).* Réunion de cloisons ou de planches ayant pour but d'isoler une portion du navire ou entourer certains objets comme la tête d'un gouvernail.

— Partie de boucaut ou de barrique destinée à remplir un vide dans la cale ou dans l'arrimage.

Tambours, s. m. *(Paddle-boxes).* Cages en bois qui recouvrent la partie supérieure des roues des bâtiments à vapeur.

Tamisaille, s. f. *(Sweep of the tiller).* Coulisse en bois fixée sous les barreaux du pont qui soutient l'extrémité avant de la barre du gouvernail. Cette coulisse a la forme d'un arc de cercle et permet à la barre d'effectuer ses différents mouvements de rotation.

Tampon, s. m. *(Plug).* Bouchon en bois de forme conique qu'on garnit d'étoupe suivée et dont on se sert pour boucher des trous de boulet dans la coque d'un bâtiment.

— Voir *Tape d'écubier.* (*Hawse-plug.*)

Tangage, s. m. *(Pitching).* Oscillations d'un navire dans le sens de sa longueur causées par l'agitation de la mer.

Les tangages sont vifs si ces oscillations se succèdent rapidement.

Les tangages sont durs, si les lames sont courtes, creuses et répétées.

Les tangages sont doux et lents lorsque les lames sont longues.

L'arrimage, la disposition du chargement, la voilure ont une influence considérable sur la nature des tangages.

— Etai de tangage. Etai supplémentaire qu'on installe dans les parages où la mer est dure.

Tangon, s. m. (*Boom*). Sorte de vergue tenue en dehors du bâtiment par le travers du mât de misaine. Le bout intérieur tient au bord par un crochet, le bout extérieur est maintenu par une balancine et des bras. Ces tangons servent en rade à l'amarrage des embarcations et portent des échelles par lesquelles s'embarquent les canotiers.

— Le tangon était autrefois un espars double, allant d'un bord à l'autre sur l'avant du mât de misaine, et servant à traverser les ancres.

Tanguer, v. n. (*To pitch*). Un navire tangue lorsqu'il fait une série d'oscillations dans le sens de sa longueur. On tangue sans voiles, et encore plus à l'ancre par grosse mer. Les navires fins à avant droit, tanguent beaucoup plus que les navires à avant renflé.

Tangueur, s. m. (*Lumper ship*). Navire qui tangue beaucoup.

Tanner, v. a. (*To tan*). Plonger dans une décoction d'écorce de chêne mêlée d'ocre rouge, des voiles, des filets pour les préserver de l'action de l'eau et augmenter leur durée.

Tape, s. f. (*Plug*). Tape d'écubier. Cône tronqué en bois servant à boucher à la mer les écubiers; en rade, on emploie des tapes cannelées qui bouchent le trou tout en donnant passage au câble ou à la chaîne.

— Bouchon en liège ou en bois employé pour fermer la bouche d'une pièce d'artillerie.

Tapecu, s. m. (*Ring tail sail*). Petite voile trapézoïdale établie tout à fait à l'arrière de certains bâtiments sur un mât nommé mât de tapecul emplanté dans le couronnement. Cette voile se borde sur un bout dehors poussé sur l'arrière.

— Bonnette de tapecu ou de sous gui qu'on établit sous la partie extérieure de la bôme d'un grand bâtiment.

— Chaise de sangle où se suspendent les calfats pour travailler le long du bord.

Taper, v. a. (*To lay the tampions*). Taper une bouche à feu; fermer la bouche avec une tape.

Tapebord, s. m. Bonnet dont les bords se rabattent et préservent ainsi le cou de la pluie et du vent.

Tapion, s. m. Taches blanches qui paraissent sur les rochers à une certaine élévation et de loin ont l'aspect de voiles.

— Espace, ou la mer étant moins agitée, à une couleur plus mate que celle des eaux environnantes.

Tapis d'embarcation, s. m. (*Boat's cloth*). Bande de drap bleu doublée en toile, garnie de bordures rouges et d'ancres de même couleur. Elle sert à couvrir les bancs d'une embarcation où montent des officiers.

Tapon, s. m. (*Boat'sdale plug*). Bouchon servant à fermer le nable d'une embarcation.

— Morceau de toile servant à raccommoder le trou d'une voile.

Taquet, s. m. (*Cleat*). Morceau de bois ou de fer fixé en différents points d'un bâtiment et servant à tourner et amarrer des cordages ou manœuvres.

— Taquets à cornes. (*Belaying cleats*). Ces taquets se composent d'un petit bloc central en bois terminé des deux côtés par deux espèces de pointes ou cornes également en bois ils se clouent par leur milieu sur les ponts.

— Les taquets de bout (*Stopper's cleats*). De même forme mais beaucoup plus forts servent à tourner les bosse-dehout.

— Les taquets de haubans (*Shrouds cleats*) aussi de même forme sont fixés sur les haubans.

— Taquets à dent. (*Snatch cleats*). Taquets n'ayant qu'une seule corne.

— Taquets à cœur, oreilles d'ânes. (*Kevel*). Espèce de petite bitte composée de deux montants verticaux, fixée sur une traverse

horizontale clouée contre la muraille.

— Taquets de bittes (*Spars of the bitts*). Espèces de consoles placées sur l'avant des montants des bittes et servent d'arcs-boutants.

— Taquets à gueule, morceaux de bois échancrés qu'on cloue sur le pont pour recevoir le pied des escaliers, des échelles et les empêcher de glisser.

Tarets, Vers marins ou plutôt mollusques acéphales, qui creu-
sent dans le bois de longs ca-
naux longitudinaux, dans les-
quels ils se logent; par leur multiplicité et la rapidité de leur développement, ils détruisent en peu de temps les bois des plus forts échantillons. Les tarets ne vivent que dans l'eau salée; l'eau douce ou un mélange d'eau douce et d'eau salée les détruit; aussi choisit-on pour conserver les bois sous l'eau des anses où arrive une rivière donnant un mé-
lange convenable.

Tartanne, s. f. (*Tartan*). Petit bâtiment portant un grand mât, un tapecu et un beaupré; la grand'voile est à antennes. (Médit.)

Tâter, v. a. (*To touch.*) Tâter le vent. Loffer légèrement jusqu'à faire fasier un peu une des voiles sur lesquelles on se règle pour gouverner.

Taud, s. m. (*Weather cloth*). Abri en grosse toile qu'on établit en forme de toit au-dessus des ponts pour garantir l'équipage contre la pluie. Le milieu des tauds est souvent soutenu par un espars placé dans le sens de la quille et hissé sur un cartahu.

Tauder, v. n. Installer un taud.

Taurcau, s. m. Navire de charge de la Manche à avant arrondi et portant deux mâts.

Tchikirne, s. f. Gabare turque.

Teck, s. m. (*Teak*). Bois des Indes employé pour la construction des navires.

Télégraphe marin, s. m. (*Nauti-
cal télégraph.*) Lorsqu'une phrase à signaler ne se trouve pas dans la tactique des signaux généraux ou particuliers, on se sert du télégraphe marin dans lequel cha-
que signal au lieu de représenter une phrase comme dans la tac-
tique, ne représente qu'un mot, qu'une syllabe ou même une lettre; ce qui permet de signaler tout ce que l'on veut. Les signes employés sont dix pavillons et quatre flammes.

Témoins, s. m. (*Unlaid end of a' rope*). Pour qu'on puisse aisément constater la qualité du chanvre d'un cordage et s'assurer que la pièce est bien entière on laisse les extrémités des cordons effilées; c'est ce qu'on ap-
pelle témoins.

Tempête, s. f. (*Storm*). Vent considérable ordinairement accom-
pagné de pluie, de grains, de rafales et qui oblige à fuir devant le temps ou à mettre à la la cape.

Temps (*Weather*). L'état du ciel, du vent, de la mer.

— Gros temps. Grand vent ordi-
nairement accompagné de pluie et d'une grosse mer.

Petit temps. Vent de peu de force.

Temps maniable, nourri, fait; voir ces mots.

— Coup de temps, coup de vent, tempête.

— *Interval.* L'intervalle de temps qui sépare chaque coup de canon d'un salut, ou d'un signal en temps de brume.

Tendelet, s. m. (*Tilt.*) Espèce de tente mobile qu'on installe au-
dessus de la chambre d'un canot.

Tenir, v. a. et n. Tenir le vent (*To keep the wind*). Gouverner au plus près.

— Tenir un objet à tel air de vent. Le voir dans cette direction.

— Tenir deux objets l'un par l'autre (*to keep two things in one*); les voir dans la même direction.

Tenir le large (*to keep the sea*) tenir la côte. Naviguer au large ou près de la côte.

Tenir un gréement, des vergues, des mâts, des haubans.

Raidir toutes les manœuvre

qui assurent la fixité des mâts, des vergues.

Tenir bon, Arrêter l'effort qu'on fait sur une manœuvre, cesser ce qu'on est en train de faire.

Tenir bon dessous. (*To light hold*) Tenir un cordage passant dans une poulie ou autour d'un cabestan pour empêcher qu'il ne revienne sur lui-même.

— Tenir la cape, rester à la cape.

— Tenir sur ses ancres. Recevoir un coup de vent au mouillage sans que les ancres chassent.

Tenon, s. m. (*Tenant*). Bout d'une pièce de bois taillée pour entrer dans une mortaise.

Les mâts présentent un tenon à leur partie supérieure pour recevoir le chouquet et un autre à leur partie inférieure qui se fixe dans le massif d'emplanture. Tenon de chouque. (*Shoulder of the cap.*) — Tenon d'emplanture. (*Heel.*)

— Epaulements que l'on voit sur la verge d'une ancre et qui pénètrent dans des mortaises pratiquées dans les jas pour les empêcher de tourner.

Tente, s. f. (*Awning*). Abri en toile que l'on tend au-dessus des ponts des bâtiments, des embarcations. La ralingue du milieu de chaque tente porte à ses extrémités un croc ou une fune pour la roidir; vers la moitié de sa longueur on épisse des araignées sur lesquelles on frappe le cartahu qui sert à soutenir la tente, enfin des hanets placés de distance en distance sur la ralingue servent à serrer la tente. La toile est tendue au moyen d'attrapes sur des filières placées en abord; un transfilage réunit les tentes entre elles.

Les tentes d'embarcations sont en toile plus légère; elles portent au centre et aux deux extrémités des traverses en bois qui servent à les tendre sur les montants placés à l'avant et à l'arrière du canot, des balancines les maintiennent horizontales.

Tenue, s. f. (*Holding ground*). Qualité du fond d'un mouillage.

Les fonds de bonne tenue sont ceux dans lesquels les pattes des ancres pénètrent facilement et ne peuvent cependant en être arrachées qu'avec difficulté.

— La tenue d'un mât est son assujettissement par les étais et les haubans.

Termes, s. m. (*Term pieces*). Pièces de bois sculptées supportant les côtes du couronnement d'un navire.

Terral, s. m. Vent du nord. (Méd.)

Terre, s. f. (*Land*). L'homme de vigie lorsqu'il aperçoit un îlot, un rocher, une côte quelconque prévient en criant : Terre.

— Etre sous la terre, naviguer près de la côte.

— Bordée de terre, celle qui dans un long voyage rapproche un bâtiment de terre.

— Aller à terre, quitter le bord pour descendre sur le rivage.

— Terre de beurre. — Nuage qu'on avait pris pour une terre.

Terre-neuvier, s. m. (*Banker*). Navire, marin, qui fait la pêche de la morue, sur le banc de Terre-Neuve.

Terrir, v. n. Arriver en vue d'une côte.

Têtar, s. m. Chaumard volant.

Tête, s. f. (*Upper End, Head, Top*). La partie supérieure d'un objet placé à peu près verticalement.

Tête d'un mât, de l'étrave, de l'étambot, d'un gouvernail, d'une roche, d'un banc.

— L'extrémité la plus avancée d'un objet.

Tête d'armée, tête de ligne, tête d'un bordage d'un affût. Tête d'une rade son entrée du côté du large.

— Tête de mort, tête d'alouette, nœuds, voir ces mots.

Têtière, s. f. (*Head*). La partie supérieure d'une voile carrée. La ralingue de têtière est la ralingue supérieure qui s'applique contre la vergue.

Teugue, s. f. (*Top. poop*). Petite dunette qui ne s'étend vers l'avant à partir du couronnement que de la moitié des dunettes ordinaires. On construit aussi des teugues sur l'avant pour abriter les hommes de quart.

Théâtre, s. m. L'emplacement où l'on déposait les blessés pendant un combat.

Tiercon, s. m. (*Tierce*), Futaille contenant environ les deux tiers d'une barrique ordinaire.

Tiers-point (En). On nomme voiles en tiers-point, les voiles qui comme les focs, ont trois ralingues, trois points.

Tiers. Voile au tiers. Voir *Bourcet*.

Tillac, s. m. (*Deck*). Le pont, ce mot ne s'emploie plus.

Tillé, s. f. Portion de tillac, sorte de cabane installée à l'avant et l'arrière de certains bateaux de pêche.

Timon, s. m. (*Tiller*). Barre de gouvernail. Vieux.

Timonnerie (*Steering place*). Lieu du navire où se trouvent les roues du gouvernail, les habitacles, les compas de route, les lampes.

— Nom collectif par lequel on désigne l'ensemble des timonniers.

— Le service dont ils sont chargés.

Timonnier, s. m. Les timonniers étaient autrefois les hommes chargés de gouverner, maintenant ce sont les gabiers qui gouvernent. Les timonniers sont chargés spécialement de faire les signaux de toutes sortes, de transmettre les ordres, de prévenir les officiers de l'heure du service, de les aider dans les observations astronomiques, de prendre la hauteur du thermomètre, du baromètre, le degré de salure de l'eau, de jeter le loch, d'entretenir les lampes.

Tin, s. m. (*Stolk. Kevel, Cap-Cleat*). Billot de bois servant de support à une pièce de construction pendant qu'on la travaille.

Pendant la construction d'un bâtiment la quille repose sur une série de tins.

Tinter, v. a. (*To set the stolks*). Tinter un objet; le placer sur des tins.

Tirant-d'eau, (*Ship's gage*). La quantité dont un navire s'enfonce dans l'eau ; cette quantité n'est pas la même sur toute la longueur du bâtiment, aussi prend-on ordinairement le tirant d'eau à l'avant et à l'arrière. On le prend sur l'étrave et sur l'étambot au moyen de chiffres en relief ou points d'une façon apparente indiquant les décimètres.

Tire-bord, s. m. Instrument en bois muni d'une vis et d'un écrou et qui sert dans les chantiers de construction à faire reprendre sa place à un bordage qui s'en est écarté.

Tire-Bourre, s. m. (*Wad-hook*). Manche garni à son extrémité d'une double tige de tire-bouchon et servant à retirer le valet et la gargousse de l'intérieur des bouches à feu.

Tirer, v. n. (*To draw*). Un bâtiment tire tant de mètres lorsqu'il s'enfonce dans l'eau de ce nombre de mètres.

Tire-veilles, s. f. (*Ladder ropes*). Bouts de filin fixés au haut des échelles ou escaliers des bâtiments pour aider à monter. Elles se font en tresse ronde ou carrée, en franc filin. Elles ont à leur extrémité supérieure, un œil ou une pomme, et à leur extrémité inférieure, un œil à la flamande ou une queue de rat.

Toile à voiles, s. f. (*Sail cloth*). Forte toile de chanvre ordinairement écrue. On distingue les toiles par numéros et aussi par le nombre de fils composant la chaîne. Les toiles à 4 et 6 fils par exemple se nomment mélis et servent à faire les huniers.

— (*Syn. de Voile*). Mettre de la toile ; faire de la toile. Exposer le plus de voile possible à l'action du vent.

Tolet, s. m. (*Thole*). Fiche en fer ou en bois que l'on enfonce de la moitié de sa longueur sur le plat-bord d'une embarcation dans un renfort nommé toletière. Le tolet sert à retenir une estrope fixée au manche de l'aviron et à appuyer celui-ci pendant la nage. Souvent on met en place deux tolets et on place l'aviron entre deux, il n'a pas alors d'estrope.

Toletière, s. f. (*Rowlock*). Renforts en bois cloués sur le platbord d'une embarcation et percés de trous pour recevoir les tolets.

Tomber, v. n. Tomber sous le vent.

— (*To fall to the leeward*). S'éloigner de l'origine du vent.

— Tomber sur un navire, une roche. (*To drive to ward*). Être entraîné par le vent, le courant ou toute autre cause vers un navire, un rocher, etc.

— Un navire tombe sur l'avant sur l'arrière, lors qu'il cale plus d'eau où à l'avant, ou à l'arrière.

— Le vent tombe. La mer tombe. Le vent diminue d'intensité et les vagues de force.

Ton, s. m. (*Mast's head*). Le ton d'un mât est la partie comprise entre la face supérieure des jottereaux ou des épaulettes et le tenon carré qui reçoit le chouque. Il est à pans coupés avec les angles fortement arrondis.

Tondre, s. m. Toile brûlée qu'on conserve dans une petite botte fermée hermétiquement pour tenir lieu d'amadou. Au moyen d'une pierre et d'un briquet cette toile s'enflamme facilement et sert à allumer le tabac.

Tonnage, s. m. (*Tunnage*). Capacité d'un bâtiment évaluée en tonneaux.

Tonne, s. f. (*Buoy*). Grosse bouée en bois ou en tôle. Voir *Bouée*.

— (*Cask*). Ancienne futaille de la contenance de deux barriques ou d'un demi-tonneau.

Tonneau, s. m. (*Tun*). Futaille pesant 1000 k., lorsqu'elle est pleine d'eau.

Tonture, s. f. (*Sheer*). Courbure qu'on donne aux ponts des navires en les relevant vers l'avant et vers l'arrière. Cette courbure facilite l'écoulement des eaux et maintient les ponts à peu près droits lorsque les navires viennent à s'arquer. Très marquée sur les anciens bâtiments, la tonture est beaucoup plus faible aujourd'hui, surtout sur les bâti-

ments de guerre pour faciliter la manœuvre des pièces. Les préceintes ont la même tonture que les ponts.

Tonturer, v. a. (*To build with sheer*). Tonturer un pont, lui donner de la tonture en le construisant.

— Un bâtiment bien tonturé est un bâtiment dont les préceintes présentent une courbe agréable à l'œil.

Top, (*Stop*). Voir *Stop*.

Torcher, v. n. Torcher de la toile (*To crowd sails*). Faire le plus de voiles possible.

Tornade, s. f. (*Whirlind*). Voir *Cyclone*.

Toron, s. m. (*Strand*). Le toron est l'assemblage d'un certain nombre de fils de caret tortillés ensemble en sens inverse de leur torsion propre.

Le cordage est en trois (*Three stranded rope*), ou en quatre (*four stranded rope*), suivant qu'il est formé de trois ou quatre torons commis ensemble. Voir *Commettre*.

Torpille, s. f. (*Torpedo*). Enveloppe de fer contenant une matière explosible et que l'on place au fond de la mer. Lorsqu'un navire ennemi passe au dessus d'elle, on met le feu à la poudre et la torpille éclate en faisant sauter le bâtiment.

Les torpilles sont chargées avec de la poudre, de la dynamite ou du fulmi-coton ; certaines torpilles contiennent 1000 k. de poudre ; l'enflammation se produit soit au moyen d'une étincelle électrique donnée par un fil communiquant avec la terre, soit automatiquement par le choc du navire contre la torpille.

Tors, adj. (*Twisted*). Un cordage est plus ou moins tors suivant qu'il est plus ou moins commis, qu'il a subi une torsion plus ou moins grande.

— Bois tors ; pièces de bois courbes.

— Un bâtiment est monté en bois tors, lorsque la quille, l'étrave l'étambot, les couples sont en place.

Tortue, s. f. Embarcation dont le pont relevé forme une espèce de toiture.

Touage, s. m. (*Towing*). Action de touer un bâtiment.

Toucher, v. n. (*To put in a port*). Toucher à un port, y faire une courte relâche.

— (*To come a ground*). Heurter plus ou moins avec la quille le fond, un écueil, un banc.

Touc, s. f. (*Ferry boat*). Petite embarcation plate.

Touée, s. f. (*Wharp, tow line, tow rope*). Cordage, grelin, aussière dont on se sert pour haler un navire dans l'intérieur d'un port ou d'une rade. La touée est fixée d'un bout à un navire, coffre, corps morts ou ancre ; on hale sur l'autre bout à la main ou en le garnissant au cabestan. Si une touée ne suffit pas on n'en réunit plusieurs à la file on va d'un point fixé à l'autre en y amarrant successivement la même touée.

— Longueur de câble qu'a dehors un navire mouillé.

Une touée a ordinairement 120 brasses ou 200 mètres de long c'est-à-dire une encâblure.

— Aller à la touée : avancer en se servant d'une ou plusieurs touées.

Touer, v. a. (*To tow, to wharp*). Touer un navire, le faire avancer en se balant sur des points fixes au moyen de touées.

Touline, s. f. (*Towline*). Petite aussière avec laquelle des embarcations font éviter ou remorquent un navire dans un port.

Toupras, s. m. Amarre de terre d'un navire. (Terre-Neuve.)

Tour, s. m.
— Tour dans les câbles (*Foul hawse*). Double croix, tortillement produit entre les deux câbles d'un navire affourché.
— Tour de loch (*The logreel*). Petit treuil sur lequel s'enroule la ligne de loch.
— Prendre le tour de bitte. (Voir *Bitte.*)
— Tour d'anguille (*Racking*). Tor-

tillement d'un fouet qu'on frappe sur un cordage.

— Tour mort (*Round turn*). Tour complet fait avec un cordage autour d'un autre cordage ou d'un objet quelconque pour produire du frottement ; on augmente les surfaces frottantes en faisant plusieurs tours morts.

— Le vent fait le tour du compas, lorsque, dans un court espace de temps, il souffle successivement de tous les points de l'horizon.

— Prendre du tour. Passer auprès d'un objet en le contournant à une distance suffisante pour ne point tomber sur lui.

— Pièce de tour (*Vinding plank*). Bordage généralement a double courbure fixé sur les hanches et les joues d'un bâtiment.

Touret, s. m. (*Hand reel*). Moulinet en bois sur lequel on enroule le fil de caret.

Tourillons, s. m. (*Trunions*). Parties cylindriques et saillantes, placées de chaque côté du milieu d'une bouche à feu. C'est par les tourillons qu'une pièce repose sur son affût.

Tourmente, s. f. (*Storm*). Tempête dans laquelle le vent souffle avec la plus grande violence possible.

Tourmenter (*To blow hard*). Le vent tourmente, lorsqu'il souffle avec violence.

— La mer tourmente un navire, lorsque les mouvements de roulis et de tangage compromettent ses liaisons et sa mâture.

— Une pièce de bois se tourmente, lorsque, sous l'influence d'actions de sens différents, elle se déjette.

Tourmentin, s. m. (*Spit fire jib*). Petit foc qu'on nomme aussi trinquette et que l'on établit par mauvais temps sur une forte draille placée le long de l'étai de misaine.

Tournage, s. m. (*Kevel*). Taquets, cabillots, l'ensemble des objets autour desquels on tourne et amarre les manœuvres d'un bâtiment.

Tournant d'eau, s. m. (*Whirpool*).

Endroit de la mer ou d'une rivière où les eaux forment un tourbillon.

Tournant, adj. (*Revolving*). Phare tournant. (Voir *Phare.*)

Tourner, v. a. (*To turn*). Faire faire à un cordage un nombre de tours suffisant autour d'un cabillot ou d'un taquet pour l'empêcher de filer ou de lâcher.

— Tourne! Commandement fait pour amarrer une manœuvre, pour retourner l'ampoulette au moment où on jette le loch.

Tournevire, s. f. (*Voyal*). Fort grelin garni de pommes et terminé à chacun de ses bouts par un œil destiné à les aiguilleter ensemble.

Elle sert à lever une ancre sur laquelle est étalingué un câble. La tournevire s'enroule au cabestan, fait le tour du navire en dedans sur l'avant, et, au moyen de garcettes que les pommes empêchent de glisser, s'amarre sur le câble de l'ancre qu'on veut lever. On vire ensuite au cabestan.

La couronne barbotin et l'emploi des chaînes ont supprimé celui de la tournevire.

Tournique, s. m. (*Roller*). Rouleau de bois dur placé verticalement entre les ponts et sur lequel on fait porter un cordage fortement tendu ou sur lequel on fait effort. On diminue ainsi les frottements.

Tout, adv.

— Tout à fait. Autant que possible.

— La barre dessous. Tout! (*Hard a lee*). Commandement pour mettre la barre sous le vent le plus possible.

— Tout à la fois. Ensemble.

Tracasser, v. a. (*To toss*). Lorsqu'une mer clapoteuse à lames courtes agite vivement un navire, on dit qu'elle le tracasse.

Train, s. m. (*File. Float*).

— Train de bateaux, de bois. Réunion à la file de plusieurs embarcations, de pièces de bois qu'on remorque dans une rade ou un cours d'eau.

— Train de mât. Pièce de bois plate creusée dans sa longueur et qui sert de traîneau pour transporter un mât dans un arsenal.

Traîne, s. f. (*Towing at the stern*). Tout objet qu'on file à l'arrière d'un navire à l'aide d'un bout de filin ; par exemple, un morceau de viande salée pour la faire dessaler, du linge pour le faire imbiber et décrasser.

— A la traîne. Un objet est à la traîne, lorsqu'il est ainsi attaché derrière un bâtiment.

Au fig. : Avoir ses effets à la traîne. Les avoir épars à droite, à gauche ; laisser tout derrière soi.

Traînard, s. m. (*Straggler*). Navire naviguant mal et restant toujours en arrière des bâtiments qu'il accompagne.

Trait, s. m. (*Sail*). Ce mot est parfois synonyme de voile.

Un trait carré. Bâtiment dont les voiles sont carrées.

— Courir à traits et à rames. Aller simultanément à la voile et à l'aviron.

— Traits du compas. Lignes marquées sur une rose des vents pour en indiquer les différentes divisions.

Trajectoire, s. f. (*Trajectory*). Ligne courbe que décrit un projectile lancé par une bouche à feu.

Traite, s. f. (*Trafic*). Trafic que font les bâtiments de commerce sur les côtes d'Afrique, où ils échangent leurs marchandises contre de l'ivoire, de la gomme, de la poudre d'or.

La traite des noirs (*Slave trade*) avait pour objet l'échange des nègres.

Traitement de table, s. m. (*Table money*). Supplément de solde que reçoivent les officiers, les élèves embarqués sur les bâtiments de l'Etat et qui, avec les rations qu'ils ont de la cale, doit subvenir à l'entretien de leurs tables.

Tramail, s. f. (*Trammel*). Filet formé de trois rets ; ceux de côté, nommés toiles, nappes ou flues, sont de fort fil, à grandes mailles; celui du milieu, de fil plus fin, se nomme aunée ou hamaux.

Tranche, s. f. (*Face*). La tranche d'une bouche à feu est la surface plane perpendiculaire à l'axe de la pièce et qui en termine la volée.

Trancheur, s. m. Syn. d'habilleur.

Tranquille, adj. (*Calm Still*). Calme.

La mer est tranquille, c'est-à-dire calme.

Transatlantique, adj. (*Transatlantic*). Paquebots transatlantiques. Paquebots faisant les traversées d'Europe en Amérique.

Transbordement, s. m. Action de transborder.

Transborder, v. a. (*To get from one ship to another*). Faire passer un objet d'un navire sur un autre.

Transfilage, s. m. (*Lacing*). Action de transfiler.
— Le résultat même de cette opération.

Transfiler, v. a. (*To snake*). Transfiler deux morceaux de toile. Les rapprocher bord à bord au moyen d'un bout de ligne passant alternativement des œillets pratiqués dans l'un dans ceux pratiqués dans l'autre.

Transport, s. m. (*Transportship*). Navire destiné à transporter des objets de toutes sortes pour le service de l'État. L'État se sert, à cet effet, de navires de commerce ou de navires qu'il construit spécialement dans ce but. Ces navires se nommaient autrefois navires de charge, flûtes, gabarres; aujourd'hui, ces bâtiments, tous à vapeur, présentent des installations spéciales à l'objet auquel on les destine; transport hôpital, transport écurie, etc.

Trapézoïdal, adj. (*Trapézoïdal*). Voiles trapézoïdales ou voiles auriques. On leur donne ce nom parce qu'elles ont à peu près la forme d'un trapèze.

Traque, s. f. Réunion de trois avirons; on vend ordinairement les avirons par traques.

Travade, s. f. (*Hurricane*). Ouragan de peu de durée pendant lequel le vent souffle avec violence successivement de tous les points de l'horizon. Cet ouragan est particulier aux côtes de Guinée.

Travailler, v. n. (*To labour*). Un navire travaille, lorsque, par une mer agitée, ses liaisons fatiguent.
— Deux cordages travaillent également, lorsque agissant sur un même objet, ils agissent tous deux avec la même force.

Travée, s. f. (*Bay of joists*). Dans une enclavation, on nomme travées les emplacements ou compartiments en pieux ou pilotis où l'on place les pièces de mâture qui y sont retenues, dans l'eau du bassin, au moyen de clefs en bois placées transversalement au-dessus de ces pièces.

Travers, s. m. (*Breast, Beam, Side*).
— Le travers d'un navire. Le flanc, le côté.

Présenter le travers à un bâtiment, à un fort, à une côte.

Vent de travers.

Relever un objet par le travers.
— Mettre en travers. Mettre en panne.
— Aller en travers. Aller en dérive.

Traverse, s. f. (*Shoal*). Amas de sable qui obstrue l'entrée d'un port ou d'une rivière.

Traversée, s. f. Navigation d'un port à un autre.

La plus courte traversée de New-York au Havre a été de neuf jours.

Traverser, v. a. Traverser une ancre (*To fish an anchor*). La relever de dessous le bossoir, où elle pend, jusque sur le platbord du côté du navire, sur l'avant, et l'y saisir solidement à poste.
— Traverser une voile (*To flat in*). Hâler vers le vent la toile et l'écoute sous le vent d'une voile à bourçet ou aurique, afin que cette voile ait plus d'effet pour

faire tourner le bâtiment autour de son axe vertical.

— Traverser la lame (*To cross*). Faire route de manière à la couper de bout.

Traversier, adj. (*Upon the beams*). Un vent traversier est un vent bon pour aller d'un port à un autre et bon encore pour en revenir.

— Barres traversières. Les traversins de hune.

— Bateau traversier. Bateau traversant journellement, dans un sens et dans l'autre une rade, une baie.

Traversière, s. f. (*Fish*). Caliorne dont le garant passe dans les trois clans du bossoir de traversière et dans les clans d'une poulie triple estropée en fer et munie d'une griffe, le dormant se fait sur le bossoir. La griffe est munie de queues servant à la manœuvrer.

Traversin, s. m. Traversins de hune (*Cross trees*). Pièces de bois placées transversalement sur les élongis, à l'avant et à l'arrière du mât, et destinées à supporter la hune. La barre placée à l'avant du mât eu est suffisamment écartée pour donner passage à la caisse du mât de hune.

— Traversin de bittes (*Cross piece*). Forte pièce de bois horizontale qui croise et relie les montants verticaux des bittes.

— Traversin d'écoutille (*Gutter ledge*). Espèce de petite poutrelle portant sur les deux bords de l'écoutille et garnie de feuillures pour recevoir les panneaux de l'écoutille.

— Traversins d'une embarcation (*Stretchers*). Forts bancs où sont placées les estropes auxquelles on croche les palans servant à embarquer ou débarquer ces embarcations.

Trébisonde, s. m. Bateau turc très tonture ; pointu de l'avant, rond de l'arrière et portant un mât avec une voile carrée.

Trélingage, s. m. (*Cat harping*). Bridure en cordage faite sous la hune de bâtiments à voiles carrées et qui relie les haubans des deux bords, elle donne à ces haubans le moyen de supporter l'effort qu'exercent sur eux les gambes de revers. Maintenant, on supprime généralement le trélingage et les haubans des mâts de hune se rident sur les bas-mâts, un peu au-dessous des jotteraux.

Trelucher, v. a. (*To gybe*). Trelucher une voile à antenne. La changer dans un virement de bord (Médit.).

Trémine, s. f. Entourage en planches d'environ 1 mètre de hauteur, qu'on établit autour des écoutilles des bâtiments qui font la pêche dans les parages où la mer est grosse, pour empêcher l'eau de pénétrer à l'intérieur.

Tréou, s. m. (*Lug sail*). Voile carrée destinée à remplacer une voile latine pendant un gros temps (Médit.).

Trépidations, s. f. (*Jars*). Mouvements, secousses que l'hélice imprime aux bâtiments qu'elle met en mouvement.

Trésillon, s. m. (*Spanish wind lass*). Petit levier en bois employé pour trésillonner.

Trésillonner, v. a. (*To lash with twisting*). Rapprocher fortement l'un de l'autre deux cordages tendus que l'on veut réunir par un amarrage. On se sert à cet effet d'un filin de petite dimension dont les bouts, après avoir embrassé les deux cordages, reviennent se fixer à un levier nommé trésillon, qui permet d'exercer un effort considérable.

Tresse, s. f. (*Sennet*). Sorte de cordage plat, tressé à la main, et composé de fils de caret et de bitord. On s'en sert ensuite pour former des paillets. Suivant la forme, on dit une tresse plate (*common sennet*), une tresse carrée (*square sennet*), une tresse ronde (*round sennet*).

— Une tresse de vieux bitord (*fox*).

Tressun, s. m. Espèce de filet (Seine).

Tréviro, s. f. (*Parbuckle*). Cordage servant à trévirer un fardeau.

Trévirer, v. a. Affaler ou hisser le long d'un plan incliné, un corps de forme cylindrique, une barrique, un espars au moyen de cordages appelés trévires. La trévire fait dormant par son milieu à un point fixe quelconque, et les deux bouts, après avoir passé sous l'objet à trévirer, viennent aux mains des hommes. On dit aussi que l'on trévire un mât, un espars quand on l'entoure de tours serrés d'un cordage au bout duquel on engage un levier au moyen d'une gueule de raie. En agissant sur le levier, on fait tourner le mât.

Triangle, s. m. (*Triangular hanging stage*). Echafaud composé de trois planches formant un triangle et qui entourent un mât auquel on veut travailler.

— Pavillons de différentes couleurs employés pour faire des signaux.

Triangulaire, adj. (*Triangular*). Voiles triangulaires. Voiles ayant trois ralingues. Les unes sont enverguées sur une draille, comme les focs ; les autres sur des vergues ou antennes, comme les voiles à antennes.

Tribord, s. m. (*Starboard*). La partie d'un navire qu'a à sa droite un observateur placé à l'arrière et regardant l'avant.

— La droite d'un marin, le côté droit d'un objet dont il parle.

— Tribord, pour les préséances, passe avant babord, c'est le côté d'honneur.

— L'une des moitiés de l'équipage qui fait alternativement le quart avec l'autre moitié ou babord.

Tribordais, s. m. (*Starboard watchmann*). Homme faisant partie du quart de tribord.

Trincadoure, s. f. (*Spanish boat*). Chaloupe des côtes d'Espagne.

Trinques, s. f. (*Wooldings*). Roustures des antennes.

Trinquet, s. m. (*Fore-mast*). Mât de misaine des bâtiments latins.

Trinquetin, s. m. Petite voile latine que, par mauvais temps, on envergue sur l'antenne du trinquet pour remplacer la trinquette.

Trinquette, s. f. (*Storm jib*.) Voile triangulaire portée par la vergue du trinquet.

— Sorte de petit foc. Voir *Tourmentin.*

Trois-mâts, s. m. (*Three masted vessel*). Tout navire à voiles carrées portant trois mâts, un mât de misaine, un grand mât, un mât d'artimont.

— Trois mâts carré, trois mâts portant à chaque mât des voiles carrées.

— Trois mâts barque, trois mâts dont le mât d'artimon ne porte pas de hune et généralement pas de voiles carrées.

Trois-ponts, s. m. (*Three decker*). Vaisseau ayant trois ponts ou trois batteries.

Tromblon, s. m. Grosse espingole.

Tropiques, s. m. Petits cercles de la sphère terrestre parallèles à l'équateur placés l'un dans l'hémisphère Nord, l'autre dans l'hémisphère Sud par 23°, 28' de latitude.

Le passage des tropiques donne lieu à bord des bâtiments à un baptême analogue à celui de la ligne.

Trou, s. m. (*Shelter, Harbour*). Enfoncement le long d'une côte pouvant servir d'abri momentané.

— Trou de chat. (*Lubber's hole*). Trou pratiqué dans une hune et qui permet d'y arriver en quittant les haubans.

— Même sens que dans le langage ordinaire.

Trous d'écoutes. Passage pratiqué dans la muraille d'un bâtiment pour les écoutes de basse voiles.

Trouble, s. f. Filet de pêche en forme de poche monté sur un cercle et traversé par une perche qui sert de manche.

Tulipe, s. f. La tulipe d'une bouche à feu est la partie renflée qui termine la volée.

Typhon, s. m. (*Tuffoon*). Ouragan des mers de Chine plus violent à la côte qu'au large.

U

Us et coutumes de la mer. (*Use and customs of the sea*). Code de lois maritimes basé sur les lois Rhodiennes et les rôles d'Oléron.

Usine. Outre les arsenaux, la marine possède diverses usines : l'établissement d'Indret où elle fabrique des machines à vapeur et des coques de navire en fer, les forges de la Chaussade à Guerigny, de la Villeneuve, de Saint-Gervais, la fonderie de Nevers, la fonderie de canons de Ruelle près Angoulême.

V

Vache, s. f. Nœud de vache (*Carricks bend*). Nœud de vache, nœud servant comme le nœud plat à réunir deux bouts de filin, mais il est moins solide. On ne l'emploie que lorsqu'on veut pouvoir dénouer facilement les deux cordages.

— Amarrage en vache. Méthode pour amarrer les canons sur un navire, les pièces sont alors appliquées dans le sens de leur longueur le long du bord et amarrées au moyen de cordages à des boucles fixées dans la muraille.

Vadrouille, s. f. (*Swab*.) Voir *Badrouille*.

Va-et-vient, s. m. (*Pass rope*). Filin élongé entre un navire et la terre ou entre deux navires et dont on se sert pour établir une communication. Dans un échouement par exemple, on établit du navire à la côte un va et vient qui facilite le sauvetage des hommes et des objets de toutes sortes.

Vago. s. m. (*Parrel-rib*). Bigot de racage. (Méd.)

Vague. s. f. (*Wave*). Lame. Peu employé en marine.

Vaigrage. s. m. (*Ceiling*). Assemblage de toutes les planches qui bordent intérieurement un bâtiment, qui recouvrent ses membres : si ces planches se touchent le vaigrage est plein, dans le cas contraire, il est à claire-voie.

Vaigre. s. f. (*Ceiling*). Bordages qui recouvrent intérieurement les couples d'un navire depuis la carlingue jusqu'à la tête des alonges.

— Vaigres bretonnes (*Spirkettings*). Vaigres passant par l'extrémité supérieure de toutes les varangues.

— Vaigres de fond (*Floor ceilings*). Placées entre la carlingue et les vaigres bretonnes.

— Vaigres d'acotar placées au-dessus des vaigres bretonnes. Les vaigres supérieures se nomment simplement vaigres.

Vaigrer. v. a. (*to place the planks of the ceiling*). Mettre en place les vaigres d'un bâtiment.

Vaisseau. s. m. (*Ship*). Toute

construction flottante destinée à naviguer en pleine mer. Cependant on entend en général par vaisseaux les navires de guerre portant autrefois deux ou trois batteries (*man of war*), on distinguait quatre classes de vaisseaux; ceux de 1er rang portant 120 bouches à feu avec trois batteries couvertes; ceux de 2e, 3e et 4e rang n'ayant que deux batteries et portant 100, 90, ou 80 bouches à feu.

Vaisseau à trois ponts. (*Three decker*).

Vaisseau à deux ponts. (*Two decker*).

Vaisseau de 74. (*Seventy four*).

Valdrague (en). En désordre, précipitamment.

Valet, s. m. (*Valet*) Pelote cylindrique faite avec du fil de caret et qu'on place par-dessus la charge d'une bouche à feu pour l'empêcher de sortir de la pièce.

— Valet erseau (*Grimmet*), — Bague en fil de caret ou en cordage que l'on place par-dessus un boulet sphérique et qui en se logeant entre le boulet et la paroi de l'âme l'empêche de sortir de la pièce.

Vapeur, s. m. (*Steam vessel*). Bâtiment mis en mouvement par une machine à vapeur.

Varangue, s. f. (*Floor timber*). Pièce a deux branches qui forme la partie inférieure d'un couple et qui par son milieu ou talon s'assemble au moyen d'entailles sur la contrequille.

Dans la partie centrale du bâtiment, les deux branches des varangues sont presque dans le prolongement l'une de l'autre et se nomment varangues plates; en se rapprochant de l'avant et de l'arrière, l'angle de ces deux branches devient de plus en plus aigu et les varangues sont demi-acculées. (*Rising floors.*)

Varech, s. m. (*Sea weed*). Goémon Plante marine qui croît sur les rochers que la mer couvre et découvre.

— Droit de varech. Privilège qu'avaient autrefois les seigneurs sur tous les objets que la mer apportait sur les rivages de leurs fiefs.

Variable, adj. (*Uncertain, variable*). Vent variable. Vent changeant de direction.

— Temps variable temps alternativement mauvais et beau, douteux, mal établi.

Variation, s. f. (*Variation*). L'aiguille aimantée ne se tourne pas exactement vers le Nord astronomique mais vers un point qu'on nomme Nord magnétique. L'angle de l'aiguille aimantée avec la direction du nord astronomique se nomme déclinaison dans les sciences et variation dans la marine. Cette variation change de grandeur en chaque point de la terre et est tantôt Ouest, tantôt Est; elle varie aussi avec le temps en un même lieu. La variation était de 11° 30′ à l'Est en 1580 à Paris, en 1663 elle était nulle, aujourd'hui, elle est de 19° 25′ à l'Ouest.

Varier, v. n. (*To veer*). Le vent varie lorsqu'il change fréquemment de direction.

— Le compas de route varie, lorsque sous l'influence d'actions électriques, dans les orages par exemple, l'aiguille aimantée s'agite et tourne de plusieurs degrés tantôt d'un côté, tantôt de l'autre.

Varre, s. f. (*Harpoon*). Harpon dentelé servant à prendre les tortues de mer.

Vasard, adj. (*Muddy*). Fond vasard ou fond de vase mêlé de sable.

Vase, s. f. (*Mud.*) Terre grasse, noirâtre, gluante. La vase peut être molle, dure, mêlée; la vase présente généralement une bonne tenue.

Vaseux, adj. (*Ozzy*). Fond vaseux, fond de vase.

Vassole, s. f. *Coaming of the hatches*). Feuillure régnant le long des surbaux des écoutilles et sur laquelle reposent les caillebotis.

Veille, s. f. Ancre de veille. Voir *ancre*. Ancre en veille. Bouée en veille. Ancre, bouée prêtes à être mouillées.

Veiller, v. a. Faire attention, surveiller.

— Veiller l'arrivée, l'oloffée. Etre attentif, lorsqu'on gouverne, aux mouvements d'arrivée ou d'oloffée du bâtiment.

— Veiller une écoute, se tenir prêt à la larguer, la filer.

— Veiller un grain. L'observer, le suivre.

— Veiller les perroquets, les huniers, observer si l'effort qu'ils ont à supporter devient trop grand et tenir tout prêt pour pouvoir les amener immédiatement.

— Veiller au grain. Tout préparer pour ne pas être supris par une augmentation de vent produite par un grain.

— Une roche qui veille, est une roche qui a sa tête hors de l'eau.

— Veille (*Mind*). Lorsqu'on jette la grande sonde, chaque homme, au moment où il a fini de filer sa glène, crie, veille pour prévenir son voisin.

Vélique, adj. Point vélique. Point d'application de la résultante de toutes les actions exercées par le vent sur la voilure d'un bâtiment.

Veltage, s. m. (*Cross seizing*). Action de brider deux objets au moyen d'une velture.

Velter, v. a. (*To seize*). Brider deux objets par une velture.

Velture, s. f. (*Velture*). Amarrage servant à lier ensemble deux pièces de bois qui ne se touchent pas. On consolide le pied d'un mât de hune, par exemple, au moyen d'une velture avec le ton du bas-mât. On embrasse les deux mâts par un certain nombre de tours de filin, puis on passe quelques tours entre les mâts perpendiculairement aux premiers, pour souquer l'amarrage.

Venir, v. n. Venir sur tribord (*To come to starboard*). Gouverner de manière à faire tourner l'avant du bâtiment vers tribord.

— Venir à l'appel d'un câble. Tourner jusqu'à ce que la quille soit dans la même direction que le câble.

— Venir au vent. Gouverner de façon à ce que le cap du bâtise rapproche de la direction du bâtiment.

Vent, s. m. (*Wind*). Courant d'air qui s'établit d'un point de l'horizon vers le point opposé.

La force du vent, par suite de l'effort qu'il exerce sur une surface placée perpendiculairement à sa direction, varie avec sa vitesse.

On distingue dans la force du vent 12 gradations. Le tableau suivant fait connaître : la voilure corrrespondant à chacune de ces gradations, la vitesse du vent par kilomètre en 1 heure, la pression exercée par le vent sur 1 mètre carré de surface. Les chiffres portés dans la première colonne sont ceux qu'on porte sur les journaux de bord de bâtiments de l'Etat ; on évite ainsi de trop longs détails.

On distingue deux sortes de vents : les vents réguliers et les vents irréguliers.

Parmi les premiers, les uns sont constants, comme les vents alizés ; les autres périodiques, comme les moussons qui soufflent six mois dans un sens, six mois dans l'autre. Les vents irréguliers, qui soufflent successivement dans toutes les directions possibles, sans que ces changements paraissent suivre une loi régulière.

Voir *Alizés, Moussons, Brise.*

La vitesse du vent est généralement horizontale ; cependant, dans les ouragans, elle peut avoir une inclinaison de 8° de bas en haut.

A vitesse égale, lorsque deux corps viennent frapper un obstacle, le choc est d'autant plus fort que le corps est plus lourd.

L'air froid est plus lourd que l'air chaud ; un coup de vent est donc plus lourd, plus pesant par un temps froid que par un temps chaud.

Vent, s. m. (*Windage*). Le vent d'un projectile est la différence entre le diamètre de l'âme d'une pièce et celui du projectile.

NU-MÉROS.	NATURE DU VENT. — VOILURE.	VITESSE en kilomè-tres.	PRESSION en ki-logram-mes.
0	Calme...	kilom. 0	kilog. 0
1	Fraîcheur à faire gouverner............	4	0.14
2	Faible brise, sillage de 1 à 2 nœuds toutes voiles dehors......, ...	7	0.54
3	Petite brise, sillage de 3 à 4 nœuds toutes voiles dehors............... .	9	1.00
4	Jolie brise, sillage de 5 à 6 nœuds toutes voiles dehors........................	10	1.35
5	Jolie brise, limite des cacatois.........	11	1.70
6	Jolie brise, un ris aux huniers, perro-quets dehors	14	2.17
7	Brise fraîche, hunier 2 ris, basses voiles sans ris............................	22	4.87
8	Grand frais, les huniers 3 ris, basses voiles, les ris pris	29	8.67
9	Coup de vent modéré, huniers bas ris, basses voiles serrées................	36	13.54
10	Coup de vent fort, grand hunier au bas ris, petit foc	54	30.47
11	Coup de vent très fort, voiles basses d'étai de cape	72	52.16
12	Ouragan sans voiles...................	144	230.00

Venter, v. n. (*To blow*). Faire du vent. Il vente grand frais, à prendre des ris, à démâter.

Ventouse, s. f. (*Vent*). Ouverture pratiquée dans un pont ou dans la muraille d'un bâtiment pour en renouveler l'air intérieur. Les trous par lesquels passent les manches à vent sont des ventouses.

Ventre, s. m. (*Belly*). La partie centrale d'un bâtiment, surtout lorsque ses couples sont très arrondis.

Ventrière, s. f. (*Belly timbers*). Forte et longue pièce de bois un peu concave, qu'on place en long de chaque bord, sous le ventre d'un bâtiment qu'on va lancer et sur laquelle aboutissent les colombiers du ber.

Ver de mer, s. m. Désignation générale de tous les insectes de mer qui percent les bordages des bâtiments.

Verge, s. f. Verge d'une ancre (*Shank*). Tige en fer de forme octogonale qui va du jas de l'ancre à la croisée ou point de jonction des pattes.

— Verge de girouette. Tige de fer plantée dans la tête du mât et autour duquel tourne une girouette.

— Tige du piston d'une pompe.

Vergues, s. f. (*Yard*). Longues pièces de bois fixées à différentes hauteurs sur les mâts d'un bâtiment, et qui servent à porter les voiles, à les maintenir déployées.

On distingue les vergues horizontales et les vergues obliques :

1° (*Yard*). Les vergues horizontales, placées en croix avec les mâts et suspendues par leur milieu sur l'avant de ces derniers, portent les voiles dites carrées.

Elles prennent le nom de la voile qui leur correspond ; ainsi on dit :

Vergue de misaine, vergue de grand'voile, ou basses vergues. La basse vergue du mât d'artimon est la vergue barrée.

Vergues du petit hunier, du grand hunier ; du perroquet de fougue ou vergues d'hune.

Vergues du petit perroquet, du grand perroquet, de la perruche ou vergues de perroquet.

Vergues du petit cacatois, du grand cacatois, du cacatois de perruche ou vergues de cacatois.

Toutes ces vergues sont en général d'une seule pièce, sauf les basses vergues des grands bâtiments qui sont d'assemblages. Fortement renflées en leur milieu, c'est-à-dire leur point de suspension, elle vont en s'amincissant graduellement vers les extrémités. La section est un octogone ou un cercle.

Les vergues portent divers cordages destinés à les manœuvrer :

Les drisses qui servent à les hisser ou les amener ;

Les d rosses qui les maintiennent contre le mât, tout en leur permettant de tourner horizontalement ;

Les bras fixés à chaque extrémité qui servent à les faire tourner horizontalement.

Les balancines, également fixées à chaque extrémité, et qui viennent d'en haut : elles servent à les maintenir horizontalement et à les apiquer ;

Les palans de roulis qui agissent dans le sens de la longueur de la vergue et l'empêchent de balancer pendant les mouvements de roulis.

Les vergues portent, en outre, différents cordages et des poulies destinées à la manœuvre des voiles :

Une filière d'enverguro, cordage fixé le long de la vergue et sur lequel s'amarre la ralingue d'envergure de la voile inférieure.

Un marche-pied qui pend sous la vergue et sert à porter les hommes pendant que l'on prend un ris ou qu'on largue les voiles.

Les poulies de cargue point, de cargue bouline.

A leurs extrémités, les vergues

sont percées de clans pour le passage des écoutes de la voile supérieure et sont garnies de cercles ou blins destinés à porter les bouts dehors de bonnettes.

La vergue de civadière était une vergue installée autrefois sous le beaupré et portant une voile nommée civadière.

— Vergue sèche. Vergue sur laquelle ne s'envergue pas de voile, comme la vergue barrée.

2° Vergues obliques. Les vergues obliques sont toutes inclinées de l'avant vers l'arrière sous un angle plus ou moins grand. On distingue :

Les cornes placées sur l'arrière des mâts qu'elles embrassent par une de leurs extrémité terminée en forme de mâchoire, elles portent des voiles trapézoïdales ou auriques.

On les manœuvre au moyen de drisses, de balancines.

Les vergues au tiers placées sur le côté du mât et le dépassant sur l'avant du tiers de leur longueur, portent des voiles également trapézoïdales dites au tiers ou à bourçet.

Les antennes ou vergues latines qui, placées également sur le côté du mât, le dépassent des deux cinquièmes de leur longueur ; elles portent des voiles latines. Ce sont les vergues des bateaux de la Méditerranée et du Levant. On les manœuvre au moyen d'une drisse et de bras nommés ourses.

Ces différentes vergues obliques sont à section circulaire, renflées en leur point de suspension ; elles s'amincissent vers les extrémités.

— Vergues de fortune. Vergues de rechange.

— Etre vergue à vergue. Se dit de deux bâtiments très rapprochés l'un de l'autre.

— Avoir vent sous vergue. Etre vent arrière.

Verhole, s. m. Synonyme de retour de marée.

Verin, s. m. (*Jack-screw*). Espèce de cric servant à soulever les baux des ponts pour faciliter l'enlèvement des épontilles qui environnent le cabestan, lorsqu'on veut le garnir de ses barres pour virer.

Vérine, s. f. (*Pass rope*). Bout de filin terminé par un croc ou une griffe et dont on fait usage, en simple ou en double, pour manier les chaînes des ancres.

Verloquet, s. m. (*Directing rope*). Cordage servant à guider l'extrémité d'une pièce de bois pendant qu'on la hisse à bord.

Vertical, s. m. (*Vertical*). Plan passant par l'axe de la quille de l'étrave et de l'étambot et perpendiculaire au plan de la flottaison.

Verveux, s. m. Filet en forme de poche, soutenu intérieurement par des cerceaux.

Vibord, s. m. (*Waist*). La partie de la muraille d'un bâtiment qui est au-dessus des gaillards.

Vice-amiral, s. m. (*Vice-admiral*). Grade immédiatement inférieur à celui d'amiral.

Videlle, s. f. Reprise faite à un accroc dans une voile.

Vif de l'eau, s. m. (*Springtide*). On dit que l'on est dans le vif de l'eau à l'époque des marées de nouvelles lunes et de pleines lunes.

Vigie, s. f. (*Watchman*). Homme placé en sentinelle pour observer la mer de tous côtés et, signaler l'apparition de la terre, des navires ou de tout autre objet. Le jour, la vigie se place dans la mâture, la nuit, aux bossoirs.

— (*Lurking rock*). Rocher isolé au milieu de la mer, paraissant au-dessus de la surface, ou caché sous l'eau à une profondeur trop faible pour que l'on puisse passer dessus sans danger.

Vindas, s. m. (*Wimble*). Cabestan volant qu'on emploie dans les arsenaux ; il repose sur un cadre de madriers et est retenu par une chaîne fixée à des pieux et agissant en sens contraire de l'effort du vindas.

Violon (Poulie à) (*Fiddle block*). Poulie dont la caisse en forme de 8 renferme deux réas placés à la suite l'un de l'autre et sur des essieux séparés ; les réas sont de diamètres différents et situés dans le même plan. La poulie à violon est remplacée aujourd'hui par une poulie double ordinaire.

Violons, s. m. (*Bees*). Espèces de chaumards ayant la forme d'un violon et cloués de chaque côté de la tête du mât de beaupré ; ils servent à passer les étais et faux étais du petit mât de hune.

Virage, s. m. (*Heeling*). Action de virer au cabestan, de hisser des fardeaux avec des poulies.

— Virage en carène. Synonyme d'abatage en carène.

Virement, s. m. (*Bringing about*). Changement d'amures. Virement de bord, action de virer de bord.

Virer, v. n.

— Virer au cabestan (*To heave in at the capstern*). Faire effort sur un cordage, une chaîne, en faisant tourner le cabestan autour duquel il est enroulé.

—Virer une ancre, un mât de hune. Déraper l'ancre, guinder le mât de hune en agissant avec le cabestan sur le câble ou la guinderesse.

— Virer à pic. Virer une chaîne d'ancre jusqu'à ce qu'elle remonte verticalement à l'écubier et que celui-ci soit à l'aplomb de l'ancre.

— Virer en carène. Syn. d'abattre en carène.

— Virer de bord. Lorsqu'un navire est au plus près avec les amures à tribord et qu'il tourne de façon à être encore au plus près et avoir les amures à babord ou inversement, on dit qu'il vire de bord.

On vire de bord de deux manières :

1° Vent devant; le navire tourne sur lui-même en venant de bout au vent, puis il continue son mouvement jusqu'à ce qu'il reçoive le vent du bord opposé à celui sur lequel il le recevait auparavant;

2° Vent arrière ou lof pour lof. Le navire tourne sur lui-même en présentant l'arrière au vent, et il continue son mouvement jusqu'à ce qu'il soit au plus près de l'autre bord.

Au figuré : Virer de bord. Changer de conduite, de résolution.

Vireveau, s. m. (*Roller*). Petit guindeau.

Vire-vire, s. m. Tourbillon, tournant d'eau entraînant tout ce qui se trouve dans le voisinage.

Virolet, s. m. (*Roller*). Rouleau de sapin vertical servant dans une corderie à changer la direction des fils de caret qui s'enroulent ou se dévident sur des tourets.

Virure, s. f. (*Streak*). File de bordages de la carène qui s'étend d'un bout à l'autre du bâtiment.

Les virures sont courbes, à cause de la tonture du bâtiment.

Vis, s. f. (*Screw*).

— Vis de pointage. Vis placée sous la culasse d'une bouche à feu et permettant de l'abaisser plus ou moins, suivant la distance et la hauteur de l'objet à battre.

— Vis de ridage. (Voir *Ridoir*.)

Visite, s. f. (*Examining*). En temps de guerre, un navire de guerre qui rencontre un navire marchand, lui fait mettre en panne, et un officier se rend à son bord pour vérifier ses papiers, sa nationalité, son chargement ; c'est ce qu'on nomme visite.

Dans certains parages, en vue de la traite des noirs, le droit de visite avait été réciproque entre la France et l'Angleterre; mais ce droit a été supprimé.

Vitesse, s. f. (*Tact nav*).

— Ligne de vitesse. Elle se forme sur le vaisseau le plus avancé, et les autres prennent successivement leur poste dans ses eaux autant que possible d'après leur marche.

Vitonnière, s. f. Ferrure mâle du gouvernail ou aiguillot.

Vivier, s. m. (*Well*). Compartiment installé dans le fond d'un bateau de pêche et où l'eau pénètre par des trous de tarière; on y conserve le poisson frais.

Vivres, s. m. (*Sea victuals*). Tout ce qu'on embarque pour composer les rations et la nourriture du personnel d'un bâtiment.

Vlote, s. f. (*Scute*). Gabare hollandaise.

Voie d'eau, s. f. (*Leak*). Toute ouverture dans la carène d'un bâtiment par laquelle l'eau s'introduit.

Voile, s. f. (*Sail*). Assemblage de laizes de toile cousues ensemble et garni sur son pourtour d'un cordage nommé ralingue et, en différents points, soumis à des efforts plus considérables, de renforts.

Les voiles sont destinées à être fixées sur la mâture des bâtiments et à être déployées de façon à recevoir l'impulsion du vent.

On distingue quatre sortes de voiles :

1º Les voiles carrées qui s'enverguent sur des vergues horizontales et dont la forme est un parallélogramme ou plutôt un trapèze. Telles sont les voiles des bâtiments carrés, c'est-à-dire la grande voile, la misaine, le grand et le petit hunier, le perroquet de fougue, le grand et le petit perroquet, la perruche, le grand et le petit cacatois, le cacatois perruche ;

2º Les voiles trapézoïdales ou auriques dont la forme est un quadrilatère et qui s'enverguent sur des vergues, des cordes ou des drailles, telles sont les voiles au tiers, les voiles à livarde ou à baleston, les voiles d'étai ;

3º Les voiles latines ou triangulaires qui s'enverguent sur des antennes et des drailles ;

4º Les bonnettes. Voiles supplémentaires qu'on établit par beau temps.

Les voiles sont garnies de cordages, poulies, cosses destinés à es établir, les carguer, les ser-

rer, prendre des ris. (Voir ces mots.)

— Voile lardée. (Voir *Larder*.)

Etre à la voile. Augmenter de voiles. Diminuer de voiles. Forcer de voiles.

— (*Ship. Vessel*). Navire.

Une voile à l'horizon.

Voiler, v. a. (*To set the sails*).

— Voiler un navire. Enverguer ses voiles.

— Navire voilé en trois-mâts carré, c'est-à-dire gréé en trois-mâts carré.

— Navire bien voilé. Navire dont les voiles sont bien disposées.

Voilerie, s. f. (*Sail-loft*). Atelier où l'on fait les voiles.

Voilier, s. m. (*Sail-maker*). Ouvrier qui taille, coud les voiles, et les garnit de leurs renforts et leurs ralingues.

— Navire allant à la voile par opposition à un navire à vapeur.

— Bon voilier (*Good sailor*). Navire marchant bien à la voile.

Voilure, s. f. (*Sails*).

— (*Complete suit of sails*). L'ensemble des voiles d'un bâtiment.

— (*Set of sails*). Les voiles établies à un moment donné et en plus ou moins grand nombre, suivant la force du vent.

— (*Rate of sailing*). La disposition et la forme des voiles d'un bâtiment.

Une voilure de brick, de goélette, de côtre.

Volage, adj. (*Crank*). Une embarcation volage est une embarcation très sensible aux mouvements des lames et de peu de stabilité.

Volant, adj. (*Shifting*). Provisoire, supplémentaire.

— Perroquets, cacatois volants. Voiles dont les vergues ne sont pas installées à poste fixe et qu'on grée seulement par beau temps.

— Gabier volant. Matelot mis en supplément dans les hunes pour aider les gabiers titulaires.

Volée, s. f.

— (*Chase of a canon*). La partie antérieure d'une bouche à feu.

— (*Vollie of canons*). Décharge simultanée des canons d'un même bord, d'un bâtiment.

Volet. s. m. (*Boat compass*). Petit compas portatif employé dans les embarcations.

Voûte, s. f. (*Counter of a ship*). Partie de la poupe comprise entre la lisse d'hourdi et le pont immédiatement supérieur qui se prolonge vers l'arrière.

Vrague (en), adv. En désordre, avec précipitation, pêle-mêle.

Vrai, adj. (*Due*). Le point vrai, la latitude vraie, la longitude vraie sont le point, la latitude, la longitude déduite d'observations astronomiques.

W

W. Cette lettre est une abréviation indiquant la variation.

Watregans, s. m. (*Little channels*). Canaux pratiqués sur la côte de la Hollande et donnant entrée dans la terre aux embarcations.

Y

Yacht, s. m. (*Yacht*). Bâtiment de plaisance.

Le Yacht-Club, en Angleterre, est une société formée de riches particuliers armant des yachts pour des voyages sur les côtes d'Europe.

— Partie du pavillon anglais placé à l'angle supérieur.

Yole, s. f. (*Yawl*). Canot léger, élégant, ordinairement à clins.

Youyou, s. m. (*Dingy*). Petit canot chinois.

— Petite embarcation la plus petite sur un navire de guerre.

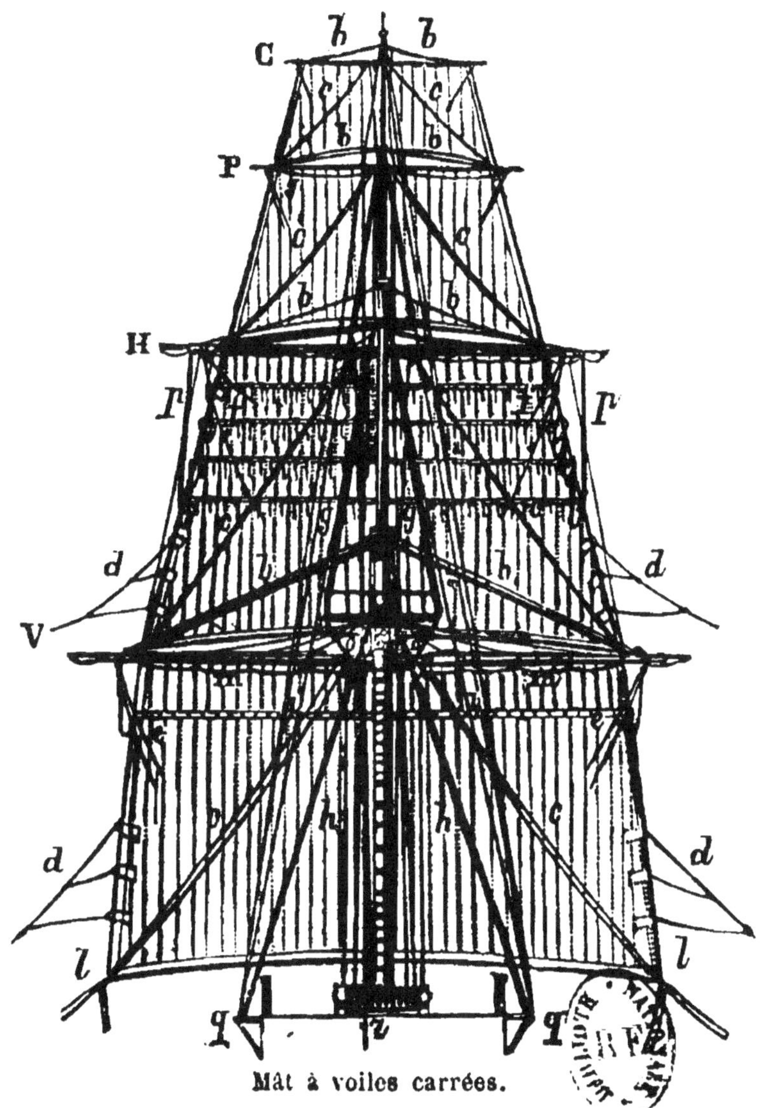

Mât à voiles carrées.

V, vergue basse.
H, vergue de hune.
P, vergue de perroquet.
C, vergue de cacatois.
b, balancines.
c, cargues-points.
d, boulines.
e, grands bras.

f, bras de hunier.
g, galhaubans.
h, haubans.
p, palanquins.
m, marchepieds.
q, porte-haubans.
r, râtelier.
l, écoutes de basse voile.

19

Paris. — Soc. d'imp. Paul DUPONT, 41, rue J.-J.-Rousseau. 1448.8.80.

clarté et la vie ; aussi les Latins lui avaient donné le nom de *verbum* pour exprimer qu'il est le mot nécessaire, le mot par excellence. Mais ce verbe doit être rangé dans la classe des parties du discours que les grammairiens appellent *variables*. Aucune, en effet, n'a subi des modifications aussi nombreuses et aussi variées. La conjugaison des verbes est sans contredit ce qu'il y a de plus difficile dans notre langue, puisqu'on y compte plus de trois cents verbes irréguliers. A l'aide de ce dictionnaire, tous les doutes sont levés, toutes les difficultés vaincues.

Grand dictionnaire espagnol-français et français-espagnol, avec la prononciation dans les deux langues, plus exact et plus complet que tous ceux qui ont paru jusqu'à ce jour, rédigé d'après les matériaux réunis par D. Vicente Salva, et les meilleur dictionnaires anciens et modernes, par F. de P. Noriega et Guim. 1 fort vol. grand in-8° jésus, d'environ 1,600 pages, à 3 col. Prix : 18 fr.

Nouveau dictionnaire de poche français-espagnol et espagnol-français, avec la prononciation dans les deux langues, rédigé d'après les matériaux réunis par D. Vicente Salva, et les meilleurs dictionnaires parus jusqu'à ce jour. 1 fort vol. grand in-32, format dit Cazin, d'environ 1,100 pages. Prix : 5 fr.

Guides polyglottes, manuels de la conversation et du style épistolaire, à l'usage des voyageurs et de la jeunesse des écoles, par MM. Clifton, Vitali, Dr Ebeling, Carolino Duarte. Grand in-32, format dit Cazin, papier satiné. Prix : 2 fr. le vol.

Français-Anglais. 1 vol. in-32.	*English and Portuguese*. 1 v. in 32.
Français-Italien. 1 vol. in-32.	*Español-Inglés*. 1 vol. in 32.
Français-Allemand. 1 vol. in-32.	*Español-Italiano*. 1 vol. in-32.
Français-Espagnol. 1 vol. in-32.	*Español-Francés-Inglés-Italiano*.
Français-Portugais. 1 vol. in-32	1 vol. in-32.
English and French. 1 vol. in-32.	*Portuguez-Francez*. 1 vol. in-32.
Español-Francés. 1 vol. in-32.	*Portuguez-Inglez*. 1 vol. in-32.

Grand dictionnaire italien-français et français-italien, par Barberi, continué et terminé par Basti et Cerati. 2 gros vol. in-4°, 45 fr.; net, 25 fr.

Ce dictionnaire donne la prononciation des mots, leur étymologie, eur sens et leurs mots expliqués et appuyés par des exemples. — Un grand nombre de termes techniques des sciences et arts. — La solution des difficultés grammaticales. — Le pluriel des substantifs et les divers temps des verbes quand ils ont une forme irrégulière. Le genre des substantifs qui n'est point indiqué dans les autres dictionnaires italiens, etc., etc. Le tout forme 2,500 pages in-4°. Le Conseil royal de l'instruction publique a examiné le grand *Dictionnaire Italien-Français* et *Français-Italien* de Barberi, continué et terminé par MM. Basti et Cerati. D'après la délibération du Conseil royal, ce dictionnaire sera placé dans les bibliothèques des collèges. C'est, en effet, le travail le plus complet qui existe en ce genre et le meilleur guide pour l'enseignement approfondi des beautés de la langue italienne.

OUVRAGES ILLUSTRÉS, GRAVURES SUR ACIER ET SUR BOIS.

Géographie universelle, par Malte-Brun. Description de toutes les parties du monde sur un nouveau plan, d'après les grandes divisions du globe : précédée de l'histoire de la géographie chez les peuples anciens et modernes, et d'une Théorie générale de la Géographie mathématique, physique et politique. Sixième édition, revue, corrigée et augmentée, mise dans un nouvel ordre et enrichie de toutes les nouvelles découvertes, par J.-J.-N. Huot. 6 beaux vol. grand in-8, enrichis de 64 gravures sur acier. . . . . . 60 fr.

Demi-reliure chagrin . . . . , 81 fr. »

Avec UN SUPERBE ATLAS entièrement établi à neuf. 1 vol. in-folio, composé de 72 magnifiques cartes coloriées, dont 14 doubles, 80 fr.; relié. . . . . 88 fr.

On se plaignait généralement de la sécheresse de la géographie lorsque après quinze années de lectures et d'études, Malte-Brun conçut la pensée de renfermer dans une suite de discours historiques l'ensemble de la géographie ancienne et moderne, de manière à laisser, dans l'esprit du lecteur attentif l'image vivante de la terre entière, avec toutes ses contrées diverses, et avec les lieux mémorables qu'elles renferment et les peuples qui les ont habitées ou qui les habitent encore.

Il s'est dit : « La géographie n'est-elle pas la sœur et l'émule de l'histoire ? Si l'une a le pouvoir de ressusciter les générations passées, l'autre ne saurait-elle fixer, dans une image mobile, les tableaux vivants de l'histoire en retraçant à la pensée cet éternel théâtre de nos courtes misères ? cette vaste scène, jonchée des débris de tant d'empires, et cette immuable nature, toujours occupée à réparer, par ses bienfaits, les ravages de nos discordes ? Et cette description du globe n'est-elle pas intimement liée à l'étude de l'homme, à celle des mœurs et des institutions ? n'offre-t-elle pas à toutes les sciences politiques des renseignements précieux ? aux diverses branches de l'histoire naturelle un complément nécessaire ? à la littérature elle-même, un vaste trésor de sentiments et d'images ? » Et, sans se rebuter par les difficultés de toute nature que présentait un pareil sujet, il consacre sa vie tout entière à élever à la géographie un des plus beaux monuments scientifiques et littéraires de ce siècle.

Malte-Brun a laissé un ouvrage dont la réputation est justifiée par trente années de succès, par le suffrage unanime des savants et des littérateurs, et par l'empressement que plusieurs ont mis à le traduire.

Cette nouvelle réimpression de la *Géographie universelle* a té entièrement revue et complétée par le savant continuateur de Malte-Brun, M. Huot.-

Dictionnaire géographique, statistique et postal des communes de France, dédié au commerce, à l'industrie et à toutes les administrations publiques, par M. A. Peigné, auteur du *Dictionnaire portatif de la langue française* et de plusieurs ouvrages d'instruction; avec la carte des postes. Cet ouvrage, par la multiplicité et l'exactitude des renseignements qu'il fournit, est indispensable à tout commerçant, voyageur, industriel et employé d'administration, dont il est le *vade mecum.* 5 fr; net.   3 fr. 50.

Histoire de France, par Anquetil, avec continuation jusqu'à aujourd'hui (1852) par Baude, l'un des principaux auteurs du *Million de Faits* et de *Patria.* 8 vol. grand in-8, illustrés de 120 gravures environ, renfermant la collection complète des portraits des rois, imprimés en beaux caractères, à deux colonnes, sur papier des Vosges, 50 fr.; net. . . . . 40 fr.
Demi-reliure, dos chagrin, le volume. . . 3 fr. 50.

Histoire de Napoléon, par Laurent, illustrée de 500 vignettes, mêmes illustrations que la précédente édition, avec les types en noir imprimés dans le texte, par Horace Vernet. 1 vol. grand in-8, 9 fr.; net. 6 fr. 50.
Reliure, toile . . . . 10 fr. 50.

Histoire universelle, par le comte de Ségur, de l'Académie française; contenant l'histoire des Egyptiens, des Assyriens, des Mèdes, des Perses, des Juifs, de la Grèce, de la Sicile, de Carthage et de tous les peuples de l'antiquité, l'histoire romaine et l'histoire du Bas-Empire. 9e édition, ornée de 30 gravures, d'après les grands maîtres de l'école française. 3 vol. divisés en 6 parties grand in-8, 37 fr. 50; net 36 fr.; avec atlas . . . . 40 fr.
Reliure demi-chagrin, le volume . . . . . . 3 fr. 50

Histoire des Républiques italiennes du moyen âge, par Simonde de Sismondi. Nouvelle édition, ornée de gravures sur acier. 10 vol. in-8, 50 fr.; net. . . . . 40 fr.
Reliure demi-chagrin, le volume . . . . . . 1 fr. 60

Histoire des ducs de Bourgogne, par M. de Barante, membre de l'Académie française; 7e édition. 12 vol. in-8, caractères neufs, imprimés sur papier vélin satiné des Vosges, ornés de 104 gravures et d'un grand nombre de cartes, publiés en 200 livraisons à 30 c. Les six premiers volumes sont en vente. Il paraît un volume à la fin de chaque mois. Prix, 5 fr. le vol.

La place de cet ouvrage est marquée dans toutes les bibliothèques. Il joint au mérite de l'exactitude historique une grande vérité de couleur et un grand charme de narration. La facilité offerte au public pour l'acquisition d'un livre si justement estimé ne peut donc qu'être bien accueillie.

Les beautés de la France. Vue des principales villes, monuments, châteaux, cathédrales et sites pittoresques de la France, gravés par Skelton et d'Oherti, avec un texte explicatif par Giraud de Saint-Fargeau. 1 beau volume grand in-8 jésus, relié en toile, mosaïque, fers spéciaux, doré sur tr. . . . . 16 fr..

Histoire des Français, par Théophile Lavallée. Édition ornée de 20 magnifiques nouvelles gravures sur acier, d'après MM. Gros, Paul Delaroche, Eugène Delacroix, Horace Vernet, Steuben, Scheffer, Vinterhalter, etc. 2 forts vol. grand in-8 jésus . . . . 24 fr.

> Reliure toile mosaïque, plaque spéciale, tr. dorée, e
> volume. . . . . 6 fr. »
> Reliure toile, plaque spéciale, tranche
> dorée, le volume.. . . . . 5 »
> Reliure demi-chagrin, plats toile, tranche
> dorée, le volume. 5 50

Histoire de Paris, par Th. Lavallée. 207 vues par Champin. 1 vol. grand in-8. . . . . 12 fr.

> Relié toile mosaïque, net. . . . . 18 fr.

Histoire de l'empire ottoman, depuis les temps les plus anciens jusqu'à nos jours, par M. Théophile Lavallée. 1 magnifique vol. grand in-8, accompagné de 18 belles gravures anglaises sur acier, représentant des scènes historiques, des vues, des portraits, etc. . . . . 18 fr.

> Reliure en toile mosaïque, plaque spéciale,
> tranche dorée. . . . . 6 fr.

Abrégé chronologique de l'histoire de France, par le président Hénault, continué par Michaud. 1 vol. grand in-8, illustré de gravures sur acier . . . . 12 fr.

> Demi-reliure chagrin. . . . . 3 fr. 50
> — avec les plats toile,
> tranche dorée. . . . 5 50

Mémorial de Sainte-Hélène, par feu le comte de Las Cases, nouvelle édition, revue avec soin, augmentée du *Mémorial de la Belle-Poule*, par M. Emmanuel de Las Cases. 2 vol. grand in-8, avec portraits, vignettes nouvelles, gravés au burin sur acier par M. Blanchard. Les vues et les dessins sont de MM. Pauquet frères et Daubigny, 24 fr. ; net. . . . . 18 fr.

> Reliure demi-chagrin, le volume. . . . . . . 3 fr.
> — toile, tranche dorée ou demi-reliée,
> plats toile, le volume. 5

La Hongrie ancienne et moderne, historique, littéraire, artistique et monumentale, publiée sous la direction de M. J. Boldényi. Un magnifique vol. grand in-8, illustré d'un très-grand nombre de gravures, vues, monuments, portraits, costumes, dans le texte et hors texte, et d'une carte ethnographique. . . . . 10 fr.

> Avec types coloriés. 12
> Reliure toile, tranche dorée, mosaïque . . . . 6 fr.

OUVRAGES RELIGIEUX.

Méditations sur l'Evangile, par Bossuet, revues sur les manuscrits originaux et les éditions les plus correctes, et illustrées de 14 magnifiques gravures sur acier, d'après Raphaël, Rubens, Poussin, Rembrandt, Carrache, Léonard de Vinci, etc. 1 vol. grand in-8 jésus. . . . . 18 fr.

    Demi-reliure maroquin, plats en toile et doré sur tranche. . . . . 24 fr.

Cette superbe réimpression d'un des chefs-d'œuvre de Bossuet, imprimée avec le plus grand soin par Simon Raçon, est destinée à prendre place parmi les plus beaux livres de l'époque.

Les Saints Evangiles (édition Curmer), selon saint Marc, saint Mathieu, saint Luc et saint Jean. 2 splendides vol. grand in-8, illustrés de 12 magnifiques gravures sur acier. Brochés, 48 fr.; net. . . . . 30 fr.

    Reliure chagrin, tranche dorée, le vol. . . . 11 fr.
    — demi-chagrin, tranche dorée, plats toile (2 vol. en un), le volume. . . 6

Les Evangiles, traduction de Le Maistre de Sacy, publiée sous les auspices de M. l'abbé Trévaux, vicaire général du diocèse de Paris. Edition illustrée par Th. Fragonard et ornée d'un titre gravé, imprimé en couleur et en or; de quatre autres frontispices représentant les quatre évangélistes avec leurs attributs; de 99 encadrements à grande vignettes, de nombreux encadrements et lettres ornées à la manière des missels du moyen âge, etc. 1 vol. grand in-8 jésus, 18 fr.; net. . . . . 12 fr.

    Reliure maroquin plein, tranche dorée. . . . 11 fr.
    — demi-chagrin. tr. dorée, plats toile. . 6

Imitation de Jésus-Christ, traduite par l'abbé Dassance, avec approbation de Mgr l'archevêque de Paris. Edition Curmer, avec encadrements variés, frontispice or et couleur, et 10 gravures sur acier, 1 vol. grand in-8 . . . . 20 fr.

    Reliure chagrin, tranche dorée. . . . . . 12 fr. »
    — demi-chagrin, tr. dor., plats toile. 5 50

Les Vies des Saints, pour tous les jours de l'année, nouvellement écrites par une réunion d'ecclésiastiques et d'écrivains catholiques, publiées en 200 livraisons, classées pour chaque jour de l'année par ordre de dates, d'après les martyrologes et Godescard; illustrées d'environ 1,800 gravures.

L'ouvrage complet forme 4 beaux vol. grand in-8; chaque vol. se compose d'un trimestre et forme un tout complet, 10 fr. le vol. Complet. . . . . 40 fr.

    Reliure des 4 vol. en 2 vol., demi-chagrin. tranche dorée. . . . . 13 fr.
    Reliure des 4 vol. en 2 vol. toile, tr. dorée., 11

Les Vies des Saints ont obtenu l'approbation de NN. SS. les archevêques et évêques de France.

Les Evangiles, par F. Lamennais. Traduction nouvelle, avec des notes et des réflexions. 2ᵉ édition, illustrée de 10 gravures sur acier, d'après Cigoli, le Guide, Murillo, Overbeck, Raphaël, Rubens, etc. 1 volume in-8, cavalier vélin. . . . . 10 fr.
    Reliure demi-chagrin, plats en toile, tr. dorée. 4 fr.

La Vierge, Histoire de la mère de Dieu et de son culte, par l'abbé Orsini. Nouvelle édition illustrée de gravures sur acier et de sujets dans le texte. 2 beaux volumes grand in-8 jésus. . . 24 fr
    Reliure demi-chagrin, plats toile avec croix, tranche
       dorée, des deux volumes en un . . . . . 6 fr. »
    Reliure demi-chagrin, plats toile avec croix,
       tranche dorée, le vol. 5   50
    Reliure toile, tr. dorée, mosaïque, le vol. . . 5   »

Saint Vincent de Paul, Histoire de sa vie, par l'abbé Orsini. 1 magnifique vol. grand in-8 jésus, illustré de 10 splendides gravures sur acier, tirées sur chine avant la lettre d'après Karl Girardet, Leloir, Meissonnier, Staal, etc., gravées par nos meilleurs artistes. . . . . 12 fr.
    Reliure en toile mosaïque, riche plaque spé-
       ciale, tranche dorée. . . . . 6 fr. »
    Reliure demi-chagrin, plats en toile, avec
       croix, tranche dorée. 6   50

Les fêtes du Christianisme, par l'abbé Casimir, curé du diocèse de Paris, illustrées de plusieurs dessins rehaussés d'or de couleur.

C'est l'histoire des traditions qu'elles ont laissées, des coutumes populaires qui en sont résultées, des grands événements religieux auxquels elles se rattachent, que nous offrons aux fidèles.
    1 joli vol. gr. in-8, illustré de 10 dessins rehaussés d'or et de couleur . . . . 10 fr.
    Reliure mosaïque avec plaque spéciale, et
       doré sur tranche. . . . . 4 fr. »
    Reliure demi-chagrin, plats en toile. . . . 4   50

Heures nouvelles. (Edition Curmer.) Paroissien complet, latin-français, à l'usage de Paris et de Rome, par l'abbé Dassance. 1 vol. in-8, illustré par Overbeck; texte encadré, 36 fr.; net 18 fr.
    Reliure chagrin, tranche dorée . . . . 10 fr.
    — demi-chagrin, plats toile, tr. dorée. . 5

Petites Heures nouvelles. (Edition Curmer.) Texte encadré, lettres ornées, fleurons, etc. 1 vol. in-64.
    Relié en chagrin plein, d. s. tr. . . . . 5 fr.

Les Causeries du lundi, par M. Sainte-Beuve, de l'Académie française.

Ce charmant recueil, modèle de crit'que ingénieuse et délicate, a pris place, de l'aveu unanime des gens de goût, parmi les chefs-d'œuvre de la critique moderne.

12 vol. gr. in-18, à 3 fr. 50.

De l'Education progressive, ou *Elude sur le cours de la vie,* par madame Necker de Saussure, 3ᵉ édition, 2 vol. gr. in-18.

Cet ouvrage a été honoré deux fois du prix Monthyon.

Prix du vol., 3 fr. 50.

De l'Eloquence judiciaire au XVIIᵉ siècle, *Antoine Lemaistre et ses contemporains,* par M. Oscar de Vallée, avocat à la cour impériale de Paris. 1 très-beau volume, 7 fr. 50.

Ce livre remarquable a été, de la part des journaux de toute couleur, l'objet d'éloges unanimes.

Œuvres complètes de Buffon, avec la nomenclature linnéenne et la classification de Cuvier. Edition nouvelle, revue sur l'édition in-4° de l'Imprimerie impériale, annotée par M. Flourens, membre de l'Académie française, secrétaire perpétuel de l'Académie des Sciences, professeur au Muséum d'histoire naturelle. Illustrée de 166 planches, 800 sujets, sur acier, gravées d'après les dessins originaux de M. Victor Adam. Imprimée en caractères neufs, sur papier pâte vélin, par la typographie J. Claye.

M. le ministre de l'instruction publique a souscrit, pour les bibliothèques, à cette magnifique publication (aujourd'hui complétement achevée), reconnue par les hommes les plus compétents comme une édition modèle des œuvres du grand naturaliste. Le nom et le travail de M. Flourens la recommandent d'une façon toute particulière, et lui donnent un cachet spécial.

Pour satisfaire aux nombreuses demandes des personnes qui préfèrent l'acquisition par volume à la vente par livraisons, nous avons ouvert une souscription par demi-volumes du prix de 5 fr., net 3 fr. 35c.

Biographie universelle, *Biographie portative universelle* contenant 20,000 noms, suivie d'une Table chronologique et alphabétique, où se trouvent répartis en cinquante-quatre classes différentes les noms mentionnés dans l'ouvrage, par L. Lalanne, L. Renier, Th. Bernard, Ch. Laumier, E. Janin, A. Delloye, etc. 1 vol. de 1,000 pages, format du *Million de Faits,* contenant la matière de 12 volumes. Broché, 12 fr.; net 7 fr. 50 c.

Un Million de Faits, aide-mémoire universel des sciences, des arts et des lettres, par MM. J. Aycard, Desportes, Léon Lalanne, Ludovic Lalanne, Gervais, A. Le Pileur, Ch. Martins, Ch. Vergé et Jung.

Matières traitées dans le volume : — Arithmétique. — Algèbre. — Géographie.

2ᵉ série. — Volumes à 3 fr.

Abrégé des Voyages de Mlle Bremer dans l'ancien et le nouveau monde. Palestine et Turquie. 1 vol.

Bachaumont. *Mémoires secrets.* 1 vol.

Barthélemy. *Némésis.* Nouvelle édition, collationnée sur les éditions de 1853 et 1838. 1 vol.

Beaumarchais. *Mémoires.* 1 vol.

— *Théâtre.* 1 vol.

Bergerac (Cyrano de). *Œuvres comiques, galantes et littéraires.* 1 vol.

Blanchecotte (Mᵐᵉ). *Nouvelles poésies.* 1 vol. in-18.

Boccace. *Contes,* traduits par Sabatier de Castres. 1 vol.

Boileau. *Œuvres.* Avec notice de M. Sainte-Beuve. 1 vol.

Bonaventure des Périers. *Le Cymbalum mundi,* précédé de Nouvelles récréations et Joyeux devis. 1 vol.

Bossuet. *Discours sur l'histoire universelle.* 1 vol.

Brantôme. *Vies des Dames illustres françoises et étrangères.* Avec une introduction par Louis Moland. 1 vol.

Brillat-Savarin. *Physiologie du goût,* suivie de *la Gastronomie.* 1 vol.

Bussy-Rabutin. *Histoire amoureuse des Gaules,* suivie de *la France galante.* 2 forts vol.

Byron (*Œuvres complètes* de Lord). Traduction de M. Amédée Pichot. 4 vol.

Cent Nouvelles nouvelles (Les), texte revu. 1 vol.

Chansons populaires du comte Eugène de Lonlay. 1 vol.

Chasles (Philarète). *Études sur le seizième siècle en France,* précédées d'une histoire de la littérature de 1570 à 1610. 1 vol.

— *Études sur l'Espagne* et sur les influences de la littérature espagnole en France et en Italie. 1 vol.

— *Études sur la révolution d'Angleterre* au XVIIᵉ siècle. — Olivier Cromwell, sa vie privée et sa correspondance; précédé d'un examen historique d'Olivier Cromwell. 1 vol.

— *Études sur les mœurs et la littérature d'Angleterre* au XIXᵉ siècle. 1 vol.

— *Études sur la littérature et les mœurs des Anglo-Américains* au XIXᵉ siècle. 1 vol.

— *Études sur Shakespeare, Marie Stuart et l'Arétin.* 1 vol.

— *Études sur l'Allemagne ancienne et moderne.* 1 vol.

— *Études sur l'Allemagne* au XIXᵉ siècle. 1 vol.

— *Voyages, Philosophie et Beaux-Arts.* 1 vol.

— *Portraits contemporains.* 1 vol.

— *Encore sur les contemporains.* 1 vol.

Châteaubriand. *Génie du christianisme,* suivi de *la Défense.* 2 vol.
— *Les Martyrs.* 1 vol.
— *Itinéraire de Paris à Jérusalem.* 1 vol.
— *Atala. — René — Le dernier Abencerage.* 1 vol.
— *Voyages en Amérique, en Italie, au Mont-Blanc.* 1 vol.
— *Paradis perdu.* Littérature anglaise. 1 vol.
— *Histoire de France.* 1 vol.
— *Mélanges historiques. — Quatre Stuarts. — Vie de Rancé.* 1 vol.

Claude, Le Petit, Berthod, François Colletet, Scarron, Boileau, etc. *Paris ridicule et burlesque.* 1 vol.

Corneille. *Thédtre.* Nouvelle édition. 1 vol.

Courier (P.-L.). *Œuvres,* précédées d'un Essai sur la vie et les écrits de l'auteur, par Armand Carrel. 1 vol.

Cousin (Œuvres de V.), *Blaise Pascal.* 1 vol.
— *Jacqueline Pascal.* 1 vol.
— *Mélanges littéraires.* Fourrier, Domat, M** de Longueville, Kant, Santa, Rosa. 1 vol.
— *Instruction publique en France* (1830-1848). Instruction primaire et secondaire. 2 vol.
— *Enseignement de la médecine.* 1 vol.

Créqui (La marquise de). *Souvenirs* (1718-1803). 10 tomes brochés en 5 vol. avec gravures.

Dassoucy. *Ses Aventures burlesques.* 1 vol.

Demoustier (C.-A.). *Lettres à Émilie sur la mythologie.* Édition revue. 1 vol.

Descartes. *Œuvres choisies.* Discours de la méthode, Méditations métaphysiques, etc. 1 vol.

Desportes (Philippe). *Œuvres poétiques.* 1 fort vol.
Le même ouvrage. 1 vol. in-16.

Dupont (Pierre). *Muse juvénile.* Études littéraires, vers et prose. 1 vol.

Fénelon. *Œuvres choisies. — De l'existence de Dieu. — Lettres sur la religion,* etc. 1 vol.
— *Dialogues sur l'éloquence.* De l'éducation des filles, recueil de fables, dialogues des morts. 1 vol.
— *Aventures de Télémaque,* avec des notes géographiques. 8 gravures. 1 vol.

Galland. *Les Mille et une nuits,* contes arabes traduits. Édition revue. 3 vol.

Gilbert. *Œuvres,* précédées d'une notice historique. 1 vol.

Gresset. *Œuvres choisies.* 1 vol.

Hamilton. *Mémoires de Gramont.* Préface par M. Sainte-Beuve. 1 vol.

Héloïse et Abélard. *Lettres*, traduites en français par M. Gréard. 1 vol.

Heptaméron (L'). Contes de la reine de Navarre. Nouvelle édition. 1 vol.

Héricault (Charles d'). *Maximilien et le Mexique.* Histoire des derniers mois de l'empire mexicain. 1 vol.

Homère. *Iliade.* Traduite par Dacier. Nouvelle édition, revue par Crouslé. 1 vol.
— *Odyssée.* Traduite par le même. 1 vol.

La Bruyère. *Les Caractères de Théophraste*, avec les Caractères ou les Mœurs de ce siècle. 1 vol.

La Fontaine. *Fables*, avec notes et illustrées. 1 vol.
— *Contes.* 1 vol.

Lélut, de l'Institut. *La Phrénologie*, son histoire 1 vol.

Lamennais. *Essai sur l'indifférence en matière de religion.* 4 vol.
— *Paroles d'un croyant. — Une voix de prison. — Le Livre du peuple. — Du passé et de l'avenir*, etc. 1 vol.
— *Affaires de Rome.* 1 vol.
— *Les Évangiles*, avec des réflexions 1 vol.
— *De l'Art et du beau*, tiré de l'*Esquisse d'une philosophie.* 1 vol.
— *De la Société première et de ses lois.* 1 vol

La Rochefoucauld (De). *Réflexions, sentences et maximes morales*, suivies des Œuvres choisies de Vauvenargues. 1 vol

Leroux de Lincy. *Le Livre des proverbes français.* 2 vol. Le même ouvrage. 2 vol. in-16.

Le Sage. *Histoire de Gil Blas de Santillane.* 1 vol.
— *Le Diable Boiteux.* 1 vol.

Malherbe. *Œuvres.* 1 vol.

Marcellus (le comte de). *Souvenirs de l'Orient* 1 vol.

Massillon. *Œuvres choisies. — Petit-Carême*, suivi de Sermons divers. 1 vol.

Merlin Coccaie. *Histoire macaronique de Coccaie.* 1 vol.

Michel (L). *Tunis.* L'Orient africain, Arabes, Maures, Noces, Sérail, Harems. 1 vol.

Millevoye. *Œuvres*, précédées d'une notice par M. Sainte-Beuve. 1 vol.

Mirabeau. *Lettres d'amour.* 1 vol.

Molière. *Œuvres complètes*, avec des remarques nouvelles. La Vie de Molière, par Voltaire. 3 vol.

Monnier (Henry). *Paris et la province.* 1 vol.

Montaigne (*Essais de Michel de*), avec les notes de tous les commentateurs. 2 vol.

Montesquieu. *L'Esprit des lois*, avec notes de Voltaire, de La Harpe. 1 vol.
— *Lettres persanes*, suivies de *Arsace et Isménie* et de Pensées. 1 vol.
— *Considérations sur les causes de la grandeur des Romains et de leur décadence*, suivies de l'*Essai sur le goût*, du *Temple de Gnide*, etc. 1 vol.
Hégésippe Moreau Œuvres, *le Myosotis*, etc. 1 vol.
Ninon de Lenclos (*Lettres de*), précédées de Mémoires sur sa vie, par A. Rhet. Nouvelle édition. 1 vol.
Parny. *Œuvres* Élégies et poésies modernes. Préface de Sainte-Beuve. 1 vol.
Pascal (Blaise). *Lettres écrites à un provincial*, précédées d'un *Essai sur les provinciales* 1 vol.
— *Pensées*. 1 vol.
Pellico (Sylvio). *Mes prisons*, suivies des Devoirs des hommes; traduites par le comte H. de Messey 6 grav. 1 vol.
Piron. *Œuvres choisies*, avec analyse de son théâtre et des notes, par M. Jules Troubat, notice de Sainte-Beuve 1 vol.
Plutarque. *Les Vies des hommes illustres*, traduites par Ricard. 4 vol.
Quitard. *L'Anthologie de l'amour*, choix de pièces érotiques, tirées des meilleurs poètes français. 1 vol.
Rabelais. *Œuvres*. Nouvelle édition revue, éclaircie quant à l'orthographe, accompagnée d'un glossaire, par Louis Barré. 1 vol.
Racine. *Théâtre complet*, un choix de notes, par Lemaistre. 1 vol.
Régnier (M.). *Œuvres complètes*. 1 vol.
Rémusat (Mme de). *De l'éducation des femmes*, avec une préface par M. Ch. de Rémusat. 1 vol.
Rousseau (J.-J.). *Les Confessions*. 1 vol.
— *Émile*. Nouvelle édition revue. 1 fort vol.
— *La Nouvelle Héloïse* 1 fort vol.
— *Contrat social*, suivi des *Discours sur les sciences, sur l'Inégalité des conditions, la Lettre sur les spectacles*, etc., etc. 1 vol.
Saint-Évremont. *Œuvres choisies*. Une Étude sur la vie et les ouvrages de l'auteur, par A.-Ch. Gidel. 1 vol.
Scarron. *Le Roman comique*. 1 vol.
Sévigné (Mme de). *Lettres choisies*. Accompagnées de notes explicatives et précédées d'observations littéraires, par M. Sainte-Beuve. 1 vol.
Sorel. *Histoire comique de Francion*. 1 vol.
Staël (Mme de). *Corinne. ou l'Italie*, précédée des quelques observations, par Mme Necker de Saussure. 1 vol.
— *Delphine*. 1 vol.
— *De l'Allemagne*. 1 vol.

Tasse. *Jérusalem délivrée.* Traduction en prose. 1 vol.

Thierry (Œuvres d'Augustin). Édition définitive, revue par l'auteur. 9 vol.

— *Histoire de la conquête de l'Angleterre.* 4 vol.

— *Lettres sur l'histoire de France.* 1 vol.

— *Dix ans d'études historiques.* 1 vol.

— *Récits des temps mérovingiens.* 2 vol.

— *Essai sur l'histoire du tiers état.* 1 vol.

Trumelet (L'-Colonel) *Les Français dans le désert.* 1 vol.

Vallet (de Viriville). *Chronique de la Pucelle,* ou Chronique de Cousinot. 1 fort vol
LE MÊME. 1 vol. in-16.

Vaux-de-Vire, d'OLLIVIER BASSELIN. Notice par CHARLES NODIER. 1 vol.
LE MÊME OUVRAGE. 1 vol in-16.

Villeneuve-Bargemont (V'* Alban de). *Le Livre des affligés.* Douleurs et consolations. 2 vol.

Volney. *Les Ruines. — La Loi naturelle — L'Histoire de Samuel.* 1 vol.

Voltaire *Théâtre,* contenant tous les chefs-d'œuvre dramatiques. 1 vol.

— *Le siècle de Louis XIV.* Nouvelle édition revue. 1 vol.

— *Romans,* suivis de ses Contes en vers. 1 vol.

— *Histoire de Charles XII.* 1 vol.

— *Henriade (La).* 1 vol.

— *Contes en vers. — Satires. — Épitres.* — 1 vol.

3° série. — Volumes à 2 fr.

Balsamo (Joseph). *Les Petits mystères de la destinée.* 1 vol. illustré.

Bourguignon. (A.). *Nouveau Guide usuel du propriétaire et du locataire ou fermier,* contenant les règles et les formules des baux à loyer, à ferme et à cheptel. 1 vol.

Brantôme (le seigneur de). *Vies des dames galantes.* 1 vol.

Cagliostro *Le Grand interprète des songes.* 1 vol.

Colombey (E.). *Ruelles, salons et cabarets.* 1 vol.

Dunois (Armand). *Le Secrétaire des familles et des pensions,* contenant : 1° les règles du style épistolaire ; 2° des exercices (matière et corrigés) sur les sujets des lettres. 1 v.

— *Le Secrétaire universel,* modèles de lettres sur toutes sortes de sujets. Choix de lettres des écrivains les plus célèbres, etc. , etc. 1 vol.

Fayette (madame de la). *La princesse de Clèves,* suivie de la *Princesse de Montpensier.* 1 vol.

Fraissinet (Ed.). *Le Japon.* Histoire et descriptions, avec carte. 2 vol.

Lamartine (A. de). *Raphaël*. Pages de la vingtième année. 3ᵉ édition. 1 vol.

Lambert (Léon). *Le Galant secrétaire*, à l'usage des amants. 1 vol.

Madelaine (Philipon de la). *Manuel épistolaire à l'usage de la jeunesse*. 17ᵉ édition. 1 vol.

Merlin (Albertus). *Le Grand livre des oracles*, docteur ès sciences divinatoires. 1 fort vol.

Muret (Th.). *A travers champs. Souvenirs et Causeries d'un journaliste*. 2 vol.

Marmier (M. X.). *Lettres sur la Russie*. 2ᵉ édition. 1 vol.
— *Les voyageurs nouveaux*. 3 vol.
— *Voyage en Californie*, son sol, ses mines d'or. 1 vol.
— *Lettres sur l'Adriatique et le Monténégro*, Saint-Gall, Schwytz, Milan, Venise, Trieste, etc. 2 vol.
— *Du Danube au Caucase*. 1 vol.
— *Lettres sur l'Islande et Poésies*. Découverte de l'Islande, etc. 1 vol.
— *Du Rhin au Nil*. Souvenirs de voyages. Tyrol, Hongrie, Palestine, Egypte. 2 vol.
— *Lettres sur l'Algérie*. 1 vol·

Nouveau siècle de Louis XIV. Choix de chansons historiques et satiriques, de 1634 à 1712. 1 vol.

Prévost (l'abbé). *Histoire de Manon Lescaut et du chevalier des Grieux*. Notice par Jules JANIN. 1 vol.

Regnault (Elias). *Histoire de Napoléon*, ornée de 8 gravures sur acier, d'après Raffet et de Rudder. 4 vol.

4ᵉ série. — Volumes, au lieu de 3 fr. 50, net 1 fr. 50

Blanchet (Mathurin). *Histoire populaire de Napoléon Iᵉʳ*. 1 vol.

Bouvier (A.) *Les soldats du désespoir*. 1 vol.

Brizeux (A.). *Primel et Nola*, poésies. 1 vol.

Comédies de S. A. R. la princesse Amélie de Saxe. 1 vol.

Edde (E.) et **Weisenburger** (E. de). *Monsieur Monqueur*. 1 vol.

Foussier. *Une journée d'Agrippa d'Aubigné*, drame en 5 actes. 1 vol.

Lacroix (F.) *Mystères de la Russie*. 1 vol.

Lapommeraye (Henri de). *365 conseils*. 1 conseil par jour. 1 vol.

Latouche (H. de). *Fragoletta*, Naples et Paris en 1799, 2 v.

Les Chants de guerre de la France en 1870-1871. 1 vol.

Les Satiriques des dix-huitième et dix-neuvième siècles. Gilbert, M.-J. Chénier, etc. 1 vol.

Paris. — Société d'imprimerie PAUL DUPONT, 41, rue J.-J. Rousseau.